Hubert Védrine

Nouveau Dictionnaire *amoureux* de la géopolitique

Dessins d'Alain Bouldouyre

PLON
www.plon.fr

Collection créée par Jean-Claude Simoën
et
dirigée par Grégory Berthier-Saudrais

92, avenue de France
75013 Paris
Tél. : 01 45 87 50 01
www.plon.fr
www.lisez.com

Mise en pages : Nord Compo
Dépôt légal : février 2025
ISBN : 978-2-259-31924-9

#lisez! engagé
www.lisez.com
Pour plus d'information :
Imprimé sur du papier issu de forêts gérées durablement.

Préface

Pourquoi un nouveau Dictionnaire « amoureux » de la géopolitique ? D'autant que, déjà en 2021, je m'étais interrogé : comment être amoureux de la géopolitique ? En 2025 plus encore, la question se pose. Certes, c'est un titre établi, d'une collection réputée. Il signifie qu'un auteur traite d'un sujet librement et subjectivement. Dictionnaire personnel et passionné serait plus juste. J'avais expliqué mes raisons. Très jeune, j'ai adoré l'histoire, les « grands hommes », la géographie, le mouvement des civilisations, Élie Faure, René Grousset. J'ai dévoré les récits des explorateurs, rêvé sur les atlas, les vieux guides. C'est en lisant Kessel que j'ai préparé mon voyage en voiture en Afghanistan en 1969, sur la route de Nicolas Bouvier. Et aussi Malraux, Rimbaud, Frison-Roche, Paul-Émile Victor, Haroun Tazieff, Tibor Mende, Alexandra David-Neel et tant d'autres... Mais encore Robert Guillain, ou Marcel Niedergang. Les idéologies glissaient sur moi, j'avais vécu 68 comme une fumisterie pittoresque. Je pensais aventures, westerns, grand large, « ailleurs ». Du genre à adorer *L'Homme qui voulut être roi*, la nouvelle de Rudyard Kipling. C'était une époque, celle de ma jeunesse, les années 1950 et 1960. Chez moi, ambiance catho de gauche, décolonisation, tiers-monde version light, 0 % de lutte des classes, etc. Je voulais devenir journaliste, grand reporter, comme Jean Lacouture. Et puis… la décision de tenter l'ENA, la réussite, les hasards heureux, les péripéties et les rebondissements de la vie m'ont conduit à passer dix-neuf ans au cœur du pouvoir. Quatorze années d'épopée à l'Élysée auprès de François Mitterrand, et cinq années à la tête du Quai d'Orsay, « chef de la diplomatie », pendant la troisième cohabitation, Chirac-Jospin. C'est donc depuis un cockpit que j'ai vécu la fin de la guerre froide, l'effondrement de l'URSS, non pas la « fin de l'Histoire », mais, tout au contraire, sa remise en branle, les émergents, le futur Sud global contestant les puissances installées, dont les Européens ! Cela m'a évité bien des illusions d'optique. Les titres de mes recueils périodiques de textes traduisent le cheminement de ma réflexion au cours des vingt dernières années : nous avons d'abord été confrontés à *L'Hyperpuissance* (les années Clinton) ; puis nous, les Européens, sommes entrés dans un *Temps des chimères*, dont nous ne sortons qu'à regret, anémiés en plus par la repentance expiatoire ; et, en lieu et place d'une « communauté internationale », ou d'un ordre multipolaire encore à venir, nous nous débattons maintenant dans une *Mêlée mondiale* ; alors que se fait entendre dans le semi-chaos géopolitique le tic-tac des inquiétants *Comptes à rebours*, écologique, démographique, numérique et technologique. Mais alors, qu'est-ce que l'Histoire – ce mensonge sur lequel nous nous sommes mis d'accord, selon Napoléon – a à nous dire ? Cet immense legs bouillonnant, brassé et réinterprété sans fin ? Exaltant et horrible. Qui peut nous éclairer comme nous enfermer. Quel sens pour nous ? On pourrait penser qu'elle n'a plus rien à nous dire dans le monde décloisonné, homogénéisé, instantané, « plat », globalo-américanisé, mondialisé, puis à nouveau fragmenté, fébrilement connecté et a-historique. Dans l'ère des foules et des masses passées au mixeur mondialisateur. Aurions-nous « du passé fait table rase » ? Pourtant, tout indique que, sous la toile pelliculaire que forment les milliards d'internautes, le bain du globish, le mouvement brownien des peuples, le magma mondialisé et les appels au lynchage en Occident de tout ce qui n'est pas encore normalisé, facilité par les réseaux sociaux qui libèrent la haine, l'Histoire se poursuit. L'Histoire, avec ses forces souterraines et telluriques, l'économie et ses ouragans financiers bien sûr, mais toujours les nations, les identités, fussent-elles évolutives, les peuples, les idées, les peurs, les obsessions, les ambitions, les mémoires différentes (pas celles des catéchismes des devoirs de mémoire), avec tout ce qu'elles charrient. Le pire et le meilleur.

Ma conviction est qu'on ne peut pas décrypter notre monde en 2025, et se préparer à celui qui vient, enrayer ses menaces, renforcer nos potentiels, si on n'embrasse pas en permanence ces différents niveaux : les forces globalisantes, uniformatrices, et les forces qui y résistent, les perspectives nouvelles et les menaces anciennes ou récentes, mais aussi le passé et l'avenir entre lesquels notre présent fuit… Or ces dernières années se sont cumulés la dégradation continue des relations Occident/Russie ; l'hébétude géopolitique européenne ; le coup de tonnerre (prévisible ?) de l'attaque poutinienne en Ukraine ; l'épouvantable attaque du Hamas contre Israël en octobre 2023, redoutée depuis des années par un camp de la paix désespéré que ses mises en garde contre la politique du pire de Netanyahou ne soient pas entendues, suivie de l'interminable et cruelle guerre de Gaza, et des frappes sur le Hezbollah et l'Iran ; la montée des inquiétudes sur Taïwan ; la transformation de la France en bouc émissaire par une poignée de régimes sahéliens ; la non-gestion des flux migratoires ; et, bien sûr, le mouvement de fond qui a reconduit Trump à la présidence des États-Unis le 5 novembre 2024.

À partir de là, j'ai relu et repris les 249 entrées (pas celle sur Xerxès Ier !), j'en ai supprimé quelques-unes, ajouté beaucoup d'autres, et intégré les nombreuses réactions que l'élection de Trump va entraîner pour appréhender au mieux le monde, cette matière en fusion.

Hubert Védrine, janvier 2025.

A

Abracadabra

Pour ceux qui ont cru à l'avènement de la « communauté » internationale, et du règne sans partage de nos « valeurs universelles », et à toutes les formes de progrès illimité que nous pensons porter en nous, il y a de quoi être saisi par l'état du monde et les divers scénarios d'avenir. On aimerait que, par une formule magique – Abracadabra ! –, le monde tant souhaité, par nous, apparaisse. Si cela ne marche pas, alors, pas le choix, il faut se plonger dans cette satanée géopolitique, en démêler les bons et mauvais ressorts.

Acteurs des relations internationales

Vaste foule !

Tout le monde veut être « acteur » ! Au nom du fait que la théorie classique des relations internationales, il y a plus de trois siècles, ne prenait en compte que les États (horreur !), il faudrait la rejeter, et avec elle la realpolitik, sous prétexte qu'il y a aujourd'hui nombre d'intervenants ou d'autres « acteurs », et que, dans la mondialisation, les États sont (étaient) censés être devenus marginaux. Et qu'en plus, donc, tout le monde veut être acteur, et plus personne spectateur. « Reine d'un jour » ! D'un jour médiatique ou numérique.

C'est un contresens et un anachronisme absurde. À l'époque où ces théories ont été formulées, c'était une évidence, et non un choix, de constater que seuls les « souverains » (rois, empereurs, papes) entretenaient des relations internationales (de coopération, d'alliances ou conflictuelles) entre eux. Et c'est entre eux que se concluaient les grands traités comme ceux de Westphalie (1648). Mais avec le temps, de plus en plus d'autres intervenants, en plus des Églises présentes depuis longtemps, et des compagnies commerciales, sont apparus : les parlements, les partis politiques internationaux, les organisations internationales (le système de l'ONU, le FMI) puis une myriade d'ONG (la société dite « civile », qui n'est pas la société non militaire, charme des formules toutes faites), les grandes entreprises mondiales, les médias, les fédérations sportives, les stars de toutes sortes, les lobbies, les réseaux divers, etc. Impossible d'être exhaustif ! Sans oublier le dieu Moloch, le marché. Est-ce à dire que les États ont disparu ? Certains l'ont cru, souhaité, proclamé, notamment en Europe. Mais pas aux États-Unis. Ils se trompaient. Ou ils avaient pris leurs désirs pour des réalités. À la fin des fins, en globish : *at the end of the day*, ce sont jusqu'à maintenant les États qui négocient, qui concluent, s'engagent, signent et mettent en œuvre. C'est l'essence même de la diplomatie, *a fortiori* de la guerre et de la paix. Des diplomates, des experts, des conseillers, des ministres, des chefs d'État s'y consacrent. À cet égard, il n'y a de vraie diplomatie qu'entre États. Le terme « diplomatie parlementaire », par exemple, est impropre. Le terme « diplomatie économique » signifie que des diplomates s'occupent d'économie. Pas nouveau.

En tenant compte, bien sûr, du grouillement d'autres acteurs, avant, pendant et après la décision, ce qui nous renvoie aux démocraties actuelles, à leurs tâtonnements dissolvants sur leurs politiques étrangères. Aux États, dans ce maelström, de savoir ce qu'ils veulent dans la durée, de retrouver le sens de la stratégie. Car souvent les « autres » acteurs, qui n'ont pas à arbitrer entre revendications et contradictions multiples, peuvent se concentrer sur un seul but : poursuivre obstinément leurs objectifs spécifiques ou spécialisés. Sinon, ce sera la foire d'empoigne et le triomphe des régimes d'opinion au jour le jour, et la fin des démocraties représentatives telles qu'on les avait conçues !

Voir : Diplomatie ; GAFAM (Google, Apple, Facebook, Amazon, Microsoft) ; ONG (organisation non gouvernementale) ; Opinion publique ; Réalisme (realpolitik, irrealpolitik).

Afrique(s)

C'est courant mais simpliste de parler d'« Afrique » au singulier. Ce n'est pas parce que, sur le globe, le continent africain est clairement dessiné, qu'il y a une Union africaine de plus en plus active, une rhétorique unitaire et un projet de marché commun africain, et que l'on s'enivre d'agrégats statistiques globaux (sur la croissance ou la démographie) qu'il y a pour autant *une* Afrique. Pas plus qu'il y a *une* Asie, ou *une* Amérique, ni même *une* Europe. Déjà, il y a une coupure évidente entre l'Afrique du Nord et l'Afrique subsaharienne (et entre les deux, une bataille pour le contrôle du Sahel). Ainsi qu'entre l'Afrique de l'Ouest, l'Afrique centrale, l'Afrique de l'Est, l'Afrique des Grands Lacs, l'Afrique australe et Madagascar.

Ensuite, la préhistoire et l'histoire des peuplements, des migrations, l'histoire politique, les ethnies, les religions, les langues, les divers trafics d'esclaves, africains, arabes ou européens, les diverses colonisations, les résistances variables et aussi les accommodements à la colonisation, les diverses décolonisations, la situation géographique, et donc agricole et climatique : tout cela forme une grande diversité entre les 54 États africains, ce que traduit l'existence d'une dizaine d'organisations régionales[1]. Les liens avec l'extérieur, les anciennes puissances coloniales, ou les nouveaux partenaires, Chine en tête, mais aussi l'Inde,

1. UMA (Union du Maghreb arabe), CEN-SAD (Communauté des États sahélo-sahariens), CEEAC (Communauté économique des États de l'Afrique centrale), SADC (Communauté de développement de l'Afrique australe), IGAD (Autorité intergouvernementale pour le développement), CEMAC (Communauté économique et monétaire de l'Afrique centrale), COMESA (Marché commun de l'Afrique orientale et australe), UEMOA (Union économique et monétaire ouest-africaine), CEDEAO (Communauté économique des États de l'Afrique de l'Ouest), EAC (Communauté d'Afrique de l'Est).

Israël, les Émirats, la Turquie, le Japon, le Brésil, etc., sont très divers. On parle de « Chinafrique », alors que la France, bouc émissaire d'une poignée de régimes, n'ose plus parler de Françafrique depuis que l'ONG Survie a réussi à faire de ce mot un repoussoir repris par les perroquets, et à peine d'Afrique-France.

On ne sait pas ce que deviendra « l'Afrique », mais ce qui est sûr, c'est qu'il se passera *en Afrique*, ou entre pays africains, ou avec tel ou tel pays africain, des choses très importantes pour l'Afrique et pour le monde. Par exemple sur l'avenir des flux migratoires internes ou externes, qui seront peut-être un jour gérés et maîtrisés, ou de la sauvegarde réussie ou non de la biodiversité. À commencer par l'immense forêt centrale. Sans oublier que des pays africains comme l'Afrique du Sud, le Nigeria, ou d'autres (Algérie, Maroc, Égypte, Éthiopie), développent déjà *en Afrique* des politiques d'influence et de puissance. Donc, quand on parle de l'Afrique, de la France en Afrique, ou autres, soyons précis, concrets, pragmatiques et voyons large.

Voir : Colonisations ; Françafrique ; Francophonie ; Migrations.

Alexandre le Grand

Lui-même se pensait l'héritier d'Achille. Mais, pour Jules César, pour Napoléon, il était la « figure obsessionnelle du conquérant ». Mort à 33 ans, comme le Christ. Né en 356 avant J.-C. à Pella, capitale du petit royaume de Macédoine au nord de la Grèce, Alexandre III de Macédoine, fils du roi Philippe II, eut Aristote comme maître et fut le plus grand conquérant de notre Antiquité. Le plus prestigieux. Utopiste, il voulait réunir l'Orient et l'Occident, marier sous sa férule les civilisations grecque et orientale, et les fusionner. Sur son cheval Bucéphale, il affronte l'Empire achéménide, le premier des Empires perses, invaincu depuis deux siècles, et remporte les batailles du Granique et d'Issos. Il se fait reconnaître comme pharaon et « Fils de Dieu » par le clergé d'Amon dans l'oasis de Siwa (j'y suis allé, ça fait rêver), dans le désert de l'Ouest égyptien. Il bat à Gaugamèles l'armée de Darius III, le roi perse. C'est là qu'il devient « Grand ». Il s'empare ensuite de Babylone, Suse et Ecbatane, et épouse une princesse perse. Quand Darius III pourchassé, trahi, meurt, Alexandre organise ses funérailles et se veut son successeur. Arrivé jusqu'aux bords de l'Indus, traînant ses généraux et ses troupes macédoniennes de plus en plus récalcitrantes, il fait demi-tour et rentre à Babylone où il meurt en juin 323 avant J.-C. de maladie ou empoisonné, après avoir fait preuve d'un génie guerrier fulgurant et conquérant, après avoir réprimé et massacré sans pitié et fondé des dizaines de villes à son nom. Ses généraux macédoniens se déchirent et se partagent ses troupes et l'empire. Plusieurs fondent leur dynastie, dont Ptolémée, désigné comme satrape d'Égypte où il fonde la dynastie lagide qui s'achèvera avec Cléopâtre (la septième).

En fait, c'est Gengis Khan (souverain « océanique », c'est-à-dire universel – avant lui, beaucoup de rois s'étaient proclamés rois du monde) qui, après avoir réuni sous son autorité au printemps 1206 tous les nomades mongols, et les autres peuples de la steppe, bâtit, en vingt ans, en Eurasie, presque sans résistance, le plus vaste empire terrestre qui ait jamais existé. Certes éphémère, mais son petit-fils, Kubilai, conquit la Chine et fonda la dynastie Yuan, qui régna aux XIIIe et XIVe siècles. Les Chinois détestent ce rappel. Vient ensuite l'empire du tadjik Tamerlan (Timour Lang, Timour le boiteux), encore plus vaste. Mondes fascinants et terribles, immenses espaces euro-asiatiques quasi vierges, océans terrestres, sans défense face aux conquérants à cheval.

La figure d'Alexandre, son souvenir et sa légende obsèdent les conquérants occidentaux ultérieurs. Mais la confidence de Napoléon à Fontanes, son ministre, que Camus aimait à citer, laisse songeur : « Savez-vous ce que j'admire le plus au monde ? C'est l'impuissance de la force à fonder quelque chose. » Mais alors, pourquoi cette folie de vouloir conquérir le monde, toutes ces guerres, ces millions de morts inutiles ?

Les vagues de la mémoire et de la légende ont porté jusqu'à nous le souvenir de ces conquérants de mondes infinis, et disparus... Cela ne signifie plus rien dans le monde fini du XXIe siècle. Aucun tyran ne fera rêver ou trembler autant... Jusqu'à ce que l'on admette qu'un grand homme, c'est, plutôt, Pasteur. Ou que l'on admette qu'il y a des empires non territoriaux. S'il y a des conquérants modernes, ce ne sont pas Vladimir Poutine ou Xi Jinping, mais plutôt Bill Gates, Steve Jobs, Elon Musk, Mo Ibrahim, Jack Ma, Mukesh Ambani. Ou celui qui maîtrisera la fusion nucléaire, ou le captage massif de CO_2.

Voir : César, Jules ; Empires ; Gengis Khan ; Napoléon.

Algérie

On pourrait parler du lointain passé, de l'époque romaine, des Kabyles, des Arabes, après le VIIe siècle, de l'Oranais, de l'Algérois, du Constantinois, des deys d'Alger nommés par l'Empire ottoman, de 1671 à 1830. Mais c'est la séquence franco-algérienne qui domine encore aujourd'hui : l'expédition de 1830, pensée au début comme une opération antipiraterie et transformée après quelques hésitations en conquête, souvent sanglante (voir les enfumages du général Bugeaud), puis en colonie de peuplement à laquelle s'opposera notamment, jusqu'en 1847, l'émir Abdel Kader. Personnalité extraordinaire, chef de la résistance antifrançaise, interné à Amboise, libéré, pensionné et décoré par Napoléon III, invité à l'Exposition universelle de 1867, il finit sa vie à Damas où, jusqu'en 1883, il est une grande figure intellectuelle et religieuse de l'islam philosophique et de dialogue... Ce qui fait qu'il est renié par les nationalistes, rejeté et ignoré par les islamistes. L'ouvrage de Philippe San Marco, *La France en Algérie de 1482 à 1945* (Gaussen, 2023) reprend toute cette épopée. Pour lui, deux souverains ont compris l'enjeu : Louis XIV et Napoléon III. La IIIe République a été une catastrophe en Algérie.

La suite, toujours présente dans les esprits à vif et les débats, sous des formes schématisées, ce sont les massacres de Sétif en 1945 et bien sûr les assassinats du 1er novembre 1954, prélude à l'insurrection combattue par la guerre menée par la France de 1954 à 1962 et qui entraîne au passage la chute de la IVe République et le retour au pouvoir du général de Gaulle. Massacres de colons ou de harkis par le FNL. Assassinats par l'OAS. Histoires de colonisation et de décolonisation, comme des dizaines d'autres, mais pas toujours aussi cruelles. Mémoires meurtries. Indépassables ?

Les relations franco-algériennes passent pendant les soixante années et quelques qui suivent par des hauts et des bas. Tous les présidents français essaient, à partir de Valéry Giscard d'Estaing, d'établir les moins mauvaises relations possibles avec l'Algérie tout en gardant de bonnes relations avec le Maroc. Sans beaucoup de résultats probants en ce qui concerne l'Algérie. Certains présidents algériens comme Chadli Bendjedid, Mohamed Boudiaf ou Abdelaziz Bouteflika essaient de décrisper les relations avec la France (et, s'agissant des deux derniers, avec le Maroc). Mais cela tourne court. La marge de manœuvre des présidents par rapport à l'armée algérienne, qui n'est pas prête à bouger sur la France, ni sur le Maroc, ni sur le Sahara, est faible ou inexistante. D'ailleurs, Mohamed Boudiaf fut assassiné. La question n'est pas celle des relations entre les peuples (les millions d'Algériens en France, dont 2 millions de binationaux), mais celle des relations entre la France et le régime algérien.

Le président Macron et le président Tebboune avaient confié en juillet 2020 à Benjamin Stora et Abdelmadjid Chikhi une mission sur la « mémoire de la colonisation et la guerre d'Algérie en vue de favoriser la réconciliation entre les peuples français et algériens ». Le président Tebboune avait déclaré que les « Algériens tiennent beaucoup plus à la reconnaissance par l'État français de ses actes qu'à une compensation matérielle ». Difficile de concilier ce que demande l'armée algérienne, et les groupes concernés en France, harkis, rapatriés, doubles-nationaux, opinions. Tout cela n'a pas donné de résultats probants. Le président Macron en a tiré les conclusions en juillet 2024 en relançant la relation de la France avec le Maroc.

L'Algérie a un potentiel considérable si son régime arrive un jour à se transformer et à transcender son nationalisme accusateur et vengeur. Cela ouvrirait des perspectives nouvelles avec la France, ainsi qu'au Maghreb et en Afrique.

Voir : Colonisations ; Décolonisations ; Maroc ; Passé ; Repentance.

Allemagne

Deux mystères et une question.

D'abord ce premier mystère, historique, démographique et politique : comment les innombrables populations germaniques, ou plutôt germanophones, n'ont pas pu pendant des siècles se constituer en nation, en État, en État-nation ? La première mention des Alamans date d'un texte romain de 213. L'unification allemande de 1870. Près de mille sept cents ans après ! Les confédérations de tribus germanophones, suèves, tudesques, goths, établies entre l'Elbe et le Main (d'autres, plus au nord, donneront naissance aux Vikings et aux Scandinaves), se sont répandues dans toute l'Europe entre le IIe et le VIe siècle, poussées elles-mêmes au IVe par les Huns, ou autres peuples des steppes, repoussant les Celtes. Angles et Saxons en Grande-Bretagne, Francs en Gaulle, Burgondes en Bourgogne, Ostrogoths en Italie, Visigoths en Aquitaine et en Hispanie, Suèves en Galicie, Vandales en Afrique du Nord, Vikings/Normands en Russie et Ukraine (la Rus), Angleterre et Sicile, etc. Ce n'était certes pas de l'immigration « choisie » ! Clovis vainc d'autres germanophones en 496. En 843, le traité de Verdun sépare la Francie occidentale (la Neustrie, le nord-ouest de la France actuelle) et la Francie orientale (la Souabe). Entre les deux, la Lotharingie, qui sera disputée pendant des siècles. À partir du XIIIe siècle, le terme « teutonique » désigne les Allemands au sein de l'ensemble germanophone. Certains historiens considèrent que si le Germano-Romain Arminius n'avait pas remporté la bataille de Teutobourg en l'an 9, la romanisation – la latinisation – aurait limité l'ampleur de la diffusion ultérieure des langues germaniques... et donc de l'anglais.

Après, il y aura les Hohenstaufen, puis le Saint Empire romain germanique, de l'an 1000 au XVIIIe siècle avec les Hohenzollern (et les Habsbourg pour l'Autriche) et d'innombrables petites principautés, maintenues émiettées pour deux siècles et demi de plus par Richelieu et Mazarin, par les traités de Westphalie (1648). Mais après que Napoléon a dissous, en 1806, la Confédération, l'unification se met en marche dans les esprits germaniques. Bismarck la fera aboutir moins de soixante-dix ans plus tard après avoir vaincu l'Autriche à Sadowa et la France à Sedan. Rien à voir avec la patiente et méthodique élaboration d'une nation par les Capétiens élargissant leur pré carré, ni avec les dynasties anglaise ou espagnole.

Second mystère insondable que chacun a à l'esprit. Comment l'Allemagne de Goethe et de Schiller, donc de Weimar, de Gutenberg, de Bach, de Beethoven, a-t-elle pu engendrer le nazisme ? Il y a la thèse des circonstances exceptionnelles : Versailles, la crise de 29, les millions de chômeurs et de sans-abri ; la terreur qu'exerçait le bolchevisme ; le talent oratoire magnétiseur de Hitler sur les foules, son génie stratégique initial. Mais certains continuent à penser que quelque chose dans l'histoire allemande devait conduire fatalement au nazisme. De Gaulle et Mitterrand ne le pensaient pas : ils parlaient d'une « idéologie qui s'était emparée d'elle ».

Et une question encore : que va devenir l'Allemagne à long terme ? Est-ce que vraiment une identité européenne va finir par supplanter, ou en tout cas, par surplomber l'identité séculaire des peuples au sein de la « Fédération d'États-nations » européenne (Delors) et en particulier celle du peuple allemand ? Qui peut le dire ? Mais cela paraît de moins en moins probable. Ce fait doit être pris en compte dans toute réflexion sur l'avenir de l'Europe.

Il y a eu longtemps un jeu de poker menteur entre les alliés de l'Allemagne qui disaient déplorer que l'Allemagne n'assume pas plus son leadership économique (en 2013, *The Economist* pouvait critiquer : « *The reluctant hegemon* ») et ne fasse pas plus militairement. Mais si l'Allemagne s'affranchissait de soixante-dix ans d'inhibition et assumait un leadership en politique étrangère et dans la défense, que dirions-nous ? Quand le chancelier Scholz a déclaré en 2022 que l'attaque de Poutine en Ukraine avait déclenché une ère nouvelle (*Zeitenwende*) et fait adopter un plan massif de réarmement de l'Allemagne à hauteur de 100 milliards d'euros, certains s'en sont réjouis, d'autres s'en sont (silencieusement) inquiétés, d'autres encore sont restés dubitatifs. Et voilà qu'en 2024 *Les Échos* peuvent titrer « la lenteur du réarmement de l'Allemagne pointée du doigt. » Tout le monde s'attend à ce que la coalition tripartite (SPD, Verts, FDP) que le chancelier Scholz (SPD) a conduite laborieusement depuis le 18 décembre 2021 laisse la place, au plus tard fin 2025, à une coalition bipartite CDU/FDP ou CSU/SPD conduite par Friedrich Merz, leader de la CDU qui l'a ramenée sur sa ligne traditionnelle. Mais cela dépend des électeurs. Bien sûr, l'Allemagne restera engagée dans l'Europe, mais sur l'Ukraine, elle est déjà prête à un compromis négocié (que pourrait imposer Trump) et, sur les grands sujets (accueil des réfugiés, sortie du nucléaire, nouveau plan militaire, fermeture des frontières), l'Allemagne de Schroeder, Merkel ou Scholz a décidé seule. Pas forcément tragique, mais aux antipodes de l'imaginaire européen des belles années. Le « couple » franco-allemand est décidément bien loin. La relation va devoir être réinventée entre deux pays à la peine dans un contexte trumpiste.

Voir : Europe ; France/Allemagne ; Hitler, Adolf ; Munich (Accords de).

Alliances

L'Histoire est riche en alliances, politiques, diplomatiques et militaires, car il y a eu peu de puissances capables de se suffire à elles-mêmes, sauf l'Empire romain, mais il avait des « obligés » – en fait, des protectorats –, Gengis Khan, ou Tamerlan, les États-Unis dans la décennie 1990 (celle de l'hyperpuissance), mais l'Alliance atlantique de 1949 restait pour eux un précieux relais. Il y a aussi la Chine, à certains moments, et peut-être demain. Mais l'Histoire est aussi pleine de retournements d'alliances, de trahisons, et aussi de difficultés et de confusion pratique quand une alliance nécessitait une coalition militaire. On se souvient de Foch, commandant en chef des forces alliées en 1917 : « Depuis que je sais ce qu'est une coalition, j'admire beaucoup moins Napoléon [qui a vaincu toutes les coalitions organisées contre lui par Londres, sauf la dernière] ! »

Il y a des alliances conjoncturelles audacieuses qui choquèrent les contemporains quand ils les jugeaient contre nature, on dirait aujourd'hui « contraire à nos valeurs » : les rois de France Valois, s'alliant avec des princes protestants (comme plus tard Richelieu) ou même avec l'Empire ottoman alors même que cela révulsait l'opinion nobiliaire ultracatholique, pour desserrer l'étau des Habsbourg catholiques (Autriche, Pays-Bas et Espagne). Ou encore Roosevelt et Churchill s'alliant avec Staline (!) pour écraser Hitler et le Japon.

Depuis que le pacte de Varsovie a été dissous en 1991, la seule alliance politico-militaire qui demeure est l'alliance de l'Atlantique Nord, créée en 1949 par le traité de Washington (le « O » de OTAN correspond à l'Organisation du traité), dirigée et encore financée, à la fureur de Trump pendant son premier mandat et d'autres Américains moins bruyants, à près de 70 % par les États-Unis. De Gaulle était sorti en 1966 de l'organisation militaire intégrée faute d'avoir obtenu une réforme demandée depuis 1958, jamais de l'alliance elle-même. Nicolas Sarkozy y a ramené la France en 2007, à partir d'un raisonnement illusoire sur l'Europe de la défense. Et, bien sûr, après, la France n'allait pas en ressortir une nouvelle fois.

L'OTAN est minée sourdement depuis les années 1960 par l'incertitude qui plane sur la garantie nucléaire américaine. Et depuis le premier mandat de Trump, qui a jeté le masque, cette interrogation ne peut plus être dissimulée. La Russie, qui aimerait bien sûr, comme la Chine, la voir disparaître, la dénonce comme agressive et obsolète. Le président Macron, l'avait jugée, en novembre et décembre 2019, en état de « mort cérébrale », quand elle ne pouvait pas contenir l'agressivité de la Turquie contre la Grèce, deux de ses membres.

Depuis, l'attaque de Vladimir Poutine contre l'Ukraine a réveillé l'esprit de défense en Europe, mais dans l'OTAN. Le président Scholz a parlé d'un changement d'époque – *Zeitenwende*. Les Européens se réarment. Les neutres – Suède et Finlande – sont entrés dans l'OTAN. Sa perpétuation à long terme est donc probable du fait de l'inertie bureaucratique et de la répugnance de la plupart des Européens à assurer de vraies responsabilités dans ce domaine malgré l'objectif affiché par l'Europe sous influence macronienne d'une « autonomie stratégique », concept clivant. À long terme, au-delà de l'Ukraine, les Américains et les Européens vont s'éloigner doucement les uns des autres comme des « cousins issus de germains ». Mais dans l'immédiat, il y a le défi que représente, pour l'avenir de l'Europe, et de l'OTAN, le retour de Trump.

Quant aux autres alliances, elles sont fragiles et n'ont pas de réalité militaire. Mais l'histoire n'est pas finie.

Voir : Dissuasion ; OTAN (Organisation du traité de l'Atlantique Nord).

Altermondialiste

Mouvement vintage qui a posé de vraies questions, mal et trop tôt.

Vaste nébuleuse de mouvements d'inspiration marxiste, gauchiste, anti-impérialiste, castriste, anarchiste, tiers-mondiste, catho de gauche, puis écologique, féministe, LGBT+, etc. D'abord appelée « *anti*mondialiste » puis, pour faire plus crédible, « *alter*mondialiste ». Apparue d'abord en Amérique latine, donc très marxiste à l'ancienne et antiaméricaine, cette vague s'est développée un peu partout dans les années 1970-1980-1990 en réaction à la croissance du commerce international et au raz-de-marée mondial de l'économie globale de marché dérégulée et dollarisée, parti de l'Occident, étendue à la Chine (Deng, 1979), puis à la Russie (1992), et enfin à tous les émergents ; ce qui a pris le mouvement à contre-pied car il dénonçait le « capitalisme » ou le « libéralisme », alors qu'il s'agissait d'abord du productivisme qui a remodelé le monde depuis la révolution industrielle.

Ces groupes contestataires manifestaient à l'occasion des calendriers des grands sommets connus à l'avance : OMC, G20, G8, G7 ou autres rendez-vous commodes, propices à de larges mobilisations, affirmant qu'un « autre monde est possible ». Vieille aspiration chrétienne ou millénariste. Si l'on ne croit plus à l'au-delà, on veut un autre monde ici, et tout de suite. Leurs manifestations, longtemps impressionnantes, parasitées par d'inévitables « casseurs », parfois ambigus sur la violence que des raisonnements tordus et indulgents excusent, ou légitiment, se sont épuisées en des rituels protestataires sans grande portée, même si une nouvelle génération d'altermondialistes, de décolonialistes, d'indigénistes, de Latinos anticapitalistes rêve d'un « nouveau Bandoeng » et d'un affrontement entre le Sud global et l'Occident collectif. En fait, tous les pays émergents veulent profiter à plein de l'économie de marché mondialisée, d'autant que leurs peuples veulent vivre « à l'occidentale », mais plus sous la coupe des Occidentaux. Pendant les trente années d'americano-globalisation, les dérégulateurs et les régulateurs occidentaux libéraux, ultralibéraux, sociaux-démocrates, blairistes, s'affrontaient *au sein* de l'économie globale dans les sommets, les organisations multilatérales et les partis, au sein de chaque pays. Président américain de 2009 à 2017, Obama a « un peu » re-régulé la finance mondiale, c'est-à-dire américaine, qui était devenue sauvage, motivée seulement par une recherche obscène de l'enrichissement le plus rapide possible, ce qui a entraîné la crise systémique de 2008. Mais Donald Trump avait ensuite annulé, de 2017 à 2020, ces quelques mesures prudentielles... Il est probable que cela reste sa ligne dans son deuxième mandat. Depuis les années 2000, les classes populaires, puis moyennes, ont commencé en Occident à se défier de la mondialisation, même « régulée », et de la « construction » ou de « l'intégration » européenne, en dépit de ses apports évidents, par des insurrections électorales de plus en plus virulentes à partir de la décennie 2010.

Il y a eu ensuite la prise de conscience angoissante des dangers de l'extrême dépendance à travers la crise du coronavirus en 2020, ce à quoi s'ajoutent les crises géopolitiques de 2022/2023/2024. C'est au sein même du « système » (y compris à Davos, voire dans les colonnes du *Wall Street Journal* ou du *Financial Times* !) que des interrogations se sont alors exprimées. Non pas pour « démondialiser » mais pour ralentir, corriger, encadrer, dérisquer, tenir un peu mieux compte, avec des coups d'arrêt brusques, de la montée des risques écologiques... Il était temps, même si c'est insuffisant. Mais qu'est-ce qui se passera en réalité dans cette mondialisation fragmentée où le Sud global s'affirme de plus en plus bruyamment, au moins par sa rhétorique ?

Voir : Davos ; Mondialisation/démondialisation ; Occident ; Sud global.

Anthropocène

Controverse de géologues. « Âge de l'homme », qui aurait commencé depuis que celui-ci a modifié les paramètres du système Terre. Selon Paul Crutzen, prix Nobel de chimie en 1995 décédé en 2021, c'est vers 1850 que la révolution industrielle, fondée, hélas, sur l'extraction et l'exploitation du charbon, nous a fait sortir de l'ère géologique précédente, l'holocène, période interglaciaire de l'ère quaternaire, qui ne durait que depuis onze mille sept cents ans. D'autres la font plutôt débuter en 1945 avec les explosions nucléaires. D'autres encore contestent. Il n'y a toujours pas, en 2025, de consensus entre les spécialistes. Pour moi (qui ne suis pas géologue), c'est évident que nous sommes entrés dans une ère qui bouleverse totalement les conditions physiques de la vie (et donc de la survie !) sur la Terre, quel que soit le nom qu'on lui donne. Avec les répercussions que l'on constate déjà en géopolitique. Cela a des conséquences qui dépassent l'entendement, et que l'on repousse, car elles terrifient d'autant qu'aucune action, hors de la science-fiction, ne semble pouvoir les contenir... L'espèce humaine parviendra-t-elle à : 1) s'adapter (et jusqu'où) et 2) à tout « écologiser », à temps ? Cette course de vitesse est l'enjeu, vital, des prochaines décennies, évidence sans cesse obscurcie par d'incontrôlables vagues d'émotions provoquées par des drames immédiats et l'exacerbation des émotions contraires lors de nombreuses séquences électorales (cf. les agriculteurs et les élections pour le Parlement européen en 2024).

Voir : Écologisation ; Énergie.

Après-guerre, avant-guerre

En Europe, depuis 1945, « l'après-guerre », c'est l'après-Seconde Guerre mondiale. Le plus long des après-guerres ! Il a supplanté celui de l'après-Première Guerre mondiale, les zazous, le *Paris est une fête* d'Hemingway, les années 1920, vite obscurcies par les années 1930. On verra si la fin de la guerre en Ukraine débouchera aussi sur une « après-guerre ».

Pour nous, pour le moment, l'après-guerre, c'est ancien, très daté. Cela a le parfum de « la Libération », l'amitié puis le combat Sartre/Camus – où Sartre s'est fourvoyé –, *Combat*, la rue Saint-Benoît, les boîtes de Saint-Germain-des-Prés, le jazz, le Flore, la liberté, l'insouciance, le début de la fin des tabous sexuels, Jean Vilar et les débuts du Festival d'Avignon et, par voisinage, le début de la découverte du Lubéron par les psys et les intellectuels de gauche. Les Français oublient que c'est le débarquement américain en Normandie qui les a libérés, ou croient, au contraire, que les Américains étaient venus pour les libérer. (En fait, c'était la route de Berlin.) Ils adoptent l'*American way of life*…

Ensuite vinrent la guerre froide, la fin de l'empire colonial français, trente ans après la fin de la grande « exposition coloniale », les convulsions de la IVe République, le général de Gaulle, la Ve, la gauche au pouvoir avec François Mitterrand, les alternances et, plus tard encore, la France, prétentieuse et déboussolée en même temps, esquif ballotté dans la haute mer de la mondialisation. « L'après-guerre » garde un goût de champagne et de jazz. La repentance compulsive pour les années 1940-1944 sert à masquer l'aveuglement pacifiste des années 1933-1940.

Notons qu'il n'y a eu aucun après-guerre festif après la fin de l'URSS, en 1991. Seulement de l'arrogance olympienne du côté américain, des illusions du côté européen (la « communauté » internationale), et une amertume affreuse et revancharde du côté russe. Encore moins d'illusion et de joie dans l'ex-Yougoslavie, un peu fugacement au Liban à la fin de la guerre civile de 1975 à 1990 (que c'est loin !) et, en Colombie, après l'accord de paix de 2016.

Le trouble suscité par un monde chaotique, à l'opposé des illusions des Occidentaux des années 1990, alimente depuis quelques années (Ukraine, Gaza, Taïwan) l'angoisse d'un nouvel *avant-guerre*, comme les années 1930. Et la pandémie a rebattu la carte des angoisses. Erreur : le monde est instable et imprévisible, il y a des risques de court-circuit, mais il n'est pas au bord de la guerre générale, même avec la Russie, l'Iran, Israël ou la Chine. Mer agitée à très agitée, mais pas de cyclone permanent partout.

Arabe (Monde)

Linguistiquement – si ce n'est ethniquement – parlant, il existe un monde arabe peuplé de près de 400 millions d'habitants essentiellement musulmans, avec ses branches et ses minorités. N'oublions pas qu'au total les musulmans sont 1,8 milliard. Mais politiquement ? Cela a été l'ambition et l'affirmation de leaders arabes nationalistes anticolonialistes, « socialistes », dans les années 1940 à 1970. La figure de proue en fut le colonel Gamal Abdel Nasser, président de l'Égypte de 1954 à 1970. C'est une époque où l'islamisme est encore dormant, ou contenu, et moqué par Nasser, Sadate, le roi d'Afghanistan, Hassan II, même si la création des Frères musulmans en Égypte par Hassal al-Banna remonte à 1948. Les débuts d'Israël sous la conduite déterminée et opiniâtre de Ben Gourion galvanisent l'hostilité des masses arabes, surtout après 1967 et le début de la colonisation des territoires occupés. À l'époque, les États-Unis et l'URSS manœuvrent en rivaux au Proche-Orient. Le *nassérisme*, le *baathisme* (syrien et irakien), souvent inspiré par des Arabes chrétiens, le nationalisme algérien, Kadhafi, ont en commun un nationalisme arabe très affirmé. Au bout du compte, cela n'a pas marché du fait des rivalités nationales, de la « mauvaise gouvernance », de la dépendance envers l'extérieur, de la politique de l'Arabie, de la remontée sous son égide wahhabite de l'islamisme, des manœuvres des puissances extérieures (mais qui n'expliquent pas tout), etc.

En fait, il n'y a pas d'unité politique du monde arabe contemporain et de ses 380 millions d'habitants, même pas au Maghreb (l'Algérie et le Maroc en chiens de faïence) où l'Union du Maghreb arabe (UMA) n'existe que sur le papier. Le monde arabe est en plus confronté de façon de moins en moins unie à son impuissance face à un Likoud de plus en plus nationaliste et radical en Israël, sous la conduite de Benjamin Netanyahou depuis les années 2010 et de ses alliés d'extrême droite ; à la résurgence de l'antagonisme chiite/sunnite partout où il y a des Arabes chiites (ils sont même majoritaires en Irak) ; à la remontée du fondamentalisme ; et à la dérive terroriste d'une minorité chez les extrémistes sunnites (salafistes, djihadistes, etc.) ; et souvent, mais pas partout, à la corruption et à la mauvaise gouvernance. La réussite spectaculaire et postmoderne des divers émirats est trop particulière et dépendante du gaz et du pétrole – jusqu'à quand ? – pour être transposée.

Les « printemps arabes » à partir de 2011 n'ont pas recréé une unité – un temps espérée ou rêvée – autour de la démocratisation. Au contraire, on a vu des guerres civiles, la victoire électorale de l'islamisme, et le retour à des régimes autoritaires. La France ne s'y retrouvait plus et le projet du président Sarkozy d'« Union pour la Méditerranée » avait tout de suite buté sur ces divergences et ces oppositions insurmontables.

Il existe néanmoins dans les opinions arabes, outre l'islam et la langue, des ressemblances certaines, et cela s'est de nouveau vu dans les années 2010 : mécontentement contre les régimes en place, sentiment antiaméricain et anti-israélien exacerbé, frustration, désir de changement, ou d'émigration. C'est une identité en « creux », négative, fragile, mais réelle. Plus le retour, très instrumentalisé, de l'identité profonde, de l'islam, sous la forme islamiste. Certains pays arabes s'en sortent très bien, à commencer par les Émirats, dont le parcours est spectaculaire. Mais le « monde arabe » reste prisonnier de ses contradictions et dépendant des décisions prises par les autres ou de l'enchaînement aléatoire des stratégies des acteurs régionaux, ou extérieurs. Ces dernières années, au Moyen-Orient, le ciment le plus fort chez les Arabes sunnites était la peur, et la détestation du régime iranien. D'où la percée obtenue par Netanyahou grâce à Trump en août 2020 avec l'établissement de relations diplomatiques entre Israël et Abou Dabi. MBZ (Mohammed ben Zayed ben Sultan) avait alors entraîné le Maroc, Bahreïn, le Soudan et Oman dans les téméraires « Accords d'Abraham ». En 2023, l'Arabie de MBZ était prête à franchir le pas de la normalisation avec Israël, sans rien demander pour les Palestiniens, quand le Hamas, par son attaque féroce du 7 octobre, a fait exploser la bombe à retardement de Gaza, cet enfer.

Beaucoup de Français confondent la résonance affective ou humaine qu'ont chez nous les événements dans les pays arabes et, *a fortiori*, au Proche-Orient, spectaculaire depuis octobre 2023, qui fait réagir intensément les juifs comme les Arabes, et nos moyens d'influence politique ou diplomatique. Ils sont infimes et délicats à employer. On le voit à propos du Liban où la disparition du Liban à la française (depuis Napoléon III) est éclatante et où les limites de nos capacités d'aide, même en s'appuyant sur la diaspora libanaise, sont un crève-cœur. On l'a vu avec la tentative d'Emmanuel Macron. On pourra se référer au bilan sans fard – *Un siècle pour rien* – par Jean Lacouture, Ghassan Tuéni et Gérard Khoury, qui n'a malheureusement pas été démenti depuis sa parution en 2002. Mais aussi quel pays a vraiment de l'influence sur Israël, ou sur le Hamas ?

Quant au Maghreb, c'est aussi le monde arabe, mais différent. Chaque pays a sa personnalité propre. La Tunisie s'était bien sortie, au début, des révolutions du printemps arabe. Le Maroc mène, depuis Mohammed VI, une politique africaine efficace. Il a obtenu en décembre 2020 de l'administration Trump une reconnaissance de la marocanité du Sahara en échange du rétablissement des relations avec Israël (qui avaient existé mais avaient été suspendues) ; il a dû les mettre en sourdine en 2024 du fait de la guerre de Gaza, tout en rappelant son soutien à la création d'un État palestinien. En juillet 2024, le président Macron a, à son tour, reconnu que l'avenir du Sahara occidental s'inscrivait « dans le cadre de la souveraineté marocaine », ce qui lui a valu d'être ovationné au Parlement marocain le 29 octobre 2024. Les relations Algérie/Maroc restent glaciales. L'avenir du monde arabe restera explosif tant que les gouvernements resteront (plus ou moins, c'est variable !) rejetés par les peuples. Enfin, les Arabes, et les musulmans en général, qu'ils aient ou non la nationalité française, sont une composante de la société française contemporaine et cela est de plus en plus perceptible, dans tous les domaines. C'est vrai de plusieurs autres pays européens comme la Belgique, l'Espagne ou l'Italie. Le cas des Libanais chrétiens maronites étant, on l'a vu, différent. On n'imagine pas le monde arabe devenir un acteur géopolitique global, car il est trop divisé, mais on ne peut pas exclure qu'il revienne dans le jeu dans le cadre d'Accords d'Abraham nouvelle mouture incluant un État palestinien malgré la résistance de Netanyahou.

Voir : Algérie ; Huntington, Samuel ; Iran ; Islam ; Israël ; Maroc ; MBS (Mohammed ben Salmane) ; MBZ (Mohammed bin Zayed Al Nahyan) ; Orient ; Sykes-Picot (Accords).

Arabie Saoudite

L'Arabie peut se décrire géographiquement : un territoire aux contours incertains, centré sur le cœur désertique de la péninsule Arabique. Historiquement, on peut remonter à la création de la province romaine d'Arabie, ou Arabie Pétrée, en 106, après la conquête du royaume nabatéen. De façon plus contemporaine, à partir de ses deux fondations à deux siècles de distance, il y a l'Arabie contemporaine, le premier producteur de pétrole au monde (Aramco), incontournable dans la seconde moitié du XXe siècle (on connaît le célèbre pacte du Quincy en 1945 entre Roosevelt et le roi Ibn Saoud), le partenaire énergétique de l'Occident, la base arrière contre les Soviétiques en Afghanistan, Saddam Hussein ou l'Iran, l'acheteur massif d'armes américaines et (un peu) européennes. Et il y a surtout l'Arabie Saoudite, issue de l'accord entre Mohammed ben Saoud et Mohammed ben Abdelwahhab, qui a imposé l'islam sunnite le plus rigoriste, le wahhabisme, et l'unification par Ibn Saoud entre 1902 et 1932. Mais surtout, à partir de 1979, défiée et angoissée par la révolution des ayatollahs chiites en Iran, l'Arabie qui a cherché en réaction à faire prévaloir le wahhabisme partout dans le monde où se trouvent des sunnites (monde arabe, Afrique, Asie, Europe, et ailleurs). Ce que les Occidentaux ont mis des lustres à réaliser !

Devenu depuis 2015 « salmanite » (le roi Salmane), le régime saoudien a détesté les efforts de compromis d'Obama envers l'Iran (l'intelligent accord sur le nucléaire iranien, JCPoA, Joint Comprehensive Plan of Action, dénoncé par Trump dès mai 2018), tant il jugeait le régime des mollahs acharné à sa perte en agitant les chiites de Syrie, du Yémen (les Houthis), de Bahreïn, voire des zones pétrolifères de Dammam en Arabie… Il s'était donc réjoui en 2017, comme Netanyahou, de la volonté implacable de Trump de détruire entièrement cet accord et d'asphyxier le régime iranien par un blocus impitoyable. D'où le silence complaisant de l'Arabie lors du plan diktat Trump/Netanyahou en février 2020 sur la Palestine. Le très ambitieux et pressé jeune prince héritier, Mohammed ben Salmane (MBS), affirme vouloir créer à l'horizon 2030 un pays postpétrolier plus ouvert (droit de conduire donné aux femmes, développement touristique en mer Rouge, et de la région nabathéenne d'Al-Ula, contrôle strict des brigades de la vertu). Réussira-t-il ? L'Arabie salmanite révèle les contradictions occidentales, aux prises avec ses intérêts et ses principes, sur fond d'islamisme menaçant. Mais son avenir, sa pérennité, sa stabilité sont incertains. Trump avait réussi à faire éclater la solidarité arabe et à regrouper, grâce à la peur partagée de l'Iran par Israël, l'Arabie, les Émirats arabes unis, Bahreïn et le Soudan. Biden avait continué jusqu'à ce qu'il affirme de nouveau, à cause de Gaza, la « nécessité de trouver une voix vers un État palestinien », sans influence aucune sur Netanyahou, à cause des horreurs de Gaza. En ce qui concerne la suite, le prince héritier MBS a changé et a annoncé en octobre 2024 que l'Arabie ne normaliserait pas ses relations avec Israël sans que soit créé un État palestinien. En même temps elle s'autonomise à petits pas de l'Occident et développe des relations avec la Chine.

Voir : Arabe (Monde) ; États-Unis ; Iran ; Islam ; Israël ; MBS (Mohammed ben Salmane) ; MBZ (Mohammed bin Zayed Al Nahyan) ; *Quincy* (Pacte du).

Arctique

Cela fait rêver, ou cela terrifiait délicieusement : le pôle, les glaces, les ours blancs, les explorateurs, Peary, Cook, Amundsen, son premier hivernage... et les autres. Maintenant cela inquiète car le réchauffement est encore plus rapide au pôle Nord et en Antarctique (et en haute montagne) qu'ailleurs. La banquise y rétrécit de plus en plus vite. En même temps, cela attise des convoitises car ce phénomène permet d'ouvrir des passages maritimes nouveaux et durables, la fameuse « route du Nord » qui fera gagner un temps fou entre l'Europe et l'Extrême-Orient le long de la côte nord de la Sibérie. Croisières en brise-glace ! Mais qui va contrôler l'Arctique, y faire la police ? D'autant que le sous-sol très riche en pétrole et en minerais rares excite les appétits des puissances riveraines. D'où des rivalités entre États-Unis (Alaska), Canada, Russie, Norvège, Finlande, Danemark, Suède, Islande, risques écologiques inclus. Alors que les 14 millions de kilomètres carrés de l'Antarctique restent gérés correctement – et protégés avec vigilance – par les traités de 1959 (douze États) et de 1991 (protocole de Madrid). Exemple à suivre ! Michel Rocard, à la fin de sa vie, durant sa dernière mission, avait obtenu que la France soit admise comme observateur au sein du Conseil des régions arctiques (et pas « ambassadeur des pôles », les pôles ne sont pas un pays). Il n'a pas eu de successeur sérieux jusqu'à Olivier Poivre d'Arvor. La France doit y rester et proposer des règles de bonne gestion coopérative et écologique. Il y a un grand risque. Dans son excellent ouvrage *L'Aigle, le Dragon et la Crise planétaire* (Éditions du Seuil, coll. « Anthropocène », 2020), Jean-Michel Valantin y consacre un chapitre « de la grande fonte au grand affrontement ». Voir aussi le traité en négociation sur les fonds marins.

Voir : Anthropocène ; Écologisation ; Énergie.

Armements (Course aux)

L'histoire connue du monde a longtemps été surtout celle des batailles et des affrontements militaires, et donc aussi par définition celle des armements. Défensifs, offensifs et, à l'âge nucléaire, dissuasifs : éternelle dialectique du glaive et du bouclier ! Longue liste d'inventions, de sauts technologiques qui ont commencé avant l'Histoire : lances, épieux, pointes de sagaie, harpons, propulseurs, arcs, haches, frondes, boomerangs, sarbacanes, et qui se sont poursuivis avec les bombardes, les armes à feu portatives (XIVe siècle). La supériorité des archers anglais contre la lourde chevalerie française fit la différence à Azincourt. Et ainsi de suite : développement des navires, jusqu'aux croiseurs, porte-avions, sous-marins. Guerre moderne : tanks, chars de combat (1916, Somme), aviation, bombardiers. Aujourd'hui, cyberattaque ! La guerre des données !

Course aux missiles hypersoniques, plus rapides et capables de changer de trajectoire (l'Avangard russe atteindrait Mach 20), l'intégration de tous les systèmes et de tous les théâtres ? Et après ? Fusées, missiles, satellites, drones, électronique, le ciblage de dizaines de milliers d'infrastructures sensibles ? La guerre dans l'espace ?

L'« équilibre des armements » a presque toujours été un répit fragile, un moment de courte durée entre deux déséquilibres. Sauf pour la dissuasion nucléaire mutuelle pendant la guerre froide, même si certains anti-nucléaires contestent cette évidence.

Depuis le xxe siècle, l'histoire des appels au désarmement est parallèle au « perfectionnement » constant des armements. Avec des résultats précaires ou limités. Même si tous les armements fabriqués sont loin d'avoir été employés (l'interdiction des armes chimiques – en 1918, puis en 1925, et, à Paris, en 1993 – a été presque entièrement respectée et beaucoup d'armements périmés vont à la casse). À noter que les puissances victorieuses ont toujours cherché à imposer des limites au réarmement des vaincus (par exemple à Versailles contre l'Allemagne). Avant cela, au paroxysme de la rivalité navale anglo-allemande (1890-1914), des accords multilatéraux avaient quand même été conclus pour limiter les tonnages des forces navales allemandes que Guillaume II voulait développer à marche forcée. Pendant la dernière phase de la guerre froide, quand l'Occident n'avait pas peur de négocier avec l'URSS – au moins aussi redoutable que la Russie de Poutine –, il y a eu le TNP en 1968, le traité antimissile ABM en 1972, des accords de *limitation* des armements stratégiques, SALT en 1972, de *réduction*, START, et des accords Reagan-Gorbatchev concernant l'Europe, le traité FNI en 1987.

Depuis le XXIe siècle, ces accords ont été dénoncés ou abandonnés, chaque signataire important – États-Unis, Russie – accusant l'autre de violation ou voulant retrouver les mains libres sur d'autres théâtres, par exemple face à la Chine. C'est très dangereux. On est plutôt en phase de « perfectionnement », de numérisation, sans oublier la volonté américaine (et chinoise ?) de militariser l'espace... Les États-Unis et la Chine mènent la danse. Vont-ils tomber dans le fameux « piège de Thucydide » ? Dès que ce sera possible, il faudra retrouver l'esprit des grands accords américano-soviétiques entre les Occidentaux et la Russie, les puissances établies et les puissances montantes, y compris la Chine, repenser et relancer la maîtrise et le contrôle des armements, voire le désarmement au XXIe siècle, y compris avec la Russie. En commençant par rétablir le traité New START signé en 2011 pour dix ans par les États-Unis et la Russie. Et que les Européens sortent pour cela de leurs inhibitions stratégiques et de leurs divisions s'ils veulent avoir leur mot à dire pour la suite, en Ukraine et ailleurs. C'est vital pour eux !

Voir : Chinamerica ; Dissuasion ; Infrastructures ; Nucléaire ; Thucydide (Piège de) ; Traités.

ASEAN

Pendant longtemps, l'ASEAN (Association des nations de l'Asie du Sud-Est), créée en 1967 par une dizaine de pays (Philippines, Indonésie, Malaisie, Singapour, Thaïlande, puis Vietnam, Brunei, Laos, Birmanie, Cambodge) n'a été considérée – positivement – que sous l'angle économique, une organisation régionale parmi d'autres, dynamique et prometteuse. Elle était censée s'inspirer de l'exemple européen, ce que l'Union européenne a beaucoup mis en avant dans sa phase optimiste et ramenarde des années 1980-1990. En fait, on s'aperçoit maintenant que l'Union européenne est une aventure extraordinaire, issue d'un enchaînement historique très particulier (une menace, l'URSS ; un parrain, les États-Unis), impossible à transposer, et qu'aucun phénomène de coopération régionale en Asie, en Afrique ou ailleurs ne lui ressemble vraiment. Et surtout, que l'ASEAN est à l'épicentre du phénomène numéro 1 dans la géopolitique du XXIe siècle : l'ascension spectaculaire de Pékin. Les pays de l'ASEAN, à commencer par l'Indonésie avec ses 275 millions d'habitants – qui représente 35 % du PIB de l'ASEAN –, sont confrontés au poids grandissant et colossal de la Chine. C'est impossible pour eux de lui résister complètement, même pour ceux placés en première ligne, comme les Philippines ou le Vietnam, qui voudraient préserver leur souveraineté maritime, et qui ne veulent pas non plus – que l'on pense au Vietnam – être complètement aspirés par l'orbite chinoise, quelle que soit sa force d'attraction. Dans le cadre de l'ASEAN, les pays de l'Asie du Sud-Est sont censés coopérer avec la Chine, le Japon, la Corée du Sud, l'Australie, la Nouvelle-Zélande et l'Inde. Mais, en plus de la résistance à l'emprise chinoise de la part de certains de ces pays plus ou moins solides, qui ont quand même besoin des investissements chinois, ou des achats chinois, ou des touristes chinois, pour se développer – cela s'est beaucoup vu pendant la pandémie de 2020-2021 –, il faut ajouter la volonté américaine, dans le cadre du grand bras de fer, d'empêcher toute la région de basculer, d'autant qu'elle est stratégique : on y trouve plusieurs des détroits malais ou indonésiens par lesquels transite une grande partie du trafic maritime mondial. D'autre part, comme on le constate, la Chine veut, par divers procédés et faits accomplis, étendre son contrôle souverain sur l'ensemble des « mers de Chine » en allant bien au-delà de la définition internationalement admise des eaux territoriales. L'avenir de la capacité des États-Unis à préserver la liberté de circulation en haute mer, grâce à ses sept flottes, et notamment la flotte entre le continent et Taïwan, se joue là. Si un conflit sino-américain éclate dans les vingt prochaines années, ce sera là. ASEAN, zone de séismes programmés, voire champs de bataille... Face à ces risques dont ils sont très conscients, les principaux pays, Indonésie, Vietnam, Thaïlande, peuvent avoir des stratégies différentes. Mais ils ont signé en novembre 2020 un accord de libre-échange, le RCEP, surtout avec la Chine et le Japon, mais aussi avec – la Corée du Sud, l'Australie et la Nouvelle-Zélande. Sans les États-Unis ! Résultat de l'absurde politique de Trump dans son premier mandat, que l'administration Biden, pour laquelle elle aussi la Chine était le défi numéro un, avait essayé de corriger. En réalité, il y a une sorte de continuité Obama/Trump I/ Biden/Trump II. Mais l'affrontement Chine/USA n'est pas fatal.

Voir : Chine ; « Guerre économique » mondiale ; Indo-Pacifique.

Asie centrale

Région stratégique disputée, trop négligée par l'Europe, forte de 70 millions d'habitants répartis dans quatre pays : le Kazakhstan (capitale Astana), l'Ouzbékistan (Tachkent), le Kirghizistan (Bichkek) et le Tadjikistan (Douchanbé, où je me suis arrêté pour prendre un Transall français quand je suis allé à Kaboul en mars 2002). Elle est entourée par la Russie, la Chine, l'Iran et l'Afghanistan. Tous ces pays faisaient partie de l'URSS et sont devenus, ou sont redevenus, indépendants quand celle-ci s'est désintégrée en 1991. Ils sont gouvernés depuis par des dirigeants issus des ex-partis communistes, élus mais autoritaires. Plusieurs luttes d'influence se déroulent dans ces pays, tiraillés entre l'influence ancienne de la Russie et celle croissante de la Chine.

Le géant de la région est le Kazakhstan (où est situé le cosmodrome de Baïkonour), avec ses 17 millions d'habitants, dont le président a été, de 1991 à 2019, Noursoultan Nazarbaïev. Les Russes représentent 24 % de la population, et la moitié de la population parle russe. Pour des raisons géographiques évidentes, ce pays est concerné au premier chef par la partie terrestre du projet chinois des routes de la soie. Autre enjeu : la montée des réseaux islamistes très offensifs, notamment dans la vallée de Ferghana, où coule le Syr-Daria, à l'est de l'Ouzbékistan, au sud du Kirghizistan et au nord du Tadjikistan, et où vivent 11 millions d'habitants, près d'un cinquième de la population de l'Asie centrale. Si la France veut garder une politique étrangère globale et l'Union européenne en développer une, elles devraient se préoccuper plus de cette zone.

Voir : Routes de la soie (Nouvelles) ; Russie ; URSS.

Avenir

Il faut, au minimum, ajouter un point d'interrogation au dessin inspiré par une photo de Steve Schapiro. Tout en gardant à l'esprit Louis XIV, dans son *Mémoire au grand Dauphin* : « Toujours prévoir le pire, l'espérance est mauvais guide. » Et Pierre Dac : « La prévision est difficile, surtout quand elle concerne l'avenir. »

En tout cas, agissons pour déjouer ce pronostic !

Austerlitz

Est-ce que le soleil d'Austerlitz nous parle encore, au-delà des admirateurs inconditionnels du génie guerrier bonapartiste ? Le 2 décembre 1805, à Austerlitz, dans le sud de la Moravie (aujourd'hui Slavkov u Brna en République tchèque), l'empereur Napoléon l'emporte, après neuf heures d'un combat déclenché au lever de soleil (le fameux « Voilà le soleil d'Austerlitz ! »), contre les forces austro-russes de l'empereur François II du Saint Empire romain, de l'empereur d'Autriche-Hongrie, et des Russes de l'empereur Alexandre Ier, qu'il a génialement piégées. C'est la « bataille des trois empereurs ». « Ne pouvant frapper la tête, l'Angleterre, Napoléon a frappé les bras » (Jean Tulard). Cette troisième coalition anti-Napoléon est dissoute, quatre autres seront constituées. Il en faudra une huitième, et dernière, pour avoir raison de lui. Le Saint Empire romain germanique, voisinage si confortable pour la France, est mort. La voie est dégagée pour Bismarck. Sur 145 000 combattants, il y a 6 560 morts et 19 000 blessés. Au faîte de sa gloire, Napoléon promet la paix à ses soldats ! François Mitterrand nous disait que la suite aurait été différente s'il s'était arrêté là. Mais, par nature, Napoléon ne pouvait pas s'arrêter. Il y aura à Paris une « gare d'Austerlitz ». Mais à Londres, bien sûr, une « Waterloo Station ».

Voir : Batailles ; Napoléon ; Waterloo, morne plaine.

B

Batailles

L'Histoire n'est-elle qu'une longue suite de batailles, de la bataille de Qadesh (en 1274 avant J.-C. entre Ramsès II et le nouvel Empire hittite) jusqu'à celle du Donbass entre Ukrainiens et Russes depuis 2022 et de Gaza en 2023-2024, en passant par des milliers d'autres ? Dont celles des deux guerres mondiales. Bien sûr, il y a des batailles qui ont changé, pour un temps, le sort du monde. Typiquement : Austerlitz, Waterloo, Stalingrad, le Débarquement et la bataille de Normandie. Citons-en une autre, en l'an 9 : les trois légions de Varus, neveu d'Auguste, sont anéanties à Teutobourg, près d'Osnabrück, par les « barbares » du Germain romanisé Arminius (sorte de Vercingétorix). Varus se suicide. L'empereur Auguste : « Publius Quinctilius Varus, rends-moi mes légions ! » Germanicus vaincra Arminius en 14, mais les Romains ne reformeront pas de 17e, 18e, 19e légion ! Coup d'arrêt à l'extension du latin au détriment de l'aire germanophone (dont le futur anglais, issu de l'angle, du saxon et du franco-normand, le futur français, mêlé de danois...). Cela a changé le destin des langues en Europe.

Après 1945, on pensait en Europe être sortis de tout cela et vivre dans un monde post-tragique. Et encore plus après 1992 ! Finis, les conquérants territoriaux, les champs de bataille, les défilés de la victoire, les arcs de triomphe et les vengeances attendues. Déjà, dans la décennie 1930, l'École des Annales jugeait que les historiens devaient s'intéresser autant au prix du pain (donc aujourd'hui à la PAC – politique agricole commune) qu'à la vie des princes, à leurs querelles et à leurs batailles. Depuis la fin de la Seconde Guerre mondiale et ses chiffres hallucinants de victimes – 60 millions ! –, plus encore civiles que militaires, il y a encore eu de nombreuses guerres (notamment de décolonisation, ou entre pays devenus indépendants), mais la dissuasion nucléaire mutuelle a fait qu'il n'y a pas eu de nouvelle grande guerre entre les puissances dotées de cette arme. Et d'ailleurs, globalement, notait-on avant 2022 (avant l'Ukraine, l'attaque du Hamas, la bataille de Gaza…), il y a de moins en moins de guerres…

Que faut-il enseigner ? Un « devoir de mémoire », construction sociale tributaire de l'esprit du temps ? Plutôt l'Histoire avec un grand « H », lucide, honnête et vraie (même si j'adore la phrase de Napoléon : « L'Histoire est un mensonge sur lequel on s'est mis d'accord »). Mais les batailles cesseront-elles jamais ? Batailles encore parfois territoriales, au Moyen-Orient, en Afrique, à nouveau en Europe de l'Est, avec la Russie poutinienne, mais le plus souvent pour le contrôle et l'accès aux ressources rares (à l'eau dans quelques cas) et minerais clés, les chemins stratégiques (les détroits), les batailles économiques pour les parts de marché, les nouvelles batailles immatérielles (accès aux données, cyberattaques), ou technologiques, le contrôle de l'espace, des fonds sous-marins, batailles d'influence… Il n'y a peut-être plus rien dans tout cela

« à célébrer », mais encore à commémorer (se souvenir) et surtout beaucoup à méditer.

Non pas pour faire des incantations « à la paix », comme les danses pour faire pleuvoir, mais pour comprendre comment on l'impose, on la rétablit, on la maintient, on la protège.

Voir : Bérézina ; Fukuyama, Francis ; Histoire de France ; Paix.

BD

Il eût été étonnant que les géniaux auteurs de la « ligne claire » classique belgo-française, si lisible, qui porte si bien son nom, si prompts à capter leur époque, n'aient pas été saisis par leur contexte géopolitique. C'est le cas d'Hergé, immense créateur, qui a pris quelquefois des événements internationaux de son époque comme cadre des aventures de Tintin et de ses amis. Guerre nippo-chinoise (*Le Lotus bleu*), création d'Israël et coups d'État dans la péninsule Arabique (*Tintin au pays de l'or noir*, *Coke en stock*), fascismes européens (*Le Sceptre d'Ottokar*, *L'Affaire Tournesol*). Tout cela reste fluide : le jeune reporter se glisse entre les gouttes de la grande histoire. Rien n'est pesant. Tiré de l'actualité de l'entre-deux-guerres et des débuts de la guerre froide, mais épuré, et donc intemporel et éternel, comme Charlot. L'autre grand maître de la ligne claire, Edgar P. Jacobs, inventeur de Blake et Mortimer (et du diabolique colonel Olrik, dont j'ai écrit, avec mon fils Laurent, la « biographie non autorisée », dont André Julliard, immense talent, avait dessiné la couverture), a fait de la géopolitique de son temps la toile de fond de plusieurs de ses albums. D'abord avec *Le Secret de l'Espadon*, imaginaire troisième guerre mondiale déclenchée juste après la fin de la deuxième depuis Lhassa par « l'usurpateur Basam Damdu ». Ensuite avec *S.O.S. Météores*, épisode parisien de la guerre froide. Fait remarquable : les États-Unis n'y apparaissent pas comme puissance. Au moment de leur apogée ! Tout tourne toujours autour de la Grande-Bretagne. Le commandant de la base secrète à Ormuz, l'amiral Gray, a les traits de Churchill. Plusieurs des talentueux continuateurs de Jacobs se sont inscrits eux aussi dans ce cadre des années 1940-1950-1960. La géopolitique ou l'économie mondialisée sont présentées dans quelques séries plus récentes, comme *Largo Winch*, du grand scénariste Jean Van Hamme, puis Éric Giacometti, dessiné magnifiquement par Philippe Francq. Ainsi que dans *I.R.S.* Et n'oublions pas *Alix*, de Jacques Martin, vaste fresque de toute la géopolitique antique.

Voir : Espions (de papier, de pellicule).

Débâcle ? Le passage quasi impossible de la rivière la « Bérézina » (en Biélorussie) du 26 au 29 novembre 1812, par la « Grande Armée » napoléonienne en pleine déroute, poursuivie par Koutouzov, est devenu dans la langue française synonyme de débâcle : l'hiver, le gel, 30 000 morts du côté napoléonien. Voir Balzac ou Hugo. Mais peut-être est-ce aussi erroné que la légende du partage du monde à Yalta ? Pour certains historiens français d'aujourd'hui, ce fut au contraire une victoire militaire, en tout cas pas une défaite. Et, d'ailleurs, le tsar Alexandre Ier limogea le général Tchitchagov qui n'avait pu empêcher les pontonniers du général Éblé de réaliser des ponts pour permettre le passage du reste de la Grande Armée. Mais, de toute façon, la campagne de Russie fut un échec et le commencement de la fin pour Napoléon. Comme Stalingrad le fut en 1942-1943 pour les nazis (je ne compare pas !). Cinquante ans plus tard, Léon Tolstoï en fit, dans son immortel roman *La Guerre et la Paix*, le symbole du sursaut national. En littérature, l'année 1812 marque le début d'un patriotisme romantique russe. Tchaïkovski composera plus tard *L'Année 1812*.

Il y aurait une liste de batailles ou d'événements catastrophiques à faire : des croisades, Damiette, l'Écluse (1340), Crécy, Maupertuis, Brétigny (1360), Azincourt (1415), le traité de Troyes (1420), peut-être le pire de tous, pire encore que l'effondrement total de 1940, et bien d'autres encore, plus tard, Trafalgar, Waterloo, Sedan, Fachoda, Diên Biên Phu... Songeons au traumatisme qu'a représenté la guerre du Vietnam pour les Américains.

Certains peuples commémorent leurs défaites : par exemple, pour la Serbie, la bataille du « Champ des Merles » en 1389 au Kosovo où une coalition de princes chrétiens a été vaincue par l'Empire ottoman ! Sous d'autres formes, ce masochisme n'est pas mort et se porte bien chez nous...

Voir : Austerlitz ; Batailles ; Napoléon ; Waterloo, morne plaine.

Berlin

Berlin : son nom évoque la tragédie. Sa réalité est moins terrible. Les grandes capitales ont toutes des origines modestes et des destinées contrastées. Fondée au XIIe siècle sur les bords de la Spree, Berlin a été du XIIIe au XVIIe siècle la capitale de l'électorat de Brandebourg, puis celle du royaume de Prusse (XVIIIe-XIXe siècle) – un des refuges des huguenots français –, ensuite de l'Empire allemand pendant quarante-huit ans de 1871 à 1919, de la république de Weimar (fondée à Weimar) pendant quatorze ans, de 1919 à 1933, et du Troisième Reich de Hitler pendant douze ans, de 1933 à 1945. Celui qui devait durer mille ans !

En 1945, la ville a été divisée par les vainqueurs en quatre zones (américaine, britannique, française, soviétique) et, à partir de 1961, seize ans après la fin de la guerre, par un mur, entre Berlin-Ouest et Berlin-Est, capitale de la RDA, pour empêcher les Berlinois de l'Est de fuir. Berlin redevient capitale de l'Allemagne en 1990, avec le « traité d'unification » à 4 + 2 (les États-Unis, l'URSS, Nicolas Dufourcq pour la France, la Grande-Bretagne plus la RFA [Allemagne de l'Ouest] et la RDA [Allemagne de l'Est]) et signé le 31 août 1990, si bien négocié qu'il n'a jamais été contesté depuis. Toutes les installations fédérales y siègent. L'obsession de Berlin : ne plus jamais faire peur, malgré l'imposante nouvelle chancellerie ; accueillir une contre-culture typiquement postnationale, américano-globalisée, etc. ! Pourtant, c'est avec Francfort (les banques) et Karlsruhe (la Cour) un des principaux lieux de pouvoir de l'Allemagne d'aujourd'hui.

Voir : Allemagne ; Seconde Guerre mondiale.

BHL (Bernard-Henri Lévy)

Difficile d'évaluer exactement son influence, celle qu'il se prête, celle qu'on lui prêtait, ou lui déniait. Bernard-Henri Lévy est né en 1948, mais il est devenu BHL en surgissant des ondes, ou plutôt des écrans, à l'émission « Apostrophes » du 7 mai 1977. Chemise blanche, col ouvert, profil aiguisé, allure romantique, il séduisit autant qu'il s'imposa comme la figure étendard des « nouveaux philosophes », avec André Glucksmann. Le premier objectif de ces intellectuels médiatiques (cela devint avec eux et l'essor de la télé pour tous une catégorie en soi) est de combattre tous les totalitarismes, et d'abord l'URSS, alors déclinante mais encore redoutée. Cela indigna une partie de la gauche, toujours sous influence marxiste ou qui ne pouvait pas encore admettre se passer du PCF, et qui ne se résignera jamais à mettre sur le même plan nazisme et communisme. Et cela gêna aux entournures François Mitterrand, engagé dans sa marche au pouvoir, vouée électoralement à l'échec sans l'Union de la gauche. Le second combat sera de mobiliser, pour ce que l'on appellera plus tard « l'ingérence » (Bettati, Kouchner), une opinion publique la plus indignée possible pour convaincre/contraindre un gouvernement occidental, en pratique français, d'intervenir militairement dans un pays en crise grave afin d'y faire cesser les souffrances (et aussi celles des téléspectateurs, dira-t-on perfidement). Giscard y fut sensible. Trop politique pour le négliger, François Mitterrand le ménageait. Chirac l'ignorait. Il contribua à convaincre Sarkozy d'intervenir en Libye, et Hollande d'être prêt à le faire en Syrie au nom des Kurdes.

BHL fut sévèrement critiqué. Pour ses positions. Pour ses vérités à éclipses et ses impasses (l'essayiste incisif parfois pamphlétaire Pascal Boniface l'a épinglé en 2011 dans ses *Intellectuels faussaires*). Pour son refus d'envisager et d'assumer les conséquences de ses interventions (il les assume pour la Libye). Pour son soutien systématique à Israël (il s'en défendait, rappelant qu'il n'avait jamais rejeté *a priori* la solution à deux États et avait condamné, avec d'autres et JCall [European Jewish Call for Reason], le projet de Netanyahou d'annexion de la vallée du Jourdain). Mais en 2024 il revient au soutien à Israël. L'homme est divers et complexe. Inspiré voire obsédé par la figure de Malraux, il est attachant, différent de l'image qu'il s'est construite. Centre d'un réseau d'influence (médias, revues, édition) longtemps très puissant, il peut être attentionné, vif, rapide, opérationnel. Comme ministre, je l'avais missionné pour faire un rapport sur l'éventuel troisième bouddha (caché) de Bâmiyân et aidé à voyager pour relater « les guerres oubliées ». Il aura été une figure parisienne typique (inconcevable ailleurs) des années 1970 au début des années 2000. Mais tout cela c'était dans « le monde d'avant », celui où Bourdieu pouvait écrire, sorte d'éloge paradoxale : « BHL, celui que ma concierge prend pour un journaliste, les journalistes pour un philosophe et les philosophes pour ma concierge. » Il n'a jamais admis la relativisation de la puissance occidentale, au contraire : en 2018, dans *L'Empire et les Cinq Rois*, il appela l'Europe, seule s'il le faut, à relayer l'Amérique défaillante et à ne faire « aucun compromis » avec les puissances nouvelles qui défient l'Occident et voudraient l'empêcher de poursuivre sa mission civilisatrice (Chine, Russie, Turquie, Iran, Arabie) : cela conduirait donc à un Occident, qui n'en a plus les moyens, ni la volonté, à devoir affronter tout *the rest* ! Programme totalement irréaliste qui tente pourtant encore une partie des élites médiatiques occidentales, ré-éléctrisées par Poutine ! Mais le temps des croisades, de la colonisation et de l'évangélisation démocratique est révolu…

Voir : Déclin ; Ingérences ; Néoconservateurs ; Occident.

Biden, Joe

Joe Biden, né en 1942, dont Trump se moquait (« *sleepy Joe* »), avait été élu, le 3 novembre 2020, président des États-Unis avec 81 millions de voix (le plus grand nombre de voix qu'ait réuni un président élu, contre 74 millions lors de la même élection pour Donald Trump, qui prétendait avoir gagné, le même Donald Trump n'ayant été largement élu le 6 novembre 2024 qu'avec 72,6 millions de voix), ce qui a finalement été reconnu le 7 janvier 2021 par le Congrès. Sa longue carrière de sénateur sans éclat, ses huit honorables années de vice-présidence auprès d'Obama, qui n'ont pas laissé de souvenir particulier, n'avaient pas été un obstacle pour des électeurs qui voulaient avant tout refermer l'horrible parenthèse de Trump I. Mais celui-ci avait augmenté son score chez les Latinos et même chez les Noirs américains, ce qui est encore plus net en 2024 ! Sa ligne centriste frustrait la gauche, et les gauchistes du parti démocrate ont tout fait pour peser sur la suite, mais elle aura été un atout et lui a permis d'être un bon Président. Le choix de Kamala Harris, juriste californienne de parents d'origine indienne et jamaïcaine, paraissait intelligent. L'élimination de Trump avait enthousiasmé les Européens (sauf les Polonais et les Baltes) et consterné Israël et l'Arabie. Cela a peut-être poussé Poutine à en profiter. Les Européens auraient dû saisir cette occasion de redémarrage avec une administration démocrate classique – plus Clinton qu'Obama. Finalement, outre la remarquable loi IRA (sur la réduction de l'inflation), le mandat Biden aura été marqué à l'extérieur par la poursuite d'une politique dure envers la Chine, par la gestion ferme mais raisonnable de l'affaire ukrainienne, par la guerre de Gaza dans laquelle Biden, pro-israélien de toujours, n'a pas pu se résoudre à utiliser l'éventuelle menace de suspension de la noria d'armements américains vers Israël pour imposer à Netanyahou l'arrêt de la guerre ou, au minimum, une trêve, encore moins la relance du projet d'État palestinien. Et par son renoncement, en dépit d'un bilan plus qu'honorable, à se représenter, au profit de Kamala Harris. Celle-ci n'a pas réussi à, ou n'a pas eu le temps de s'imposer auprès de l'électorat démocrate et n'a pas pu endiguer la lame de fond trumpiste.

Voir : Chinamerica ; États-Unis ; Europe ; Trump, Donald.

Bismarck, Otto von

Un Français est-il obligé de détester Bismarck ? Grand homme d'État prussien sous trois souverains. Ministre président du royaume de Prusse de 1862 à 1890. Chancelier de la Confédération de l'Allemagne du Nord de 1867 à 1871. Chancelier du nouvel Empire allemand de 1871 (sous Guillaume Ier) jusqu'en 1890 quand Guillaume II l'écarte (hélas ! vu la suite), il reste pour l'Histoire l'homme de l'unification de l'Allemagne.

Il est, pour la France, celui qui a vaincu Napoléon III à Sedan (sur la réhabilitation argumentée et convaincante du Second Empire, voir Gérard Unger, *Histoire du Second Empire* et Olivier Pastré), arraché l'Alsace et la Lorraine à la France et créé le Deuxième Reich, ce que Richelieu et Mazarin avaient réussi par les traités de Westphalie, en 1648, à différer de plus de deux siècles ! Les historiens de la IIIe République en ont fait, sans surprise, après 1870, un dirigeant brutal. Au XXe siècle, quand certains, à gauche, voyaient dans Angela Merkel un « nouveau Bismarck » (parce qu'elle demandait à la France de tenir les engagements budgétaires qu'elle avait pris au traité de Maastricht !), j'avais dit sur une radio allemande : « Mme Merkel ne mérite pas un tel hommage. » En réalité, Bismarck avait fait preuve d'une remarquable intelligence manœuvrière pour surmonter tous les obstacles allemands, autrichiens, puis français sur la route de l'unification par la Prusse. En revanche, la mainmise sur l'Alsace et la Lorraine par le traité de Francfort en 1871 fut un signe d'*hubris*, y compris du point de vue allemand. On connaît l'enchaînement infernal qui en découla.

Stéphanie Burgaud a très bien campé Bismarck en artisan de la *Real* diplomatie dans les *Grands diplomates* (Perrin, 2024). Mais la marche à la guerre de 1914 ne doit rien à Bismarck et beaucoup à Guillaume II, qui abandonna la realpolitik de l'ex-chancelier pour une politique aventuriste et versatile, obsédé par le rattrapage de la suprématie navale de la Grande-Bretagne. C'est la thèse convaincante de Kissinger, que je partage. Par ailleurs, en 1884, à la Conférence de Berlin sur l'Afrique, caricaturée par un dessin célèbre de l'*Illustration* sur le partage du gâteau africain, Bismarck ne voulait que garantir la libre circulation sur le Niger et le Congo. Tandis que Léopold II, le roi des Belges, se faisait attribuer, lui, le Congo qui allait devenir belge, puis le Zaïre, puis la RDC, *via* un syndicat de marchands, et y pratiquer une colonisation féroce.

Voir : Allemagne ; France/Allemagne.

Boycott

À certains moments de l'Histoire, des puissances se sont arrogé le droit de faire pression sur d'autres puissances sans avoir recours à la guerre, ou pas exclusivement, pour atteindre leurs objectifs. Il y a des points communs entre les blocus (par exemple le blocus continental décrété par Napoléon contre la Grande-Bretagne pour la ruiner commercialement, mais qui n'y parvint pas), les politiques de sanctions (américaines ou, hélas, européennes), le droit ou le devoir d'ingérence, et les boycotts. Il peut y avoir des boycotts spontanés quand les consommateurs, sans que ce soit organisé, n'achètent plus tel ou tel produit, ou n'ont plus recours à tel ou tel service, pour montrer leur mécontentement envers un gouvernement, un pays, une entreprise, une politique (apartheid). Le boycott qui a le plus enflammé les opinions ces dernières années est celui qui a été décrété par certaines organisations contre des produits israéliens, notamment la campagne BDS (Boycott, Désinvestissement et Sanctions). Il faut distinguer à ce sujet ceux qui appellent au boycott des produits israéliens en général et ceux qui ne visent que les produits issus des territoires occupés (selon le droit international). Naturellement, les autorités israéliennes – notamment depuis Netanyahou – condamnent en bloc ces campagnes, qu'elles taxent d'antisémitisme, ce qui a été longtemps très efficace, en Occident.

Le 11 juin 2020, la Cour européenne des droits de l'homme avait condamné la France pour avoir condamné des militants propalestiniens qui avaient appelé à un boycott des entreprises israéliennes installées dans les colonies. La cour de Strasbourg avait indiqué que de telles actions sont garanties par l'article 10 de la Convention européenne des droits de l'homme sur la liberté d'expression, ainsi que par le droit international, comme l'avait rappelé le rapporteur spécial des Nations unies sur la liberté de conviction ou de religion, en septembre 2019. Cette question est évidemment relancée par la guerre de Gaza et les positions de la Cour pénale internationale.

Dans le monde global, où l'Occident n'a plus le monopole de la puissance ni les moyens d'isoler complètement un autre pays important, on l'a vu avec l'Iran et on le voit avec la Russie, la question sera : qui va l'emporter, dans l'hypothèse d'une guerre des boycotts ? On voit que la Chine est tentée. Foire d'empoigne en vue.

Voir : Israël ; Sanctions.

Braudel, Fernand

Et si on redevenait « braudéliens » ? Si, pour résister à la fébrilité ambiante, on raisonnait dans le « temps long », comme le grand historien français Fernand Braudel (1902-1985) ? Donner du temps au temps... Sa thèse sur le monde méditerranéen à l'époque de Philippe II, au XVIe siècle, le rendit célèbre, car – c'était la marque des Annales – il englobait tout dans son analyse. L'histoire globale, prétendument nouvelle au XXIe siècle, n'a rien inventé. Il parlait de géo-histoire, pour ne pas dire géopolitique quand le terme sentait encore le soufre. Bien sûr, on ne trouve dans son œuvre aucune des généralités douceâtres et niaises sur « la Méditerranée », certes espace séculaire d'échanges, mais aussi de tensions, d'affrontements, de croisades et de piraterie. Dès 1963 et jusqu'en 1987, il publie une *Grammaire des civilisations* (civilisation arabo-islamique, chinoise, mongole, indienne, africaine, européenne) qui passionne sans choquer. Dix ans plus tard, Samuel Huntington provoquera une controverse planétaire pour s'être servi de ce même concept de « civilisation » ! Début ravageur du masochisme occidental expiatoire, de la pudibonderie sémantique et du politiquement correct apparu sur les campus américains avant de dégénérer en wokisme et en *cancel culture* et de se propager en Occident, notamment en France, sans résistance suffisante. Après son décès en 1985 est publié le premier tome, passionnant, de *L'Identité de la France*. Même remarque sur l'emploi du terme « identité » ! Il insiste, comme dans deux ouvrages suivants, sur l'effort multiséculaire pour unifier le pays. La conception braudélienne de la longue durée a été critiquée par Michel Foucault, déconstructeur efficace, qui a mis au contraire l'accent sur les divisions. Je reste braudélien. Cette controverse rejoint celle sur l'Histoire. Si elle s'arrêtait, cela signifierait qu'un totalitarisme l'aurait emporté.

Voir : Correct/tabou/woke ; Géographie ; Géopolitique ; Histoire de France ; Méditerranée.

Bretton Woods (Accords de)

Les accords de Bretton Woods, fruits de la conférence qui s'est tenue au Mount Washington Hotel dans le New Hampshire du 1er au 22 juillet 1944, sont emblématiques de ce dont on fait l'éloge maintenant sous le nom de multilatéralisme par opposition aux pratiques de Donald Trump. Ces accords avaient dessiné les grandes lignes du système financier international après 1944 (FMI, Banque mondiale, commerce), mais ce qui est intéressant à relever, c'est que ce *multilatéralisme* a été mis en place de façon *unilatérale* par les États-Unis (Harry Dexter White et le Britannique John Maynard Keynes) avec le soutien de la Grande-Bretagne et de la France. Et que, par la suite, c'est un président américain, Richard Nixon, qui, de façon tout aussi *unilatérale*, leur a porté un premier coup sérieux en mettant fin le 15 août 1971 – il y a cinquante-quatre ans – à la convertibilité du dollar en or, une des bases du système. Désormais, avait dit aux Européens un secrétaire au Trésor : « Le dollar, c'est votre problème. » Ce qui n'a pas empêché que le règne du dollar se poursuive, puisque, encore aujourd'hui, l'euro (ni le yuan) n'a pas réussi à l'égaler, encore moins à le supplanter dans les relations économiques internationales ni la « dédollarisation » de progresser vraiment. Sans cette suprématie du dollar, la scandaleuse politique américaine de sanctions extraterritoriales s'effondrerait. Pour l'avenir, la question est : quelles relations entre le dollar, l'euro, le renminbi et le yen ? La Chine affiche l'ambition de supplanter un jour le dollar. Encore faudrait-il qu'elle ait les reins économiques suffisamment solides, que sa monnaie devienne une monnaie de réserve, que les autres grands pays du Sud comme l'Inde s'y résignent... Interrogée en octobre 2024, Christine Lagarde a déclaré qu'elle ne le verrait pas de son vivant. D'ailleurs, Trump fera tout pour l'empêcher.

Voir : Dollar ; « Guerre économique » mondiale ; Multilatéralisme.

Brexit

Célèbre série britannique en plusieurs saisons, de 2017 à 2020. Acteurs principaux : Farage, Cameron, les électeurs pro ou anti, May, Johnson. Le 29 mars 2017, suite à la victoire surprise des pro-Brexit par 51,89 % au référendum imprudemment convoqué par Cameron le 23 juin 2016, la Grande-Bretagne a notifié à l'Union européenne le début de sa procédure de retrait en vertu de l'article 50. Terreur à Bruxelles, Paris et Berlin : d'autres pays vont-ils suivre cet exemple dévastateur ? Réponse : non. Beaucoup d'Européens sont mécontents de l'Europe et de l'euro, mais ne veulent pas « sortir » pour autant. Trop risqué ! Le psychodrame a duré plusieurs années.

Du côté européen, la logique punitive et dissuasive a prévalu : « Ils ont voulu sortir, certes le traité de Lisbonne le permet. Mais il faut quand même que ce soit le plus douloureux possible ! » Michel Barnier, solide et tenace négociateur, nommé Premier ministre le 5 septembre 2024 : ils peuvent garder un lien avec l'UE, mais pas au détriment de ceux qui restent dans le Marché unique. À Londres, guérilla, débats sans fin sur l'intensité, les modalités, la dureté, l'Irlande du Nord. Finalement, la sortie a eu lieu le 31 janvier 2020… sous Boris Johnson, pour « reprendre le contrôle », ouvrant la voie à une laborieuse année de négociations ardues sur la pêche, et autres. C'est la question sur l'après qui domine : comment garder avec la Grande-Bretagne une relation économique et commerciale ? À quel prix ? Et en matière de défense ? C'est important pour la France que les accords de Lancaster House soient préservés et utilisés. Mais la Grande-Bretagne a plutôt l'air de vouloir surtout valoriser sa place dans l'OTAN… En tout cas jusqu'au retour de Trump.

Au total, une idiotie jouée à la roulette russe et qui aurait pu être évitée. Mais quand même, un deal, un accord commercial post-Brexit conclu le 24 décembre 2020. Enfin tout de même ! Avoir été réduits à se disputer avec la Grande-Bretagne pour des quotas de pêche et des règlements douaniers ! Quand on pense au royaume d'Angleterre des Plantagenêt, issu de la longue lutte manquée contre les

Capétiens, cette Angleterre qui, par conquêtes, alliances, ruses et mariages, avait bâti le Royaume-*Uni*, puis l'Empire britannique. Et les figures de grandes souveraines : Elizabeth Ire, la reine Victoria, impératrice des Indes (géniale idée de Disraeli) ! Contre la France du XVIIe et du XVIIIe siècle, contre l'Espagne, puis l'Allemagne. Et puis, à la longue, nous avons oublié Trafalgar, Fachoda, Mers El Kébir. Nous adulons Churchill. La perfection professionnelle et la longévité d'Elizabeth II ne suffisaient pas à expliquer l'engouement dont elle jouissait jusqu'à son décès en 2022, ni la sympathie qui a entouré aussitôt Charles III. Cela a été notre histoire commune, beaucoup moins ancienne que la difficile séparation entre Francs et Teutons dans les brumes mérovingiennes et carolingiennes. Quelle tristesse ! Mais le peuple anglais peut nous surprendre.

En 2025, le Brexit est jugé en majorité comme une erreur. Le Premier ministre travailliste Keir Starmer n'envisage pas pour le moment un vote sur un retour, mais veut en effacer toutes les conséquences néfastes. Il a d'autres chats à fouetter !

Voir : Churchill, Winston ; Europe.

BRICS/Organisation de coopération de Shanghai (OCS)

Plus concrets que la « communauté » internationale – qui n'en est pas une –, ou que les Nations « Unies », qui ne le sont pas, deux groupes se distinguent au « Sud » plus actuel que l'ancien groupe des 77 au sein de l'ONU.

L'Organisation de coopération de Shanghai, née de l'initiative régionale de cinq pays en 1996 : Chine, bien sûr, Kazakhstan, Kirghizstan, Tadjikistan, Russie. Elle a été élargie ensuite à l'Ouzbékistan, à l'Inde, au Pakistan, à l'Iran et en 2024… à la Biélorussie. Dans la main de la Chine et de la Russie, ses membres affirment travailler à un « nouvel ordre multilatéral » alternatif aux institutions internationales/occidentales de 1945.

Et plus encore le groupe des BRICS – Brésil, Chine, Russie, Inde, Afrique du Sud – créé en 2009 (l'expression n'avait au début qu'un sens économique), rejoint en 2023-2024 par l'Égypte, les Émirats, l'Indonésie, le Mexique, l'Iran, l'Éthiopie. Et il y a encore une quinzaine d'autres candidats. Quasiment l'ancien tiers-monde ! L'influence chinoise y progresse, l'Inde essaie de la contenir. Impossible de ne pas en tenir compte, surtout après leur sommet à Kazan en Russie en octobre 2024.

Voir : Sud global.

Brzeziński, Zbigniew

Une des stars de la pensée stratégique américaine. Plus militant mais moins connu que Kissinger et ayant eu sans doute plus d'influence encore que lui sur le monde. Né en 1928 à Varsovie, Zbigniew Brzeziński est décédé en 2017 à Falls Church, en Virginie. Il fut plus considéré comme brillant penseur *après* que comme conseiller à la sécurité nationale du président Jimmy Carter de 1977 à 1981. Farouchement antisoviétique, il avait sous Carter piégé l'URSS en Afghanistan, mais en mettant le pied à l'étrier aux milices islamistes financées par l'Arabie, Ben Laden, sans imaginer la suite ! Il avait aussi théorisé dans le « Grand Échiquier », en 1997, que celui qui contrôle l'Ukraine contrôle la masse continentale de l'Eurasie (le Heartland de Mackinder). Donc qu'il fallait séparer l'Ukraine de la Russie, y compris la Crimée, russe depuis longtemps, ce à quoi œuvrèrent sans s'en cacher, dans les dernières années de l'URSS, beaucoup de diplomates et d'organisations américaines, ONG, médias, fondations, à la demande aussi de nombre d'Ukrainiens, avec le succès initial en 2014, mais aussi les conséquences que l'on sait.

Pourtant, à la fin de sa vie, il estima que cela avait été une erreur d'avoir voulu aveuglément, et bruyamment, sous Bill Clinton puis G. W. Bush, faire entrer l'Ukraine, donc la Crimée (et la base russe de Sébastopol) dans l'OTAN, et qu'il aurait été plus intelligent de faire de l'Ukraine un pays libre mais militairement neutre. Comme l'Autriche de la guerre froide. Mais il n'a pas pu corriger la politique américaine sur ce point. Encore un engrenage désastreux qui aurait pu être évité, à condition d'agir tôt, dès la réapparition de la Russie, dans les années 1990, avec Eltsine, ou Poutine I et II, en combinant les idées de Kissinger, de Brezinski et en ne ratant pas l'accord d'association Union Européenne/Ukraine. À méditer en 2025, même si c'est improuvable.

Il était brillant, aiguisé, sarcastique ; il s'intéressait aux idées françaises. Je l'ai vu pour la dernière fois en 2012 au CSIS (Center for Strategic and International Studies). Il était heureux que son opération de la cataracte ait réussi. Il m'avait écrit que nous devrions créer une « *mutual admiration society* », humour académique américain typique. Son fils Mark a gardé le contact avec moi.

Voir : États-Unis ; Géopolitique ; Kissinger, Henry ; Penseurs ; Russie.

Bush (Famille)

Après les Kennedy, mais en moins glamour, moins sulfureux et moins shakespearien, sorte de dynastie à la sauce américaine. George Herbert Bush, qui avait été le vice-président de Reagan, a été le 41e président, de 1989 à 1993. George Walker Bush, son fils, le 43e président, de 2001 à 2008. Son second fils, Jeb Bush, né en 1953, gouverneur de Floride, a échoué aux primaires républicaines en 2016, année de l'élection de Donald Trump.

En 1990, en plein bouleversement Est-Ouest, G. H. Bush invita le président Mitterrand (ils s'entendaient exceptionnellement bien, cela mériterait d'être raconté) dans sa résidence familiale de Kennebunkport, dans le Maine. Mme Barbara Bush : « Monsieur le Président, nous allons demain à l'office [presbytérien], voulez-vous vous joindre à nous ? » François Mitterrand : « Hum… J'ai malheureusement des dossiers à travailler mais je suis sûr que cela ferait du bien à Dumas et Védrine. » Nous y sommes allés, chaleureusement accueillis.

Le dernier télégramme de G. H. Bush en quittant la Maison Blanche, en janvier 1994 : « François, n'oubliez jamais que je suis votre ami. » Entre-temps, ils avaient coopéré remarquablement pour gérer les relations avec Moscou, la réunification allemande, la guerre du Golfe, le Proche-Orient.

Ne pas confondre les deux : le père (le 41e), républicain réaliste classique, vice-président de Reagan, qui eut à gérer (très bien), avec ses alliés, la fin de l'URSS remarquablement secondé par James Baker et le général Scowcroft. Et le fils, conseillé par Condoleezza Rice qui, alignée sur le Likoud dès le début, annula les tentatives modestes et tardives de Bill Clinton (qui s'était résigné à mettre un peu de pression sur les Israéliens nationalistes et messianiques) sur le Proche-Orient. Mais surtout, sidéré par le choc du 11 septembre 2001, il se laissa ensuite de plus en plus entraîner par les « néoconservateurs » sur une ligne manichéenne de croisade et d'interventions. D'où la calamiteuse guerre en Irak en 2003, justifiée par des arguments mensongers et qui a tout aggravé au Moyen-Orient, comme prévu par Jacques Chirac. Nicolas Sarkozy se proclamait très proche de lui – au nom de la « famille occidentale » –, avant d'être décontenancé par le distant et cérébral Barack Obama. Retiré dans son ranch de Crawford au Texas, G. W. Bush est devenu un (bon) peintre animalier, et un portraitiste.

En décembre 2018, Emmanuel Macron m'ayant demandé de le représenter aux obsèques de G. H. Bush, le père, j'ai pu voir, outre le cercueil du défunt, sur le même banc, à la cathédrale nationale de Washington, cinq présidents : Donald Trump, Barack Obama, Bill Clinton, George W. Bush et Jimmy Carter ! Mais depuis Trump, il ne reste rien du parti républicain de l'époque Bush !

Voir : Biden, Joe ; Carter, Jimmy ; Clinton, Bill et Hillary ; État voyou ; États-Unis ; Néoconservateurs ; Obama, Barack ; Présidents ; Trump, Donald.

C

Carrère d'Encausse, Hélène

Grande dame.

Hélène Carrère, dite Carrère d'Encausse, née Zourabichvili, apatride (géorgienne) puis française à partir de 1950, outre qu'elle a été cinq années députée européenne, et vingt-quatre ans Secrétaire perpétuelle de l'Académie française, et qu'elle éprouvait une passion pour la langue française, a entretenu par ses ouvrages la connaissance érudite et vivante de la Russie, longtemps illustrée par les édifiantes biographies des tsars et tsarines par Henri Troyat, trop oublié, et maints experts, et de l'URSS puis, à nouveau, de la Russie.

Dans le monde manichéen de la guerre froide et le monde globalisé par l'Occident qui ne l'est pas moins, elle a contribué par ses ouvrages et ses interviews, jusqu'à sa mort en 2023, à rappeler qu'il y a un monde, une grande culture et une immense histoire russes. Sans jamais approuver Poutine, elle voulait donner des clés, n'oubliant pas le passé et pensant à l'avenir à long terme. Jusqu'à ce qu'elle dise du maître actuel de la Russie : « Je ne le comprends plus. »

Voir : Penseurs ; Russie ; URSS.

Carter, Jimmy

Le meilleur ex-président. Qui se souvient de Jimmy Carter, né en 1924 en Géorgie, producteur de cacahuètes (ce qui permit à VGE de le prendre de haut), devenu gouverneur démocrate puis 39e président des États-Unis, de 1977 à 1981 ? Pourtant, il obtint d'importants résultats, comme le nouveau traité sur le canal du Panama, la signature du traité SALT II de limitation des armements nucléaires stratégiques avec l'URSS, la création des ministères de l'Énergie et de l'Éducation, des mesures de protection de l'environnement, le guet-apens afghan tendu à l'URSS et, surtout, les accords de Camp David. Grâce à son engagement, ils furent le 17 septembre 1978 signés dans la résidence de week-end du Président par Anouar el-Sadate, président égyptien (qui sera assassiné pour cela trois ans plus tard par des islamistes), et Menahem Begin,

Premier ministre israélien et créateur du Likoud et opposant farouche à tout État palestinien. Ils furent suivis d'un traité de paix le 26 mai 1979, qui prévoyait la récupération du Sinaï par l'Égypte et l'établissement de relations diplomatiques. Les autres volets des accords, qui incluaient une autonomie transitoire de la Cisjordanie et de Gaza, et les principes futurs des relations Israël/pays arabes, ne furent jamais appliqués, du fait du refus israélien.

En fait, Carter ne se releva pas de la vindicte du régime des ayatollahs iraniens. Après avoir renversé le shah d'Iran – érigé en gendarme du Golfe par les États-Unis qui ne le soutinrent pourtant que mollement dans l'épreuve –, en 1979, ils exigèrent que les États-Unis le renvoient en Iran où il aurait à coup sûr été exécuté. Puis ils prirent d'assaut l'ambassade des États-Unis et ses diplomates, que Jimmy Carter échoua à libérer, les vents de sable ayant fait échouer une opération commando héliportée. Les otages ne seront libérés qu'en janvier 1981 après l'élection de Ronald Reagan et quatre cent quarante-quatre jours de détention. Son conseiller pour la sécurité nationale, Zbigniew Brzeziński, eut un rôle déterminant, y compris après.

Par la suite, Jimmy Carter s'engagea sans relâche pour la démocratie, l'égalité hommes-femmes, contre les maladies et pour l'humanitaire et la résolution des conflits d'une façon tout à fait étrangère au manichéisme américain, par des médiations (Corée du Nord, 1994 ; visite à Cuba en 2002), et sans craindre d'affronter les dogmes et les tabous américains, par exemple le soutien systématique à Israël (plus précisément à la droite nationaliste israélienne), ou en critiquant la guerre contre l'Irak en 2003. Ce qui suscita – de nombreuses controverses mais lui valut (surtout pour Camp David) le Nobel de la paix en 2002, souvent attribué de façon moins bien inspirée. Il devint selon *Time* (1989) le « meilleur ex-président des États-Unis » !

Il s'était retiré chez lui à Plains, en Géorgie, où il a mené l'existence d'un simple retraité et a participé à la vie associative locale. Il avait eu 100 ans en octobre 2024 et s'est éteint le 29 décembre de la même année. Encore une figure attachante des États-Unis que nous ne reverrons pas.

Voir : Brzeziński, Zbigniew ; États-Unis ; Iran ; Israël ; Présidents ; URSS.

Cartes et atlas

Menacés par le GPS, Galileo et Beidou ? L'être humain a, depuis très longtemps, cherché à représenter le réel par des cartes. Des préhistoriens estiment que certaines peintures de Lascaux (16 000 ans avant notre ère) seraient des cartes du ciel. En 150, l'astronome grec Ptolémée dresse des cartes à Alexandrie. Les cartes traduisent la vision du monde que chaque peuple conçoit autour de lui. Dès l'Antiquité, il y a des mappemondes (*mappa mundi*). Au

XIIIe siècle, l'invention du *portulan* révolutionne la navigation. Au Moyen Âge, le terme atlas apparaît pour désigner un recueil de cartes dont le frontispice est orné d'une représentation du titan Atlas, condamné par Zeus à porter pour l'éternité la voûte céleste sur ses épaules, après qu'il eut participé à la révolte des Titans (*Atlas catalan*, en 1380). On aurait bien besoin de lui aujourd'hui ! La première carte de France est réalisée en 1553 par Oronce Fine. La cartographie devient plus précise, plus pratique, au cours des siècles suivants, pour naviguer, explorer et commercer. Et combattre. Hérodote (selon Yves Lacoste) : « La géographie, cela sert d'abord à faire la guerre ! » (Il faut dire que, ayant vécu au Ve siècle avant J.-C., il a connu les guerres médiques.)

Louis XVI, bon géographe et cartographe, donna lui-même des instructions à La Pérouse, pourtant il ne vit la mer qu'une fois, à Cherbourg, en 1786. On raconte que, sur l'échafaud, il demanda des nouvelles de l'expédition.

Au début du XXe siècle, la société de pneumatiques Michelin créa pour les premiers automobilistes la carte Michelin à la clarté, la lisibilité et la précision toujours inégalées.

François Mitterrand a écrit, dans *La Paille et le Grain*, avoir passé des soirées entières sur des atlas. À l'époque moderne, l'existence, pour raisons militaires puis commerciales et civiles, du GPS (d'abord utilisé par la défense américaine, dans le public depuis 2000), de Galileo (système européen de trente satellites) au chinois Beidou, prodigieusement pratique – on ne saurait plus vivre sans –, fait perdre petit à petit le réflexe et la capacité de lire les cartes...

C'est extraordinairement commode mais il faut combattre cette nouvelle forme d'illettrisme que cela suscite. Par exemple en lisant des atlas, qui nécessitent pour être lisibles de très bons cartographes.

Voir : Géographie ; GPS (Global Positioning System) ; Narratif.

Caucase

Histoire complexe, espace disputé, où sont parlées des dizaines de langue. Trois États : la Géorgie, l'Azerbaïdjan et l'Arménie forment le Caucase, ainsi que quelques régions russes, au nord du Caucase. L'Arménie et les Arméniens méritent d'être connus, pas seulement en raison du génocide. Le vieux royaume d'Arménie, fondé en 190 avant J.-C., a été le premier royaume à devenir chrétien, en 313. Il vit depuis le VIIIe siècle dans un environnement régional musulman. Franchissons les siècles : au XXe, en avril 1915, le gouvernement ottoman (dirigé depuis 1913 par les Jeunes Turcs d'Enver Pacha), engagé dans la guerre du côté des empires centraux, veut contrecarrer toutes les menaces de démantèlement et priver la Russie ennemie – encore orthodoxe – de tout relais interne dans les populations chrétiennes dans le Caucase et à l'Est. Il fait alors exécuter des soldats arméniens dans l'armée turque. Puis il fait déporter, avec l'aide des Kurdes, les élites, et tous les Arméniens de ces zones, jusque dans les déserts de Syrie, vers Deir ez-Zor, faisant directement ou indirectement de 800 000 à 1,5 million de morts.

Les descendants d'Arméniens réfugiés en Europe (notamment en France), aux États-Unis ou au Canada, où leur cause est populaire, militent pour que les parlements *reconnaissent* le génocide, voire *pénalisent* sa négation.

La Turquie moderne continue de nier ce génocide de façon d'autant plus absurde que, comme l'a rappelé l'historien turc Taner Akçam, Mustafa Kemal l'a qualifié lui-même « d'acte honteux » et que des génocidaires avaient déjà été jugés à la toute fin de l'Empire ottoman et au début de la Turquie moderne, que des procès contre les génocidaires turcs ont lieu en Arménie soviétique à partir de 1922 jusqu'à 1991. Mais les dirigeants turcs semblent l'avoir oublié. Pour les Turcs officiels, cela fait partie des actes de guerre. La responsabilité monstrueuse de l'Empire russe qui s'est servi des Arméniens pour faire éclater l'Empire ottoman n'est, elle, jamais évoquée.

Aujourd'hui, l'Arménie, indépendante et pauvre, compte moins de 3 millions d'habitants. Beaucoup d'Arméniens ont émigré. La diaspora est forte de 6 500 000 Arméniens dans le monde, dont 600 000 environ en France. Elle s'oppose à l'Azerbaïdjan voisin et ses 10 millions d'habitants au sujet du Haut-Karabakh (le Nagorny-Karabakh), peuplé à 80 % d'Arméniens, mais enclavés en Azerbaïdjan. Son principal appui était, croyait-elle, la Russie, qui a une base militaire en Arménie. Cet espoir s'est volatilisé en 2023.

Outre l'antagonisme entre l'Azerbaïdjan riche de son pétrole et soutenu par la Turquie, et l'Arménie pauvre et anémiée, la fragilité du Caucase est également frappante en Géorgie (moins de 4 millions d'habitants) chrétienne depuis le IVe siècle, affaiblie par l'échec du pays à récupérer, en 2008, les régions minoritaires et séparatistes de l'Ossétie du Sud et de l'Abkhazie soutenues et presque annexées par la Russie et écartelée de façon de plus en plus conflictuelle entre l'influence poutinienne et la ligne européenne de sa présidente Salomé Zourabichvili. Encore des conflits gelés, sans solution. Il est loin, le temps où l'on ne parlait du Caucase que pour s'émerveiller du nombre de centenaires se nourrissant de yaourts ! Une fois retirée la chape de plomb soviétique, cette région a été rattrapée par un passé, y compris sa dimension russe, dont elle ne parvient pas à se dépêtrer.

En novembre 2020, l'armée azérie a reconquis, avec l'aide de Moscou et de la Turquie, une partie du Haut-Karabakh et sept districts environnants occupés par les Arméniens, après que ce territoire s'est déclaré indépendant en 1991. Une petite partie du Haut-Karabakh resterait arménienne en principe, sous le nom de République d'Artsakh, protégée et en théorie surveillée par la Russie. Mais le 19 septembre 2023, l'Azerbaïdjan l'a envahie et occupée, entraînant l'exode de la quasi-totalité de la population. À côté de ce conflit réveillé, il reste plusieurs « conflits gelés » dans l'espace post-soviétique, par exemple la Transnistrie. Les Russes parlant par euphémisme de conflits « non résolus » (à cause d'eux).

Voir : Diaspora(s) ; Lois mémorielles ; Minorités ; Russie ; Turquie.

César, Jules

« Ave César ! » Il est des noms – à l'origine un titre – qui traversent l'Histoire en lettres de feu. Surtout des conquérants, pas exactement des bienfaiteurs de l'humanité ! Alexandre fascinait César, lequel fascinait Napoléon. Alexandre a donné son nom à des dizaines de villes. Le nom de César (en fait Caius Julius Caesar) a donné Czar, Tsar, Kaiser… et césarisme. Le grand Jules Michelet fait même remonter son patronyme à Aesar (Ésar), dieu des Étrusques. Ambitieux, aristocrate populiste talentueux, sexuellement ambivalent, fascinant, il dompta la Rome républicaine éreintée par la guerre civile. Devenu maître absolu, soupçonné de vouloir se faire roi, dédaignant les signes et les prémices, négligeant les mises en garde, comme plus tard Henri IV ou Yitzhak Rabin, il fut assassiné le 15 mars 44 avant J.-C., aux ides de mars, au sein du Sénat, un lieu où il était sans protection, par des sénateurs « républicains » qui voulaient l'empêcher de rétablir à son profit la royauté abolie près de cinq siècles auparavant, crime intolérable. Son petit-neveu Octave, qu'il avait adopté, devint, après avoir vaincu Marc-Antoine, plus que roi, le premier empereur romain, *imperator*, au sens politique, et pas seulement militaire.

Ces grandes figures relèvent de l'épopée occidentale. Il y manque les conquérants égyptiens, par exemple les Ramsès II ou III et Thoutmôsis, les grands rois parthes, perses, Gengis Khan, le créateur de l'empire le plus étendu au monde, Tamerlan. Ou les empereurs qui ont fait la Chine, à commencer par Qin Shi Huangdi. D'autres, préhistoriques, peut-être inconnus ? Autres mondes. C'est pourquoi parler de césarisme à propos de n'importe quel dirigeant contemporain doté d'un peu de pouvoir, un peu charismatique, et voulant exercer son autorité dans le monde surpeuplé interdépendant, individualiste et connecté est une facilité de langage !

Voir : Alexandre le Grand ; Empires ; Gengis Khan ; Napoléon ; Qadesh (Bataille de).

Chaliand, Gérard

Né le 15 février 1934 à Etterbeek (Bruxelles). Après avoir suivi de près de nombreux mouvements de libération nationale et *guérillas* « tiers-mondistes » des années 1950 et 1960, Gérard Chaliand est devenu, à travers une dizaine de livres – dont plusieurs avec Sophie Mousset –, un des meilleurs géostratèges contemporains et un des plus expérimentés. Clair, direct, ne s'embarrassant d'aucune périphrase, particulièrement lucide, original, à la fois engagé et rigoureux. À lire entre autres, pour être moins surpris par le monde qui vient : son *Anthologie mondiale de la stratégie* (Bouquins, « la collection », 1990), *Pourquoi perd-on la guerre ? Un nouvel art occidental* (Odile Jacob, 2016) et *Des guérillas aux reflux de l'Occident* (Passés composés, 2020), *Le Savoir de la peau* (L'Archipel, 2022), *Atlas stratégique, De l'hégémonie au déclin de l'Occident* (Autrement, 2022).

Voir : Géopolitique ; Stratégie (stratège) ; Sud global ; Tiers-monde.

Chinamerica

Projet et illusion (américaine ?) des années 2000-2010. Le surgissement sidérant du mastodonte chinois depuis la révolution de Deng et l'intensification parallèle pendant quarante ans des liens économiques et commerciaux entre les États-Unis et le nouvel « atelier du monde » ont suscité nombre d'ouvrages. Il y a même eu une formule : « Chinamerica », pour illustrer cette imbrication mutuelle. Le grand business américain, et Wall Street, s'en est réjoui. Certains se sont bornés à la décrire, ébahis, et à aligner des mégachiffres. Mais il y a à ce phénomène une face écologique plus sombre, sous-estimée par les géopoliticiens qui n'ont pas encore intégré l'écologie. Personne ne l'a mieux décrite que Jean-Michel Valantin dans *L'Aigle, le Dragon et la Crise planétaire* (Éditions du Seuil, coll. « Anthropocène », 2020). Il parle de « grande hybridation de la globalisation au changement climatique ». Pour lui, ce couplage était devenu un axe majeur de la globalisation – et de ses ravages écologiques – depuis la décennie 1970. Il a raison. Par ses rejets géants de CO_2 (45 % des émissions mondiales !), les deux mastodontes sont devenus les premiers responsables du réchauffement du climat et de l'amenuisement de la biodiversité dans le monde, et enferment celui-ci « dans une trajectoire d'aggravation permanente ». Valantin souligne, c'est là son originalité, que le dérèglement qui en découle menace à son tour ces deux économies géantes imbriquées, bénéficiaires et prisonnières l'une de l'autre, et tous les autres avec. À l'en croire, c'est vraiment l'illustration du proverbe indien sur le couple d'éléphants : « Qu'ils copulent ou qu'ils se battent, tout l'environnement est ravagé. » Notre sort dépend trop de ce duopole diabolique. De toute façon, c'était avant, avant Xi Jinping, puis Trump. Ils sont entrés dans la phase de découplage, de déconstruction, de défis, ou au minimum de dérisquage. Attention aux déchirures ! Mesures commerciales restrictives américaines, dans l'espoir de corriger l'énorme déficit commercial américain (508 milliards contre 127) et de faire revenir les « jobs » aux États-Unis, contre-mesures chinoises ; sur la Covid-19, triomphalisme arrogant chinois et accusations américaines ; dénonciations occidentales du « génocide culturel » en cours contre les Ouïghours musulmans du Xinjiang ; dénonciation américaine, britannique, et un peu européenne, de la loi sur la « sécurité nationale » édictée en juin 2020 à Hong Kong en violation avec l'accord sino-britannique de 1997 et le principe dit d'« un pays, deux systèmes » ; offensive américaine contre Huawei (premier fabricant de smartphones au monde) et l'utilisation de la 5G de cette firme par les Européens (qui se sont résignés à reconnaître la Chine comme un « rival systémique ») ; menace par Trump d'interdire TikTok, le réseau spécialisé dans les courtes vidéos, qui a, en août 2020, 650 millions d'utilisateurs, suivie d'un compromis. En fait une séparation systématique, par une déchirure brutale ou une opération chirurgicale, de toutes les interdépendances électroniques et informatiques ! Exactement l'inverse des quarante années précédentes ! Le débat se poursuit aux États-Unis d'une présidence à l'autre entre ceux qui, comme le journaliste et essayiste Fareed Zakaria, pensent que les États-Unis doivent « endiguer » la Chine, mais sans en rajouter, et en poursuivant une politique réaliste qui a, selon lui, mieux réussi qu'on ne le croit. Et ceux qui, plutôt majoritaires, comme le néoconservateur militant John Bolton, ancien collaborateur de George W. Bush et de Donald Trump, appellent à un durcissement systématique et à une guerre froide assumée dans le cadre d'un *Hundred-year Marathon*. De toute façon, Trump a fait éclater le consensus américain antérieur sur la politique chinoise et en a imposé un nouveau, et les démocrates, avec Biden, ont poursuivi l'« endiguement ». Et réélu, Trump va poursuivre sur cette voie.

Ces perspectives sont un casse-tête, voire un cauchemar pour beaucoup d'Européens, divisés, dont certains sont sensibles aux sirènes chinoises, ou comme l'Allemagne ne peuvent se passer du marché chinois. Mais la majorité prend peu à peu conscience qu'ils risquent d'être écartelés entre les exigences américaines, quel que soit le président, et leur dépendance envers la Chine, ce nouveau « rival systémique », avec, *in fine*, un alignement obligé sur les États-Unis, en perdant sur les deux tableaux. Pour échapper à ce choix impossible, il faudrait que les Européens deviennent gaullistes (inconsciemment, sinon ça ne marchera pas), s'unissent sur ce point et définissent une politique chinoise qui soit vraiment européenne, à la fois ferme et coopérative, et sortent de l'ingénuité commerciale ou de la foi libérale, alors que la tension États-Unis/Chine va rebondir de plus belle. Comment se situera l'Allemagne après les élections de 2025 alors que son modèle économique est remis en cause, est la principale interrogation. Il faudra tenir compte aussi, bien sûr, de la politique de Mme von der Leyen.

Voir : Écologisation ; « Guerre économique » mondiale ; Interdépendances ; Ressources (Compétition pour l'accès aux) ; Sanctions ; Thucydide (Piège de).

Chine

En géopolitique, une des interrogations centrales du monde qui vient : jusqu'où la Chine de Xi Jinping, évidemment toujours communiste[1] (plus la technologie), ira-t-elle ? Veut-elle, va-t-elle, pourra-t-elle dominer le monde ? Pendant des millénaires, la Chine a mené sa propre vie[2]. Mao a refait son unité, avec une extrême cruauté. Mais c'est depuis Deng Xiaoping, qui en a libéré l'énergie, qu'elle a refaçonné le monde, en moins de cinquante ans. Elle et la Silicon Valley, qui ont eu partie liée. Pour les spécialistes et amoureux de la Chine – sa longue histoire, sa langue, ses arts, son extraordinaire culture, ses penseurs, sa civilisation –, elle allait effacer un siècle et demi d'humiliations et de traités inégaux, le cynisme absolu de la guerre de l'opium, le sac du palais d'Été. Elle voudrait que les autres la reconnaissent, voire lui rendent « tribut », mais pas les convertir. Selon cette thèse, contrairement à la chrétienté, devenue Occident, et à l'islam, tous deux

1. Voir Alice Ekman, *Rouge vif, l'idéal communiste chinois*, L'Observatoire, 2020.

2. Voir Bernard Brizay, *Les Trente « Empereurs » qui ont fait la Chine*, Perrin, 2018.

ardemment prosélytes, la Chine n'inventerait et n'imposerait pas au monde des « valeurs chinoises universelles ». Peut-être. Mais, déjà avant la Covid-19, les économistes et les géopoliticiens faisaient remarquer que, au niveau de puissance qu'elle a atteint, elle pouvait déjà influencer la politique de soixante-dix à quatre-vingts pays ! La Chine d'aujourd'hui n'est plus celle de Deng Xiaoping, qui avait fixé une ligne de discrétion et de non-provocation. Selon lui, la Chine devait attendre son heure. Cette politique a été poursuivie par ses deux successeurs, Jiang Zemin et Hu Jintao. À partir de 2013, Xi Jinping a jugé que la Chine pouvait assumer sa puissance sur tous les plans. Son projet « OBOR », de « nouvelles routes de la soie » – en chinois, Yi Dai Yi Lu « un corridor, une route » –, était au départ une stratégie d'expansion des grandes entreprises chinoises. Il est devenu l'équivalent, à la puissance 10, de la route des Indes ou de la verticale Le Caire/Le Cap de l'Empire britannique, de la transversale Dakar/Djibouti pour la France, du transsibérien pour la Russie. Les ambitions chinoises sont proclamées : le directeur du *Global Times* peut écrire : « La Chine doit être prête moralement et militairement pour la guerre. »

L'avenir de la Chine et celui du régime sont pour le moment deux questions confondues. Il dépend : 1) de la capacité du régime à continuer à répondre aux aspirations économiques, sociales, écologiques – et plus ou moins politiques – de la population (1,4 milliard) tout en en gardant le contrôle[1]. L'exaltation nationaliste a cette fonction ; 2) de l'attitude et l'action des autres puissances : passives, intéressées au développement de la Chine, déjà dépendantes ou résistantes et hostiles,

1. Sur la Chine et les Chinois sous Xi Jinping, lire *Cinq ans dans la Chine de Xi Jinping* de Frédéric Lemaître (Tallandier), récompensé du prix Jean Lacouture en novembre 2024.

dispersées ou coordonnées, capables ou non de l'endiguer (l'axe indopacifique ?). La Chine impressionne, captive, influence, mais ne séduit pas. Le président Trump avait rompu avec la politique américaine compréhensive envers les ambitions chinoises poursuivie par tous les présidents américains depuis le coup de génie de Kissinger et Nixon en 1972. Les États-Unis avaient cru ensuite que l'insertion de la Chine dans l'OMC et l'économie mondiale allait la moderniser, et donc la... démocratiser ! Même l'ultra-anticommuniste Nixon avait dit : « Le monde ne peut pas être en sécurité tant que la Chine ne change pas. Aussi, notre but, dans la mesure où nous pouvons influer sur les événements, se devait d'induire ces changements. » On avait même parlé de Chinamerica ! Cela a tourné comme l'on sait. Quarante-cinq ans après, Donald Trump pendant son premier mandat a essayé d'endiguer la Chine, et ce qu'il percevait comme son ambition hégémonique mondiale, en s'appuyant sur « l'IndoPacifique » – l'Inde, le Japon, l'Australie –, et Biden n'a pas fait le contraire. Le 20e congrès du Parti en novembre 2022 a spectaculairement confirmé le pouvoir autocratique de Xi Jinping, parti pour un troisième mandat, jusqu'en 2027, et la Chine prétend devenir numéro un avant le centenaire de la fondation de la République populaire de Chine en 2049, ce que les États-Unis feront tout pour empêcher.

Une nouvelle guerre froide a commencé entre eux, qui peut aller loin !

Si le régime chinois réussit, donc, à garder le contrôle du pays, et que le monde ne s'unit pas pour l'endiguer – pacifiquement (on repense à Raymond Aron qui, en 1947, à propos de l'URSS, parlait de « paix impossible, guerre improbable ») –, il n'y aura pas de limites externes à la puissance chinoise au XXIe siècle, en dépit de la normalisation de Hong Kong en 2020, de la maltraitance avérée de 2 millions de Ouïghours au Xinjiang et des actions cruelles pour faire s'effondrer leur démographie (en 1949, les Hans représentaient 10 % de cette région musulmane, et en 2020 40 %). Néanmoins, une attaque contre Taïwan obligerait les États-Unis à réagir, sauf à abdiquer globalement.

Mais rien n'est écrit. D'autant que la Chine doit faire face maintenant à une vraie crise économique interne, à un déclin démographique (soulagement écologique à long terme), et relever le défi Trump II.

Voir : Chinamerica ; Deng Xiaoping ; Mao Zedong ; Ordre mondial ; Routes de la soie (Nouvelles) ; Xi Jinping.

Chine-Russie

Jusqu'à quand durera cette nouvelle « amitié éternelle » ? Cela dépendra un peu de l'intelligence stratégique de l'Occident.

« Deux empires en chiens de faïence », écrivait *Le Figaro* en juillet 2020. Bien vu... avant l'attaque de Poutine sur l'Ukraine.

L'opinion européenne est dans sa majorité concentrée sur l'attaque et les menaces russes, et, d'autre part, comme tout le monde, par le bras de fer sino-américain qui projette son ombre sur les perspectives géopolitiques des prochaines décennies. De ce fait, la question de la relation Russie-Chine passe au second plan, sauf pour les spécialistes. Elle est pourtant importante. En realpolitik pure et dure, les Occidentaux, et en particulier les Européens, n'avaient pas du tout intérêt à ce que la Russie bascule complètement dans le camp chinois. Mais l'état des opinions en Europe occidentale ne permettait pas, même avant 2022, de mener une politique étrangère sur une base réaliste, que seul le président Macron a courageusement essayé d'explorer au début en 2019. Mais c'était de toute façon déjà trop tard.

Officiellement, les régimes russe et chinois s'entendent bien, et Xi et Poutine se sont même déclarés une « amitié sans limites ». Ils ont oublié les affrontements historiques pour le fleuve Amour, et encore, très violents en 1969. Leurs 4 250 kilomètres de frontières sont calmes. La Russie fait partie de l'Organisation de Shanghai créée en 2001 par la Chine et les autres BRICS (Brésil, Russie, Inde et Afrique du Sud, élargis à 11). Les deux pays utilisent une même rhétorique antioccidentale ou postoccidentale alimentée par une même utilisation des humiliations subies ou ressenties, et les autorités russes se disent confiantes dans cette relation à long terme. Il y a d'ailleurs eu des manœuvres militaires communes. En dépit d'une disproportion fantastique, en termes de superficie, de population, de densité et de potentiel économique. Et des conflits frontaliers passés (des think-tanks rappellent les territoires pris à la Chine par la Russie). Mais je n'ai pas oublié la remarque malicieuse de Deng Xiaoping à Chirac en 1975, que celui-ci m'a racontée plusieurs fois : « N'oubliez pas que la Sibérie est vide. » Mon ancien collègue Ievgueni Primakov, ministre des Affaires étrangères puis Premier ministre (qui aurait été un président russe très différent de Poutine), s'en inquiétait : 25 millions d'habitants au maximum entre l'Oural et Vladivostok. Et au sud ! Emmanuel Macron n'a pas eu tort de déclarer que la Russie n'avait pas vocation à devenir le partenaire junior de la Chine, mais c'est bien la situation dans laquelle Poutine a placé la Russie avec son attaque en Ukraine. Il aurait fallu que les Européens soient capables, tout en demeurant très vigilants, dans la décennie 1990, de proposer quelque chose à la Russie. Et, quand je dis Russie, je ne pense pas seulement à Poutine et aux *siloviki*[1], mais à cette fraction de l'opinion des classes moyennes russes, à Moscou et à Saint-Pétersbourg, qui n'avaient pas renoncé à un lien avec l'Europe, et même celles de Vladivostok, qui voudraient rester ouvertes sur le monde dès lors que leur personnalité russe serait respectée. C'était avant l'Ukraine, qui a balayé cela pour longtemps. Dans la longue liste des occasions manquées.

L'avenir de cette relation dépendra en partie des conditions dans lesquelles la guerre en Ukraine va se conclure, ou s'enliser. Ce serait étonnant que, en dépit de l'actuelle rhétorique BRICS, la Russie n'essaye pas, à un moment ou à un autre, de réduire sa dépendance par rapport à la Chine, conséquence de la gigantesque erreur de Poutine en 2022.

Voir : Chine ; Menaces (perceptions des) ; Russie ; Sibérie ; Ukraine.

Chirac, Jacques

Jacques Chirac a été le cinquième président de la Vᵉ République, de 1995 à 2007. Je ne venais pas de sa famille politique, au contraire, j'étais purement mitterrandien, mais je l'ai bien connu, ayant été dans le gouvernement de Lionel Jospin, et choisi par ce dernier, le ministre des Affaires étrangères pendant les cinq années de cohabitation, de 1997 à 2002. De filiation pompidolienne, plus que gaulliste, il a néanmoins mené (avec moi pendant cinq ans, mais aussi avant avec Hervé

1. Un *silovik* est un représentant d'organismes étatiques chargés de veiller à l'application de la loi, en fait de la sécurité.

de Charette, et après avec Dominique de Villepin, Michel Barnier et Philippe Douste-Blazy) une politique « gaullo-mitterrandienne » « chiraco-védriniste », ont même écrit certains experts et diplomates amicaux à l'époque, quand ces termes avaient un sens. Je lui suis reconnaissant de ce qu'il a écrit sur moi dans ses *Mémoires*. Le plus frappant : il était passionné de cultures non européennes (l'Asie en particulier). Il n'avait pas voulu commémorer le 500e anniversaire de la « découverte » de l'Amérique par Christophe Colomb, « début d'un génocide », comme il l'avait dit au roi d'Espagne. Gonflé ! C'est le Chirac du musée du Quai-Branly.

Il essayait de s'entendre le mieux possible avec les États-Unis (Clinton, puis G. W. Bush) sans trop leur céder. Au Proche-Orient, il maintint la ligne française (un État palestinien) et devint immensément populaire chez les Arabes en remettant, lors d'une visite à Jérusalem, la police israélienne à sa place. Il refusa d'engager la France dans la guerre américaine en Irak en 2003, et il eut cent fois raison. Sur l'Europe, il n'était plus hostile mais restait tiède comme Schröder et ne prit pas d'initiative.

C'est contre son héritage et sa ligne que Nicolas Sarkozy décréta la « rupture » et affirma que la France faisait, partie de la « famille occidentale », ce qui est discutable. Les Français ont beaucoup aimé Jacques Chirac, et, de fait, c'était un homme attachant – j'ai mesuré le prestige dont il jouissait dans le monde entier, plus qu'en Europe –, malgré beaucoup d'entourloupes tout au long de sa carrière. Après la présidence, avec les malheurs familiaux, la maladie, l'AVC, le retrait, il a fini par incarner une France « qui s'en va », et il a été de plus en plus aimé. Il n'était pas prétentieux. À mon avis, il aurait été terriblement gêné par le sondage qui l'a placé à sa mort au même niveau que le général de Gaulle. Il a été Président à une charnière de la Ve République ayant fait un septennat puis un quinquennat. Réforme qui a eu des conséquences controversées.

Voir : Présidents.

Churchill, Winston

Géant tardif, devenu icône du XXe siècle finissant et du début du XXIe siècle, adulé des Français. Francophone déconcertant. Si sa carrière s'était arrêtée en 1939, on aurait retenu, d'une carrière conservatrice en dents de scie, l'échec terrible des Dardanelles, et les talents variés d'un aristocrate hors normes, fantasque et réactionnaire. Pensons à Clemenceau. Mais voilà, nommé en 1940, à soixante-six ans, Premier Ministre par le roi George VI – décision historique –, il a galvanisé la résistance anglaise, il a été le lion que Hitler n'a pu mater, et il a tenu jusqu'à ce que Roosevelt (le cagibi dans le bunker d'où il communiquait par téléphone avec Roosevelt en 1940-1941 est émouvant) puisse enfin, fin 1941, grâce à Pearl Harbor, faire entrer les États-Unis dans la guerre. On a en tête ses chamailleries avec de Gaulle (Un jour il lui dit : « Si vous m'obstaclerai, je vous détruirai »), mais c'est bien grâce à lui qu'à Yalta la France, réintroduite parmi les vainqueurs – elle, la disparue de 1940 ! –, s'est vu attribuer une zone d'occupation en Allemagne et un siège permanent au Conseil de sécurité de l'ONU. On connaît ses obstinations coloniales et impériales – de Gandhi, il disait : « On ne négocie pas avec un fakir à demi nu ! » On a adoré ses bons mots cruels : « Vous dites, chère Nancy [la féministe lady Astor], que si j'étais votre mari vous mettriez du poison dans mon thé ? Eh bien, si j'étais votre mari, je le boirais ! » Ce qui permet de mentionner sa femme, la remarquable Clementine. Après la guerre, il fut congédié par les électeurs mais redevint Premier Ministre de 1951 à 1955 (le mandat de trop ?). La lumière solaire churchillienne, en dépit des wokistes, nous parvient encore. Jusqu'à quand ? Et que nous ditelle ? Qu'il faut s'arc-bouter, durer et résister. À quoi et à qui en priorité ?

Voir : Londres ; Munich (Accords de) ; Roosevelt, Franklin Delano ; Seconde Guerre mondiale.

CIA (Central Intelligence Agency)

Pour les complotistes et les cinéphiles, surtout les films hollywoodiens (car c'est impossible d'en avoir le cœur net), la CIA, Central Intelligence Agency, est derrière tous les coups fourrés depuis que l'Amérique domine le monde et depuis que des décennies durant elle a tiré toutes les ficelles (en plus du KGB devenu FSB). Et cela continuera jusqu'à ce qu'on se familiarise, avec le mot « Guoanbu », le nom du ministère de la Sécurité chinois. La CIA a été créée par Harry Truman en 1947, pour remplacer l'OSS (Office of Strategic Services) créé pendant la Seconde Guerre mondiale. Elle est basée à Langley, en Virginie. Pendant la guerre froide, elle a combattu l'influence soviétique réelle ou fantasmée, sous toutes ses formes, ainsi que tous les ennemis de l'Amérique, puis Al Qaïda, l'islamisme en général, les Chinois, la Corée du Nord, sans oublier de surveiller ses alliés (spécialement la France, pour gêner de Gaulle chaque fois que l'occasion se présentait). Toujours créditée d'autant de fiascos (l'exemple historique de la baie des Cochons – le fiasco du débarquement américain à Cuba contre Castro préparé sous Eisenhower et déclenché par Kennedy), que d'assassinats mystérieux. Mais elle n'est qu'une des dix-huit agences américaines. Dans la fiction, James Bond travaillait pour le MI5 britannique, mais le Français Hubert Bonisseur de La Bath pour l'OSS et le prince autrichien Malko Linge pour la CIA américaine. Dans le monde réel, son passage à la tête de la CIA avait préparé George H. Bush à être un bon président. Et sous l'administration Biden, Nicholas Burns était considéré comme le responsable de haut rang capable de reconcevoir une politique de long terme avec la Russie. Mais que pourra-t-elle face au colosse chinois et aux manœuvres russes de plus en plus agressives et perfectionnées et dans une époque d'espionnage avant tout technologique ?

Voir : Espions (de papier, de pellicule) ; États-Unis.

Cinéma

Le cinéma, « l'usine à rêves », selon Malraux, ne pouvait pas, surtout dans sa vision hollywoodienne, passer à côté des affrontements titanesques du XXe siècle. Et on ne compte plus les œuvres, chefs-d'œuvre ou nanars, qui ont illustré sur les écrans la Première Guerre mondiale, la Seconde (il n'y a pas que *Le Jour le plus long*, voyez *Fury*, et de beaux films français, aussi), la guerre froide, la lutte contre le terrorisme, etc., sans oublier les films historiques, les péplums sur l'Égypte des pharaons, la guerre de Troie, l'Empire romain, Alexandre, etc. Mais, dans ce domaine comme dans les autres, l'Occident n'a plus le monopole, et c'est une autre vision de l'histoire du monde qui sort maintenant des grands studios chinois, coréens, indiens, égyptiens ou africains. La grande époque du cinéma en Russie était l'époque soviétique avec notamment les grands films patriotiques réalisés par Eisenstein sous Staline pour réveiller le patriotisme russe anti-teutonique, ou mongol (donc anti-Hitler) – *Alexandre Nevski*, *Ivan le Terrible*. La série *Trotski* a réécrit le passé révolutionnaire de la Russie au goût poutinien du jour. La Chine a fait l'objet d'un très grand nombre de films hollywoodiens idéologiques ou exotiques pendant tout le XXe siècle. *La Grande Muraille* a été le fruit d'une coproduction sino-américaine en 2016, avant Xi. La grande compétition géopolitique se poursuit à travers les séries (voir Dominique Moïsi) et les jeux, les space fantasys (*Star Wars*, *Game of Thrones*, *Le Hobbit*, *Le Seigneur des Anneaux*). Et c'est le temps d'un Disney différent, de Netflix. Bien sûr, difficile de réaliser un péplum ou une série sur la construction européenne... Mais la bataille d'influence a lieu sur Netflix, Disney, les réseaux sociaux, etc.

Voir : États-Unis ; Influences ; Nye, Joseph Samuel Jr., dit Joe.

Clinton, Bill et Hillary

Bill (William) et Hillary Clinton ont dominé le paysage politique démocrate américain et, de ce fait, en partie, mondial, de l'élection surprise de Bill Clinton comme 42e président en 1992 (il l'a été jusqu'à fin 2000) à la défaite surprise d'Hillary en novembre 2016 face à Donald Trump. On a pu parler de « Billary ». Ou de Bonnie & Clyde.

Le Bill Clinton que j'ai connu comme ministre, et qui aimait beaucoup Jacques Chirac, était exceptionnellement politique : intelligent, rapide, souple, attentif aux gens (même si c'est un métier), curieux du monde extérieur, charismatique. Il a donné à « l'hyperpuissance » américaine (ma formule de 1998) son visage le plus aimable, le moins insupportable dans une période de grand optimisme occidental (il est élu quand l'URSS disparaît). Mais il a cautionné pour des raisons intérieures l'élargissement indiscriminé de l'OTAN, malgré les mises en garde d'Eltsine, n'a pas eu une vraie politique envers la Russie et s'est engagé trop tard pour la solution du problème israélo-palestinien. Hillary a sans doute été une candidate trop sûre d'elle, trop techno, trop « Washington », trop méprisante envers les « ploucs ». Il n'empêche que sa défaite est aussi due à la transformation du parti démocrate en une coalition de féministes militantes (en fait beaucoup d'électrices américaines ont voté républicain), d'activistes de la frange extrémiste des minorités ethniques et sexuelles, LGBT+, décoloniaux, etc. ; un parti divisé entre son aile centriste et ses gauchistes wokes ; un parti par ailleurs partisan des expéditions extérieures au nom des « valeurs », c'est-à-dire pour exporter et imposer la démocratie, et qui a ainsi perdu le contact avec la classe moyenne ouvrière blanche qui s'est sentie le dindon de la farce mondialiste. Les intellectuels démocrates comme Mark Lilla qui ont osé soulever cette question après l'élection de Trump se sont fait violemment attaquer par les gauchistes américains qui ont voulu le réduire au silence. Exemple parmi d'autres. La *cancel culture* veut réduire au silence, et même à la mort sociale, ceux qui ne pensent pas dans la norme. Une sorte de fascisme, en réalité, s'appuyant sur des justifications alambiquées et des sophismes à usage totalitaire... Le parti démocrate a eu en 2019 le réflexe de survie de choisir un centriste raisonnable, proche des gens, Joe Biden, plutôt qu'un « représentant » ou une « représentante » de ces courants, pour stopper cette suicidaire fuite en avant, et celui-ci de choisir une colistière centriste... Déjà en novembre 2020, les centristes du parti démocrate avaient attribué aux provocations gauchistes les médiocres résultats démocrates à la chambre et au Sénat. Même débat après novembre 2024 entre les démocrates américains.

Voir : Biden, Joe ; Correct/tabou/woke ; États-Unis.

CNN (Cable News Network)

« Effet CNN ». Expression des années 1990 pour décrire, au moment de la guerre du Golfe, la présence obsédante et l'influence corrosive de l'information continue sur la décision politique. CNN (Cable News Network) a été créée à Atlanta en 1980 par Ted Turner, qui fut l'un des maris de Jane Fonda, et rachetée en 1996 par Time Warner. Il existe au moins 110 chaînes d'information continue dans le monde. Cela a bouleversé l'univers des médias et, au-delà, les sociétés, les modes de vie, les rythmes. L'effet CNN, ce n'est pas tellement un problème d'américanisation (au sens de Régis Debray), mais de transformation fébrile de toute la sphère publique par l'information continue qui met tout artificiellement sous tension et oblige, de façon débilitante, les « responsables », qui ne résistent pas assez, à réagir instantanément à tout et à n'importe quoi. Hystérie, hypertrophie des émotions et lynchage garantis ! C'est la version caricaturale exponentielle et technologique de l'adage fulgurant de René Char : « L'urgent chasse l'important. » Je l'entends encore le dire. Il y a plusieurs chaînes de ce type (trop) en France, quasiment aucune en Allemagne, ou alors régionales. Cela affecte négativement les capacités des responsables des relations internationales à réfléchir avant de « réagir » et à agir rationnellement dans la durée. Il faut absolument résister à cet effet, réintroduire dans les médias de demain de la réflexion, de la mise en perspective, le souci du long terme. Et pour tous ceux qui participent au débat public, s'armer mentalement. Est-ce encore possible dans les démocraties d'opinion ?

Colonisations

Sujet hypersensible ! Il faut le reconnaître : comme certains insectes, l'être humain, le seul hominidé qui reste après l'extermination, l'absorption ou l'extinction des diverses autres branches issues de l'*Homo erectus* beaucoup plus ancien, nous, le *sapiens* (si mal nommé), est une espèce invasive. Est ou a été ? L'histoire – si ce n'est la préhistoire – est une longue suite d'invasions, de colonisations et de dominations des faibles du moment par les forts du moment (pour des raisons multiples) pour des motifs et des prétextes changeants. L'esclavage a été pratiqué à grande échelle depuis l'aube de l'histoire par les Grecs, puis l'Empire romain, puis les royaumes arabes ou africains, bien avant la mise en place du trafic triangulaire sous la colonisation portugaise, puis européenne. Les controverses actuelles ne remontent pas si loin. Elles se concentrent sur les colonisations des trois ou quatre derniers siècles, donc des colonisations européennes et américaines, de façon plus politique et calculée qu'historique.

Dans tous les pays occidentaux, en effet, mais seulement là où vivent des populations nombreuses descendantes de pays anciennement colonisés, certains d'entre eux excipent de cette ascendance pour poursuivre des buts politiques tout à fait actuels, utilisant pour cela tous les instruments de la démocratie moderne, c'est-à-dire la démocratie d'opinion directe, médiatisée, la controverse, ou plutôt le réquisitoire, les revendications et l'intimidation. Elles se concentrent sur la colonisation d'une partie de l'Afrique de l'Ouest, de l'Orient, de l'Asie et de l'Amérique latine par des Européens, du XVe au XXe siècle, mais surtout aux XIXe et XXe. Plus particulièrement en Afrique. Mais de façon biaisée et sélective, en escamotant le rôle millénaire de sultans ou émirs esclavagistes. La colonisation de la Gaule par les Romains est trop ancienne : qui demanderait des comptes à qui pour les 2 millions de morts ? Les descendants des Gallo-Romains à ceux des Romains ? Même observation, *a fortiori*, pour la possible élimination de Néandertal par *Sapiens* (ce n'est qu'une hypothèse parmi d'autres), étalée sur trois cent mille ans ! Plus près de nous, il n'y a pas de descendants organisés des Aztèques ou des Incas, mis à part quelques références politiques indigénistes dans les pays andins, pour interpeller l'Espagne actuelle ! Et d'ailleurs, plusieurs peuples locaux avaient soutenu les Espagnols contre le joug aztèque. Curieusement, le quasi-génocide des Indiens d'Amérique du Nord, sans équivalent en Afrique ou ailleurs, est moins brandi. Le musée de Washington est euphémistique. La colonisation des Ottomans dans le monde arabe est taboue. Celle de la Sibérie et du Caucase par la Russie intéresse peu. Comme celle du Groenland par le Danemark. Celle de l'Inde par les Moghols est trop lointaine dans le temps et l'espace pour nous (mais les partisans de Modi en Inde ont réveillé ce sujet). La colonisation de l'Amazonie par le Brésil redevient un sujet. Seul ce qui permet de mettre en cause l'Occident motive et mobilise, notamment en Occident.

On peut comprendre que ces excès et ce simplisme historique vengeur soient le résultat d'immenses souffrances, d'un déni insupportable, d'une inhibition imposée. Il n'empêche que l'histoire des colonisations est bien documentée. En tout cas en Occident. Ailleurs, c'est moins sûr. Il y a eu par exemple en France de terribles livres sur la colonisation, très honnêtes. Par exemple *Le Livre noir du colonialisme, XVI*e*-XXI*e* siècle : de l'extermination à la repentance* (Robert Laffont, 2003), sous la direction de Marc Ferro, pour n'en citer qu'un. Et c'est dans des pays européens, sous l'égide de l'Église, que sont nés les mouvements pour abolir la traite (grâce à l'invention du moteur).

Le temps viendra, peut-être, où l'on pourra étudier objectivement comment quelques pays d'Europe, souvent peu peuplés (Portugal, Espagne, Angleterre, France, Allemagne, Italie, Russie) ont pu coloniser autant de pays, avec aussi peu de soldats. Pourquoi ils ont aussi souvent trouvé des relais et alliés locaux. Et comment autant de 95 pays (pas tous !) ont pu se laisser coloniser (infériorité technologique ? divisions ? handicaps culturels ? croyances désarmantes ?). Par exemple, les Gaulois étaient divisés et une bonne part d'entre eux – les Éduens par exemple – ne voyaient leur avenir économique qu'avec les Romains. Et comment quelques pays comme l'Éthiopie, ou le Maroc jusqu'en 1912, y ont résisté. Il faudrait, pour faire cette étude clarificatrice, résister aux amalgames et ne pas tout mélanger : Gallieni et Lyautey ne sont pas Bugeaud. La colonisation du Caucase par la Russie a son histoire propre.

Ce serait très instructif aussi d'étudier comment ont été menées les décolonisations, françaises, belges, anglaises, portugaises, espagnoles, quasiment oubliées. Négociées ou violentes, précoces ou tardives, étalées elles aussi sur au moins deux siècles, avec une vision de l'avenir partagée ou non. Mais, à l'époque des *post-colonial studies* nord-américaines – pour qui il n'y a pas eu de décolonisation –, de la dénonciation fanatique de « l'appropriation culturelle », qui touche même certains en France, trop vulnérables aux névroses américaines, errements qui marquent le début du XXIe siècle, en Occident, cette approche historique, rationnelle, pluraliste, documentée est impossible. Néanmoins, Pierre Vermeren y parvient bien dans *L'Empire colonial français en Afrique* (Armand Colin, 2023). Il faut résister, et attendre.

Le plus choquant conceptuellement et philosophiquement est que ces mouvements (dénonciations/expiations) s'appuient sur le postulat d'une responsabilité particulière, *collective* et *transmissible*. Conception vengeresse et biblique, contraire à tous les principes de droit moderne. Comment peut-on accepter cela ?

Dommage. Ce masochisme instrumentalisé, cette réinvention expiatoire de l'histoire à sens unique anti-occidental empêche de réfléchir à la manière de résister au XXIe siècle à des formes de colonisation modernes, financière, économique, technologique, culturelle, linguistique, plus insidieuses, qui se déploient en ce moment.

Voir : Décolonisations ; Esclavages ; Histoire de France ; Occident ; Orient.

Commission européenne

Se veut au centre de tout. Instituée dans le traité de Rome dès le 1er janvier 1958, la Commission européenne a eu très longtemps un rôle d'autant plus modeste que son premier président, Walter Hallstein (1958-1967), avait affiché pour elle des ambitions supranationales qui se sont fracassées sur la « chaise vide » du général de Gaulle, lequel estimait qu'elle devait rester un secrétariat. Ce coup d'arrêt n'a pas empêché ses quelque 30 000 fonctionnaires de rêver longtemps à ce qu'elle devienne le gouvernement d'une Europe fédérale. Ce jour n'arrivera jamais. Dans la réalité, les choses se sont organisées autrement. La Commission a quand même un rôle moteur dans un ensemble institutionnel qui ne changera plus guère. Le président de la Commission qui a laissé le plus grand souvenir est Jacques Delors, qui le fut de 1985 à 1995. Choisi par Mitterrand et Kohl en 1984 à Fontainebleau (Mitterrand : « Delors et Kohl sont des démocrates chrétiens. Ils s'entendront très bien »), il a réussi à donner une impulsion souvent décisive à la construction européenne – l'Acte unique et le Marché unique (dont Kohl et Mitterrand, à mon avis, n'ont pas tout à fait mesuré l'impact, social et politique) –, tout en rappelant à ses services le principe de subsidiarité – ne faire au niveau européen que ce que l'on ne peut pas faire au niveau des États-nations – et à l'opinion en général que l'Europe serait une fédération d'États-nations, quand les fonctionnaires de la Commission pensaient l'inverse – chaque mot compte. La monnaie unique, c'est une résultante des actions Mitterrand/Kohl/Delors (et du contexte géopolitique).

Jacques Delors a été un président de la Commission ardemment européen, finement politique, persévérant, inspiré et... réaliste. Il recommandait de s'inspirer du principe de subsidiarité, ce qui est le contraire exact de la tendance de la Commission, qui cherche toujours à accroître son pouvoir.

Ursula von der Leyen, présidente de la Commission depuis 2019, a innové en parlant d'une Commission « géopolitique ». Cela a beaucoup plu dans certains milieux, et a été relayé par Frans Timmermans, Thierry Breton et Margrethe Vestager. Mais est-ce tenable et crédible ? Ni l'Union ni la Commission n'ont été conçues pour cela.

Comment donner un contenu à cette « souveraineté européenne » prêchée par Emmanuel Macron (supposée complémentaire des souverainetés nationales), ce qui commencerait aujourd'hui par les technologies et le numérique ? Il faudrait pour cela modifier l'ADN des Européens tels qu'ils sont devenus après 1945, s'imposer à notre allié américain, résister à nos rivaux asiatiques. C'est pourtant une nécessité, car sinon l'Europe sera écartelée, neutralisée ou effacée. Mme von der Leyen a été reconduite en juillet 2024 pour cinq ans à la tête de la Commission (2025-2029) et a présenté sa nouvelle équipe le 17 septembre 2024. Elle s'annonce comme étant la Présidente la plus puissante, en tout cas la plus ambitieuse, depuis Jacques Delors. Mais on verra vite si les bouleversements en cours dans le monde et le défi trumpiste parviennent à faire bouger les mentalités au sein des institutions européennes et la politique de la nouvelle Commission dans les domaines qui sont les siens. D'autant que la France, et même l'Allemagne, est conjecturellement affaiblie.

Voir : Conseil européen ; Europe.

« Communauté » internationale

Pays imaginaire. Les mythes que la plupart des peuples se sont inventés postulaient que leurs fondateurs, divins ou humains, les avaient élus comme des peuples uniques, exceptionnels et dotés de chefs héroïques chargés de préserver leur pureté, et leur sécurité. Mais aussi, au-delà, quand ils étaient nombreux ou combatifs, de justifier leur suprématie, et souvent de dominer, de convertir, d'asservir, de réduire en esclavage les vaincus, voire d'exterminer les peuples voisins, ou une région, ou le monde, voire l'univers tout entier. Peurs, instinct territorial, comportements invasifs : d'inépuisables thèmes à explorer pour les spécialistes du cerveau humain.

Le mythe de la « communauté internationale » est très différent, c'est le contraire, même. À l'échelle de l'Histoire, l'idée d'une *communauté internationale* est assez récente. Saint Paul disait : « Allez évangéliser toutes les nations » (ne restons pas seulement une secte juive). C'était révolutionnaire. L'Église s'est ensuite voulue *catholicos*, c'est-à-dire universelle, et j'estime que cela a été la matrice de cet impératif de prosélytisme qui imprègne en profondeur l'Occident, jusqu'à aujourd'hui, au nom de ses « valeurs ». L'idée de « communauté » suppose l'unité en droit et en fait du genre humain. C'est une aspiration philosophique que l'on peut faire remonter à Kant et aux Lumières, quand ont été sécularisées les valeurs chrétiennes. C'est devenu à notre époque un automatisme de langage : « la communauté internationale » pense ceci, ou cela, va faire ceci ou cela. Et puis... il ne se passe rien. En général, ce sont des Occidentaux qui l'invoquent, ventriloques, en pensant à eux. En réalité, les peuples du monde ne pensent pas les mêmes choses. Ils ne forment pas une « communauté ». Même s'ils veulent tous manger à leur faim, vivre en paix et en sécurité, ne pas être maltraités et protéger leurs enfants, ils n'ont ni les mêmes peurs, ni les mêmes souvenirs, ni les mêmes espérances. Il y a certes des institutions multilatérales, l'Organisation des Nations *unies* et toutes ses organisations spécialisées, l'Organisation mondiale du commerce, qui sont des cadres très précieux de coopération, des dizaines de milliers de fonctionnaires internationaux, des sommets réguliers, le G7, le G20, les COP, etc. Mais cela ne suffit pas encore à créer une homogénéité de mentalités entre les peuples. La pandémie de la Covid-19 l'a encore rappelé. On disait ces dernières années que le système multilatéral était à réformer et à perfectionner. En fait, il est à refonder. Les 200 copropriétaires (ou États membres de l'ONU) n'y parviendront pas s'il n'y a pas de réformateurs déterminés. La *communauté* internationale est un objectif. Elle reste à créer. Comment ? La proclamation par l'Occident du caractère universel de ses valeurs ne suffit plus, on le voit. Peut-être cela viendra-t-il d'une prise de conscience des interdépendances organiques et vitales accélérée par la pandémie, d'une communauté de destin mondial, non proclamée mais ressentie, et donc de la nécessité d'une écologisation généralisée qui aille plus vite que la dégradation des conditions de vie sur la planète, et redonne espoir. Course de vitesse. Paradoxe : il faudrait un peu d'autorité unilatérale pour réformer le multilatéralisme.

Voir : Mythes ; Ordre mondial ; Réalisme (realpolitik, irrealpolitik).

Concert européen

Il y a concert et conseil ! Le concert européen a été mis en place après le congrès de Vienne de 1815 par l'Angleterre, l'Autriche, la Prusse, la Russie (et aussi la France grâce à Talleyrand), pour gérer l'Europe post-napoléonienne et empêcher de nouvelles révolutions. Il fonctionna assez bien jusqu'à la moitié du XIXe siècle, et encore à peu près jusqu'en 1914, malgré la guerre de Crimée – gagnée – contre la Russie (de 1853 à 1856), l'unification italienne (en 1871) et la réunification allemande (en 1871). Mais la volonté de Guillaume II de mettre fin à la suprématie navale britannique lui porta un coup fatal et eut les conséquences que l'on sait. Cette forme de concertation entre les puissances a été très bien décrite par Jacques-Alain de Sédouy.

À ne pas confondre avec le Conseil de l'Europe, créé en 1949, ni avec le *Conseil européen*, réunion régulière des chefs d'État et de gouvernement de l'Union européenne (en 2025, 27) créé par Valéry Giscard d'Estaing et Helmut Schmidt, instance donc intergouvernementale quoique conçue par des proeuropéens revendiqués, et devenue l'organe clé de l'Union.

Un « concert mondial » entre les puissances, une sorte de G20 plus opérationnel que la confrontation stérile entre les prétendus Occident collectif et Sud global, pour mieux gérer dans l'actuel monde chaotique les relations entre les puissances installées et les puissances émergentes, en attendant que se constitue dans les esprits une hypothétique « communauté » internationale, serait un grand progrès. Ce n'est pas inatteignable, mais pour le moment on n'en prend pas le chemin.

Voir : « Communauté » internationale.

Confédération européenne

Il est vraiment dommage que, en lançant trop tôt, dès le 31 décembre 1989, sa remarquable idée d'une confédération européenne, et en envisageant d'y inclure de façon très gaullienne la Russie et en sous-estimant le ressenti de l'Europe de l'Est, François Mitterrand ait en quelque sorte torpillé lui-même son initiative. La plupart des commentateurs français, à l'époque, sous l'influence des commentateurs allemands mécontents de l'insistance de Mitterrand pour que la question de la frontière Oder-Neisse soit clarifiée avant la réunification (il avait raison !), l'accusaient d'être en retard sur les événements et de vouloir vainement freiner l'Histoire. Absurde. C'était exactement l'inverse et c'est lui qui se projetait dans la suite. Il avait déjà intégré que tous les pays d'Europe de l'Est, et pas seulement l'Allemagne, allaient se libérer de l'emprise soviétique, et demander aussitôt à adhérer à l'OTAN et à l'Union européenne. L'OTAN n'était pas au centre des préoccupations de Mitterrand, l'Union européenne, si. Et il savait bien que les négociations d'adhésion de ces pays candidats allaient être longues, difficiles, voire pénibles. Il avait dit, en 1989 : « Cela prendra quinze ans. » Nouvelles réactions indignées. En fait, c'est exactement ce qu'il s'est passé puisqu'ils y sont entrés en 2004. François Mitterrand voulait, sans attendre cet aboutissement, que les pays européens d'Europe centrale et orientale soient accueillis tout de suite sur un pied d'égalité, au sein d'une confédération politique européenne. C'était une vraie vision européenne d'avenir. Si elle avait pu être mise en place, les relations entre l'Europe de l'Ouest et l'Europe de l'Est, qui se sont dégradées ensuite, après une première période d'euphorie, auraient été sans nul doute différentes. La proposition mitterrandienne d'intégrer la Russie dans cette confédération avait évidemment provoqué l'ire des anciennes démocraties populaires, qui, libérées du joug soviétique, n'avaient rien de plus pressé que de se réfugier dans le commissariat le plus proche, c'est-à-dire l'OTAN. À l'époque, elles voyaient l'Union européenne (et certains continuent) comme une succursale économique de l'OTAN. Les États-Unis virent d'un mauvais œil cette possible autonomisation de l'Europe, mais James Baker n'eut pas à téléphoner beaucoup pour exciter les Polonais, les

Tchèques et les autres contre le projet français. Václav Havel était l'un des plus virulents, ce qui n'enlève rien à ses mérites ni au grand souvenir qu'il avait gardé du petit déjeuner avec Mitterrand en 1989 à l'ambassade de France à Prague, quand il était encore un dissident. Il y était venu avec sa brosse à dents, anticipant une possible arrestation à la sortie.

Prenant acte de ce crash au décollage, François Mitterrand nous demanda d'essayer de relancer le projet en le modifiant un peu, et en essayant de convaincre les Européens de l'Est d'entrer dans le schéma. D'où un sommet volontairement organisé à Prague en 1991, coprésidé avec Václav Havel, mais qui n'eut pas de suite. C'est curieux de comparer la mauvaise foi punique, comme on disait autrefois, de tous ceux qui ont attaqué François Mitterrand sur la Yougoslavie, l'Allemagne, le putsch de Moscou, l'Afrique, le Rwanda, etc., et j'en passe, et le peu d'intérêt manifesté sur ce projet vraiment intelligent et vraiment européen. À part Marc Semo qui est revenu dessus dans *Le Monde* du 29 août 2020. Le 9 mai 2022, le président Macron, soutenu par l'Italie, relança le projet – sans la Russie, bien sûr – sous le nom de Communauté politique européenne, seul rendez-vous de tous les Européens, et des Européens seuls. Avec un énorme potentiel. Quatre réunions ont déjà eu lieu, dont une à Londres. Et en novembre 2024, une quatrième à Budapest, deux jours après la réélection de Donald Trump. Mais il est encore trop tôt pour dire si cela va marcher.

Voir : Europe ; Europe de l'Est ; Mitterrand, François.

Conseil européen

Le Conseil européen, la réunion des chefs d'État et de gouvernement (à ne pas confondre avec le Conseil de l'Europe créé en 1949 et qui compte 46 membres), est l'organe clé de l'Union européenne. Il a le dernier mot, encore que le Parlement rêve à un régime d'assemblée, et que la Cour de justice et la Cour européenne des droits de l'homme poursuivent, en silence, leur œuvre subreptice de fédéralisation et de suprématie judiciaire par effet juridique de cliquet.

Le premier sommet de l'Union se tint en 1961, à 6, à propos du « plan Fouchet ». Le président Pompidou en suscita un à La Haye en 1969, où fut, déjà, évoqué un projet d'Union économique et monétaire. Mais le premier vrai Conseil européen fut réuni les 9 et 10 décembre 1974, à l'initiative conjointe de Valéry Giscard d'Estaing et de Helmut Schmidt. Il comprend aujourd'hui, après le Brexit et avant un nouvel élargissement, 27 membres. Les autres organes ont tous leur importance : les Conseils des ministres, le Parlement européen, la Commission (qui se prend un peu moins qu'avant pour le gouvernement de l'Europe, mais quand même), les institutions judiciaires maximalistes. Mais les négociations, les tractations déterminées par les rapports de force au sein du Conseil (poids de l'Allemagne, de la France, etc.) restent déterminantes. Mécontente de n'avoir pas obtenu au Conseil européen de Nice, en décembre 2000, un accroissement de ses droits de vote (il y avait avant les grands pays, les moyens et les petits, elle voulait être placée dans une catégorie au-dessus, et à part), alors qu'elle avait déjà obtenu l'assurance que le nombre des parlementaires allemands ne serait pas diminué pour faire de la place aux nouveaux entrants, c'est l'Allemagne qui a lancé l'idée d'une « convention » et qui l'a obtenue, par une alliance tactique avec les fédéralistes frustrés. Au sein de la Convention pour l'avenir de l'Europe, l'Allemagne obtint cette repondération, qui fut reprise dans le traité de Lisbonne, après que le traité constitutionnel eut été rejeté.

L'avenir de l'UE entière – renforcement ou déliquescence, stabilité ou maturité confédérale, mutation fédérale (improbable) ou non – dépendra beaucoup de l'évolution des opinions et de la force et de la cohésion, ou non, du Conseil européen, c'est-à-dire des leaders des 27, d'abord de ceux de l'Allemagne et de la France, mais pas seulement, car il n'y a plus de couple depuis la réunification – simple constat. Donc Pologne, Italie, Pays-Bas, etc. Et plus largement de la capacité des dirigeants des États membres et de l'équipe de Bruxelles à concevoir un compromis avec les peuples, c'est-à-dire à ne pas faire rimer affirmation de l'Europe à l'extérieur et intégration normalisatrice à l'intérieur. Ces questions se posent encore plus avant un éventuel nouveau grand élargissement à l'Ukraine et à une dizaine d'autres. Ces dernières années ont rappelé les limites de l'exercice alors que la Commission von der Leyen entame un deuxième mandat, et que la majorité au sein du Parlement européen un peu plus à droite est devenue moins prévisible, car le Parti populaire européen (PPE) peut conclure des alliances sur sa gauche comme sur sa droite.

Voir : Europe.

Correct/tabou/woke

Névrose américaine d'origine chrétienne. Et réinvention du *taboo*, c'est-à-dire de l'interdit, terme relevé par le capitaine James Cook en 1777 aux îles Tonga. On en souriait, ou l'on trouvait cela ridicule, mais secondaire. En fait, c'est une vraie plaie et un danger auxquels on devrait résister plus. Le *politically correct*, ou *correctness*, est apparu à la fin du XXe siècle dans des universités américaines. Il a été courageusement ridiculisé dès 1969 par Philip Roth dans *La Tache*. Ce mouvement américain a été influencé par les déconstructeurs français, Althusser, Foucault, Derrida, etc., malheureusement les derniers intellectuels français qui ont eu de l'influence aux États-Unis ! Au départ, il s'agissait de proscrire des termes de nature à blesser les femmes, ou des minorités ethniques ou sexuelles, ou les activistes qui parlaient en leur nom (exemple : l'injonction de passer de *negro* à *black*, puis à *afro-american*, etc.). Partant de bonnes intentions, dont l'enfer est pavé, comme on ne devrait pas l'avoir oublié, ce mouvement s'est ensuite radicalisé aux États-Unis et amplifié sur les réseaux sociaux, propices à l'outrance et au lynchage, nous rappelant que les premiers Pilgrims appartenaient à des sectes (« les sorcières de Salem ») et que l'Amérique avait produit le maccarthysme, qui semble être dans son ADN et se répéter. Il a pris des formes folles, grotesques : l'écriture inclusive (heureusement impraticable), Justin Trudeau demandant de ne pas dire *mankind* (« humanité ») pour éviter le mot *man*, etc. Ou totalitaires (réécrire le passé ou des textes, interdire certains auteurs, refuser d'être offensé par une idée contraire à ce que l'on croit, comme si naître n'était pas déjà s'exposer à un monde agressif, la condamnation ubuesque de « l'appropriation », sans laquelle il n'y a pas de création culturelle, etc.). La radicalisation de l'attitude *woke* (« éveillé »), au sens de militant prêt à tout dénoncer comme l'étaient les gardes rouges ou les Enragés en 1793, sa transformation en brigades de la vertu et de la vengeance ou en polices de la parole ont conduit à vouloir excommunier ou interdire de parole les dissidents. C'est la *cancel culture*, resucée de la censure totalitaire religieuse ou politique et qu'Obama a condamnée. Aux États-Unis, elle rend de plus en plus difficile l'enseignement des « humanités » dans les grandes universités. Il se peut que ce soit une vague de puritanisme vouée à s'épuiser, puis à s'éteindre, comme les précédentes. Ou au contraire que cela demeure un fonds de commerce durable des dirigeants des minorités agissantes les plus vindicatives *via* les réseaux sociaux, certains grands médias américains ou dans l'enseignement supérieur (hors sciences dures), la communication, la culture, la mode, le cinéma, la pub, etc.

Sur l'*Avenir du politiquement correct* que l'on souhaiterait compromis, le philosophe André Comte-Sponville a tout dit (Institut Diderot, 2017). Le polémiste québécois Mathieu Bock-Côté est virulent, drôle, acéré, excessif, mais convaincant (voir son *Multiculturalisme comme religion politique*). La sous-estimation de ce danger ces dernières années par aveuglement ou lâcheté est devenue dangereuse. Petite lueur d'espoir, dans certains groupes ou minorités – femmes, groupes sexuels, minorités ethniques –, dont l'expression publique a été confisquée par des « Enragés », quelques voix légitimes s'élèvent pour dénoncer l'extrémisme de ces mouvements et les dangers qu'ils font peser sur la démocratie, et même plus simplement sur la liberté de s'exprimer, mais elles sont vouées au pilori des réseaux. Notons que ce mouvement, de plus en plus idéologique et manichéen, affecte massivement mais presque exclusivement la sphère occidentalo-globalo-médiatisée (à peu près là où s'est diffusée la psychanalyse) et les démocraties dont les activistes savent utiliser les ressorts contre elle. Pour l'Occident, c'est beaucoup plus dangereux que les attaques contre la démocratie venues de l'extérieur. On reconnaît les militants ou soutiens du mouvement *woke* au fait qu'ils affirment que cela n'existe pas. Vieille ruse. Pour y voir clair : *La Religion wok*e de Jean-François Braunstein (Grasset, 2022), professeur d'universités et philosophe. Il analyse comment la partie extrémiste des mouvements féministes, LGBT+ et décoloniaux s'est unifiée en fonction du principe de l'intersectionnalité (avatar de la « convergence des luttes » des communistes) formulée par Judith Butler, nom à retenir. Cela met en péril la liberté de penser en Occident et la France est particulièrement affectée par cette vague. Et ce phénomène a sans doute contribué à la lame de fond trumpiste. La victoire du candidat républicain en novembre 2024 y a mis un premier coup d'arrêt.

Voir : Occident ; Repentance.

Covid-19

Finalement, qu'est-ce que la pandémie de la Covid-19 (l'Académie française a tranché en faveur du féminin, comme *la* grippe, ou *la* peste) aura changé à l'état du monde, son fonctionnement et à la psychologie humaine ? L'urgence à faire redémarrer l'économie mondiale à flux tendus, y compris le surtourisme, pour éviter un collapse économique et social sans précédent hors guerre mondiale, aura masqué un temps les évolutions en cours dans tous les domaines, les aggravations, les accélérations, qui font que tout semble avoir repris, mais que plus rien ne sera exactement comme avant. L'ensemble de l'appareil économique mondial a entamé lourdement, lentement, retardé par mille batailles d'arrière-garde, une gigantesque évolution à laquelle même les pays émergents n'échapperont pas, en dépit des coups d'arrêt : l'écologisation. Quant aux relations internationales, elles apparaissent, sous cette lumière crue, pour ce qu'elles sont : une foire d'empoigne, une combinaison d'interdépendances croisées, un mélange de faits accomplis et de coopérations, la résistance des puissances établies et qui veulent le rester à la poussée des forces montantes, etc. Les vaccins ayant été heureusement découverts très vite, la bataille des années 2020-2023 peut paraître avoir été gagnée malgré les 7 millions de morts. Mais si une zoonose, ou d'autres virus, réapparaît dans les mêmes conditions, comme s'y attendent les virologues, et se propage de façon fulgurante pour les mêmes raisons liées à la défaillance d'un des 69 laboratoires P4 ou BSL4 (c'est établi pour la Chine), au mode de vie contemporain et au mouvement brownien, ce sera une autre histoire ! L'humanité risque alors d'entrer dans des soubresauts plus grands, extrémistes, populistes, millénaristes, religieux, anarchiques, etc. C'est pourquoi une évaluation systématique et comparée des politiques de surveillance, d'alerte, de confinement, de déconfinement, de recherche, de traitements, de vaccinations devrait être menée dans tous les pays et les institutions, afin que l'humanité soit mieux préparée la prochaine fois. J'avais développé ces thèmes dans *Et après ?*, paru chez Fayard dès juin 2020. Tous ceux qui se méfient des passions de masse inspirées par la panique et avivées à dessein doivent tout faire pour se réinsérer dans la logique de la rationalité, du respect des faits et des connaissances scientifiques, à combattre l'obscurantisme renaissant et à réinsérer de la démocratie efficace dans ce grand désordre potentiel. Vaste programme, qui n'est évidemment pas celui des anti-vax !

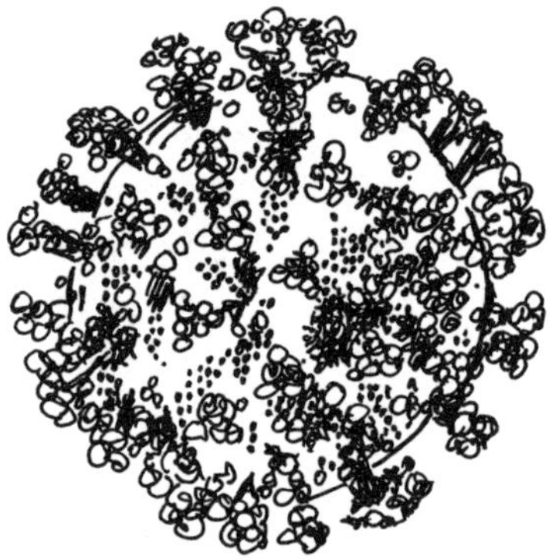

Voir : Écologisation ; Interdépendances ; Mondialisation/démondialisation.

Cynisme

En tête (avec machiavélisme) du palmarès des mots employés à contresens. Aujourd'hui : manipulation des esprits immorale, mensongère et provocante, indifférence répugnante aux sentiments et aux souffrances humaines, etc. Version banale : « Les promesses n'engagent que ceux qui y croient. » Chacun croit devoir dénoncer le cynisme, ou s'en défendre en poussant les hauts cris ! Pour Romain Gary, « le cynisme, c'est du désespoir idéaliste ».

Pour les Grecs anciens, d'Antisthène à Diogène de Sinope (v^e^ et ive siècle avant J.-C.) qui se proclamait citoyen du monde (du cosmos) – à Alexandre, qui lui aurait demandé ce qu'il voulait, il aurait répondu : « Ôte-toi de mon soleil » –, le cynisme, c'était le contraire : la vertu et la sagesse grâce à la liberté de pensée et de parole, quitte à heurter l'opinion dominante du moment, en général hypocrite ! À rebours de l'idéalisme platonicien, le cynisme alimentera les stoïciens.

On est aux antipodes de l'actuel contresens ! Si l'on réapprenait le grec, peut-être retrouverait-on le sens des mots ?

Alors, et alors seulement, on pourrait écrire un éloge du cynisme sans passer pour un ennemi du genre humain !

Voir : Irrealpolitik ; Réalisme (realpolitik, irrealpolitik).

D

Davos

Monde d'avant. Extraordinaire réussite économique et de communication d'un professeur suisse d'économie, M. Klaus Schwab, qui a réuni, à partir de 1971, dans la station de ski de Davos, dans le canton suisse des Grisons, pendant trois jours, dans un « Forum économique mondial », les plus grands dirigeants politiques et économiques pour traiter de la situation politique et économique du monde. On est loin de Spengler et surtout de *La Montagne magique* de Thomas Mann ! Mais déjà entre 1928 et 1931 des joutes intellectuelles de haut niveau se sont déroulées dans ce cadre montagnard, avant cette mise en scène nombriliste et plastronnante de la mondialisation dans sa phase triomphaliste. Aux yeux des contempteurs de la mondialisation dérégulée, Davos incarnait la quintessence du capitalisme mondial dégoulinant d'autosatisfaction et de suffisance, et ses horreurs. Mais cela n'a pas réduit le succès du Forum, équivalent de la montée des marches à Cannes, pour tous ceux qui prospèrent dans la mondialisation dérégulée et financiarisée, et paradaient à date fixe dans les Grisons, autocélébration d'une certaine *hubris* globale occidentale et assimilés.

Ces rassemblements n'ont jamais brillé par leur capacité à anticiper, par exemple avant la crise des subprimes en 2008. Ce n'était pas leur fonction, disent-ils. C'est après coup que de nouveaux thèmes se sont imposés – comment faire autrement ? : l'écologie, les risques géopolitiques et même (qui l'eût cru ?) les inégalités excessives et la pauvreté ! Cela reste très commode pour les participants de trouver à Davos une chambre d'écho et de pouvoir voir, en un jour ou deux, des dizaines de décideurs, de partenaires, acheteurs, clients, investisseurs, influenceurs, de passer des messages, etc. Et pour certains de pouvoir dire pendant des semaines qu'il a vu à Davos « X ou Y ».

Mme Verdurin aurait été bluffée.

Davos ne règle rien, ce n'est pas son objet, mais c'est une caisse de résonance qui a eu son heure de gloire qui sera pourtant de moins en moins en phase avec notre monde chaotique... Sauf s'il se réorganisait vraiment autour de l'écologisation (en 2020 le Forum réclame des infrastructures « plus écologiques »), qui va nécessiter sans arrêt des choix délicats, de méthode, de rythme, et entraîner mille batailles, des avancées, des reculs, au cours des prochaines décennies. À Davos en 2024, cru pessimiste malgré le dopage à l'IA, la consolation dans les couloirs était : « L'avenir est inquiétant, mais à Davos, on s'est toujours trompés. »

Voir : Altermondialiste ; Écologisation ; Mondialisation/démondialisation.

Déclin

Angoisse récurrente ou décadence ? Le *déclin* peut se *mesurer* en chiffres, incontestables, classements et comparaisons : population, superficie (de l'URSS à la Russie par exemple), PIB, production industrielle, capacités militaires (les limites que les vainqueurs imposent aux vaincus dans les traités). C'est alors une décroissance, une réduction. On peut ainsi comparer le pourcentage de la population mondiale que représentaient les Occidentaux en 1914, 1945, et aujourd'hui. Ces constats sont évidents : les Occidentaux n'ont plus le *monopole* de la puissance, mais ils restent très puissants. Après, c'est affaire d'analyse des causes et de choix des moyens pour corriger (encore que la diminution démographique mondiale annoncée à partir de 2080 soit une bonne nouvelle écologique). Quand j'étais ministre, on me demandait sans arrêt : « La France est-elle *encore* une grande puissance ? » Névrose française.

Et il y a la décadence culturelle, nationale, des mœurs, morale, le relâchement des disciplines, etc. C'est autre chose. Comment en juger ? C'est contre cela que les ordres monastiques catholiques étaient régulièrement réformés à l'époque chrétienne, pour revenir à la pureté initiale de la règle de Saint Benoît. Ou les musulmans fondamentalistes qui veulent revenir à l'Islam des ancêtres (Salaf). Le débat *moral* est sans fin.

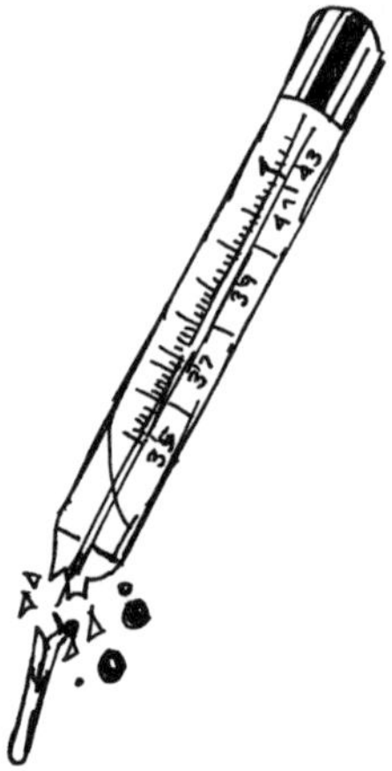

À l'époque moderne, l'hypothèse du déclin de l'Occident frappe de plein fouet la croyance progressiste, celle des Lumières, ainsi que celle de la social-démocratie. Certains craignent que le constat du fait, par exemple sur la diminution évidente de l'influence de la France dans le monde, ne conduise au fatalisme et à un renoncement, alors qu'au contraire, cela ne devrait pas abolir la volonté, qui devrait être capable de renverser des montagnes, mais la stimuler. Ces gens-là n'aiment pas ma formule : *l'irrealpolitk*. Les progressistes, ou les optimistes, pourfendent le « déclinisme ». Mais s'agit-il de condamner le constat (de casser le thermomètre), ou le lâche abandon au déclin ? Les déclinistes sont-ils des observateurs lucides ou des prophètes de malheur, et des influenceurs néfastes ?

Débat aussi vieux que l'apparition de l'idée de Progrès au XVe siècle, quand l'Histoire est censée être devenue linéaire et non cyclique. Mais, au XXIe siècle, on ne sait plus où on en est.

Voir : Braudel, Fernand ; Occident.

Décolonisations

À redécouvrir.

Soixante ans environ après la plupart des indépendances, les controverses accusatoires sur la colonisation occidentale tiennent à tel point le haut du pavé qu'on en viendrait à oublier… la décolonisation. Comme si elle n'avait pas eu lieu. C'est la thèse des décoloniaux et des *colonial studies*. C'est pourtant un chapitre passionnant de l'Histoire des pays colonisateurs, et des pays colonisés. On relira avec intérêt *Le Désempire, figures de l'anticolonialisme* (Denoël, 1993), de Jean Lacouture et Dominique Chagnollaud.

On oublie trop qu'elle a commencé très tôt, au XVIIIe siècle, et surtout au début du XIXe siècle, en Amérique latine espagnole ou portugaise (indépendance du Brésil en 1822) sous l'impulsion des États-Unis.

On pourrait d'ailleurs avancer que le premier engagement de la France pour une indépendance a été le soutien aux *insurgents* américains en 1780 : Benjamin Franklin et Jefferson à Paris. Bien sûr, c'était pour contrer les Anglais. Mais quand même, Lafayette, etc. Le XIXe siècle a été le grand siècle des colonisations européennes.

Ensuite, dans la seconde partie du XXe siècle, les dirigeants français, de Gaulle comme les autres, même en 1945, ont d'abord tergiversé. Il y a eu la première guerre d'Indochine, puis celle d'Algérie. Mais il y a eu aussi une opinion française, à gauche notamment, et, au-delà, des grandes voix intellectuelles et morales, très engagées pour les indépendances. Que l'on pense à *France Observateur*, à Jean Daniel. Il ne faut pas oublier non plus qu'il y avait déjà eu avant, sous la IVe République, des élus africains au Parlement – Senghor, Houphouët-Boigny. D'ailleurs, François Mitterrand, ministre de la France d'Outre-Mer, avait fait rattacher à son parti, l'UDSR, plusieurs leaders africains, pour les protéger et les aider.

L'indépendance de la Tunisie, avec Habib Bourguiba, s'était bien passée grâce à Pierre Mendès France. Il avait déjà fait preuve avant cela d'un grand courage en mettant fin, à Genève, en juillet 1954, avec Zhou Enlai, aux hostilités – la guerre – en Indochine. L'indépendance du Maroc fut réalisée pacifiquement par Antoine Pinay, Edgar Faure et Alain Savary, très inspirés, *dixit* Mohammed V et Hassan II, par François Mauriac et mon père, Jean Védrine, et un groupe de personnalités qui ont affronté le parti colonial.

Concernant l'Afrique, où beaucoup de gouverneurs – Chataigneau, Messmer, San Marco – avaient mené des politiques « libérales » prémonitoires, dès avant les indépendances, et on ne doit pas oublier la « loi-cadre » de Gaston Defferre, en 1956.

Après les indépendances africaines, la plupart des anciens colonisateurs ont laissé tomber ou ont laissé derrière eux des bombes à retardement, comme la Grande-Bretagne en Inde et au Proche-Orient ; la Belgique, avec des conséquences durablement catastrophiques dans toute l'Afrique des Grands Lacs, Rwanda, Burundi, Congo, Zaïre/RDC ; le Portugal, dans les années 1970, avec les guerres civiles en Angola et au Mozambique. Au lieu de cela, la France leur a proposé de devenir membres d'institutions communes, d'abord l'Union française, puis la « Communauté », et de devenir des partenaires. Et il ne faut pas oublier que, au début, ce sont les principaux dirigeants africains eux-mêmes qui ont demandé au général de Gaulle que la France reste militairement, pour assurer la sécurité et éviter aux armées locales la tentation des putschs. Un anachronisme furieux ne devrait pas empêcher que l'on revienne sur ces épisodes honorables, ni la mémoire de beaucoup de personnalités et de combats magnifiques. J'ai évoqué la France. Il y a eu la guerre d'Algérie, longue, trop longue, cruelle, et qui n'en finit pas de produire dans le temps ses effets empoisonnés qu'il faudrait avoir le courage de dépasser. Mais il y a eu aussi des décolonisateurs courageux en France et dans toutes les anciennes puissances coloniales. Le sophisme « décolonial » conçu cinquante ans plus tard à des fins politiques, sous influence américaine, par des diasporas, selon lequel c'était une fausse décolonisation ne devrait pas empêcher de redécouvrir ce moment prometteur. La France, bonne fille, est sans doute, après, restée trop disponible, trop présente, y compris militairement, à la demande des nouveaux États. Tout cela est expliqué de façon lumineuse et courageuse par Philippe San Marco, le fils du gouverneur, dans *Sortir de l'impasse post-coloniale* (Mon Petit Éditeur, 2016). Mais si l'on veut aussi essayer de comprendre le « décolonialisme » woke et tardif, on peut lire Alain Policar qui, le 23 février 2021 dans *Telos*, s'appuie sur Tocqueville. La vague américaine des *colonial studies* n'est pas le dernier mot sur ce sujet.

Voir : Afrique(s) ; Algérie ; Colonisations.

Démographie

En 2086, sur 10,3 milliards d'habitants (selon les pires projections actuelles, c'est ensuite censé commencer à baisser), il y aura toujours environ 500 millions d'Européens, mais 2,5 milliards d'Africains, sauf si l'Afrique noire, et en particulier l'Afrique de l'Ouest, connaît à son tour, après son pic vers 2024, la « transition démographique » chère aux démographes. La part des Occidentaux se réduira mécaniquement (33 % en 1900 ; 12 % en 2023), quand celle des géants – Inde, Afrique (140 millions en 1900 ; 2,5 milliards en 2050) – augmentera. La Chine ayant commencé, doucement, à décroître. Tout cela sans tenir compte d'éventuels mouvements migratoires massifs, économiques d'abord, aggravés par le dérèglement climatique et écologique. Au moins 2 milliards seront exposés en 2100 à des températures extrêmes, voire insoutenables.

Il y a une école de démographes en Europe et en France, proches des gauchistes ou cathos de gauche repentants, qui estiment que c'est normal et que le métissage qui en découlera nécessairement permettra à l'humanité de dépasser le stade identitaire et nationaliste, source de toutes les horreurs.

Les responsables des pays du Sahel, par exemple, ceux de l'Afrique noire en général, ne voient pas forcément cela comme un atout pour eux, bien au contraire ! Ils veulent développer l'éducation des filles (sept à huit enfants par femme au Niger ces dernières années) pour contrôler les naissances. Les responsables des pays en déclin démographique essaient de relancer la natalité chez eux : toute l'Europe (même la France, depuis peu) ; Allemagne, Russie, Italie, Espagne, mais aussi Japon, Asie et même Chine. 62 pays, en général développés, ont atteint un « pic » avant 2024. De ce « compte à rebours », il est difficile de parler, encore plus d'agir. D'ailleurs y a-t-il des politiques « natalistes » convaincantes dans les sociétés modernes ? Ce sont les femmes qui décideront là où elles en ont la liberté. Ces mouvements démographiques de fond commandent largement, en termes écologiques, l'avenir de la vie sur la planète, et la coexistence pacifique, ou non, non seulement entre Chine et États-Unis, mais aussi entre Nord et Sud, entre peuples, cultures, civilisations.

Selon Pierre Chaunu, il y aurait eu depuis les origines 80 milliards de *Sapiens*.

Voir : Afrique(s) ; Anthropocène ; Écologisation.

Deng Xiaoping

Éclipsé par Mao, et maintenant par Xi, c'est pourtant lui, ce « petit timonier » né en 1904, qui a changé notre monde en libérant la colossale énergie individuelle et économique de la Chine quand il a fini par en devenir le maître à partir de 1978, sorte d'empereur imposant son pragmatisme : « Peu importe que le chat soit noir ou blanc s'il attrape les souris. » Fini, le débat communisme/capitalisme ! Place au capitalisme Far West… sous contrôle du Parti. Sans lui, la Chine de Xi Jinping n'aurait pas été possible. Pas de nouvelles routes de la soie ! Ni de BRICS ! Ni de Sud global ! Il faut lire à son sujet le formidable livre de Jean-Pierre Cabestan, *Deng Xiaoping. Révolutionnaire et modernisateur de la Chine* (Tallandier, 2024).

Il avait été l'un des fondateurs du Parti communiste chinois (PCC) et réussi pendant trente ans à suivre Mao, à coexister et collaborer avec lui, parfois à le freiner, avec Zhou Enlai ou seul, à survivre aux purges et à la Révolution culturelle, à surnager, à remonter et, finalement, à prendre le pouvoir après l'arrestation, en 1976, de la « bande des Quatre », les derniers maoïstes, grâce à la fraction raisonnable de l'armée. Puis il gouverna de « derrière le rideau » en jouant au bridge au « China Club » sans autre titre que « président de la commission militaire du Parti ». S'inspirant de Lee Kuan Yew à Singapour, il libéra l'économie et les énergies de la Chine mais il maintint un strict contrôle politique par le Parti communiste. Au moment de Tian'anmen, horrifié par le risque du retour au chaos, il finit par donner son feu vert à la répression des manifestants (officiellement entre 186 et 241 morts).

Il avait étudié en France entre 1922 et 1924 en tant qu'ouvrier/étudiant/boursier, comme Zhou Enlai. Il a sa statue devant la gare de Montargis. Et certains historiens ont évoqué un « serment de Montargis » qui devait conduire à la création du Parti communiste chinois dans la concession française de Shanghai.

Un souvenir personnel : en 1983, j'ai été, jeune conseiller diplomatique, preneur de notes de l'entretien entre lui, petit homme malicieux enfoncé dans un fauteuil profond d'où il crachait avec dextérité, à l'ancienne, vers un récipient en cuivre, et François Mitterrand. Celui-ci lui avait dit courtoisement : « Un jour, le monde aura beaucoup à apprendre de la Chine ! » Deng avait répondu très sérieusement : « Nous avons beaucoup de travail à accomplir avant cela ! » C'était il y a près de quarante ans ! Nous y sommes.

Nous sommes confrontés à une Chine qui réactualise le titre du livre d'Alain Peyrefitte publié en 1973, *Quand la Chine s'éveillera... le monde tremblera*. La Chine n'est plus celle de Mao ni celle de Deng mais, pour longtemps, celle de Xi... et l'on découvre qu'elle est restée communiste, « rouge[1] », tout en étant sauvagement capitaliste. L'Occident, qui a beaucoup pris ses désirs pour des réalités, ne pensait pas cela compatible. Impossible de savoir si elle réussira à devenir numéro 1, on peut en douter, mais en tout cas numéro 1 *bis* ou numéro 2, et comment se conclura le bras de fer Chine/États-Unis.

Voir : Chine ; Xi Jinping.

Détroits

Depuis que l'homme navigue, certainement très longtemps avant les premières représentations des bateaux retrouvées en Mésopotamie (4 000 avant notre ère), par exemple dès la conquête de l'Australie, il y a quarante mille ans, quand le niveau de la mer était plus bas, il a dû réaliser l'importance de contrôler les détroits. Et c'est toujours le cas. Dans notre Antiquité, les détroits du Péloponnèse et de Messine (Charybde et Scylla !). Puis ceux de Gibraltar (les colonnes d'Hercule), le Bosphore, plus tard le Pas de Calais ou le Skagerrak. Au Moyen-Orient, les détroits d'Ormuz et de Bab el Mandeb. En Asie, les détroits de Malacca (où il y a eu une bataille féroce des Portugais contre le sultan), de la Sonde, ou de Makassar.

1. Voir Alice Ekman, *Rouge vif, l'idéal communiste chinois*, L'Observatoire, 2020.

Et bien sûr celui de Taïwan ou celui de La Pérouse (entre l'île de Sakhaline et celle d'Hokkaidō). Au Canada, celui de Davis, entre le Groenland et la terre de Baffin. Et celui de Bering. Ceux par lesquels transmutent les pétroliers ou gaziers, ou porte-conteneurs (90 000 navires dans le monde), et dans les fonds desquels courent d'innombrables câbles, restent stratégiques, d'autres peuvent le devenir avec le réchauffement et l'ouverture – hélas, écologiquement parlant – des routes arctiques.

À ces détroits naturels, il faut ajouter les non moins stratégiques grands canaux construits de main d'homme qui ont permis de raccourcir de plusieurs milliers de kilomètres les voyages maritimes : le canal de Suez, bien sûr, né de l'amitié entre Saïd Pacha puis Khédive Ismail et Ferdinand de Lesseps, personnalité hors du commun, construit entre 1859 et 1869 (près de trois mille ans après les premiers essais des pharaons !). Le canal de Panama, long de 77 kilomètres, fruit de l'obstination (contrecarrée) du même Lesseps, construit à partir de 1882, ayant nécessité trois systèmes d'écluses, ouvert en 1914 et dont la navigabilité est aujourd'hui perturbée par le manque d'eau. En revanche, au pôle Nord deviendront accessibles le passage du nord-ouest et la route maritime du Nord. Il y a d'autres projets, par exemple de doubler le canal de Panama, ou le Bosphore, ou celui de Malacca. Le monde ne sera jamais complètement virtuel, et même dans le ciel, il y a des couloirs ! Et on peut élargir à l'ensemble des enjeux maritimes stratégiques : grandes routes, futures routes, passages stratégiques, zones de piraterie, zones de tension.

Voir : Infrastructures.

Diaspora(s)

Énorme phénomène sous-évalué. À l'origine, on parlait surtout de diaspora en Occident (en grec, *dia-spora*, « ensemencement à travers ») à propos de l'exil forcé des Juifs à Babylone sous Nabuchodonosor II, après la prise de Jérusalem en 586 avant J.-C. Ce terme est devenu courant par la suite pour désigner des populations fixées durablement en nombre hors de leur patrie, comme les Arméniens (exode après le génocide, aujourd'hui 3 millions en Arménie, 6,5 à l'extérieur), les Grecs (10 millions à l'intérieur, 6,5 à l'extérieur), les Libanais (5,5 millions environ au Liban, entre 4 et 14 millions à l'extérieur selon les décomptes), les Africains (40 millions aux États-Unis descendant d'esclaves importés, 3,5 millions en France, immigrés), les Irlandais (100 millions de descendants d'Irlandais dans le monde, dit-on [!], dont 36 millions aux États-Unis !), bien sûr aussi les Juifs (6,4 millions en Israël, 8 millions en diaspora dont 5,7 millions aux États-Unis et plus de 500 000 en France), et les Palestiniens (14,3 millions dont 5,4 en Palestine). Mais on peut aussi parler de diaspora basque (4,5 millions) ou italienne (500 millions de gens seraient d'origine italienne hors Italie, par exemple en Argentine !), de diaspora marocaine (4,5 millions dont 80 % en Europe) ou algérienne (autour de 6 millions, dont 2,6 millions en France). Sans oublier la diaspora chinoise (50 millions). Ces chiffres peuvent changer, ce sont des estimations. Il faudrait ensuite étudier au cas par cas à quel point ces diasporas sont enracinées, intégrées, quels liens elles gardent avec le pays d'origine, quand elles sont organisées et pour agir en lobbies, etc. C'est là qu'elles pèsent, très fortement, dans la vie politique intérieure des pays et les relations internationales.

Mais est-ce que ces catégories ne sont pas vouées à évoluer, à se mêler, et est-ce que ce concept ne va pas disparaître d'un monde où ce sera de plus en plus facile de voyager, de rester un certain temps dans un pays, puis de revenir, de repartir, d'aller ailleurs, etc. ? Dans un monde qui s'affranchirait de la sédentarisation néolithique – commencé il y a dix mille ans – et irait au-delà du nomadisme marginal des très pauvres, des ultra-riches et de quelques pèlerins et d'artistes, l'exil définitif deviendra l'exception. Ce semi-nomadisme moderne, qui toucherait plus qu'une grosse minorité, relativiserait les notions de minorités, de diasporas (les lobbies, c'est autre chose). En plus des enracinements vitaux, un monde de circulations ! Cette instabilité et cette volatilité affaibliraient encore le cadre stable nécessaire à la démocratie politique représentative, alors que déjà l'abstention et/ou les extrémismes montent. Combien de temps faudra-t-il pour que cette semi-mobilité constante engendre une mentalité globale différente ? Des années ? Des décennies ? Jamais ? Aggravera-t-elle au contraire les méfiances et les antagonismes ?

Voir : Démographie ; Influences ; Lobbies.

Diplomatie

Disposer d'un autre moyen que la guerre, les batailles et la violence pour régler les conflits et donc d'un canal pour parler avec son adversaire : c'est l'idée fondatrice de la diplomatie. Il y a toujours eu des palabres, des messagers (mais ils étaient occasionnels, et la fonction risquée : élimination des porteurs de mauvaises nouvelles, comme le démontre l'exemple de la Grèce antique, prise d'otages, etc.), mais ce n'est qu'à la Renaissance, aux XVe et XVIe siècles, avec l'apparition d'embryons d'États modernes, qu'a commencé à être codifiée, à partir des cités-États, la diplomatie au sens moderne, dès 1455, entre les ducs de Milan et de Gênes, pour être précis. Richelieu définit le premier ce que sont les « ambassadeurs ». Pour pouvoir circuler et travailler en sécurité, ils doivent pouvoir disposer d'une immunité. Pendant longtemps, les fonctions sont ambiguës. Pour Casanova, « les seuls espions avoués sont les diplomates ». Daniel Jouanneau a très bien décrit tout cela dans son *Dictionnaire amoureux de la diplomatie*, en 2019, mais le métier est bouleversé.

Après la fin de l'URSS, les Américains triomphants, saisis d'*hubris*, ont eu la tentation de se passer de diplomatie. Pour les États-Unis « hyperpuissants », les pays alliés et protégés étaient alignés ; les rares pays récalcitrants seraient remis dans le droit chemin par les sanctions ou par la force. À quoi bon une diplomatie ? Kissinger a dû écrire un essai pour expliquer aux Américains pourquoi une diplomatie restait nécessaire ! On rêve. Le trumpisme a été une variante fruste de ce courant. Le moralisme occidental triomphant, qui est une réapparition de notre manichéisme, n'est jamais très loin : on ne devrait pas parler, encore moins négocier ou traiter, avec des pays qui « ne partagent pas nos valeurs ». Mais avec qui, alors ? Évidemment, cela ne marche pas (voir Pierre Grosser, *Traiter avec le diable ?*, Odile Jacob, 2013). C'est ainsi que l'Union européenne « avait les mains propres parce qu'elle n'avait pas de mains ». Cela change… un peu. Mais l'Occident est loin d'être devenu réaliste, alors qu'il ne peut plus se permettre d'être fumeux ou de revenir à son prosélytisme, ce qui n'est plus accepté dans la grande redistribution des cartes en cours. S'ajoutent à cela le raccourcissement du temps politique, l'hystérisation de tout à l'époque d'internet et des réseaux, l'envahissement par des questions économiques ou technologiques, l'absorption de la lumière médiatique par les numéros 1. Tout ce qui me fait dire en conclusion du recueil que j'ai coordonné pour Perrin, en 2024, sur les *Grands diplomates* des quatre derniers siècles... qu'il n'y en aura plus. En tout cas, à l'ancienne. Même s'il faudra partout négocier, sans arrêt, sur tous les sujets, ce qui est un métier.

Voir : Alliances ; Kissinger, Henry ; Richelieu, Armand Jean du Plessis, cardinal de ; Sanctions.

Dissuasion

Dissuader est un concept ancien, très antérieur à l'ère nucléaire. Sans remonter à l'Antiquité, citons Lyautey : « Montrer sa force pour ne pas avoir à s'en servir. » Le concept de *dissuasion nucléaire* n'apparaît pas immédiatement après Hiroshima. Pendant quelques années, la bombe A, puis H, est, aux yeux des militaires américains, puis soviétiques, une super grosse bombe. Des stratèges envisagent son emploi sans trembler. MacArthur voulait l'utiliser en Corée. Les dirigeants français l'ont réclamée aux Américains pendant la guerre d'Indochine. Le terme « force de frappe » l'illustre. Ensuite, la puissance dévastatrice de la bombe, et la peur que cela a engendrée, a obligé à la penser plus en termes de dissuasion que d'emploi.

Les arsenaux se développent, le complexe militaro-industriel, dénoncé par le général Eisenhower en 1961, pousse à la roue. À la fin des années 1950, l'URSS n'a plus seulement des bombardiers, mais des missiles capables de toucher le territoire américain. Panique ! Le *missile gap*, dénoncé par le candidat Kennedy, n'existe pas, mais Washington se demande quand même comment ne pas être obligé de s'exposer d'emblée pour défendre l'Europe avec ses armes nucléaires stratégiques face à l'URSS. *Eureka !* Ce sera la *flexible response* – la riposte graduée –, avec plusieurs étapes dans la dissuasion, aberration anti-dissuasive : on emploiera d'abord les missiles à moyenne portée, installés en Allemagne. Les Allemands ont compris 5 sur 5, et leur phobie antinucléaire en découle. McNamara, le secrétaire à la Défense de Kennedy puis Johnson, ne pourra l'imposer à l'OTAN qu'après que de Gaulle, qui s'opposait à juste titre à ce premier lâchage, s'en sera retiré en 1966. Dans les années 1960-1970, les théoriciens de la dissuasion nucléaire s'embrouillent avec les avancées des technologies, qui ouvrent de nouvelles possibilités. Passé les premières années de la guerre froide, une menace de frappe massive sur les populations des villes adverses, menace horrible, est-elle concevable ? Et, donc, ne serait-on pas plus dissuasifs en menaçant, grâce à des armes nucléaires plus précises, des centres de commandement (le Kremlin), ou des cibles militaires ? C'est la course aux têtes multiples, à la miniaturisation, au guidage terminal, qui alimente ces spéculations. Mais n'accroît-on pas de ce fait la tentation de l'emploi, plutôt que de la dissuasion ?

Dans les années 1960, la peur de la prolifération nucléaire (à d'autres qu'eux) s'empare des cinq détenteurs de la bombe. C'est l'époque où la guerre froide n'empêche pas les Occidentaux de traiter avec l'URSS, aussi menaçante soit-elle, au contraire. Ils se mettent d'accord en 1968 sur la signature d'un traité de non-prolifération (TNP). Celui-ci interdit l'accès aux autres signataires (sous le contrôle de l'Agence internationale de l'énergie atomique). De leur côté, les détenteurs de l'arme nucléaire s'engagent à désarmer autant que possible. Le traité américano-soviétique ABM (Anti-Ballistic Missile) de 1972 sanctuarise ce qui fonde la dissuasion mutuelle, et donc la sécurité : la vulnérabilité mutuelle, ce qui est très contre-intuitif, le plus dur à expliquer aux opinions. La question ressurgit dans la période Reagan/Gorbatchev à Reykjavik en 1986 et au sommet des 7 à Venise en 1987. Le contrôle des armements avait progressé dans les dernières années de la guerre froide (accords SALT I et II pour limitations, puis START I et II pour réduction), un peu encore après, a stagné puis a régressé ensuite, jusqu'à ce qu'il n'en reste rien à partir de Poutine et Trump : les États-Unis se sont retirés du traité Anti-Ballistic Missile en 2002, ce qui a gravement affaibli une des bases de la dissuasion et donc de la paix, la vulnérabilité mutuelle. Ils ont dénoncé aussi en 2018 le traité FNI (traité sur les forces nucléaires à portée intermédiaire) arguant de la violation par la Russie. Il y a *de facto* quatre puissances nucléaires supplémentaires (Israël, Inde, Pakistan, Corée du Nord, mais pas l'Iran pour le moment), là où on en craignait trente.

Par cohérence stratégique et par économie, la France a toujours pratiqué la dissuasion *au plus bas niveau possible*. Dans les pays occidentaux détenteurs de l'arme, quelques mouvements contestent sa crédibilité, son coût, sa moralité et demandent son abandon, ou au minimum la reprise de négociations de réduction (parallèle et contrôlable) des armements. Cette dernière demande est justifiée : les États-Unis et la Russie pourraient réduire substantiellement leurs armements nucléaires tout en gardant un arsenal très dissuasif. Aujourd'hui, sur les 16 000 ogives nucléaires mondiales, la Russie et les États-Unis en ont entre 6 et 7 000. La France, 300...

À Nagasaki, le 24 novembre 2019, le pape François a condamné la « possession » de l'arme nucléaire. Utopie de jésuite argentin. Croit-il vraiment que le monde serait plus sûr sans le verrou de la dissuasion nucléaire ? De toute façon, aucune puissance nucléaire ne renoncera, en dépit du Traité d'interdiction entré en vigueur le 22 janvier 2021. Éthique de la conviction contre éthique de la responsabilité – vieille histoire. Emmanuel Macron lui a bien répondu le 7 février 2020. Il vaudrait mieux bâtir un monde suffisamment sûr pour se passer de l'arme nucléaire...

Aucun dirigeant de puissance nucléaire n'est prêt à prendre la responsabilité et le risque d'abandonner la dissuasion nucléaire. Comment savoir si, trente ans plus tard, le monde sera assez sûr pour ne plus en avoir besoin ? Néanmoins, chacun s'interroge sur la composition de son arsenal futur et sur le concept d'emploi : en premier, ou non ? Y compris face à une menace non nucléaire, ou non ?

L'attaque de l'Ukraine par Poutine ainsi que ses menaces nucléaires ont fait ressurgir plusieurs réflexions et questions graves : une puissance nucléaire peut lancer une attaque conventionnelle sous couvert de son intimidation nucléaire. Quelles leçons en tirer ? Si Trump va au bout de sa logique, concernant l'OTAN, ne faudra-t-il pas repenser la fonction de la dissuasion française ? Est-ce possible ? Ce qui supposerait que la crédibilité de la dissuasion puisse être assurée quand même. Le débat est devant nous, il devra être abordé dans un esprit rigoureux et de responsabilité en se défiant de tout effet d'annonce inconsistant.

Voir : Armements (Course aux) ; Guerre froide ; Hiroshima ; Nucléaire ; Opinion publique ; Traités.

Dollar

Ce n’est qu’en 1944, à Bretton Woods, dans le New Hampshire (cette conférence est le fleuron du « multilatéralisme » sur lequel on pleure aujourd’hui), que la suprématie du dollar par rapport à la livre est consacrée. Il est convertible en or. Sa valeur est fixée à 35 dollars l’once. Des taux de change fixes sont établis entre monnaies convertibles, assortis d’une possibilité de dévaluation sous contrôle, avec rétablissements de nouveaux taux de change. Le dollar est le pivot du système américain d’après-guerre et donc presque mondial.

La France gaullienne (inspirée par Jacques Rueff) dénonce le fait que les États-Unis puissent vivre indéfiniment à crédit au détriment de leurs créanciers. Elle demande à échanger ses réserves en dollars contre de l’or. D’autre part, la guerre du Vietnam creuse les déficits américains. Les États-Unis veulent que le Deutsche Mark soit réévalué, les Européens que le dollar soit dévalué. Refus. Le président Nixon sort alors de Bretton Woods le 15 août 1971 et laisse flotter le dollar (voir l’analyse de Serge Sur dans *Questions internationales* de juillet-août 2020). Cela ne coule pas le dollar, au contraire. Il devient hégémonique du fait de la suprématie économique américaine qui s'accroît et s'étend avec l'américano-globalisation. La cynique politique américaine de sanctions extraterritoriales contre des alliés comme contre des ennemis s'appuie sur ce règne du dollar. On en est toujours à peu près là.

Beaucoup d'espoirs avaient été placés dans l'euro, créé en 1990. Mais en 2024, alors même que le dollar avait perdu, du fait de la pandémie, 12 % de sa valeur entre mars et août 2020, il reste de loin dans le monde la monnaie de réserve de référence : 62 % des réserves, en recul de 2 points seulement depuis 2008, tandis que la part de l'euro qui était montée à 28 % en 2008 est retombée à environ 20 %. Il faut tenir aussi compte du yen mais surtout du yuan chinois (le renminbi), la Chine poussant ses partenaires à des accords commerciaux dans sa monnaie. Certains économistes américains (Stephen S. Roach) ou français (Patrick Artus) s'attendent à une glissade, voire, à terme plus ou moins éloigné, à la fin du « privilège exorbitant » du dollar, pour diverses raisons. Un nouveau Bretton Woods serait à nouveau une solution, mais il faudrait, cette fois-ci, l'imposer aux États-Unis. Invraisemblable. Sauf si cela devenait intéressant pour les États-Unis de fixer la valeur du dollar menacée de baisser trop. Pour le moment, de la fiction. La « dédollarisation » restant marginale.

Voir : Bretton Woods (Accords de) ; Chinamerica ; États-Unis ; Occident ; Sanctions.

Droit international

Vache sacrée. C'est un rêve relativement récent de l'humanité, après que l'Église avait ouvert la voie, que les relations internationales, les rapports entre les puissances, la guerre elle-même soient soumis à des règles, à un droit qui leur serait supérieur. Puissante aspiration depuis deux ou trois siècles. Au-delà du principe de respect des engagements pris dans les traités (*pacta sunt servanda*). Au-delà des mécanismes d'arbitrage mis en place depuis le XIXe siècle. Il y a une abondante production théorique et juridique dans ce sens. De nombreuses institutions judiciaires, tribunaux, cours de justice, ont été créées pour incarner ce pouvoir judiciaire à ambition supranationale, assuré de sa légitimité, de son bon droit, précisément, de sa mission, et s'y emploient avec zèle et conviction.

Bien sûr, tout cela est très occidental. Toute cette construction proliférante – presque une religion – bute sur une limite : il n'y a pas, et il n'y aura pas d'autorité supranationale, de président mondial du peuple mondial, qui puisse faire exécuter les décisions de juges mondiaux par sa police mondiale. Cela ne marche donc que si les États, et les puissances non étatiques, l'acceptent et s'y soumettent. C'est le cas, par exemple, jusqu'à un certain point, au sein de l'Union européenne, s'agissant des décisions de la Cour européenne de justice et de la Cour des droits de l'homme qui a son propre agenda, dénoncé en France, par exemple, par Édouard Balladur, même si le Tribunal fédéral constitutionnel allemand de Karlsruhe renâcle, et des partis politiques contestent ce fédéralisme excessif. Mais elles sont appliquées, pour le moment. Même si, *a contrario*, il faut noter que bien que son contenu ait pu varier, l'État de droit est considéré comme un acquis intangible et un absolu par beaucoup de juristes. Mais quand un pays (États-Unis, Russie, Chine, Israël, Soudan) refuse de se soumettre à la Cour internationale de justice ou à la Cour pénale internationale (CPI), les partisans sincères et les promoteurs du droit international ne peuvent que s'affliger de leur impuissance... François Mitterrand n'a-t-il pas dit un jour : « Le droit international est un droit vagabond »... (sans domicile fixe) ? Ce n'est donc pas la panacée, même si cela a permis quelques belles avancées et, peu à peu, la création de références nouvelles. Mes mises en garde au moment de l'adoption en 1998 du statut de la CPI contre un optimisme excessif (c'est un progrès contre l'impunité, mais ne créez pas d'attentes exagérées) avaient été mal reçues par les milieux militants, avant qu'ils ne se déclarent eux-mêmes déçus vingt ans après.

À l'opposé, en France, et en Allemagne, certains souverainistes s'inquiètent de l'extension subreptice, malgré tout, d'un possible gouvernement des juges, a-démocratique à leurs yeux, et de la tendance à la judiciarisation de la contestation de l'action publique (voir le remarquable colloque de la Fondation Res Publica sur « Le droit contre la loi », n° 119, 22 octobre 2018). Mireille Delmas-Marty, qui travaille au dépassement de ces contradictions, propose de réfléchir à un « droit national internationalisé » ou à un « droit international contextualisé ».

Il y a plus grave que ces controverses : le dévoiement, l'utilisation du droit par un pays pour imposer ses volontés à l'extérieur (à commencer par les sanctions américaines depuis des décennies contre des pays qu'ils combattent, ou des entreprises qui les gênent). Les prétentions fugaces de quelques justices européennes, belges en particulier à un moment donné, de donner à leurs décisions une portée universelle, n'ont rien à voir, elles non plus, avec le droit international : c'est de l'unilatéralisme judiciaire extraterritorial, un résidu inconscient d'impérialisme et, s'agissant des sanctions américaines, du racket de la pire espèce. Pourquoi les Européens tolèrent-ils ce scandale ? À cause du dollar, que l'euro n'a pas supplanté. Mais ils sont eux-mêmes tentés d'en faire autant ! Alors ?

En revanche, le droit international privé, celui des affaires, des contrats, dominé par la *common law* (mondialisation américaine oblige) – mais le droit civil français résiste –, est mis en œuvre par des centaines de milliers d'avocats, et de juristes. Il est omniprésent, efficace, et respecté, il fait fonctionner la mondialisation, même une nouvelle puissance comme la Chine veut l'appliquer à sa façon, avant peut-être d'en imposer sa propre version.

Voir : Kant, Emmanuel ; Sanctions ; Occident ; Universalisme.

Droits de l'homme, droits de l'individu, droits humains

Nouvelle religion occidentale issue du christianisme et bon sujet pour s'écharper ! D'ailleurs, certains groupes, notamment en Amérique du Nord, par phobie du terme « homme » (compris comme masculin, et non pas comme « genre humain »), militent pour le remplacer par le terme « droits humains ». Cela ne sera pas le cas ici, où je parle bien de droits de l'Homme, au sens créature humaine. Que « l'homme » ait « le droit » d'être protégé contre l'arbitraire et les mauvais traitements a été proclamé dès l'Antiquité par des penseurs, des philosophes, pas seulement grecs, des fondateurs de religions (Bouddha, Jésus), ou par des philosophes, mais de façon aléatoire, épisodique. Cela ne commence pas avec les grandes déclarations issues des Lumières européennes. L'historien Jean-Christian Petitfils, dans le texte par lequel Louis VII (le père de Philippe Auguste) affranchit une femme esclave en... 1152, voit une « déclaration des droits de l'homme avant la lettre » : « Un décret de la divine bonté a voulu que *tous les hommes, ayant la même origine, fussent doués dès leur apparition d'une sorte de liberté naturelle* [...] c'est à notre Majesté Royale qu'il est donné d'élever à nouveau [cette personne] à la liberté. »

Cette idée a été constituée en doctrine au XVIIIe siècle en Europe, à partir, selon Luc Ferry, de la sécularisation des valeurs chrétiennes. Les Lumières seraient un héritage judéo-gréco-chrétien, interprétation que je partage. Même si on oublie trop dans cette expression convenue la cosmogonie pharaonique dont plusieurs penseurs grecs se sont nourris. Pour d'autres, c'est en rupture totale avec le passé, et l'histoire recommencerait en 1789 (ou à Luther). Quoi qu'il en soit, les « Lumières » furent le début d'un immense mouvement historique de philosophes, de juristes, de courants de pensée, de groupes et, finalement, à notre époque, d'individus, contre toutes les hiérarchies, tous les pouvoirs jugés arbitraires et abusifs. Ce mouvement renaît sans arrêt, se renouvelle et se poursuit jusqu'à aujourd'hui en Occident à travers la guérilla des minorités, menée par des leaders activistes. Ce mouvement des droits de l'homme produit une infinité de textes juridiques, traités et déclarations internationaux, dont la mise en pratique est l'œuvre et la raison d'être de très nombreux juristes et militants dans le monde. La Déclaration des droits de l'homme et du citoyen du 26 août 1789 est la face lumineuse de la Révolution française. Mais comme le rappelait Robert Badinter, elle ne fait pas de la France la « patrie des droits de l'homme », mais la « patrie de la Déclaration », et elle ne lui a pas fourni de baguette magique pour transformer la Russie ou la Chine en un grand Danemark. La déclaration américaine des droits, qui puise aux mêmes sources, date de 1791. Celle de Virginie les avait précédées, dès 1776. Elle fut complétée un siècle et demi plus tard par la Déclaration *universelle* des droits de l'homme adoptée à Paris le 10 décembre 1948 sous l'impulsion notamment de René Cassin. Beaucoup d'Européens voudraient qu'elle s'impose à l'univers tout entier (notre universalisme est une projection, pas un échange) par la force de l'exemplarité, du droit, des valeurs, et, s'il le faut, des sanctions et de l'ingérence.

C'est toute la question du prosélytisme, affirmé et assumé depuis la Révolution française, mais présent bien avant au sein de la chrétienté devenue Occident (le « Allez évangéliser toutes les nations » de saint Paul). En contradiction potentielle avec « le droit des peuples à disposer d'eux-mêmes ». Et surtout avec la souveraineté nationale, présentée aujourd'hui par certains européistes comme étant dépassée, mais qui a été un progrès par rapport à l'absence antérieure de souveraineté. L'Occident moderne s'est attribué une mission civilisatrice, notamment à l'époque coloniale. Rhétorique escamotée aujourd'hui, mais qu'il est instructif de relire. L'argumentaire est différent. Il est censé ne plus être colonisateur, au contraire, mais universel, et estime (ou a longtemps estimé) avoir de ce fait le *droit*, voire le *devoir*, de s'ingérer pour imposer la démocratie ou le respect des droits de l'homme dans les autres pays, même devenus indépendants. Jules Ferry parlait du « devoir » de civilisation qui a inspiré la politique colonisatrice de la IIIe République. Ce droit, voire ce « devoir d'ingérence », a été formulé par Mario Bettati et était devenu l'oriflamme de Bernard

Kouchner. À la charnière du XXe et du XXI siècle, grisés par la chute de l'URSS, plusieurs pays occidentaux (États-Unis, France) ont été saisis par cette tentation : les droits de l'homme ne devraient-ils pas devenir la priorité, absolue, voire la *seule* mission des politiques étrangères des démocraties, puisque l'on ne « devait plus parler avec des gens qui ne partagent pas nos valeurs » ? La majorité des médias occidentaux des décennies 1990-2010 l'ont pensé activement, ont harcelé les gouvernements, et ont vertement condamné et dénoncé toutes les réticences. L'invasion de l'Ukraine par Poutine leur a été une cure de jouvence. Une version plus réaliste et plus honnête serait que les droits de l'homme soient une composante des politiques étrangères, mais pas la seule, qu'on actionne quand les circonstances le permettent et qu'il faut combiner avec d'autres objectifs, et d'abord la sécurité.

Les « droits-de-l'hommistes » occidentaux (les prosélytes) refusent avec indignation tout « relativisme » et rejettent tout lien, pourtant évident, avec la logique coloniale d'antan (le fardeau de l'homme blanc). Mais les pays non occidentaux résistent de plus en plus à ces oukases, par contestation d'une partie de ces valeurs « universelles », ou parce qu'ils veulent les mettre en œuvre à leur façon et à leur rythme, et surtout parce que, en tant qu'émergents (le Sud « global »), ils estiment que les Occidentaux n'ont plus à leur imposer leurs croyances du moment, y compris les dernières en date, enragées, rassemblées sous le nom de wokisme. De toute façon, l'affirmation philosophiquement juste de la portée universelle de ces valeurs ne nous permettra pas d'échapper dans ce domaine comme dans d'autres à l'adaptation à notre perte de monopole, de pouvoir et d'influence. Les Occidentaux seront bien obligés – sans cesser de croire à ce qu'ils croient – de devenir plus réalistes, pour défendre en priorité, chez eux et pour eux, leur civilisation.

Lévi-Strauss avait osé dire : « Toutes les civilisations ont le droit de se défendre. Même la nôtre. »

J'ai longuement débattu en 2023-2024 avec Maurice Godelier de ce dilemme : peut-on concevoir un Occident non prosélyte ?

Voir : Ingérences ; Irrealpolitik ; Occident ; Universalisme.

E

Eau

70 % de la surface de la Terre sont constitués d'eau : cinq océans, des dizaines de mers. La fonction écologique des océans est vitale (production d'oxygène, absorption de CO_2, régulateur du climat). Mais le réchauffement va accroître la quantité d'eau en circulation tout en rendant les océans plus chauds, de moins en moins capables d'absorber le CO_2. L'eau *douce* ne représente que 2,8 % de l'eau totale. Les glaces et neiges 2,1 %, et l'eau douce *disponible* 0,7 %. Il n'y a pas de problème global de manque d'eau. Mais l'eau douce est massivement polluée, alors que l'eau potable est nécessaire à la vie. Et les mers fermées (comme la Méditerranée) reçoivent des quantités considérables d'eaux usées non traitées (les épurer devrait être en priorité le premier projet commun des riverains).

La montée des eaux par réduction de la masse gelée fait planer une menace sur tous les pays de la Méditerranée, les îles plates et basses, mais aussi sur tous les littoraux, sur tous les continents, y compris en Europe, où vivent des centaines de millions de gens. Selon certains experts, près d'un milliard de gens pourraient être touchés par la montée des eaux d'ici à 2050. La marine américaine s'inquiète déjà de l'accessibilité future de ses ports, et d'abord en Asie et dans le Pacifique. Néanmoins, les guerres de l'eau ne sont pas inéluctables. À surveiller quand même le Nil, l'Indus, le Mékong.

Il pourrait y avoir des conflits pour l'eau entre des pays en amont et en aval pour l'utilisation de l'eau des grands fleuves. Le barrage de la Renaissance, en Éthiopie, sur le Nil, provoque la colère et les menaces de l'Égypte. La question se posera pour les fleuves d'Asie, comme le Mékong, entre autres. Le sous-continent indien comme l'Asie du Sud-Est ont vitalement besoin de cette eau issue de l'Himalaya et du plateau tibétain, contrôlée aujourd'hui par la Chine et à l'origine de toutes les grandes civilisations asiatiques du riz. La perspective de la raréfaction de ces eaux du fait du réchauffement climatique et de la fonte des glaciers est terrifiante... On ne peut exclure des guerres pour le partage des eaux, des migrations colossales, etc. Et par ailleurs un bon gigantesque des moyens de dessalement. Mais par ailleurs, il faut noter que les besoins de désalinisation sont presque illimités et que les meilleures entreprises mondiales sont françaises.

Voir : Écologisation ; Fleuves ; Méditerranée.

Écologisation

Que de temps perdu ! L'*écologisation* – comme on disait industrialisation – n'est pas statique, comme écologie ou industrie, c'est un processus. Et le débat doit porter sur le rythme et les modalités.

La course de vitesse entre le dérèglement dangereux des conditions physiques de la vie sur Terre et la réponse, l'écologisation systématique des modes de vie, de production, de déplacement, va dominer le siècle qui vient, plus encore que l'affrontement de l'aigle américain et du dragon chinois (ils sont coresponsables sur ce plan) ! L'écologie, c'est un fourre-tout, d'autant que le niveau de culture scientifique, chez les dirigeants comme dans l'opinion, est très faible.

Il y a un problème avec les partis « écologistes » européens. Ils ont eu le mérite, au début, d'alerter, et de sortir du déni absolu. Mais ils se sont enferrés et focalisés pour les exploiter sur quelques peurs spécifiques de l'opinion, qu'ils ont attisées : OGM, pesticides, glyphosates (à raison), mais surtout, tragiquement, contre le nucléaire, et curieusement pas sur le charbon (faut-il y voir une influence allemande ?). Et surtout, ils n'offrent pas de solution, sauf des contraintes. Occasion manquée. Comme ils venaient souvent du gauchisme, ils ont vu – un siècle et demi de marxisme ayant sombré avec l'URSS –, dans l'écologie, un nouveau levier pour dénoncer et abattre le « capitalisme ». Pourquoi le capitalisme alors que le bilan écologique des régimes communistes était bien pire (voir la série édifiante du *Monde* en septembre 2018, « Contaminations ») ? Il s'agit plutôt de productivisme industriel et agricole que de « capitalisme », qui peut, on le voit, s'adapter à tout, y compris à l'écologisation, si les règles sont claires. La tentative des sociaux-démocrates de faire de l'écologie une question essentiellement sociale pour se refaire, car ils ne sont plus assez forts face aux écologistes, et des électorats bobos du centre des grandes villes, n'ira pas loin. Il y aura certes une dimension sociale pour rendre tolérable la mise en œuvre de certaines mesures par certains groupes sociaux. Mais ce n'est pas l'essentiel. C'est d'abord et avant tout un gigantesque défi scientifique. Un défi vital.

Les scientifiques, eux, disent de façon de plus en plus alarmiste que la vie sur la planète (il ne s'agit pas de « sauver la planète », slogan mal formulé, mais l'humanité) sera compromise si 8, 9, 10 milliards d'habitants vivent (consomment, polluent, surexploitent, déforestent, artificialisent, rejettent des déchets et dégradent) comme les pays plus « développés » ou « mal » développés aujourd'hui. Les événements extrêmes, les signaux d'alarme se multiplient. Effondrement de la biodiversité, et donc de l'agriculture ; réchauffement : d'ici à 2100, 2 milliards de personnes exposées à des températures insoutenables.

La prise de conscience du danger écologique n'a été au départ que le fait de poètes ignorés, mais aussi de praticiens amoureux et experts de la nature, américains et européens (climat, montagnes, forêts, mers, animaux). Elle s'est élargie, grâce aux observateurs de la biodiversité (qui s'effondre), avec la mise en évidence, longtemps niée, du lien (quelle perte de temps !) entre santé et environnement (produits chimiques omniprésents). Dès 1965, Jean Dorst, professeur au Muséum national d'histoire naturelle de Paris, avait lancé un cri d'alarme dans *Avant que nature meure*. J'avais 18 ans. J'adorais les forêts, les animaux, la montagne. Ce livre que mon père m'avait offert m'avait frappé. Les résistances, les dénis ont été acharnés, alors que les mises en garde sont anciennes, tant l'aspiration au « progrès » dans les sociétés modernes est irrépressible : « On n'arrête pas le progrès ! » Il y a un droit au progrès. C'est presque irrésistible. Certes, mais c'est dommage que cela ait commencé par le choix d'utiliser massivement le charbon à la fin du XVIIIe pour exploiter la machine à vapeur de James Watt en 1784. Dommage qu'ils n'aient pas capté alors l'énergie solaire ! *Idem* du Colonel Drake avec son derrick à Titusville en 1859 ! Résultat : l'explosion des niveaux de CO_2 qui forment comme une serre.

Dans les pays du Sud, toute mise en garde écologique a longtemps été vue comme une manœuvre des pays développés pour leur interdire de se développer à leur tour, et donc a été ignorée ou rejetée. Par exemple à la conférence de Rio en 1992. Petit à petit, au fil du temps, grâce à de nombreuses personnalités – Haroun Tazieff, le commandant Cousteau, quelques grands alpinistes, Frison-Roche, Rébuffat, Walter Bonatti, Paul-Émile Victor, Yves Coppens, Edgar Morin, Jane Goodall, etc., et maintenant Mike Horn – la prise de conscience semblait avoir lieu et l'inquiétude s'était étendue, en tout cas en Europe occidentale. Dans nos pays, l'ignorance des interactions entre les êtres vivants, le dédain, le déni, l'incompréhension radicale restent forts, comme si la Nature nous était extérieure. Déjà plus d'un demi-siècle de batailles confuses hors sujet et d'énergie gaspillée… Mais la dégradation accélérée du climat, de la biodiversité, crève les yeux et s'accélère, et nous oblige.

Problème : la panique ne s'accroît pas là où il le faudrait, en Inde, en Chine, en Indonésie, au Brésil, en Afrique, etc. Dans cette course de vitesse, l'objectif est de rendre le plus vite possible écologiques *toutes* les activités humaines. *Écologiser* comme on a industrialisé. *Écologiser* l'industrie, y compris la chimie (cela a commencé) ; l'agriculture, l'agro-industrie (plus difficile) et les agriculteurs européens, assommés de règlements, ont imposé un coup d'arrêt ; l'énergie (la transition est entamée, elle sera longue, surtout en raison des pays comme l'Allemagne, qui ont décidé, pour des raisons idéologiques déplorables, de sortir du nucléaire à contretemps) ; les transports (variable) ; la construction ; le calcul économique (ne pas prendre en compte seulement les flux monétaires, évaluer la valeur du stock Nature), etc. Travaux d'Hercule ! Mille actions ont déjà été lancées. Reste la démographie (vers 10 milliards avant de baisser) qui exponentialise tous les risques.

Les scénarios vont de catastrophes annoncées, inéluctables, apocalyptiques, sans solution au maintien *in extremis* de conditions permettant la vie sur la planète, à condition que des inventions révolutionnaires comme la captation massive de CO_2 déjà émis, la fusion nucléaire, une géo-ingénierie maîtrisée (elle est déjà très controversée), aient eu lieu à temps, ainsi que des changements massifs de mentalité et de comportement. Avec d'énormes différences de priorités et de rythmes, selon les pays, les métiers, les catégories sociales, et autant de batailles au cas par cas. Et dans les relations internationales, l'apparition probable du concept d'« État voyou écologique » – je l'ai suggéré en 2016 dans *Le Monde au défi*. Trump serait un bon candidat, à titre personnel. Mais les démocraties modernes individualistes, surexcitées et court-termistes seront-elles capables de faire des choix d'avenir vitaux, souvent très impopulaires au départ pour fonder à temps, avant un « grand effondrement », pour parler comme les préhistoriens, la civilisation écologique ? Certains n'écartent pas, quand la panique sera encore plus forte, l'hypothèse de l'appel à des dictatures écologiques.

L'Europe contribue très peu à l'effet de serre (mais l'Allemagne et la Pologne dépendent encore beaucoup trop du charbon), et notamment la France, exemplaire *grâce au nucléaire* et donc à son énergie décarbonée : autour de 1 % du rejet de CO_2 mondial ! Des mesures comme l'arrêt de Fessenheim ont été irrationnelles. Mais hors d'Europe, la situation reste pire. On a vu avec Biden et l'IRA un courageux changement de cap. Mais comment convaincre les émergents de réduire le charbon (alors que la Chine et l'Inde ont en 2020, à cause de « la crise », été obligés de le relancer), de limiter « l'artificialisation », l'abus de chimie, de recycler tout, de transformer l'agro-alimentaire, etc. ? Par l'exemplarité, et l'invention de solutions alternatives (pour réduire l'émission de CO_2, pour le capter). Par la mise au point d'une agriculture bio ou raisonnée, et productive. Je fais le pari que la Chine va devoir jeter toutes ses forces dans cette lutte, même si elle relance momentanément le charbon, elle qui par son développement sans précédent a généré, en complicité avec les États-Unis, la situation actuelle. Et de fait l'annonce de la « neutralité carbone » pour 2050 dans l'Union européenne et en 2060 pour la Chine traduit une prise de conscience mais suppose un effort colossal. Les Européens devraient prendre la tête d'une écologisation raisonnable et scientifique. Ils ont en théorie beaucoup d'atouts pour cela. Mais en 2023-2024, la fronde des agriculteurs en Europe a démontré que ce n'était pas encore le cas, ceux-ci s'opposant brutalement aux interdictions de produits chimiques pour le moment non remplaçables. Et à des règlements ubuesques.

À la veille des élections européennes du 9 juin 2024, le Parlement européen, accusé, à juste titre, d'avoir accumulé les normes paralysantes, a paniqué et tout reporté, si ce n'est abandonné, du Plan Vert, le Green Deal. Donc même en Europe occidentale dont les villes sont peuplées de bobos dont on connaît les votes, la pédagogie de l'écologisation raisonnable, rationnelle et acceptable reste à faire. À suivre : les COP climat (la COP 30 à Belém au Brésil en 2025) et biodiversité. Tous ceux dans le monde qui sont convaincus de la nécessité vitale de l'écologisation devront agir à partir de 2025 sans les États-Unis, voire contre Trump. On mesure l'enjeu.

Voir : Anthropocène ; Eau ; Énergie ; État voyou ; Nucléaire.

Eisenhower, Ike

Le général Eisenhower avait été nommé par le président Roosevelt commandant en chef des forces alliées en Europe pour le Débarquement, la plus grande coalition militaire jamais rassemblée. C'est à lui qu'il revint de décider, le 6 juin 1944, malgré une météo incertaine : « *OK, we'll go ahead.* » Si on cherche des moments vraiment historiques...

Il fut ensuite nommé par Truman, en 1945, chef d'état-major des armées américaines. Puis, quand l'OTAN fut créée – l'Organisation du Traité de 1949 –, commandant suprême des forces alliées en Europe, du 2 avril 1951 au 30 mai 1952, dont le siège était à Rocquencourt. Il résidait à Marnes-la-Coquette. Il fut ensuite élu président (républicain, modéré) des États-Unis, et il le resta de 1953 à 1961. À la fin, il eut donc comme homologue, pendant un peu plus de deux ans, le général de Gaulle qu'il avait connu à Londres durant le mois qui avait précédé le Débarquement.

Deux prises de position courageuses de sa part subsistent de ce temps des années 1950, si éloigné du nôtre. Il arrêta l'expédition anglo-franco-israélienne de Suez (un des seuls présidents américains qui n'ait pas été intimidé par les nationalistes israéliens, c'était il y a plus de cinquante ans). Et surtout, donc, son discours de fin de mandat, le 17 janvier 1961, où il déclara : « Dans les conseils de gouvernement, nous devons prendre garde à l'acquisition d'une influence *illégitime*, qu'elle soit recherchée ou non, par le complexe militaro-industriel. Le risque d'un développement désastreux d'un pouvoir usurpé existe et persistera. » Aujourd'hui, on dirait : « militaro-technologico-industriel » !

Chapeau !

Voir : Gaulle, Charles de ; Seconde Guerre mondiale.

Élysée (Palais de l')

De Gaulle n'aimait pas ce « palais de la main gauche » (acquis en 1753 par la marquise de Pompadour, pour s'y retirer éventuellement) où, par surcroît, le prince président Louis Napoléon Bonaparte, le neveu, avait organisé le coup d'État du 2 décembre. Il avait envisagé les Invalides, ou Vincennes. Et puis il y est resté, et c'est devenu sous la Ve République « le lieu » de pouvoir théâtral par excellence. Avec tous les fantasmes que cela inspire.

En fait, on y travaille jour et nuit dans des conditions malcommodes. J'ai passé dans ce palais plus de cinq mille cent jours ! On y reçoit beaucoup (réceptions, dîners), mais surtout on se réunit et on décide. L'ambiance, les méthodes de travail dépendent avant tout de *qui* est président, un peu de qui est secrétaire général, et de la conjoncture, le gouvernement, l'opinion. Le « bureau qui rend fou », selon le mot de Dominique de Villepin, qui jouxte celui du Président, a été transformé en salle de réunion.

Tout cela n'a rien de mystérieux, même si les journalistes politiques veulent à tout prix présenter ce lieu comme étant secret, et « dévoilent » régulièrement la répartition déjà connue des bureaux. Marronnier inoffensif.

Voir : France ; Lieux de pouvoir ; PC Jupiter.

Émergents

Jusqu'où iront-ils ? La réponse est simple : aussi loin que possible. Mais ils ne sont pas unis. La notion de pays émergents est récente. Pendant la guerre froide, c'est simple : il y a l'Est, l'Ouest, et le « *tiers*-monde » (mot inventé par le sociologue Alfred Sauvy par analogie avec le *tiers* état). Il y a un « tiers-mondisme » politique, illustré par la conférence de Bandung, en Indonésie, en 1955 avec Nehru, Nasser, Tito, Zhou Enlai, Soekarno, etc., qui refusent de choisir entre les deux blocs. Et en France, des tiers-mondistes, en général d'extrême gauche. Quand ces pays deviennent indépendants, on les appelle alors, par *whishful thinking*, pays « en voie de développement », alors qu'ils ne se développent pas du tout. En Europe, on met l'accent sur l'aide au développement, pour apaiser le remords colonial, même si on ne sait pas bien si elle sert à quelque chose et ce qu'il faut faire, ou ne pas faire, pour se « développer ». Et puis, certains de ces pays, le plus souvent asiatiques, pas spécialement aidés d'ailleurs, commencent à décoller : Corée du Sud, Taïwan, Singapour. On félicite ces « dragons ». Cela ne change pas le tableau d'ensemble. Mais finalement, à partir des années 1980, c'est le colosse chinois qui décolle à son tour, grâce à Deng qui s'est inspiré de Singapour, et là, c'est une autre histoire ! Seuls les « pays les moins avancés » (PMA) (selon l'ONU, quarante-six en 2023, dont trente-trois en Afrique) stagnent et continuent à demander de « l'aide ». Au Sahel, on en est toujours là, plus l'insécurité. Dans les années 1980, un Américain, économiste de banque, Jim O'Neill, s'avise de regrouper, dans une formule commode – « émergents » – les grands pays de l'ancien « tiers-monde » qui se développent vite, et qui comptent une classe moyenne en expansion, au pouvoir d'achat croissant : immenses marchés d'avenir ! M. O'Neill invente l'acronyme BRIC (Brésil, Russie, Inde, Chine), assemblage hétéroclite même avant 2022 (la Russie est alors *surnageante*, peut-être réémergente, pas émergente). Les quatre cooptent l'Afrique du Sud (il faut un africain). Cela donne BRICS (S pour *South Africa*). S'ensuit une surenchère de sigles, chacun inventant sa liste : il y a des dizaines de catégories de nouveaux émergents ! Mais c'est une vision économique, pas géopolitique. Les grands émergents resserrent leurs liens à l'initiative de la Chine (organisation de Shanghai), mais ils ne sont pas politiquement unis, et la Chine poursuit seule son ascension sidérante, unique en son genre.

Les « émergents » maintenant émergés, devenus « Sud global », domineront-ils l'ensemble du monde, comme l'Occident l'a fait pendant trois ou quatre siècles ? Non. La question se pose pour la Chine, pas pour les « émergents » en général. Ils sont trop différents, divisés et rivaux, telles l'Inde et la Chine. Vont-ils continuer à émerger ? La Chine en tout cas voudrait instrumentaliser les BRICS, devenus dix et dont la liste va s'allonger. Oui, avec des hauts et des bas. Leurs besoins sont immenses. On doit être avec eux habiles, pragmatiques, inventifs, « opportunistes », au bon sens du terme ; il serait préférable de ne pas les fortifier en les traitant comme une catégorie globale et en les contestant, mais en travaillant et en négociant avec eux, au cas par cas.

Voir : BRICS/Organisation de coopération de Shanghai (OCS) ; Chine ; « Guerre économique » mondiale ; Inde ; Russie ; Sud global.

Empire des steppes (L')

Classique de référence. Dans son *Empire des steppes* publié en 1939, René Grousset raconte magnifiquement l'histoire sur plus d'un millénaire des divers peuples nomades turco-mongols et autres, d'Asie centrale et de Mongolie. Il retrace les épopées fulgurantes d'Attila, roi des Huns (395-453), et plus encore de Gengis Khan, le plus grand, de Tamerlan (1336-1405) (Timour Lang, Timour le Boiteux), immense conquérant, fondateur de la dynastie des Timourides, et de bien d'autres.

Les historiens et les archéologues discutent encore de l'origine de ces peuples nomades asiatiques. Notre vision des Scythes a évolué, mais la fresque d'ensemble de Grousset sur ces peuples, leurs conquêtes, leur civilisation même n'a jamais été égalée ni supplantée. Énième version, après l'Empire romain, du choc sédentaire/nomades, colonisateurs/colonisés, envahisseurs/envahis, avant celui de mondialisateurs/mondialisés. Récemment, Jean-Paul Roux a écrit une *Histoire de l'empire mongol* et Marie Favereau celle de *La Horde* (Perrin).

Pourquoi ont-ils pu s'étendre si vite ? Grâce à des chefs géniaux ? Par supériorité technique (étrier, arc), par leur rapidité à cheval ? Par leur cruauté terrorisante ? Parce que les peuples de paysans ou de citadins, sédentaires et vulnérables dans l'immense espace euro-asiatique, n'étaient protégés, ni par des États ni par des armées ? Sans doute tout cela à la fois. Et pourquoi cela s'est-il finalement arrêté ? Uniquement du fait de l'apparition d'armes à feu qui ont permis de résister aux archers invincibles ? Il n'en reste rien. Méditation sans fin...

Voir : Empires ; Gengis Khan.

Empire romain

Pour les Occidentaux, l'« Empire » par excellence, dont la fascination ne s'éteint pas. L'Empire romain a duré cinq siècles, de 27 avant J.-C. jusqu'à 476 après J.-C. Si on prend en compte toute l'histoire de Rome, elle s'étend sur douze siècles, des débuts de la royauté (753 avant J.-C.) à la fin de l'Empire (ve siècle), en passant par les cinq siècles de la République. Le plus long empire, de loin, en Occident. Comment les habitants de ces quelques cités mi-étrusques, mi-romaines sur leurs collines ont pris le contrôle d'Albe, de l'Étrurie, du Latium ? Puis de l'« Italie » ? Puis de l'Espagne, de la Gaule, de la Grèce, des mondes méditerranéen, européen et moyen-oriental de l'époque ? De tout le monde antique, sauf l'Empire parthe et l'Asie. Par une force militaire supérieure, les légions ? Par ambition hégémonique ? Par voracité économique ? Par puissance organisatrice ? Grâce au sénat ? Menacée seulement par Hannibal – un génie –, gênée par Pyrrhus ou Mithridate. Mystère ! Des grandes guerres civiles, mais aussi, ensuite, les périodes de *pax romana*, émergent tant de figures de généraux et d'empereurs – Sylla, Marius, Pompée, Marc-Antoine, César (pas moins cruel mais peut-être le plus grand, qui pourtant n'a pas été empereur ! Ni même roi ! On l'a tué parce que l'on pensait que c'était son dessein), Octave (Auguste). Et ensuite les Julio-Claudiens, les Flaviens, les Antonins (le siècle d'or, 96-192), les Sévères, etc. Mais aussi Cicéron, des historiens, des artistes. Il alimente nostalgie, références, mots, formules, citations. Magnifié par le cinéma, sujet de choix pour les péplums ! Vingt siècles plus tard ! Rome vu par Hollywood : inoubliable !

L'histoire de Rome trouble car elle ne respecte pas la téléologie progressiste : de la royauté à la république, on connaît, mais de la république à l'empire ? Vu de l'Europe d'aujourd'hui, qui a tant professé l'obsolescence de la puissance et l'inutilité des limes, cela laisse songeur…

Cette gigantesque machine militaire, cette énorme pompe intégratrice… Les Italiens ne peuvent s'en réclamer – trop loin –, et on ne peut pas non plus leur en faire grief. Ils échappent sur ce point aux revendications, comme à la repentance. Je recommande la fascinante histoire de la République et de l'Empire, *La République romaine*, par Isaac Asimov, paru en 1966 et en français en 2023.

Tout cela s'estompe lentement mais inexorablement, avec l'affaiblissement de la transmission... Rome scintille toujours, mais son sens n'est plus discernable.

Voir : César, Jules.

Empires

Le mot fascine, fait peur, ou fait toujours rêver, quand c'est ancien. C'était l'autorité ou la domination suprême sur un très vaste territoire, habité en général par des peuples divers, sauf l'empire du Japon ou le Troisième Reich (par obsession inverse, de la pureté ethnique). Les sénateurs républicains qui assassinent César parce qu'il voulait restaurer la monarchie ouvrent en fait la voie à… l'Empire romain, avec Octave/Auguste. Chateaubriand disait de Napoléon qu'il était « l'homme qui donne aujourd'hui *l'empire* du monde à la France ».

Mais aussi, combien d'empires engloutis par l'Histoire ! De possibles empires préhistoriques inconnus. Ceux des pharaons, les Empires hittite, mésopotamiens (babylonien, assyrien, sumérien) ou perses (parthe, mède), jusqu'à l'hégémonie américaine d'aujourd'hui (un jour chinoise ?). En passant par l'empire d'Alexandre le Grand, bref et fulgurant, l'empire de Charlemagne, les empires des steppes (celui de Gengis Khan, le plus vaste, puis celui de Tamerlan), les Empires inca et aztèque, l'empire des Habsbourg, l'Empire ottoman, l'empire napoléonien, les empires coloniaux européens, l'Empire russe, puis soviétique ! Quel tournis. Leur sort final fait méditer Toynbee (et nous avec) : « Les grandes civilisations ne sont pas assassinées, elles se suicident. » Bien que civilisation et empire soient deux choses différentes.

Le temps des empires est-il fini ? En termes de conquêtes territoriales, sans doute (encore que…). Mais la dernière vague de mondialisation n'a-t-elle pas donné naissance à des empires immatériels, apparemment non géographiques ? Pourtant voyez les nouvelles routes de la soie… Les États-Unis ne peuvent-ils pas prendre en otage par leurs lois extraterritoriales et leurs sanctions toute l'économie mondiale financiarisée, dollarisée, numérisée, comme on l'a vu à propos de l'accord sur le nucléaire iranien ? On a parlé d'Empire américain du dollar. Le duel États-Unis/Chine qui a commencé, qu'est-ce d'autre qu'un affrontement entre deux empires ? Notre instinct nous dit que les empires modernes seront éphémères – du fait de l'individualisme, des réseaux sociaux, etc. –, mais est-ce si sûr ? Verra-t-on des impérialismes technologiques (les GAFAM et autres) ? On voit déjà l'empire du globish.

Ce mot peut changer de sens.

Voir : Alexandre le Grand ; *Empire des steppes (L')* ; Empire romain ; Gengis Khan ; Xerxès Ier.

Énergie

Besoin vorace. Addiction. Machine à vapeur de Watt, puis charbon (il y en a partout) et pétrole : deux siècles qui ont tout changé et créé le monde moderne, mais produit 1,5 milliard de CO_2 et un réchauffement qui s'accélère. Intenable. La grande transition a démarré, mais le sujet demeure difficile à aborder rationnellement aux États-Unis bien sûr, mais même dans l'Europe contemporaine du fait de la longue guerre de religion contre le nucléaire et d'une ignorance très répandue sur les données de base, les flux, les besoins, les proportions. Depuis la révolution industrielle anglaise puis européenne, au XVIIIe siècle, le monde est devenu insatiable en énergie, et cela s'amplifie (ou s'aggrave) avec les besoins boulimiques des émergents et des États-Unis incapables de se réfréner, alors même qu'il faudrait d'urgence accélérer les mutations vers les énergies non carbonées, nucléaire inclus, qui est, avec l'hydraulique, la seule énergie décarbonée pilotable, et réduire toutes les autres, les unes après les autres. En 2017, selon l'AIE (Agence internationale de l'énergie), le monde a consommé 13 511 mégatonnes d'équivalent pétrole (Mtep), 29 % pour l'industrie, 29 % pour les transports, 22 % pour l'habitat résidentiel, 8 % pour le tertiaire,

2 % pour l'agriculture et la pêche, et 9 % pour des usages non énergétiques. Même chiffre, à peu près, pour les années suivantes, avec une baisse pendant la pandémie.

D'où provient cette énergie ? À 32 % du pétrole, à 28 % du charbon, à 23 % du gaz naturel, à 4,5 % du nucléaire et à 11 % des énergies non renouvelables (en ajoutant l'énergie autoconsommée, on atteint 20 % de renouvelable). Les réserves d'énergies non renouvelables étaient estimées, au rythme actuel, en 2019, à cinquante ans pour le pétrole, cinquante-trois pour le gaz naturel, quatre-vingt-quatre ans pour l'uranium, cent trente-quatre ans pour le charbon (hélas !).

Pour parvenir à maintenir la hausse des températures en dessous de 2 °C, il faudrait s'abstenir d'extraire, d'ici à 2050, un tiers des ressources de pétrole, 50 % du gaz, plus de 80 % du charbon. Impensable ! La plupart des scientifiques n'y croient pas. Le nucléaire est une contribution irremplaçable à la transition du point de vue du climat, en attendant un renouvelable plus compétitif. Il fait encore peur (accidents, déchets. En 2019, près de 60 % des Français croyaient que le nucléaire émettait du CO_2 ! Sidérant !) et sa part reste trop faible, mais il redémarre. La France, qui a la chance de produire ainsi 78 % de son électricité (grâce à Pompidou et Messmer) et qui ne contribue pour cette raison (et en raison de l'hydraulique et d'un peu de renouvelable) qu'à 1 % de l'effet de serre mondial, s'était crue obligée de réduire prématurément cette part jusqu'à 50 % par démagogie. Bon exemple d'une influence absurde de la minorité écologiste (gauchiste). Il n'aurait pas fallu appliquer à la France et l'Allemagne le même pourcentage de réduction mais partir des chiffres réels de production de CO_2. Arrêter Fessenheim ne se justifiait pas rationnellement. On ne devrait fermer aucune autre centrale nucléaire si on ne peut pas prouver que cela n'entraînera pas une hausse supplémentaire de CO_2. Il faut bien sûr réduire, en même temps, la consommation et le gaspillage. À partir de 2021, le président Macron a finalement relancé le nucléaire en France, annoncé la construction de nouveaux réacteurs et de petits EPR ; et la France a réuni en 2023 seize pays européens dans une « Alliance du nucléaire en Europe ». Et l'EPR de Flamanville a été raccordé au réseau en 2024. Sauf percée scientifique bouleversante, pour le moment imprévisible, l'écologisation de l'énergie, nécessitera de longs « travaux d'Hercule ». On ouvre encore des mines de charbon et il y a plus de 200 000 kilomètres de projets d'oléoducs et de gazoducs. Il faudra un plan d'écologisation de l'énergie sur trente ans, malgré Trump. Mais cela ne sera pas vraiment possible d'aller contre les États-Unis qui voudront imposer leur tempo.

Voir : Anthropocène ; Chinamerica ; Écologisation ; Nucléaire.

Ère numérique

Révolution.

Il est entendu que l'électronique – cette branche de la physique qui utilise l'électricité pour traiter les informations –, l'informatique – pour le traitement électronique de toutes les informations, ramenées à des séries 0/1/0 –, la cybernétique, expression de Norbert Elias, professeur au MIT en 1948 – la conversion de toutes les informations ou signaux électriques en données numérisées –, et la transformation, par des génies, du téléphone portable en ordinateur personnel, en cinquante ans ! (aujourd'hui, 96 % des êtres humains ont un portable), doté de plus en plus de fonctions, ont bouleversé la vie économique et quotidienne et autonomisé les jeunes en un demi-siècle, rendant traitables des milliers de problèmes jusque-là insolubles, et en en créant d'autres, technologiques, sociétaux ou éthiques, inédits et non encore maîtrisés. Prodigieuse épopée (invention du feu, Gutenberg, machine à vapeur), unique par sa rapidité, et qui va s'accélérer encore, avec l'IA, l'IA générative (Chat GPT fin 2022), et le quantique. On peut parler d'âge numérique, comme on dit âge de bronze, de fer, etc.

Plus de 5 milliards d'internautes en 2023, plus de 55 % de la population mondiale : le fait que toute l'espèce humaine soit informée en temps réel et que les humains soient connectés et interagissent est sans précédent. Cette information instantanée et virale amplifie les réactions émotionnelles avec une probabilité élevée de radicalisation et d'hystérie collective. Ainsi, ça a été la première fois, avec la Covid-19, que l'humanité tout entière a eu peur de la même chose en même temps ! Donc c'est un autre monde. Mais en quoi est-ce que cela change la géopolitique, c'est-à-dire les rapports de force entre puissances ? Il me semble que, jusqu'ici, cela consolide le pouvoir des forts et des plus avancés, et que l'écart avec les autres est encore plus grand que lors des précédentes étapes de la révolution industrielle. Pas de pouvoir « égalisateur » du numérique et du cyber, donc, contrairement à ce que l'on a pu dire de l'atome, même si des petits États bien organisés comme l'Estonie jouent cette carte. Supériorité américaine écrasante, challenge chinois redoutable, résilience des Japonais, capacités d'Israël, notamment offensives, performances russes réelles, risque de déclassement européen si rien n'est fait. Rien de très différent du tableau mondial en général après cette rupture technologique.

Néanmoins, Internet (un réseau de millions de réseaux) favorisant une sorte d'anarcho-individualisme technologique corrosif, et le réveil des utopies correspondantes (même s'il a été soutenu au départ par le budget du Pentagone ou des grandes entreprises de défense), la tâche des gouvernements, même les mieux disposés, même coopérants entre eux, en est rendue plus ardue encore face à de véritables « États-plateformes ». Y compris les régimes autoritaires eux-mêmes sous pression. Il n'y a que le régime chinois qui croit pouvoir contrôler encore les 900 millions (!) d'internautes chinois.

L'ère numérique est ultra-concurrentielle. Les géants du numérique ont atteint une telle taille que le débat est maintenant ouvert aux États-Unis sur leur éventuel démantèlement (très improbable). De son côté la Commission européenne précédente voulait une régulation, un meilleur contrôle des contenus et une meilleure protection des données personnelles – nouvelles mines d'or. Cela a été l'objet des propositions de Margrethe Vestager et de Thierry Breton en décembre 2020, qui avait amené l'Union à adopter, à l'été 2023, le Digital Services Act contre les géants de la tech américaine. Le monde numérique est très vulnérable. On l'a vu le 17 juillet 2024 avec la panne géante par la mise en œuvre ratée sur les ordinateurs Windows d'un logiciel de sécurité (!), Crowdstrike, utilisé par les aéroports, les hôpitaux, les entreprises, etc. Avertissement… L'IA (son potentiel, ses dangers, qui la maîtrise, etc.) va dominer la suite de la décennie 2020, et au-delà.

Voir : Chinamerica ; GAFAM (Google, Apple, Facebook, Amazon, Microsoft) ; Infrastructures ; Intelligence artificielle (IA) ; Opinion publique ; Ressources (Compétition pour l'accès aux).

Aussi vieux que l'humanité.

Revenons à l'Histoire ! Dans son ouvrage publié en 2008, *Le Génocide voilé*, l'économiste et anthropologue sénégalais Tidiane N'Diaye rappelle et démontre que l'esclavage en Afrique, après la chute de l'Empire romain, qui le pratiquait à grande échelle, comme à peu près toutes les civilisations, dont les Vikings, notamment en razziant des « slaves » (esclaves)[1], a été surtout le fait, pendant treize siècles, de royaumes et de marchands musulmans du nord et de l'est de l'Afrique, par exemple de Zanzibar, et de sultans esclavagistes, dans l'Oubangui-Chari et ailleurs. Ils agissaient selon lui avec une telle violence qu'on peut parler, dans certaines régions du golfe de Guinée, de « génocide », en raison des castrations massives.

Il décrit en détail le rôle des « royaumes négriers ». Il condamne bien sûr aussi l'esclavage pratiqué plus tard par des compagnies occidentales d'abord portugaises (arrivées en 1482 dans le royaume du Congo), puis par celles des autres Européens, les uns après les autres, car l'esclavage est toujours atroce. Cependant, le même auteur rappelle que ce trafic européen, qui rapportait beaucoup à condition qu'il n'y ait pas trop de morts, n'a duré « que » deux ou trois siècles, et non douze ou treize, et que ce sont dans ces mêmes pays européens qu'ont été créés les premiers mouvements antiesclavagistes et qui l'ont aboli (par exemple, la campagne de Livingstone dans ce sens, mais aussi Victor Schoelcher ou autres et même la fameuse Conférence de Berlin en 1984, dénoncée pour avoir partagé l'Afrique entre puissances européennes,

1. Voir à ce sujet le chapitre 7 « La Route des esclaves » du livre fascinant de Peter Frankopan, *Les Routes de la soie*, Flammarion, 2019, que j'ai découvert grâce à Jean-Pierre Elkabbach.

mais qui avait également décrété qu'elle devait éliminer l'esclavage en Afrique) alors que les trafics non occidentaux ont continué. Il explique pourquoi cette réalité historique est méconnue en Europe, voire niée ou en tout cas minimisée. Courageux.

À l'opposé de cette approche scientifique, ces questions (reconnaissance, intimidation, pardon, judiciarisation, réparation) ne sont devenues pour diverses raisons un enjeu de politique intérieure et de pouvoir (les Indigènes de la République) que dans les démocraties européennes et nord-américaines contemporaines, façonnées par la culture judéo-chrétienne, les seules à avoir adopté des lois de repentance et les seules qui y consacrent des sites, des musées ou des commémorations, où s'activent, des décennies après l'indépendance de leurs pays d'origine, des diasporas militantes. Et pas du tout dans les pays arabo-musulmans du Moyen-Orient, ou chez les descendants des royaumes négriers d'Afrique. Cela rejoint la controverse : devoir de mémoire, ou histoire ? Vérité, ou expiation ? Responsabilité collective et transmissible, ou non ? La question a ressurgi avec virulence aux États-Unis depuis les années 2020 à propos du passé esclavagiste du pays, et du racisme aujourd'hui.

Certes, l'invention du moteur et de la machine a rendu en principe l'esclavage inutile. Il n'empêche que l'ONU considère que l'esclavage touche encore aujourd'hui environ 40 millions de personnes, essentiellement en Afrique.

Il faut refuser que ce sujet devienne inabordable et soit proscrit par une sorte de chasse aux sorcières moderne. Ainsi, Olivier Pétré-Grenouilleau avait été très violemment attaqué pour son œuvre de synthèse incontestable, en 2005, sur les « traites négrières », tout simplement parce qu'il avait rappelé que : 1) l'esclavage n'était pas un génocide puisque les marchands voulaient tirer profit de la vente des esclaves ; 2) qu'il y avait eu des traites orientale, intra-africaine et occidentale, de 18 à 20 millions d'esclaves chacune. On l'a harcelé et on a cherché à le faire taire pour avoir rappelé ces évidences… Va-t-on laisser dépérir la liberté d'expression et réassumer la censure ?

Voir : Colonisations ; Correct/tabou/woke ; Génocides ; Repentance.

Espace

L'homme a marché sur la lune avec Hergé, en 1953, et en vrai avec la mission Kennedy/Apollo en 1969. Aujourd'hui, finies les rêveries sur « l'espace pacifique », même si ce n'est pas encore tout à fait *Star Wars*. Près de

10 000 satellites en orbite – dont 7 000 appartiennent à Elon Musk *via* Starlink ! –, indispensables pour les télécoms, pour les GPS, l'agriculture, la météo, l'information, l'écologie et... la défense. Plus de 550 satellites militaires en 2024, américains, chinois, russes, français, toujours les mêmes puissances ! Et donc de plus en plus de risques de collisions, de chutes, etc. Âpre compétition entre les fabricants de lanceurs américains, européens, chinois. Cinquante sites de lancement orbitaux et suborbitaux dans le monde ; trente-cinq de plus d'ici 2035. D'après le président exécutif d'Arianespace, Stéphane Israël, « l'Europe a recouvré son autonomie » dans le spatial.

Stratégiquement, il y a la terre, l'air, la mer, les fonds sous-marins, et donc l'espace et le cyber. La France a créé en 2019 un commandement de l'espace.

Voir : Stratégie (stratège).

Espions (de papier, de pellicule)

L'espionnage est vieux comme le monde organisé, et la littérature, pas seulement de gare. Sort du lot l'œuvre de John le Carré, ancien du MI5 (MI pour Military Intelligence) et du MI6, célèbre depuis *L'espion qui venait du froid* et George Smiley. Mais aussi l'inoubliable James Bond, agent « 007 » (permis de tuer) du MI6, créé en 1953 par Ian Fleming, ancien membre des services britanniques, qui écrivit douze romans dans sa villa « Goldeneye », à la Jamaïque. Bond est incarné à partir de 1962 au cinéma (« Mon nom est Bond, James Bond ») par sept – bientôt huit – acteurs célèbres (à commencer par l'emblématique Sean Connery, disparu le 31 octobre 2020, jusqu'à Daniel

Craig qui a le regard de Poutine, et à partir du prochain film, Aaron Taylor-Johnson). Il est mêlé à tous les combats contre les Soviétiques de la guerre froide puis à la lutte de l'Occident contre diverses forces du mal. Particularités : durant les sept décennies marquées par la domination américaine, Bond, « l'agent secret » par excellence, est un agent secret *britannique*, et la gigantesque usine hollywoodienne n'a produit aucun héros équivalent. Ou alors, il faut chercher ailleurs, du côté des premiers *Star Wars* et de la lutte des Jedi contre l'Empire…

SAS, Son Altesse Sérénissime le prince Malko Linge, est un aristocrate *autrichien* agent free lance de la CIA, créé par Gérard de Villiers en 1965 à la demande de l'éditeur Philippe Dandy après la mort de Ian Fleming. Il écrivit 200 épisodes de *SAS*, de 1965 à sa mort, en 2013. Ses livres aux intrigues construites comme des scénarios sont un cocktail relevé d'érotisme et de politique internationale. Il s'affirmait « pas raciste mais résolument à droite, libéral, anticommuniste, anti-islamiste, anticommunautariste, antisocialiste » (!).

En dépit (ou à cause) de la violence de ses textes (sexe, torture, meurtres), il conquit un immense public (au moins 150 millions d'exemplaires vendus). En 2013, le *New York Times*, impressionné par la justesse de ses analyses internationales et la pertinence de ses prévisions, en particulier sur le Moyen-Orient, lui consacra un long article. À la suite de quoi les médias français, qui affectaient d'ignorer cet auteur sulfureux, le découvrirent. Gérard de Villiers était un vrai grand reporter et enquêteur de terrain à l'ancienne. Il travaillait en contact avec la DGSE, notamment avec le général Rondot, des diplomates, des journalistes, comme Renaud Girard. Je l'avais invité un jour, étant ministre, pour qu'il m'explique sa méthode et ses sources.

Bien qu'il s'en défendît, Gérard de Villiers s'inscrivait dans la filiation de Jean Bruce, décédé en 1963, inventeur dans l'après-guerre d'OSS 117. Deux espions aristocrates : Hubert Bonisseur de La Bath (OSS 117), aristocrate français de Louisiane, et le prince autrichien Malko Linge (SAS) ; l'un résidant près du lac Pontchartrain en Louisiane, l'autre au château de Liezen, près de Vienne ; une relation indépendante à l'OSS (ancêtre de la CIA) pour l'un, à la CIA pour l'autre ; le même cocktail d'événements internationaux, d'espionnage et d'érotisme (léger pour Jean Bruce, *hard* pour Gérard de Villiers, les époques diffèrent) ; les mêmes adversaires : l'URSS (plus tard l'islamisme pour Gérard de Villiers) ; les mêmes procédés de publicité rédactionnelle aux moments les plus incongrus et dans les lieux les plus inaccessibles (parfums, décorateurs, compagnies aériennes, alcools fins, champagnes).

Ces auteurs ont raconté avec un talent prenant, et d'un point de vue délibérément occidental, l'histoire du monde depuis 1945 : la guerre froide jusqu'en 1991, puis dans le monde « global », la nouvelle guerre froide avec la Russie, la lutte contre le terrorisme et les islamistes, les cartels de la drogue, quelques États voyous (définis par l'Occident). Les émergents produiront-ils des héros connus à l'extérieur ? Un James Bond chinois ?

Quant à l'espionnage, le vrai, il est de plus en plus électronique, numérique et cyber, terrain d'affrontements incessants entre puissances et entre entreprises intensifiées par l'IA. Pour en avoir une vision française et plus actuelle, on peut lire Jean-Claude Cousseran et Philippe Hayez, *Renseigner les démocraties, renseigner en démocratie* (Odile Jacob, 2017) ; Jean Guisnel, *Histoire secrète de la DGSE* (Robert Laffont, 2019) ; ou visionner *Le Bureau des légendes*.

Voir : CIA (Central Intelligence Agency).

État voyou

Expression très employée par les Américains (*rogue state*) pendant les années Reagan pour vouer aux gémonies des États pratiquant le terrorisme, voulant se doter illégalement d'armes nucléaires et étant, bien sûr, anti-américains. Par exemple, à l'époque, la Libye. La formule a été de nouveau brandie sous Bush fils. Pouvoir de stigmatisation…

Moins employée ces dernières années et pas du tout par Obama ou Biden. On pourrait parler aussi d'État paria ou d'État « hors la loi ». Mais au regard de la loi américaine, que les États-Unis prétendent extraterritoriale, tout État, même allié, qui ne se soumet pas à la loi américaine peut être hors la loi (exemple de l'accord sur l'Iran), dès lors qu'il utilise le dollar. L'hyperpuissance estime qu'elle a le pouvoir de déterminer le bien et le mal (relire Le loup et l'agneau).

Je pense que, un jour, qui n'est pas éloigné, on parlera d'État voyou pour un pays qui, n'appliquant pas ses engagements écologiques, mettra en danger la survie des autres êtres humains... Cela va venir vite. On va le voir avec les États-Unis de Trump.

Voir : Écologisation ; États-Unis.

États-Unis

De 1917 à l'élection de Trump en 2017, il se sera écoulé un quasi- « siècle américain ». Quand j'avais qualifié en 1998 les États-Unis d'« hyperpuissance » (plus qu'une superpuissance, la plus grande puissance de tous les temps), Madeleine Albright, secrétaire d'État de Bill Clinton, qui allait devenir, malgré cette sortie (à cause d'elle ?), une véritable amie, m'avait téléphoné, indignée (*hyper*, en anglais n'est que péjoratif, pathologique) : « Nous ne sommes devenus la première puissance mondiale qu'à cause des autres. Nous ne le souhaitions pas. Nous sommes venus en Europe en 1917 à la demande des Alliés, britanniques et français, nous y sommes revenus à cause de Hitler, et restés à cause de Staline. »

Ce n'est pas faux. Mais cela ne fait pas disparaître ce phénomène gigantesque de puissance hégémonique que les États-Unis ont exercée dans tous les domaines, longtemps seuls, et ces dernières décennies, plus ou moins imbriqués avec la Chine. Dès la création des États-Unis, les Américains se sont considérés comme exceptionnels, « la nation indispensable » dotée d'une « Destinée manifeste »

– le sentiment d'élection, de prédisposition leur était consubstantiel. Leur supposé isolationnisme – le fameux testament de George Washington – ne concernait que l'Europe (« ne vous mêlez jamais des conflits entre Européens »). Mais pas le reste de l'Amérique, centrale ou du Sud, ni l'Asie. Et même lui voyait les États-Unis en « législateurs du monde » ! Pour Ludovic Tournès, historien genevois, le processus d'américanisation du monde (*Américanisation*, Fayard, 2020) a débuté dès le XVIIIe siècle. En tout cas, le second XXe siècle, à partir de Pearl Harbor en 1941, aura été américain. Ce que Régis Debray a déploré en 2017[1], l'américanisation de la sphère occidentale, est évident depuis belle lurette, une imprégnation en profondeur de l'Europe de l'Ouest, et au-delà, du moins à partir de la Libération, depuis soixante-dix ans. Mode de vie, Hollywood, globish, séries, accords Blum/Byrnes, finance, GAFAM, etc. La France de la Ve République était la seule à oser se dire, en politique étrangère, « amie, alliée, mais pas *alignée* ». Alors que, pour Washington, un allié *doit* être aligné.

Mais, depuis le pari américain simpliste et optimiste sur l'entrée de la Chine dans l'OMC en 2000, son décollage sidérant, le traumatisme du 11 septembre 2001, la retenue très cérébrale d'Obama, l'égoïsme et la brutalité sans complexe de Trump durant son premier mandat, la présidence centriste et honorable de Biden, trois façons de se distancier du messianisme wilsonien et des croisades interventionnistes des démocrates et des néoconservateurs, et maintenant le deuxième mandat de Trump, le doute s'est installé… chez les autres. Quel est l'avenir des États-Unis ? Que veulent-ils ? Protégés, clients, alliés ou adversaires, tous, pendant le premier mandat de Trump,

1. Régis Debray, *Civilisation*, Gallimard, 2017.

étaient sonnés, ou perplexes. Comment allait tourner leur relation avec la Chine, dont le monde dépend ? Voudront-ils encore des alliés ? Ce sera un pays de plus en plus orienté vers l'Asie.

Quant aux Américains, depuis que leur globalisation ne s'est pas révélée aussi triomphale et profitable pour eux qu'espéré mais, au contraire, lourde de frustrations, de menaces et de pertes de « jobs », en tout cas aux yeux des classes populaires et des classes moyennes devenues trumpistes, ils hésitent entre se replier et recontrôler de nouveau le reste – *the rest*. De façon erratique, ils élisent à chaque élection présidentielle l'inverse exact du président sortant. Après Clinton, G. W. Bush, puis Obama, puis Trump, puis Biden, puis Trump ! Il se peut qu'ils conservent un certain temps encore la suprématie grâce au dollar, à leur armée, à leur avance numérique, à leur impérialisme juridique extraterritorial, aux GAFAM, à leur phénoménale énergie créatrice. Il se peut aussi que la Chine finisse par les dépasser un jour, forte d'un système de décision moins vulnérable aux aléas de l'opinion et donc plus rationnel, en tout cas plus continu. Ou que les deux s'épuisent dans une longue course-poursuite de pauses et d'affrontements compliquée par les interférences d'une foule d'acteurs, de deuxième ou troisième catégorie (Russie, agressive et perturbatrice, Inde, Japon, Europe, grouillements de pays moyens et petits) et les aléas écologiques ou sécuritaires.

Ces perspectives posent des problèmes redoutables aux Européens tels qu'ils sont encore. On connaît le proverbe indien sur le couple d'éléphants : « Qu'ils copulent ou qu'ils se battent, tout l'environnement est ravagé. » Les alentours, ce sont tous les autres. Mais on ne reviendra pas à l'hégémonie des États-Unis des années 1950, *hard* et *soft* à la fois... Ni même à celle des années 1990. L'Europe et les États-Unis, qui avaient été arrimés par la menace stalinienne, s'éloignaient lentement mais sûrement les uns des autres, comme des cousins issus de germains. Mais Poutine, en attaquant l'Ukraine, les a ressoudés. Pour combien de temps ? Ce pays encore dominant est si divisé, presque méconnaissable, que dans ce brouillard les Européens seront obligés de réfléchir sérieusement à l'avenir de l'Europe. Réfléchir, s'unir, se redresser, décider : le retour de Trump ne leur laisse plus le choix.

Voir : Biden, Joe ; Chinamerica ; Hyperpuissance ; Sanctions ; Thucydide (Piège de) ; Trump, Donald.

Europe

Brouillard.

Par quel bout prendre ce mot et ce sujet, sans ajouter à la confusion ?

Oublions la mythologie. « Europe » est un mot-valise qui peut avoir des sens très différents, selon les contextes et ce qu'on veut lui faire dire. Un sens géographique, en premier lieu, c'est le « petit cap du continent eurasiatique ». Et alors, la France est le Finistère de ce petit cap. Ses limites à l'ouest, au nord et au sud sont évidentes. Mais à l'est ? Celles de Schengen ? Celles de l'Oural ? la Biélorussie ? la Turquie ? Et l'Ukraine avant 2022 ? D'où les errements et les aveuglements de la politique d'élargissement.

Parle-t-on d'une histoire, d'une culture, d'une civilisation européennes ? Une, diverse ou multiple ? Cela existe, à l'évidence, mais quels pays, quelles régions d'Europe englobent-elles ? Europe de l'Ouest, du Sud, de l'Est, du Sud-Est ? Europe catholique au sud ? Protestante au nord ? Orthodoxe à l'est ? Ou encore, autre clivage, républicaine ? Monarchique ? L'Histoire ne permet pas de répondre clairement.

On dit aussi : « L'Europe, c'est la démocratie. » Cela paraît aller de soi. Mais ses valeurs *actuelles*, proclamées, sont-elles celles de la chrétienté, sécularisée au XVIIIe siècle par les Lumières ? Ou les valeurs démocratiques modernes post-1789, nouvel an zéro, constamment élargies sous la pression des minorités au XXIe siècle (j'avais dit, en 2000 : « Attention, la seule minorité que l'on oublie, c'est la majorité ! ») ? Mais en quoi celles-ci sont-elles aujourd'hui spécifiquement européennes ? Ne sont-elles pas aussi revendiquées par les États-Unis – de façon ambiguë, les 74 millions d'Américains qui avaient voté Trump en novembre 2020 –, le Canada, la Corée du Sud, l'Australie, la Nouvelle-Zélande, et une partie des Indiens, des Japonais, des Israéliens, et bien d'autres encore dans le monde ? Parle-t-on des institutions ? Ou des peuples ? Ces interrogations, je les ai rencontrées sans cesse pendant mes dix-neuf années au pouvoir, et par la suite dans un nombre incalculable de débats et de discussions sans issue.

Alors, *une* Europe ? Non. Politiquement, il y en a *plusieurs*, pas toutes nées du monde gallo-germanique, gréco-latin ou du judéo-christianisme. Il n'y a pas, et il n'y aura pas, à mon sens, « un » peuple européen. Ce n'est pas comparable avec les États-Unis. Chaque problème, chaque crise fait d'ailleurs ressurgir des différences sous-jacentes profondes et anciennes entre Européens, sous une homogénéité construite en surface. Dans la réalité contemporaine, depuis l'après-guerre, on a surtout parlé de façon technocratique et technologique de « construction européenne » (mais pas Tony Judt dans son remarquable ouvrage traduit en français en 2007 aux éditions Armand Colin : *Après-guerre : une histoire de l'Europe depuis 1945*), des traités successifs, celui de la CECA (1950) et surtout celui de Rome (1957), celui de Lisbonne (2007). L'Europe des 6, 9, 10, 12, 15, 25, 28, 27, celle des lois, des décrets, des directives, des réglementations, du fameux « acquis communautaire » de plus en plus lourd et contraignant de procédures. En construction jusqu'où ? Jusqu'à quand ? Avec quelles limites ?

Mais le mot « Europe » renvoie aussi à une utopie : celle des fédéralistes qui, dans les années 1950, entendaient, par « Europe », dépasser les vieux États-nations, antagonistes et belliqueux, et créer des « États-Unis d'Europe ». Ces Européens fondateurs fédéralistes – la démocratie chrétienne – étaient en même temps atlantistes et pro-américains. Pour eux, l'un n'allait pas sans l'autre. Ils ont réussi à transformer Charlemagne, qui voulait être roi des Francs, peuple germanique, en précurseur de l'Europe ! Il y a un prix Charlemagne. Ce sont les mêmes qui, plus tard, voulurent imposer la « méthode communautaire » et écarter la « méthode intergouvernementale ». Opposition stérile. Que d'énergie gâchée ! Tout ce qui a marché a combiné les deux. Autant d'épouvantails pour ceux qui ne veulent pas perdre ce qu'ils ont préservé de leur souveraineté et qui ne sont séduits par une éventuelle « souveraineté européenne » qui si elle *s'ajoute* à la part maintenue de souverainetés nationales.

Aujourd'hui, il subsiste dans des think tanks ou au Parlement européen quelques européistes fédéralistes (1 % ?) ; dans l'électorat, des proeuropéens classiques (centre gauche, centre droit) encore nombreux mais plus nulle part majoritaires ; en plus grand nombre, des déçus *devenus sceptiques*, par allergie à la « réglementation à outrance » ; et encore, mais c'est différent, de vrais antieuropéens de principe, pas sceptiques mais carrément euro-hostiles. Et, enfin, des indifférents (une moitié d'abstentionnistes aux élections européennes de 2019 et de 2024). Tout cela dans des proportions qui varient bien sûr d'un pays à l'autre. Pour Maastricht, en 1992, le oui ne l'avait emporté que par 51 %, un point d'écart ! On l'avait trop oublié.

Beaucoup de gens vivent de l'Union européenne. Je ne parle pas des entreprises ou des consommateurs qui ont bénéficié du Marché unique, le plus grand marché du monde, mais des fonctionnaires de la Commission, du Parlement et de la Cour de justice, des élus européens, des juges européens, des médias spécialisés, des think tanks, des lobbyistes, des experts, des avocats.

Au total, entre ceux qui la rejettent en bloc, ceux qui l'idéalisent, ceux qui attendent d'elle des miracles, et les pragmatiques, il y a bien des conceptions de l'Europe ! Prenons l'exemple du concept d'« Europe puissance », mis en avant avec insistance par les Français. Les autres États membres ont renoncé, après 1945, de gré ou de force, à toute politique de puissance, repoussant avec dégoût cette idée, et cultivant l'espérance (l'illusion ?) que les Européens pourraient défendre leurs intérêts et leurs « valeurs » par le *soft power* des normes et des conditionnalités, par l'influence de leurs déclarations, par leur supériorité morale supposée, tout en étant protégés par la plus puissante alliance militaire. Ce qui aurait peut-être été possible si le monde était peuplé de 7 milliards de personnes sympathiques et pacifiques avides de coopérer entre elles.

Mais alors, de quoi s'agit-il en 2025 ?

Le débat reste obscurci par la réécriture à l'eau de rose des années 1945-1957. On occulte dans les récits contemporains européistes le rôle fondateur et le parrainage matriciel des États-Unis, avec le plan Marshall et l'OSCE pour répartir les fonds, leur encouragement aux fédéralistes/atlantistes (Schuman, Monnet), leur insistance à faire rentrer la nouvelle Allemagne de Bonn (la RFA) dans la défense de l'Europe de l'Ouest (d'abord *via* la CED, avortée, puis dans l'OTAN, en 1955). Tout ce qui montre que l'Europe n'est pas la *mère* de la paix, mais sa *fille*. Au départ, c'est un projet économique (CECA, Marché commun), à l'abri de l'Alliance atlantique. Aucun projet de puissance, *au contraire* ! C'est ensuite le traité de Rome de 1957, sur la base d'un deal franco-allemand : ouverture du marché français aux industries allemandes contre la création d'une PAC. Plus tard, Pompidou laisse entrer la Grande-Bretagne pour équilibrer l'Allemagne. Ce n'est qu'à l'époque de Giscard/Schmidt (ils créent le Conseil européen et décident de l'élection du Parlement européen au suffrage universel), puis à celle de Mitterrand/Kohl/Delors (1984-1992) qu'apparaît le terme de « couple » franco-allemand, et que naissent et s'affirment d'un même élan de grandes ambitions européennes : Europe politique, sociale, des citoyens, de la défense, PESC (politique étrangère et de sécurité commune), Europe puissance, etc. Autant d'annonces en partie illusoires. En fait, les principales avancées concrètes après le Marché commun, la PAC et les fonds structurels, sont le Marché unique (Acte unique de 1986), source d'enrichissement mais aussi d'une réglementation proliférante, la création d'une monnaie unique, l'euro, à la faveur de la redistribution des cartes et de la réunification allemande provoquées par Gorbatchev, l'indépendance de la BCE et l'élargissement de 15 à 28.

Depuis que l'*Union* européenne (UE) a été instaurée par le traité de Maastricht (1992), le soutien des peuples à toujours plus d'intégration, « l'Union sans cesse plus étroite » (pour les activistes et les militants, le Graal !), est devenu fragile, voire minoritaire. Le traité « constitutionnel » préparé par la Convention sur l'avenir de l'Europe présidée par Valéry Giscard d'Estaing a été rejeté par les Français, et plus encore par les Néerlandais en 2005. Seule la Grande-Bretagne, à la suite d'une série de maladresses partagées, a décidé en 2017 de sortir de l'Union, et l'a fait le 31 janvier 2020, ce qui a été suivi d'une interminable négociation avec l'UE. Aucun pays n'a pour l'heure la tentation de l'imiter, mais beaucoup d'Européens sont hostiles, ou sont devenus sceptiques (ce n'est pas la même chose), déçus, ou allergiques à la réglementation intrusive. Les partisans de l'intégration sans cesse poussée plus loin ont beau dénoncer les « égoïsmes nationaux », le « repli sur soi », « le souverainisme » ou le « populisme », et s'indigner du refus grandissant de l'immigration de masse incontrôlée et du détournement de l'asile, etc., ils n'arrivent pas, ou plus, à obtenir des majorités stables et durables – on l'a vu en juin/juillet 2024 –, vraiment favorables à plus d'intégration. D'autant que, en promettant que l'Europe aurait une réponse à tous les problèmes des Européens (« Il faut plus d'Europe, pas moins d'Europe », ou, en jargon, « mieux d'Europe »), les européistes ont créé des attentes insatiables qui se retournent contre elle et alimentent la machine infernale à surréglementer pour faire le « bien », qui exaspère. Cercle vicieux.

Néanmoins, il y a peu de risques que l'Union européenne et l'euro se désagrègent. En 2018, nous avons défendu, Pierre Sellal, Luuk Van Middelaar et moi, l'idée que l'UE était arrivée institutionnellement à maturité. Malgré les espérances et tentatives initiales du président Macron, elle va plutôt rester organisée, institutionnellement, comme elle l'est aujourd'hui. Aucun traité différent ne sera ratifié par les 27. Sauf si une opération de subsidiarité massive était décidée (par qui ? et imposée comment ?), et si la Commission, le Parlement et ainsi que la Cour de justice étaient recentrés sur quelques missions essentielles : préservation du droit d'asile (pour les gens en danger) et maîtrise des flux migratoires, coopération militaire, écologisation rationnelle et scientifique dans tous les domaines, réduction de la dépendance de l'Europe dans les nouvelles technologies, affirmation d'une souveraineté européenne, redéfinition et affirmation des intérêts vitaux des Européens face à l'Amérique de Trump, à Vladimir Poutine, à Xi Jinping, aux islamistes, aux puissances du Proche et Moyen-Orient, aux GAFAM, etc. Ce serait la mission d'une confédération politique consciente des enjeux globaux. Cela n'obligerait pas à contraindre des peuples qui veulent garder leur identité et un niveau raisonnable de souveraineté à se fondre pour former un imaginaire peuple européen. Mme von der Leyen parle comme si elle avait intégré ce message. Mais les élites européistes/mondialisatrices se résigneraient-elles à ce compromis ? Aussi mitterrandien que je sois, je ne reprends pas mot à mot à mon compte sa célèbre formule : « La France est notre patrie, l'Europe est notre avenir. » Plutôt une France forte dans une Europe forte. C'est cette Europe plus forte qui pourra agir au mieux tactiquement et à long terme pour préserver ses intérêts pendant le duel de deux grands prédateurs.

Le plan de relance économique adopté le 10 décembre 2020 par l'Union européenne sur proposition Macron/Merkel avait montré que « l'Europe » pouvait dégager 750 milliards d'euros, de subventions ou de prêts pour empêcher l'effondrement des économies vitales de la zone euro. Certains Français restés fédéralistes y ont vu un pas de géant en avant car le plan comprend une part de dettes contractées par l'UE elle-même, donc une mutualisation de la dette supposée déclencher une relance de l'intégration et, pour les plus utopistes, un moment « hamiltonien », par référence impropre au fondateur du parti fédéraliste américain. Le président du Conseil Charles Michel y voyait une révolution « copernicienne ». Pour ma part, je note que l'Allemagne a expliqué que c'était dans son intérêt d'éviter l'effondrement industriel de l'économie de l'Italie du Nord, et a présenté cet accord non comme une conversion mais comme une réponse exceptionnelle à une situation exceptionnelle, pour une année, en principe, et en soulignant que ces prêts devraient être remboursés dès que possible.

Donc saut en avant improbable, régression et désagrégation non plus, mais stabilité institutionnelle, développement de l'Europe par projets et politiques nouvelles. Il n'en reste pas moins que les années 2020 peuvent être un vrai moment pour l'Union si elle arrive à donner un contenu concret au bel objectif de « souveraineté européenne » – indispensable vu ce qu'est la foire d'empoigne mondiale et complémentaire des souverainetés nationales –, en commençant par les technologies de demain, et à condition que les dirigeants européens mettent en œuvre les recommandations très précises des rapports Draghi et Letta. Quant à « l'autonomie stratégique » prêchée par le président Macron, plutôt redoutée et éludée par les autres Européens, car c'est à l'opposé de l'ADN des Européens, Trump peut les obliger à y penser sérieusement, avec le concours indirect de Poutine. Mais cela se passerait dans l'Alliance. Et c'est là où la Communauté politique européenne pourrait se révéler le meilleur cadre.

2025 : désagrégation ou sursaut ?

Voir : Brexit ; Commission européenne ; Confédération européenne ; France/Allemagne ; Gaulle, Charles de ; Habermas, Jürgen ; Marshall (Plan) ; Souveraineté.

Europe de l'Est

L'Europe de l'Est va-t-elle rester une entité particulière et préserver sa personnalité spécifique ? L'Europe centrale, Pologne, Tchéquie, Hongrie, Slovaquie, et orientale, Bulgarie, Roumanie, mais aussi les trois pays baltes, Estonie, Lettonie, Lituanie, ont eu une histoire très différente de celle de l'Europe occidentale, mais aussi des Balkans. Elle est en partie slave, en grande partie orthodoxe, et a été marquée par sa promiscuité difficile voire traumatisante avec l'Allemagne, mais surtout avec la Russie, puis l'URSS, puis la Russie à nouveau. Et, bien sûr, par la mainmise soviétique de l'après-Seconde Guerre mondiale jusqu'à 1989-1991. Après la fin de l'URSS, ces pays ont très vite rejoint l'OTAN (et l'Union européenne en 2004 après environ quinze ans de négociations d'adhésion, comme Mitterrand l'avait prévu). Les trente et quelques années écoulées depuis n'ont manifestement pas suffi à harmoniser complètement les diverses parties de l'Europe (les fondateurs jusqu'à 12 puis 15 ; les 12 autres ; les pays d'Europe des Balkans pas encore dans l'UE, la Turquie étant un cas à part). Le torpillage en 1989-1991 de l'idée mitterrandienne de confédération européenne a été une erreur historique. La crise des migrants/réfugiés de 2015 et la pression migratoire, comme les débats pour la relance en 2020, ont remis en pleine lumière les différences d'histoire, de mentalités, de psychologie qui conduisent à des décisions unilatérales.

Les partis de centre gauche ou de centre droit qui ont gouverné ces pays les premières années ont ainsi presque tous été supplantés ou contestés par des partis « identitaires » ou « populistes » (y compris dans les Länder de l'ex-Allemagne de l'Est). Et pas seulement en Pologne jusqu'en 2023, ou en Hongrie.

Au-delà de cela, ces pays se sont voulus « otaniens » avant d'être européens. La sécurité avant tout. Ils ont été pro-Trump (même s'il avait introduit un doute inquiétant sur la valeur de l'article 5, celui qui fait obligation aux alliés de défendre un allié, quel qu'il soit, s'il était attaqué). La Pologne s'est sentie « abandonnée » par Obama et rassurée par Trump. Ils sont sensibles aux sirènes chinoises[1], sont énervés par les leçons de morale et le paternalisme condescendant des pays d'Europe de l'Ouest, fondateurs historiques de l'Union. Ils supportent mal la férule franco-allemande, même quand elle n'existe plus. Jacques Rupnik et Bernard Guetta ont écrit sur ces pays des textes sensibles et informés qui font bien comprendre ce qu'ils ressentent aujourd'hui, même à ceux qui regrettent leur évolution récente. Tout cela, c'était avant l'Ukraine. Depuis 2022, ces pays – surtout les Baltes et les Polonais – pensent avoir eu raison et revendiquent une sorte de leadership moral. La suite dépendra évidemment de l'Ukraine.

D'ici à 2030, les diverses parties historiques de l'Europe, sous le coup de la guerre et du trumpisme, vont-elles

1. En Biélorussie, oubliée jusqu'en 2020 car elle n'est pas dans l'UE, il y a 1 million de Chinois pour 10 millions d'habitants.

reconverger ou diverger ? Et l'Europe de l'Est restera-t-elle particulière, ou se fondra-t-elle dans l'ensemble européen, ou éclatera-t-elle en nationalismes ? Tout dépend maintenant de l'issue de la guerre en Ukraine. Les Européens de l'Est reprochent aux Européens de l'Ouest d'avoir été « aveuglés » par Poutine, mais d'une façon ou d'une autre ils ne pourront pas empêcher Trump d'imposer sa ligne ni se substituer à l'Amérique. Et donc, d'une façon ou d'une autre, ils vont s'adapter.

Voir : Confédération européenne ; OTAN (Organisation du traité de l'Atlantique Nord) ; Russie ; Ukraine ; URSS.

Experts

Impossible d'en faire la liste ! Ce sont les « sachants », ce que l'opinion médiatico-populiste déteste car *nous* savons ce qui est bon pour *nous*, que eux ne savent pas. On l'a vu sur les vaccins. Pourtant, on les écoute débattre toute la journée (pour ceux qui n'arrivent pas à s'en passer) sur les chaînes d'informations (?) continues, avatars de la CNN. Il est vrai qu'il y a une quantité extraordinaire d'experts, dans tous les domaines, capables de parler de n'importe quel sujet complexe. On l'a vu pendant la Covid, à propos de l'Ukraine, de Gaza, des JO, de l'IA, du climat, etc., et de n'importe quoi en fait. Ils sont parfois énervants, mais à une époque où les réseaux peuvent charrier des fleuves d'ineptie, je suis au contraire pour réhabiliter les experts à condition de les faire débattre sérieusement – pas d'invectives ! – entre eux. C'est moins pire, et pas anonyme.

Être expert n'empêche pas de penser, mais « penseur », c'est autre chose, un système général, une mise en perspective, historique ; une vraie culture générale.

Voir : Penseurs.

Explorateurs

Notre monde est bien fini, mais ils font encore rêver. Gageons que, s'il avait connu le tourisme de masse, devenu une mine d'or, et un fléau, Lévi-Strauss n'aurait jamais dit : « Je hais les voyages et les explorateurs » ou que, au moins, il leur aurait trouvé quelques vertus, comparés au (sur)tourisme de masse. Frappé de plein fouet par la Covid-19, il a repris très vite après. Trop de pays, de compagnies, ne peuvent s'en passer. Voyager : cela garde toute sa force, mais attention à ne pas oublier que les explorateurs, souvent fous ou hallucinés, qu'il ne faut pas confondre avec les conquérants avides de pouvoir, même s'ils ont eu parfois partie liée, ont réalisé nos désirs et nos rêves, façonné notre manière de voir le monde et nourri notre vision de la planète. Je parle de notre vision d'Occidentaux, voire d'Européens : les fameuses

« grandes découvertes », comme si ces terres et ces peuples n'existaient pas avant leurs « découvreurs » européens ! Marco Polo n'avait pas prétendu, au XIVe siècle, avoir « découvert » la Chine de Kubilai, seulement l'avoir visitée et décrite. Mais Colomb croyait (en 1492) avoir atteint « l'Inde ». C'est Amerigo Vespucci qui donna son nom à l'Amérique. Vasco de Gama alla en Inde en 1498, Magellan fit le tour du monde par l'ouest en 1519-1522 (prodigieuse biographie de Stefan Zweig). Cabral « découvrit » (et détruisit) le Brésil en 1550. Cortés anéantit l'Empire aztèque en 1519-1521 à la satisfaction (initiale) des peuples férocement soumis par les Aztèques, et Pizarro l'Empire inca, en 1532. Jacques Cartier explora le Saint-Laurent en 1540 (et Cabot ?). En Asie, explorateurs, voyageurs, marchands, Jésuites se relayèrent, pénétrèrent la Chine en surface, abîmèrent la Cochinchine.

Au Ve siècle avant J.-C., Hérodote était géographe et historien. Et, dès le IIe siècle après J.-C., Ptolémée avait affirmé que la Terre était une sphère et qu'un même océan l'entourait. Ibn Battûta, berbère marocain né à Tanger, accomplit au XIVe siècle quatre grands voyages à Tombouctou, à Assouan, sur la Volga et en Chine (« les splendeurs des cités et les nouvelles des voyages »). Léon dit l'Africain (Hassan al-Wazzan) parcourut le Maghreb et l'Afrique au XVIe siècle. L'amiral Zheng He, eunuque musulman chinois, chef de la flotte, traversa l'océan Indien et atteint l'Afrique de l'Est au début du XVe siècle.

Après, ce fut le temps, pendant quatre siècles, des vagues successives et rivales de colonisations européennes, portugaise d'abord, puis espagnole, anglaise, hollandaise, française (René Caillé, Savorgnan de Brazza, magnifique figure), italienne, allemande, belge et des empires européens, en rivalité entre eux, comme des Empires ottoman ou russe. Ces vagues entraînèrent des destructions physiques ou culturelles, des asservissements, mais aussi des découvertes, des échanges sans précédent, des métissages et à une immense créativité artistique de peintres, dessinateurs, sculpteurs, musiciens, écrivains. Que l'on songe aussi à Athènes et l'Empire romain. Aux Gallo-Romains.

En 1872, Jules Verne (l'auteur français le plus traduit au monde) réillustra et actualisa l'esprit de découverte et d'exploration moderne avec ses *Cinq Semaines en ballon* et son *Tour du monde en quatre-vingts jours*. D'immenses artistes – Delacroix, Vernet, etc. – ont inventé et idéalisé leur « Orient ». Au XXe siècle, la littérature coloniale a jeté ses derniers feux : Frison-Roche, avec son merveilleux triptyque saharien *La Piste oubliée*, *La Montagne aux écritures*, *Le Rendez-vous d'Essendilène* ; Paul Morand, avec ses relations de voyage du premier âge rapide (entre autres, *Paris-Tombouctou*). En 1963, le Suisse Nicolas Bouvier écrivit (magnifiquement) le bréviaire et le guide des futurs routards, *L'Usage du monde*. C'est sa route que je suivis en 1969, sans le savoir, avec quelques amis, pour aller jusqu'à Kaboul. Et Paul-Émile Victor (et son fils Jean-Christophe Victor, trop tôt disparu), Jacques-Yves Cousteau, Jean-Louis Étienne, les grands alpinistes ont essayé de faire vivre jusqu'à aujourd'hui l'esprit d'exploration et de découverte, qui n'est pas forcément celui de l'exploit ni de la compétition, et plus du tout celui de la colonisation. Il existe d'ailleurs encore une « Société des explorateurs ». Rien à voir avec le tourisme. L'aventure spatiale est un beau spectacle mais n'entraîne pas. C'est un genre qui n'est pas tari : Ella Maillart (1903-1997), Sylvain Tesson, écrivain singulier et remarquable. Et les explorateurs d'aujourd'hui sont tous des écologistes convaincus (je ne parle pas d'écologie politique !).

Voir : Géopolitique ; (Sur)Tourisme ; Zheng He (Amiral).

F

Fachoda

Obsession française. La stèle érigée pour l'Exposition coloniale de 1931 à la mémoire de la colonne Marchand, chef de la mission Congo-Nil, face à ce qui était alors le nouveau musée des Colonies (aujourd'hui musée de l'Histoire de l'immigration) va de Brazzaville à *Fachoda*.

Après que la conférence de Berlin (1884-85) a « partagé » l'Afrique entre puissances colonisatrices, en 1898, venant de l'ouest, l'Afrique occidentale « française », le commandant Marchand arrive à Fachoda, village soudanais sur les bords du Nil blanc, et l'occupe « au nom de la France ». Le gouvernement britannique refuse que son contrôle vertical de l'Afrique (du Caire au Cap) soit traversé et menacé par cette horizontale française, de l'ouest à l'est de l'Afrique, de Dakar à Djibouti, et se fait menaçant. Lord Kitchener atteint Fachoda. Affrontement de deux ambitions coloniales. Crise, pressions, menaces : le gouvernement de la IIIe République cède et retire ses troupes. Raisonnable. Mais c'est vécu par l'opinion française nationaliste comme une humiliation, qui nourrira le « complexe de Fachoda ». Tant de passions, d'efforts, de controverses, d'héroïsme magnifique ou absurde, de bonne conscience ou d'arrogance chez les Européens colonisateurs (et autres), et puis… rien, que de la poussière et de l'oubli remués par les manœuvriers de la repentance ! L'histoire est un long mercredi des Cendres…

Voir : Colonisations ; Histoire de France.

Fleuves

Il y a des fleuves qui ont fait parler d'eux en géopolitique : le Rhin, le Danube, l'Oder, la Neisse, la Bérézina, la Bidassoa, le Niger, le Congo, le Tigre, l'Euphrate, ou comme mythes, le Nil, l'Amazone. Le Rubicon était un ruisseau. La poudrière est retombée. Ce n'est pas le cas du Rio Grande (le long duquel Trump veut toujours achever le mur). Du fleuve Amour qui sépare sur plus de 4 500 kilomètres la Sibérie russe et plusieurs provinces chinoises, dont la Mongolie intérieure et la Mandchourie.

Mais les fleuves qui vont faire l'actualité demain sont ceux qui seront disputés entre voisins, en amont et aval, pour le partage de leurs eaux : le Nil en premier, où la tension ne cesse de monter entre Éthiopie et Égypte. Et tous les fleuves qui descendent du Tibet – contrôlé par la Chine – dont la vie en Asie dépend, Yang-Tsé-Kiang, fleuve Jaune, Mékong, Indus, Irrawaddy, affluents du Gange. Il faut évidemment y ajouter le Dniepr en Ukraine.

Voir : Eau ; Infrastructures.

Françafrique

Au dictionnaire des idées reçues : « rompre avec ».

Expression qui gagnerait à être précisée si, justement, ce n'était pas son caractère vague et non daté qui la rend précieuse comme arme commode de réquisitoire fourre-tout. Succès de comm' de l'ONG Survie !

Ce terme confond les époques. Il englobe, à mon avis de façon contestable, les relations étroites que la France avait conservées – d'ailleurs à leur demande (Senghor, Houphouët-Boigny) –, sauf en Guinée, avec ses anciennes colonies d'Afrique après les indépendances dans les années 1960, plus étroites que celles des Belges et des Britanniques qui avaient abandonné l'Afrique. Elles ont été jugées plus tard trop étroites par une partie de l'opinion française (par égoïsme, tiers-mondisme, moralisme ou gauchisme) et les diasporas étudiantes africaines, par antinéocolonialisme et rejet des régimes en place et de tous leurs amis, et la période des valises de billets quand les campagnes électorales en France, à l'américaine, sont devenues hors de prix. En fait, une analyse objective des périodes successives, en fonction des présidents et des transformations de la France-Afrique, serait éclairante : juste après les indépendances (de Gaulle, Pompidou, Giscard), Mitterrand (et la césure du discours de La Baule le 20 juin 1990), Chirac, Sarkozy, Hollande, Macron.

Soixante ans ou plus après les indépendances, la plupart des anciennes colonies veulent garder une relation avec la France, à condition qu'elle soit partenariale et que ses entreprises ne se considèrent plus en terrain conquis. Ils ne veulent pas se retrouver en tête à tête avec les Chinois ou d'autres prédateurs modernes. Les sommets s'intitulent Afrique/France.

Mais, mis à part le milieu des ONG et de l'aide au développement, l'opinion française ne s'intéresse plus beaucoup à l'Afrique, sauf par à-coups. Cela permet à certains médias de dénoncer des dictatures, la corruption, la prétendue complaisance de la France, etc. Les groupes qui condamnent le passé de la France en Afrique ne comparent jamais, et surtout ne s'intéressent pas beaucoup à l'Afrique d'aujourd'hui ni à ses demandes.

Ainsi, après que, dans le rapport que j'avais rédigé en 2014 avec Lionel Zinsou (et Tidjane Thiam, Jean-Michel Severino, Hakim El Karoui), à la demande de François Hollande et Pierre Moscovici, « Un partenariat pour l'avenir », nous avions constaté l'effondrement des positions économiques françaises traditionnelles en Afrique et fait des propositions pour les redresser, les dirigeants africains m'avaient dit : « Nous nous réjouissons que la France cesse de se prendre la tête à propos de son passé africain. Nous voulons qu'elle reste engagée avec nous. »

Ce serait un paradoxe que la France soit la seule puissance du monde qui ne conserve pas une politique africaine, ou, en tout cas, une politique en Afrique. Continent qui est en effet l'objet de politiques africaines très ciblées d'à peu près toutes les puissances, Chine en tête. Le débat sur l'Afrique en France a été marqué ces dernières années par plusieurs controverses. Une polémique mensongère mais répétitive, organisée et entretenue sur et par le Rwanda qui répondait à des fins précises ; la monnaie des pays de l'UEMOA (Union économique et monétaire ouest-africaine) qui devient l'« éco », et non plus le franc CFA, en attendant une monnaie unique de la CEDEAO (Communauté économique des États de l'Afrique de l'Ouest), elle-même fracturée en 2024 par le départ des trois pays « putschistes » sahéliens.

L'interrogation à partir des années 2010 pour la France au Sahel était : jusqu'à quand pourrait-elle rester quasiment seule (avec quels objectifs, comment, avec quels partenaires et soutiens) ? Elle a été en effet rendue caduque par la prise de pouvoir par des putschistes sahéliens et d'autres régimes qui s'en sont pris à la France quand ils ont eu besoin de boucs émissaires occidentaux et lui ont demandé de partir. Du coup, la France reconsidère sa présence militaire en Afrique, qui n'avait été maintenue qu'à la demande des gouvernements africains. Autres interrogations sur l'indispensable maîtrise des flux migratoires intra-africains ou vers l'Europe (conséquence de l'extrême pauvreté, selon la *doxa*, voués au contraire à s'accroître avec l'élévation du niveau de vie, selon Stephen Smith).

Au bout du compte, la relation avec les Africains se maintiendra et s'enrichira, sous forme de partenariats (exemple, la transformation du franc CFA en « éco »), si les Français s'intéressent vraiment aux Africains d'aujourd'hui – à l'ensemble de l'Afrique – et pas seulement à ceux qui prétendent parler en leur nom sur l'étroite scène politique française.

Voir : Francophonie ; Migrations ; Repentance ; Rwanda.

France

La France ! Quelle histoire ! Quelle aventure ! Quelle épopée ! Et quelle beauté ! Mais parle-t-on de la France ou de la République française ?

Combien de fois ai-je entendu, pendant mes années au pouvoir, et encore après : « La France est-elle encore une grande puissance ? » 1940 est toujours là, dans nos têtes, plus ou moins camouflé sous la dénonciation permanente de la collaboration, sous-produit de la défaite, elle-même assez peu analysée. Les Français ont bien du mal à trouver un point d'équilibre en tenant à distance leurs deux pathologies symétriques : aussi bien la grandiloquence vantarde, bavarde et prétentieuse que la nostalgie, l'autodénigrement, le doute, la repentance et l'expiation, voire la haine de soi et le masochisme, qui dominent ces derniers temps, même dans l'autoaccusation ! Le nombrilisme même dans la déprime ! On a entendu que les progrès de l'islamisme – phénomène mondial – seraient dus à l'échec de la politique... des banlieues françaises. Absurde et prétentieux ! Et les Frères musulmans ? Et les talibans en Afghanistan ? Et Boko Haram au Nigeria ? Elle aurait été la seule à coloniser, à pratiquer l'esclavage, etc. Cela ne relève pas seulement de l'idiotie, de l'Histoire mal digérée ou de l'ignorance crasse, mais souvent d'une stratégie hostile. En tout cas, pour retrouver son assiette, la France doit bien sûr être réformée, repenser un État providence qui n'asphyxierait pas fiscalement l'économie, mais surtout retrouver confiance en elle, et pour cela vaincre son pessimisme, reconnaître ses handicaps, mais être aussi consciente de ses atouts qui sont immenses. Un pays important dans l'histoire du monde, une puissance moyenne d'influence mondiale. Je pense cela depuis des années. Mais, évidemment, pour réussir cette thérapie, elle ne doit pas oublier qu'elle n'est pas seule dans un vide géopolitique. Elle est, quelle que soit son originalité, un pays occidental, et les pays occidentaux ont perdu le *monopole* qu'ils ont exercé durant trois ou quatre siècles, sur la conduite des affaires du monde ! Un pays européen, quand ceux-ci sont souvent divergents ou inhibés ! Un pays de Schengen, qui doit impérativement reprendre le contrôle des flux migratoires, un pays allié des États-Unis, qui doit devenir moins dépendant de leurs oukases et de leurs diktats. Comme de plusieurs (trop) autres puissances. Un pays qui doit reconquérir point par point sa souveraineté, ou en tout cas réduire ses dépendances, et donner un contenu à la « souveraineté européenne » si elle est un « plus ». Un pays qui doit défendre ses intérêts et pas seulement des « valeurs », des idées, des théories. Cela fait beaucoup, mais tout est lié...

D'après les enquêtes mondiales de l'organisme PEW, les Français sont régulièrement un des peuples les plus pessimistes sur l'avenir de leur propre pays. Mais ce ne sont pas leurs handicaps qui les rendent pessimistes. C'est leur pessimisme qui les handicape et, associé à la déliquescence du système politique, fait échouer depuis maintenant trop longtemps presque toutes les thérapies. Or l'Histoire n'est pas finie, même si sa démarche est obscure. Et les JO, magnifiques, pourraient avoir réveillé la confiance en eux des Français. Encore faudrait-il la cristalliser dans une vraie volonté de redressement de type plan Rueff-Armand en 1958.

Voir : Europe ; Histoire de France ; Repentance.

France/Allemagne

Allemagne, ce casse-tête français... Rejet, peur, fascination, admiration. Les Français ne s'en sortent décidément pas avec l'Allemagne. Ah ! Si Bismarck n'avait pas réussi à mettre fin à la situation idéale cristallisée pour deux siècles par Richelieu et Mazarin, mais effacée par Napoléon : des dizaines de principautés ou d'entités réunies dans un Saint Empire assez souple. Cependant, on pensait être sortis après 1945 du cycle tragique victoire/défaites, humiliations/vengeance, Versailles, re-Versailles et le wagon de Rethondes. Certes, la France avait bien essayé après 1945 de freiner la remilitarisation de l'Allemagne, pourtant indispensable face à l'URSS stalinienne, d'où la stratégie contournée de la CED (Communauté européenne de défense), prétendument européenne, pour lui faire passer la pilule. Échec donc au Parlement français, et entrée de la RFA dans l'OTAN. Mais c'était il y a si longtemps ! Et depuis, il y a la légende dorée du « couple » : de Gaulle/Adenauer, Reims, Giscard/Schmidt, Mitterrand/Kohl, Verdun. J'ai vécu cette romance auprès de Mitterrand et les larmes de Kohl à Notre-Dame, plus d'une centaine de rencontres entre eux, le leadership partagé. La religion d'État de l'amitié franco-allemande. Le dernier livre – posthume – de François Mitterrand en 1996 : *De l'Allemagne, de la France.*

Mais, entre-temps, il y a eu Gorbatchev qui, en abandonnant le contrôle soviétique sur l'Europe de l'Est – le glacis de Staline –, a rendu possible la réunification, scénario envisagé par François Mitterrand dès octobre 1981 à Latché devant un Helmut Schmidt sceptique. L'Allemagne réunifiée redevient alors démographiquement et économiquement la puissance européenne numéro 1. La rhétorique du couple s'épuise ensuite, puis disparaît. Cela se voit bien après, avec les successeurs de Mitterrand et de Kohl.

On a fait accepter *in extremis* à l'Allemagne que le mark se fonde dans une monnaie unique, à condition qu'il soit géré à l'allemande par une banque centrale indépendante. C'était quand même l'intérêt allemand. En France, il y a eu la thèse Bérégovoy, Trichet, Minc : la solution est de devenir budgétairement vertueux comme les Allemands, et de renoncer au déficit permanent. D'accord. On fait comment ? Et l'autre : l'Allemagne attire tout à elle. Il fallait garder des monnaies nationales (ce qui signifie donc, pour nous, rester dans la zone mark !) ou, au moins, deux ou trois euros différents (idée de Stiglitz). Affrontement qui n'est pas que gauche/droite. Oui, il faudrait un gouvernement contre-cyclique de l'euro, et pas seulement par l'ingéniosité funambulesque de la Banque centrale. Les désaccords s'accumulent : l'Allemagne est sortie – prématurément – du nucléaire au lieu de sortir du charbon ; elle a géré, seule, ses choix migratoires avec la Turquie ; elle se tient... vis-à-vis de Trump, qui tint en otage, pendant quatre ans, l'automobile allemande ; n'a pas eu d'autre politique russe que le statu quo, mais elle a quand même essayé de réaliser le gazoduc Nord Stream 2 malgré Trump qui voulait imposer le gaz de schiste américain (elle n'a lâché qu'après l'Ukraine et le sabotage ukrainien) ; elle ne voulait pas de changement en Europe tant la situation lui était favorable, ce que Mme Merkel a très bien incarné. Après la réunification, les grands-messes franco-allemandes Schröder, Merkel/Chirac, Sarkozy, Hollande, Macron, ne masquaient plus les divergences, ni le décrochage français. Les Français s'en sont enfin rendu compte.

Sur l'idée même de puissance – Europe puissance ou non ? – la France déplorait l'inhibition allemande sur ce point, surdéterminée par le passé. Mais est-elle rassurée par la nouvelle volonté de puissance militaire allemande, qui ne sera plus seulement industrielle et commerciale ? À part les abonnés aux colloques, les élites françaises et allemandes ne se connaissent plus très bien (en fait ce sont surtout les Français qui connaissent mal l'Allemagne). La relation est à refonder, hors commémoration – Emmanuel Macron a – un peu – essayé à partir de 2017.

En 2020, pourtant, le moteur franco-allemand s'était reconstitué : sous le coup de la pandémie, l'Allemagne ne pouvait pas prendre le risque de voir s'effondrer l'industrie d'Italie du Nord sans laquelle l'industrie automobile allemande serait menacée. Du coup, elle se convertit à une relance audacieuse. L'Allemagne et la France se retrouvent un moment et obtiennent, le 20 juillet 2020, un accord des 27 pour un plan de relance, qui comporte même une part de mutualisation. Solution originale et ponctuelle ou début d'un nouveau cycle d'intégration ? Plutôt la première hypothèse. La relation Macron/Scholz n'a jamais marché et pas uniquement pour des raisons personnelles. Aucune relance européenne, ni franco-allemande, ne dispensera la France de ses propres efforts de redressement à l'issue de la guerre en Ukraine. La gestion du nouvel élargissement pourrait rapprocher la France et l'Allemagne, ou les éloigner plus encore mais, sans attendre, la nécessité de se coordonner face à Trump peut avoir le même effet. Rien n'est écrit. À suivre, dans le cadre plus général et lui-même incertain de l'Europe.

Voir : Europe ; Souveraineté ; URSS.

Francophonie

Pourquoi tant de complexes ? Ou de désintérêt ? Voire de dédain de la part des locuteurs français du globish ? L'affaire devrait être simple : le français est l'une des rares langues mondiales de culture, d'échange et de civilisation. Ceux qui en ont hérité, la France mais aussi quelques dizaines d'autres pays (mais pas tous les quatre-vingt-quatre membres de l'OIF – Organisation internationale de la francophonie –, loin de là !) devraient avoir à cœur de faire en sorte que le français soit le plus parlé possible dans le monde entier, dans la vie sociale, économique, culturelle, dans les médias, que ce soit enrichissant, utile et valorisant, et qu'il soit facile de l'apprendre partout. Cela fait partie de la grande bataille pour la diversité culturelle et linguistique. Jugée perdue par les élites économiques mais vitale pour le monde culturel (le Bourdieu de « l'exception culturelle »).

Doter la francophonie, à partir de 1967, d'associations, d'agences et d'organisations, d'une charte et d'un secrétaire général – à Hanoï en 1997 (j'y étais) –, était sans doute une bonne idée, de Jacques Chirac. Mais cela s'est brouillé. D'abord, la France ne peut rester le centre naturel du rayonnement francophone qu'en maintenant chez elle une maîtrise du français. Par faillite éducative, snobisme (pseudo-modernisme, start-up, globish, envahissement d'une sous-langue *corporate* et commerciale), ce n'est plus tout à fait le cas (sans parler des régressions obscurantistes telles que l'écriture inclusive, ou idéologiques telles que le pédagogisme). Pourtant, le maintien d'une diversité culturelle (qui n'a rien à voir avec le multiculturalisme défaitiste, repentant et à sens unique qui mélange tout) et linguistique est un des terrains où résister au nivellement mondial. Mais le français a été mal défendu par ses défenseurs les plus puristes faisant la chasse à tout mot étranger alors que le français en a absorbé et francisé des quantités (par exemple les mots italiens à la Renaissance). C'est quand la structure, la syntaxe, la grammaire sont attaquées ou délaissées qu'il faut réagir. À cela s'ajoutent dans les médias – le monde réel de la plupart des gens – l'appauvrissement du vocabulaire et la perte de la maîtrise des conjugaisons, la prolifération de tournures fautives, sans que cela gêne personne. Et la longue débâcle éducative (sauf sous Chevènement, Jean-Michel Blanquer, et, brièvement, Gabriel Attal).

Par ailleurs, l'OIF a trop prétendu se transformer en une sorte de sous-ONU. Avant d'être politique, ou économique, la francophonie doit être… linguistique et « décomplexée » (*dixit* Emmanuel Macron). Mais l'avenir de la francophonie ne dépend pas seulement de ses institutions… Depuis 2019, c'est Louise Mushikiwabo, ancienne ministre des Affaires étrangères du Rwanda, qui a été élue et réélue, comme le souhaitait Emmanuel Macron, secrétaire générale de l'OIF. Reste à voir si la création de Villers-Cotterêts donnera une impulsion clarificatrice à cet ensemble nébuleux. Mais il faudrait que les élites françaises cessent de mépriser ce sujet et se mobilisent, d'abord dans leur façon de parler.

Voir : Afrique(s) ; France ; Influences ; Langues.

Frontières

L'allergie de l'Europe des dernières décennies aux murs s'est étendue aux frontières, assimilées à des fermetures injustes et cruelles. Bien sûr, les murs fermés ne sont pas sympathiques, mais une frontière peut être ouverte ou fermée, on peut la franchir légalement. L'idéologie bobo « sans-frontiériste » qui a dominé l'imaginaire des citadins ouest-européens des trente dernières années, prolongée dans le tourisme de masse, explique en partie la longue négligence envers les frontières extérieures de Schengen. Face à la pression migratoire, et à l'afflux de réfugiés, en majorité musulmans à une époque où l'islam se réislamise et où les Européens constatent que les musulmans eux-mêmes n'arrivent pas à contenir l'islamisme, sans même parler du terrorisme, cette idéologie angélique est en déroute, d'où le retour aux frontières nationales, en attendant mieux. Cela a été très bien expliqué par Bruno Tertrais en 2021 dans son *Atlas des frontières, murs migratoires, conflits* (Les Arènes).

Dans le meilleur des cas, les États membres de Schengen réussiront à sanctuariser l'asile pour les réfugiés vraiment en danger et persécutés (le droit d'asile est massivement détourné), et à réduire un peu la pression migratoire par des politiques de quotas cogérées entre les pays de départ, de transit et d'arrivée. Ces questions se posent d'ailleurs aussi à l'Australie, à la Côte d'Ivoire, à l'Afrique du Sud, à l'Argentine, et aux États-Unis où la question de la frontière sud avec le Mexique – en fait avec toute l'Amérique centrale – est devenue cruciale, et explosive.

Contrastant avec la déferlante de niaiseries sur les frontières – différentes des murs –, Régis Debray, dans *Éloge des frontières* (Gallimard, 2010) a écrit des choses justes et salutaires. Il y a eu un juste usage des frontières qui sont nécessaires. Et de toute façon, tout psy sait que c'est important de pouvoir distinguer (distinguer, pas opposer) le dedans et le dehors, moi et l'autre. Lévi-Strauss le disait aussi.

Voir : Murs.

Fukuyama, Francis

Un des rares penseurs à avoir eu au cours des trente dernières années un impact mondial. C'est Francis Fukuyama, né en 1952 à Chicago, qui a donné, dès 1989, puis 1992, donc au moment de la disparition de l'URSS, dans *La Fin de l'histoire et le Dernier Homme*, la meilleure expression d'une vieille idée hégélienne : l'Histoire est finie, faute de combattants, puisque tout le monde, ou à peu près, s'est rallié à la démocratie et à l'économie de marché. C'est tellement ce que les Occidentaux voulaient entendre, les Américains sur un mode triomphal, les Européens sur un mode idéaliste, voire ingénu, qu'il est devenu le symbole même de leur optimisme durant la décennie 1990. Par la suite, Francis Fukuyama a, au vu des événements des décennies 2000 et 2010, nuancé sa thèse que Samuel Huntington avait réfutée, même s'il dit croire encore à long terme à la validité de son analyse. Pour l'heure, quoi que croient encore les Européens (mais plus du tout depuis l'invasion de l'Ukraine, même s'ils n'en ont toujours pas tiré les conséquences), le monde est moins que jamais « fukuyamesque ».

Voir : Huntington, Samuel ; Occident ; Penseurs ; URSS.

G

G (7, 8, 20)

Mode de concertation et de gestion coopératif et oligarchique des problèmes économiques entre pays développés occidentaux, inventé pour réagir au premier choc pétrolier par Valéry Giscard d'Estaing et Helmut Schmidt en 1975 à Rambouillet. France, Allemagne, Italie, Canada, Japon, Royaume-Uni, États-Unis.

Les États-Unis s'y sont pliés en faisant en sorte de maîtriser le choix des sujets, la préparation du communiqué commun (devenu interminable, illisible et non lu) par les *sherpas* (innovation diplomatique qu'imposent les « sommets ») et les conclusions (chaque pays essaye de convaincre son opinion qu'il a gagné).

Le G7 était devenu un G8 de 1997 à 2014 en incluant la Russie de Poutine, écartée après l'annexion de la Crimée.

Le G20, plus large, était à l'origine une réunion des ministres des Finances. C'est devenu un sommet à partir de la crise des *subprimes* en 2008 quand Nicolas Sarkozy a convaincu G. W. Bush, réticent, de la nécessité de cette concertation. Il n'est pas qu'occidental : on y trouve la Chine, l'Inde, la Russie. La lecture des communiqués, outre que c'est soporifique, donne une idée de la « communauté » internationale : mots creux, slogans automatiques en globish mal traduits, messages innombrables à de très nombreuses clientèles minoritaires ou spécialisées, ou à des lobbys, *whishfull thinking*, autocongratulation. Encore, dans les communiqués des G7, on trouve, sous le magma des mots, la volonté occidentale de garder le *lead*. Ceux du G20, plus globaux, sont forcément plus vaseux. On peut penser que c'est du vent. Peut-être, mais rien n'irait mieux si ces groupes, sommets ou rendez-vous s'interrompaient.

Les déclarations de l'OCS et des BRICS (donc du « Sud ») sont plus incisives : naturellement, ils ne prétendent pas incarner la « communauté » internationale, mais la combattre comme un faux-nez de l'Occident et un jour la supplanter. Batailles d'entités et de sigles en vue !

Voir : BRICS/Organisation de coopération de Shanghai (OCS) ; Occident ; Sud global.

GAFAM (Google, Apple, Facebook, Amazon, Microsoft)

Sont-ils les maîtres (façonniers) du monde ? Oui, les Steve Jobs (†), les Elon Musk, Jeff Bezos, Marc Zuckerberg, Bill Gates, Larry Page et Sergey Brin (en 2024) ont changé nos modes de vie. À partir de 2018, Google plus Amazon équivalaient au PIB de la France. En fait, il y en a d'autres. En 2024, les géants du Web totalisaient 8 000 milliards de dollars de capitalisation à eux cinq.

Comment ces entreprises californiennes ont-elles pu bâtir cette puissance ? Il y a clairement eu des génies inventifs... et beaucoup d'argent du Pentagone, au début. Qu'ont-ils changé dans la vie des gens, des entreprises, des gouvernements ? Presque tout, sauf la nature humaine ! En gros, ce sont les grands gagnants de la mondialisation. Plus forts que les États, surtout ceux du Sud ! Sont-ils encore contrôlables, régulables, imposables (exigences européennes) par les pouvoirs publics européens ou américains ? Il faut le souhaiter. Philippe Delmas a parlé d'« États plateformes » Leurs excès de puissance et d'intrusion dans la vie des gens vont-ils déclencher une méfiance (Facebook, Amazon), une désaffection du public, de nouvelles lois antitrust ? À partir de 2016-2017, l'opinion a commencé à changer – un peu. Si les GAFAM étaient régulés, voire démantelés, leurs équivalents chinois en profiteraient-ils pour les supplanter ? Les BATX : B comme Baidu (moteur de recherche), A comme Alibaba (pendant d'Amazon), T comme Tencent (activité et services Internet), et X comme Xiaomi (comme Apple) ? Les démocrates américains, proches des géants du numérique, ont essayé.

De toute façon, GAFAM ou BATX, sommes-nous prêts à affronter le choc numérique, à utiliser tout son potentiel pour résoudre d'autres problèmes, à contenir ses menaces ? L'Europe, très entravée par ses propres règles, peut-elle élaborer une politique pour ne pas subir en même temps toutes les influences ? Mme von der Leyen et Thierry Breton, alors commissaire européen chargé de la politique industrielle et du numérique, ont essayé de réguler. On verra ce qu'il en sera avec la Commission VDL II.

Voir : Ère numérique ; Europe ; Intelligence artificielle (IA) ; Souveraineté.

Gangstérisation (du monde)

Foin des euphémismes ! Là il ne s'agit plus seulement de parler de « dysfonctionnement », de zones de non-droit, d'immigration illégale, de paradis fiscaux, de fraude fiscale, de panne du multilatéralisme, etc., mais carrément de « gangstérisation » du monde. Et c'est une très sérieuse revue, *Questions internationales*, qui titre ainsi un dossier entier à l'été 2024 sur l'ampleur mondiale du marché des drogues (explosion de la coke), sur les réseaux, sur la délinquance financière, la corruption, la cybercriminalité, la traite des êtres humains, etc. Par exemple, rien qu'en Europe, 821 réseaux criminels comptant plus de 25 000 membres.

Quand, en fait, parlait-on d'abolitions des frontières, d'exportation de nos valeurs, de mondialisation heureuse ?

Ce n'est pas si vieux. Il y a bien une mondialisation, mais en négatif – les trafiquants de toutes sortes s'y sont engouffrés – et Serge Sur a raison de parler de « roman noir de la mondialisation ». Il y a beaucoup de leçons à tirer pour l'avenir de l'aveuglement, notamment en Europe, et les œillères des mondialisateurs des trente ou quarante dernières années.

Voir : Mondialisation/démondialisation.

Gaulle, Charles de

Légende. Immense personnage de l'histoire de France, et même mondiale. Il y a deux époques : le Charles de Gaulle historique de 1940, et celui du retour, de 1958 à 1969. Et le mythe qui ne cesse de grandir, au contraire de bien d'autres qui s'estompent au fur et à mesure que le temps passe.

Celui du 18 juin 1940, au moment de la désagrégation de la France, le général (de brigade, à titre temporaire !) de la désobéissance, de la prémonition de la suite de la guerre, n'est comparable à personne d'autre dans l'histoire de France, si ce n'est à Jeanne d'Arc. De Gaulle réussit à se faire accepter par Churchill malgré des désaccords homériques et des exaspérations réciproques (justement : « Il se prend pour Jeanne d'Arc. »). Il résiste à l'hostilité systématique de Roosevelt (par ailleurs grand président mais qui, là, mal influencé par une partie de ses diplomates et par Jean Monnet, joua Pétain, qu'il avait connu et admiré en 1916, vu comme un bouclier, Darlan et Giraud, plutôt que de Gaulle, en qui il redoutait une sorte de putschiste). Il ne voulait pas lui confier l'administration de la France libérée (d'où le projet de l'AMGOT – Allied Military Government for Occupied Territories) ! Avec le temps, j'admire de plus en plus ce de Gaulle-là. Son dernier biographe en date, peut-être son biographe définitif, Jean Luc Barré, est passionnant sur la genèse de ce de Gaulle. Cependant, si je comprends pourquoi de Gaulle a voulu faire croire, en 1944-1945, que la France s'était libérée (presque) seule, je regrette que cela nous ait enfermés mentalement dans un piège. Dans ses *Mémoires*, il regrette que Roosevelt n'ait pas pu le connaître président. On imagine la rencontre ! Est-ce que Roosevelt aurait dit : « Je me suis trompé à votre sujet » ?

Le de Gaulle président est le fondateur de la Ve République. Son bilan réformateur – à la fois capétien et libéral –, pendant les six mois où il a été à Matignon, en 1958, le dernier président du Conseil de la IVe République, très bien raconté par Georgette Elgey dans son dernier tome de l'*Histoire de la IVe République*, est sans équivalent. Il faut dire que presque aucune résistance – qui harcèle et paralyse les gouvernements démocratiques actuels – n'était à l'œuvre. Après, en 1958 et 1962, il a établi de nouvelles institutions, finalement assumées aussi – paradoxe heureux ! – par François Mitterrand, et donc par la gauche à partir de 1981. On a pu parler de gaullo-mitterrandisme. Affaiblies depuis par trop de concessions à l'esprit du temps, mais conservées pour l'essentiel, même si un certain personnel politique aspire à revenir à la IVe sous le nom de VIe République, et d'autres veulent la détruire au nom de la démocratie directe.

Une fois libéré de la question algérienne, de Gaulle a mené de 1962 à 1969 une politique étrangère qui peut inspirer la nostalgie. Il a refusé une Europe supranationale, mais a accepté le Marché commun pour doper la France, a proposé un plan Fouchet, rejeté mais qui était sur plusieurs points supérieur à ce qu'est devenue l'usine à gaz européenne, et a incarné avec Konrad Adenauer, à Reims et à Colombey, la réconciliation franco-allemande. Il mit en œuvre, visionnaire, une politique indépendante, autant que possible, des États-Unis (Proche-Orient, Vietnam, dissuasion nucléaire, « détente, entente, coopération »

avec l'URSS) tout en étant solidaire lors des crises de Berlin et de Cuba, et en quittant finalement l'OTAN, mais pas l'Alliance.

Bien sûr, son bilan peut se discuter, comme celui de tout président, à condition d'éviter l'anachronisme et de se replacer dans le contexte des années 1958-1969.

Avec le temps, le mythe grandit. Une sorte de quasi-consensus nostalgique rétrospectif s'est construit autour de sa personnalité, même si la France d'aujourd'hui n'a presque plus rien à voir avec celle des années 1960, ni même avec celle des années 1980, et ne sait plus bien qui elle est, idolâtre l'horizontalité contre la verticalité, vénère la transparence et les minorités, est façonnée par l'instantanéité, est, malgré elle, très américano-globalisée, préserve mal sa langue et se révolterait contre un retour à cette époque. De Gaulle est comme un roc qui émerge d'un passé embrumé par l'affaiblissement de la transmission historique, salué même par d'anciens soixante-huitards qui l'avaient conspué comme fasciste, et par des personnalités comme Régis Debray !

En politique étrangère, certains regrettent le gaullisme, voire le « gaullo-mitterrandisme ». Mais c'est un autre temps, et il faudrait le repenser et le reformuler entièrement, en entraînant les Européens si c'était possible.

Et, finalement, que faire aujourd'hui de ces personnages historiques iconiques vénérés et décontextualisés, même les plus grands ? Henry Kissinger en a fait une de ses six figures emblématiques de son dernier ouvrage, *Leadership*.

Voir : Gaullo-mitterrandisme ; Histoire de France.

Gaullo-mitterrandisme

Oxymore ? Pas tant que cela. Mais monde d'avant certainement, hélas.

C'est dès le début du premier septennat de François Mitterrand que j'ai osé, en parlant avec des journalistes, cette formule, pour souligner cette continuité paradoxale, d'abord en matière de défense et de dissuasion. Mitterrand avait endossé sur ce sujet l'héritage gaulliste (« la décision, c'est moi », car il fallait, pour dissuader, un « dissuadeur » crédible). Cela heurtait quelques vrais vieux gaullistes, mais cela avait du sens. Par la suite, c'est devenu synonyme de politique étrangère française indépendante, que ses tenants, ou ses nostalgiques, ont opposé au « néoconservatisme » à la française censé avoir inspiré, depuis Nicolas Sarkozy, la « rupture » avec la ligne antérieure de la Ve République. Cette controverse a rebondi en 2018. Emmanuel Macron s'était distancié, à plusieurs reprises, avant son élection, de la ligne « néocon » et a tenté au début de son premier mandat une nouvelle approche de la question russe, moins idéologique, ce que l'Occident en général aurait dû faire, plus tôt, dans la décennie 1990. Les tenants de cette ligne, anciens atlantistes, néoconservateurs, et en fait occidentalistes, très influents au Quai d'Orsay depuis une quinzaine d'années, s'en prenaient régulièrement, depuis des années, à ce gaullo-mitterrandisme dont ils craignaient le retour, alors qu'il aurait fallu le réinventer ! Quant à savoir ce que ferait aujourd'hui le général de Gaulle, ou François Mitterrand, bien malin qui peut le dire ! Et de toute façon Poutine a rendu impossible ces tentatives et a réveillé pour un temps l'atlantisme d'antan. Reste la question : est-ce que la France pourra conserver, au sein de l'entrelacs des interdépendances mondiales et européennes et des crises perturbatrices, une sorte d'autonomie de pensée et d'action, pour rester maîtresse de son destin ?

Voir : Dissuasion ; France ; Gaulle, Charles de ; Interdépendances ; Mitterrand, François ; Néoconservateurs.

Gengis Khan

Il a sa statue de 30 mètres à 54 kilomètres à l'est d'Oulan-Bator. Et celle-là, personne ne va tenter de la déboulonner. Gengis Khan a édifié en un demi-siècle le plus vaste empire continu qui ait jamais existé.

Né vers 1162 dans les monts Khentii, au sein du clan mongol des Qyat Temujin, il rassemble les divers clans mongols et turco-mongols des steppes du Nord-Est, se fait proclamer Khan (roi) puis « *Gengis* Khan » (roi universel, ou océanique). Comme quoi nous ne sommes pas les seuls à nous être pensés universel.

Il rallie les Ouïghours et les Örgüt, conquiert la Chine, puis, à l'ouest, sans résistance, toute l'Asie centrale et les immenses plaines steppiques. Il meurt en Chine d'une chute de cheval, vers 70 ans, le 18 août 1227. Tous ceux qui croisent son cortège funèbre sont exterminés, et les caravaniers eux-mêmes. On ne sait pas ce que sont devenus ceux qui ont éliminé ceux qui en avaient trop vu. On ignore l'emplacement de son tombeau. Surréaliste : Chirac en avait parlé à Mitterrand lors de leur escale commune à Irkoutsk, en 1986, au retour du G7 de Tokyo, pour ravitailler les deux Concordes. Le plus jeune de ses fils, le quatrième, Tolui, règne sur la Chine (son fils, Mongka, est élu Grand Khan et donne à l'empire sa plus grande extension, son frère, Kubilai Khan, va retourner en Chine et y fonder Cambaluc [Pékin] et la dynastie Yuan, qui régnera de 1279 à 1368. Souvenir cuisant pour les Chinois d'aujourd'hui. C'est lui que Marco Polo rencontrera). Djaghataï, le deuxième de ses fils, régnera sur le Turkestan. Le troisième, élu chef suprême, réside à Karakorum. Le premier, Djötchi, meurt tôt, mais son fils Batu va créer le Khanat de la Horde d'or, d'où la Moscovie ne commencera à s'extirper qu'à partir de la fin du XVe siècle. L'influence des gengiskhanistes a duré des siècles. Il n'en reste rien. Jacques Chirac m'avait offert *Le Loup bleu : le roman de Gengis Khan*, l'extraordinaire roman biographique du Japonais Yasushi Inoué.

Voir : Empires ; Chine.

Génocides

En droit international : élimination physique, *intentionnelle et programmée*, totale ou partielle, d'un groupe national, ethnique ou religieux, en tant que tel. Le terme « génocide » a été forgé en 1944 par Raphael Lemkin, professeur de droit américain d'origine juive polonaise et intégré dans une convention des Nations unies en 1948.

La notion de *crime contre l'humanité* a été créée à la même époque, en 1945, et est insérée dans les statuts du tribunal militaire de Nuremberg. Il désigne une « violation délibérée et ignominieuse des droits fondamentaux d'un individu ou d'un groupe d'individus inspirée par des motifs politiques, philosophiques, raciaux ou religieux ». Il est défini dans son article 7 comme un crime commis « dans le cadre d'une attaque généralisée ou systématique dirigée contre toute population civile : meurtre, esclavage, déportation, emprisonnement abusif, torture ».

Le *crime de guerre* est défini par l'article 8 du statut de Rome de la Cour pénale internationale comme une violation du droit de la guerre d'une gravité particulière, commise par des militaires ou des autorités qui les commandent.

Au-delà de la condamnation, les génocides du XXe siècle reconnus comme tels (outre la Shoah, les génocides arménien, cambodgien, rwandais et, dans une moindre mesure, herero en Namibie, le premier) font l'objet de travaux d'historiens (quand des lois mémorielles ne les en empêchent pas) et de controverses sur leurs causes lointaines et proches, leur déclenchement, leur déroulement, les leçons à en tirer. À cet égard, je recommande – tant la confusion est fréquente – le remarquable *Génocides. Usages et mésusages d'un concept*, de Bernard Bruneteau, aux éditions du CNRS (2019). Bernard Bruneteau demande que l'on revienne à la définition rigoureuse du génocide établie par Raphael Lemkin. Dans l'approximation, il y a des cas où le terme est employé à tort (on parle de génocide quand les massacres sont institutionnels et programmés), et, au contraire, d'autres où il aurait dû l'être et ne l'a pas été. Je n'ai rien lu à ce sujet de plus rigoureux ni de plus juste.

Voir : Esclavages ; Lois mémorielles ; Rwanda ; Shoah.

Genscher, Hans-Dietrich

Acteur essentiel du grand changement allemand et européen (1927-2016), un peu oublié en France. Leader centriste du FDP, brillant ministre des Affaires étrangères de la République fédérale allemande pendant plus de dix ans, avec Helmut Schmidt puis Helmut Kohl, jusqu'en 1992. Il avait su, comme Willy Brandt avant lui (de 1966 à 1974), tirer le meilleur parti de la faible marge de manœuvre dont l'Allemagne de l'Ouest disposait pour préparer l'avenir (la réunification bien sûr).

Il s'entendit à merveille avec Roland Dumas, de 1988 à 1993. Il soutint le président Mitterrand pendant la réunification allemande, y compris quand celui-ci fut en butte à des critiques de la droite allemande, relayées par des médias français, notamment sur la reconnaissance de la ligne Oder/Neisse, alors que Helmut Kohl traînait un peu les pieds, entre novembre 1989 et février 1990, par prudence électorale. François Mitterrand lui en était reconnaissant.

Voir : Allemagne ; France/Allemagne.

Géographie

Come-back. Souvent reléguée au second plan par l'histoire (religion nationale depuis la IIIe République en France avant d'être rattrapée par ses guerres intestines entre reconstructeurs, continuateurs, restaurateurs, modernisateurs décoloniaux), la géographie redevient essentielle. Ce n'était plus le cas quand on (l'Occident triomphant) pensait avoir « gagné ». À quoi bon étudier de près tous ces pays et toutes leurs vieilles histoires ? Seuls comptaient la taille des classes moyennes, leur pouvoir d'achat, la croissance, les choses « globales ». Mais la géographie, et son enfant naturel la géopolitique, retrouve droit de cité. Et on redécouvre (ou on devrait) le fil qui court d'Hérodote jusqu'à aujourd'hui, Yves Lacoste en passant par Ibn Battûta et Marco Polo, et les grands noms des cinq siècles passés où se côtoient voyageurs, explorateurs, conquérants, commerçants, cartographes, géographes et espions. Et non, le monde ne sera pas *que* virtuel ! Et l'intérêt pour les atlas, qui font rêver, ne se dément pas.

La géographie ne sert pas *uniquement* à faire la guerre, contrairement à ce qu'avait écrit Yves Lacoste dans un essai brillant en 1976 – *La géographie, ça sert, d'abord, à faire la guerre*. D'ailleurs, il avait écrit : cela sert *d'abord*... Ce qui, même historiquement, est contestable. Cela a dû servir d'abord à découvrir, convertir et commercer... Langue d'Ésope. Robert D. Kaplan a eu raison d'annoncer en 2012 *La Revanche de la géographie*. Encore faudrait-il qu'elle soit enseignée.

Voir : Braudel, Fernand ; Frontières ; Géopolitique ; Histoire de France.

Géopolitique

Sulfureuse ? Sous prétexte que Karl Haushofer (1869-1946), professeur allemand, avait préconisé une alliance Allemagne/Russie/Japon et que sa thèse sur « l'espace vital » (vieille obsession germanique d'expansion vers l'est, *Drang nach Osten*) avait été utilisée par les nazis (alors même que sa femme était juive, qu'ils ont eu maille à partir avec les nazis et que ceux-ci avaient assassiné son fils !), le terme de « géopolitique » a eu un temps mauvaise presse, après la Seconde Guerre mondiale. En fait, elle consiste tout simplement en l'étude des interactions entre la géographie, l'histoire et la politique internationale. Napoléon disait : « La politique d'un État est dans sa géographie. » Tous les penseurs et analystes ou voyageurs en ont fait, comme Monsieur Jourdain fait de la prose, avant que le terme ne soit inventé par le grand philosophe et savant Leibniz en 1679, puis au XIXe siècle, en Suède et en Allemagne. Sans oublier les voyageurs grecs ou arabes, ou Montesquieu, avec sa théorie des « climats ». À l'époque contemporaine, quelques noms de précurseurs émergent : celui d'Élisée Reclus, le géographe anarchiste ; celui de Friedrich Ratzel, pharmacien, zoologiste, puis géographe (1844-1904) ; celui de Jacques Ancel, premier géopolitologue français (né en 1882, mort à Drancy en 1943), auteur en 1936 de *Géopolitique* ; et plus encore, celui de sir Halford John Mackinder (1861-1947), considéré comme un des pères fondateurs de la géopolitique moderne (terme qu'il récusait), à laquelle il était venu par la géographie (il fit en 1899 la première ascension documentée du mont Kenya, 5 199 mètres !). Il avait théorisé l'affrontement entre les puissances maritimes et continentales. Pour lui, qui contrôle le Heartland (Eurasie et Afrique, et notamment la plaine centrale de l'Europe à la Sibérie), l'île mondiale, contrôle le monde, les îles périphériques (l'Amérique, l'Australie) et l'océan mondial. Brzeziński était proche de Mackinder. Il y a dans la géopolitique quelques fumisteries, beaucoup d'évidences, mais aussi des aperçus géniaux. Pour Yves Lacoste, c'est « l'étude des rivalités sur un territoire ».

Aujourd'hui, en France, bien sûr Georges-Henri Soutou, mais aussi Thierry de Montbrial, Pascal Boniface, Jean-Baptiste Jeangène Vilmer, Bruno Tertrais, Alexandre Adler (†), Jean-Louis Gergorin, François Heisbourg, Thomas Gomart, Pierre Buhler, Michel Duclos, Christian Grataloup, Philippe Moreau Defarges, Bertrand Badie, Gérard Chaliand, Gilles Kepel, Michel Foucher, Frédéric Encel, et plusieurs autres, notamment des diplomates ou des militaires, par nécessité professionnelle ou intérêt personnel, font, d'une façon ou d'une autre, de la géopolitique. Et évidemment des praticiens politiques ou diplomatiques comme Laurent Fabius, Alain Juppé, Jean-Yves Le Drian, Pierre Lellouche, Dominique de Villepin, et d'autres. Tout le monde en fait, ou croit en faire, tant le désordre mondial rend perplexe et bavard – chacun a un avis sur tout –, mais les concepts d'ensemble et les penseurs vraiment globaux sont rares, en dehors des Américains et, quand même, du Singapourien Kishore Mahbubani. Je place très haut Ghassane Salamé, dont *La tentation de Mars* (Fayard, 2024) est tout à fait exceptionnelle. Même les pays dont le nom est un manifeste plus qu'une réalité physique – l'Union *soviétique*, la *République* française, l'Arabie *Saoudite* – ne peuvent, ou n'ont pu, s'abstraire de la géographie, et donc de la géopolitique. Cela reste vrai même à l'époque des mondes virtuels, de l'Internet et des cyberstratégies. Surtout dans cette phase de la mondialisation où l'on prend conscience qu'elle a engendré des interdépendances contraignantes et des fragilités et réveillé, en réaction, les identités. Il va falloir observer la géopolitique chinoise. Les Européens qui ont vraiment cru à la « communauté » internationale et à la paix perpétuelle, et doivent atterrir, s'intéressent de plus en plus, par inquiétude, à la géopolitique.

Voir : Acteurs des relations internationales ; Géographie ; Penseurs.

Gorbatchev, Mikhaïl

Utopiste. On lui doit la fin pacifique de la guerre froide. Né en 1931, Mikhaïl Gorbatchev, qui a dirigé l'URSS du 11 mars 1985 à son effondrement, le 25 décembre 1991, est un personnage clé de l'histoire du monde des dernières décennies. Son rôle est déjà oublié, souvent sous-estimé, méconnu ou injustement travesti. Responsable communiste doué, il progressa sous l'égide de divers chefs, comprit en visitant Prague que les Soviétiques étaient haïs en Europe de l'Est, et que le système devait être changé de fond en comble quand il fut chargé de l'Agriculture. C'est lui qui avait répondu en 1984 à Tchernenko qui lui demandait, au dîner au Kremlin devant Mitterrand : « Depuis quand l'agriculture ne marche pas ? – Depuis 1917 ! » Après Andropov et Tchernenko, au bout du rouleau, le système fit appel à lui – quoiqu'il fût jugé dangereusement réformateur –, grâce au soutien inattendu de Gromyko. Dès mars 1985, lors des obsèques de Tchernenko, il apparut à François Mitterrand (et à Thatcher), qui nous le dit tout de suite, qu'il serait radicalement différent. Mais Gorbatchev croyait encore possible de sauver l'URSS et le communisme. Ce fut la glasnost (la libération immédiate de la parole et de la presse) et la perestroïka (un plan confus de modernisation totale), et un enchaînement avec des soubresauts dont il perdit le contrôle jusqu'à ce que les républiques fédérées, Russie d'Eltsine en tête, Ukraine, etc., déclarent leur indépendance et fassent disparaître l'URSS en décembre 1991, et donc sa fonction.

Très tôt, il avait compris qu'il devait lâcher le contrôle soviétique sur le glacis d'Europe de l'Est que Staline avait mis en place après la guerre (redisons-le : en violation des engagements pris à Yalta). Mais les dirigeants communistes des « démocraties populaires » – antiphrase célèbre – à qui il annonça qu'il n'emploierait pas la force pour les défendre ne le crurent pas : il y avait encore 300 000 soldats soviétiques en RDA. Jusqu'à la vague de 1988-1990. C'est grâce à lui que la réunification allemande put se faire à ce moment-là, en 1989-1990, *pacifiquement*. Même si cela a dépassé ce qu'il voulait et a suscité un putsch contre lui qui a finalement échoué, en août 1991. Contrairement à Soljenitsyne, il avait sous-estimé le risque du réveil des antagonismes entre nationalités. Les dirigeants occidentaux ou européens se montrent ignares, nombrilistes et injustes quand ils commémorent les événements, dont la « chute » du Mur aurait été un déclencheur, sans placer Gorbatchev au centre. D'autant qu'il avait osé imaginer avec Reagan à Reykjavik, en octobre 1986, un processus sans précédent de désarmement nucléaire.

Ses rapports avec François Mitterrand furent tout à fait hors normes. Du début (en 1985, si on ne tient pas compte du déjeuner au Kremlin en 1984) jusqu'à la mort du président français. Il pense que, en Occident, seul François Mitterrand avait conçu les rapports Russie/Europe à l'avenir autrement que sur une base vaincu/vainqueur. Chaque fois que je l'ai revu comme ministre, ou plus tard, il m'en a parlé avec effusion et émotion. Comme Helmut Kohl, et bien d'autres.

Par la suite, Gorbatchev a continué à s'expliquer sur son action (lire les livres remarquables de son ancien porte-parole Andreï Gratchev) et s'est de plus en plus investi dans l'environnement, avec Green Cross International. Ses rapports avec Poutine furent inexistants ou tendus. Il est décédé le 30 août 2022, impopulaire (l'homme qui a mis fin à l'URSS), ou oublié en Russie, un peu regretté par les moins amnésiques des Occidentaux. C'est tout à fait injuste. Deux de ses anciens collaborateurs ont écrit en français des livres intéressants sur lui, Andreï Gratchev et Vladimir Fédorovski.

Voir : Poutine, Vladimir ; URSS.

GPS (Global Positioning System)

Une des conséquences les plus concrètes, avec le smartphone, de l'ère numérique.

Comment faisait-on avant ? Le Global Positioning System, GPS, système de géolocalisation par satellite, découle de systèmes mis au point en 1957-1960 par la marine américaine, aiguillonné par la course avec l'URSS. Il a été généralisé après qu'un vol civil de la Korean eut été abattu par erreur en 1983 par la chasse soviétique, ce qui a nécessité le lancement de nombreux satellites. Il a équipé les voitures individuelles à partir de 1991. Face au système américain GPS, dominant, il y a le système chinois Beidou, le système russe Glonass et maintenant l'européen Galileo (trente satellites), qui devrait être complètement opérationnel en 2024. Cela change tout pour un grand nombre d'activités militaires ou physiques, ou la vie quotidienne des automobilistes – pour qui il est devenu irremplaçable, au sens premier du terme (3 milliards de smartphones avec GPS en 2024) –, mais cela entraîne aussi, dans les populations qui s'en servent à chaque instant, une baisse de la capacité à lire des cartes, une involution vers l'homme diminué que l'on doit combattre. Mais pourrait-on encore s'en passer ?

Voir : Cartes et atlas ; Ère numérique.

Guerre du Golfe

Le 2 août 1990, l'Irak envahit le Koweït. Le président irakien Saddam Hussein veut mettre la main sur le « coffre-fort » koweïtien car il enrage que l'Arabie, le Koweït et les divers émirats ne compensent pas les dépenses et les pertes humaines considérables assumées par l'Irak pour les protéger de l'Iran des ayatollahs, pendant presque huit ans, de 1980 à 1988. Cette boucherie qui causa de 200 000 à 500 000 morts de chaque côté, s'était conclue par le retour au *statu ante* ! Leur guerre de 14, mais sans vainqueurs ni vaincus (sauf les peuples), et sans « traités ».

Saddam Hussein ne comprend pas le monde de la fin du XXe siècle. Avaler le Koweït ? Ce serait la première fois depuis 1945 qu'un pays membre ferait *disparaître* un autre État membre des Nations unies ! Que ce soit un pays arabe qui en absorbe un autre ne change rien à l'affaire. Erreur supplémentaire : Saddam Hussein croit que l'URSS le protégera ; Gorbatchev a bien d'autres soucis, et priorités. Le jour même, le Conseil de sécurité adopte aussitôt, *sans veto de l'URSS*, la résolution 660 exigeant le retrait inconditionnel de l'Irak. Une coalition internationale s'organise sous la conduite des États-Unis (le président George H. Bush) avec une vingtaine de pays, dont la France (petit à petit, le président Mitterrand va convaincre les Français de la justesse d'une intervention si l'Irak n'évacue pas le Koweït) et la Grande-Bretagne, mais aussi – on l'a oublié – plusieurs pays arabes (Arabie, Égypte, Émirats, Oman, Syrie, Maroc, Bahreïn, Koweït). La France essaie jusqu'au bout de convaincre Saddam Hussein de se retirer pour prévenir la guerre. « Il faut qu'il sorte sinon il sera expulsé par la force. » Il n'y croit pas. Il ignore ces appels. Le 16 janvier, la coalition attaque.

L'armée irakienne est défaite et expulsée du Koweït fin février. Le président Bush, encouragé en cela par François Mitterrand, qu'il consulte, et par son chef d'état-major, le général Colin Powell (futur secrétaire d'État du fils Bush), décide de ne pas outrepasser les résolutions de l'ONU, de s'en tenir là, et de ne pas aller à Bagdad. Ce qui lui sera reproché par les néoconservateurs qui pousseront le président G. W. Bush à envahir l'Irak en 2003 alors même que Saddam Hussein n'était pour rien dans l'attaque du 11 septembre 2001. Avec les résultats catastrophiques et durablement déstabilisateurs que l'on sait, très bien prévus par Jacques Chirac et Dominique de Villepin.

En raison d'un contexte historique particulier, la guerre du Golfe aura été une des rares manifestations de la « communauté internationale », incluant la Chine et l'URSS finissante. En dépit de quelques critiques automatiques, elle n'est pas une manifestation d'ingérence puisqu'elle a été prescrite par le Conseil de sécurité de l'ONU. Ce n'est pas du néocolonialisme puisque c'est un pays arabe envahi par un autre pays arabe qui a appelé à l'aide le monde extérieur et que sept pays arabes ont fait partie de la coalition anti-Irak pour le libérer. C'est d'ailleurs la seule intervention « occidentale », au cours des vingt-cinq dernières années, qui remplisse toutes ces conditions et qui soit incontestable. Le contexte international qui a permis l'adoption de la résolution 660 en 1990 ne s'est représenté qu'une fois, en janvier 2013, lors de l'offensive djihadiste au Mali à Ségou et Mopti en direction de Bamako. Sauf que, là, la France a été seule à intervenir et que les suites n'ont pas été probantes.

Voir : États-Unis ; ONU (Organisation des Nations unies) ; URSS.

Réalité de la mondialisation.

C'est à peine exagéré de parler de guerre économique mondiale. Les guerres d'Ukraine et de Gaza ne l'ont pas fait disparaître, elles l'ont reconfigurée, clivée et durcie. La compétition pour l'accès aux ressources rares, énergétiques et autres, minerais, épices, a toujours existé. Mais elle a pris avec la révolution industrielle, l'augmentation du pouvoir d'achat et la consommation de masse une forme plus intense encore pour l'accès aux marchés. Cela a été flagrant à l'époque de la globalisation sino-américaine. Les contentieux commerciaux avant l'OMC, après aussi, ont supplanté, comme les stratégies supplantent souvent, la géopolitique classique. Jusqu'à ce que les crises violentes des années 2020 aient réorienté l'attention sur l'accès aux ressources. En fait, ils s'y imbriquent. On l'a bien vu avec Trump I, la Chine, l'OMC, les batailles de compétitivité, les manœuvres annexes, les mises en demeure. Pour les puissances économiques dominantes, qui ont besoin d'accès aux marchés des autres, le « protectionnisme » est le pire des crimes, même aux yeux de pays qui l'ont pratiqué au début pour pouvoir se développer. Les 101 000 milliards de dollars du PIB mondial sont le fruit de ces luttes titanesques. Mais attention, les PIB (mesure imparfaite des flux) les plus gros restent, en millions de dollars : 1) les États-Unis (25 440) ; 2) la Chine (17 960) ; 3) le Japon (4 322) ; 4) l'Allemagne (4 082) ; 5) l'Inde (3 417) ; 6) le Royaume-Uni (3 089) ; 7) la France (2 779) ; 8) l'Italie (2 005). (Source : Banque mondiale, 2023.)

Mais par tête, surprise. Cela donne : 1) Qatar ; 2) Macao ; 3) Luxembourg ; 4) Singapour ; 5) Brunei ; 6) Irlande ; 7) Norvège.

Gros serpent de mer : comment réguler tout ça ? Qui le veut ? Qui le peut ? En fait, les États-Unis veulent rester numéro 1 ; la Chine veut les dépasser ; les États-Unis feront tout pour l'en empêcher. C'est encore plus vrai avec Trump, qui a menacé, avant d'entrer à la Maison Blanche, d'une guerre économique totale, les pays qui oseraient réduire l'usage du dollar dans leurs transactions.

Voir : Dollar ; Ordre mondial ; Ressources (Compétition pour l'accès aux).

Guerre froide

L'expression « Cold War » aurait été formulée d'abord par George Orwell dans un article d'octobre 1945, puis reprise par un conseiller du président Truman, Bernard Baruch, puis par le journaliste Walter Lippmann. On appelle « guerre froide » l'affrontement mondial et multidimensionnel entre les États-Unis et le camp soviétique dirigé par l'URSS, de 1945-1946-1947, jusqu'à la disparition de l'URSS, fin 1991. Comme son nom l'indique, la guerre « froide » n'est heureusement pas devenue « chaude », même si ces presque cinquante années ont été ponctuées d'innombrables crises, affrontements, menaces au bord du gouffre, entre Est et Ouest (Berlin, Cuba, etc.), ou par acteurs interposés, dans le « tiers-monde » qui essayait d'échapper à ce choix par tiers-mondisme et esprit de Bandung. Très tôt, Raymond Aron l'avait défini par une formule assez rassurante, devenue classique : « paix impossible, guerre improbable ». D'autant que, avant même les années 1970, les dirigeants américains et soviétiques mirent en place des modes de relation directs (téléphone rouge après la crise de Cuba en 1962), des sommets réguliers (à Paris, Vienne et Helsinki), des accords de limitation (SALT) ou réduction (START) des armements nucléaires, ou conventionnels en Europe, le traité ABM de 1972. Cela dura une quarantaine d'années. Ce fut la « détente », paradoxalement, avec le recul, une belle époque stable et prévisible. Mais les États-Unis se sont retirés en 2001 du traité ABM, et du traité FNI en 2018.

Les États-Unis firent à peu près toujours en tête la course aux armements (y compris pendant le prétendu *missile gap*). Sa relance par Ronald Reagan à partir de 1983 sous le nom de Strategic Defense Initiative (la « guerre des Étoiles ») – faisant miroiter un bouclier – acheva d'épuiser l'URSS dont la faillite était déjà évidente sur tous les plans (sauf l'éducation). Curieusement, Gorbatchev, comme Reagan lui-même, avait cru à la capacité américaine, qui n'existe toujours pas, d'une défense antimissile globale et hermétique, ce qui le terrorisa. La guerre froide a fourni le cadre et la trame d'un nombre incalculable de films et de romans.

Ensuite, rien n'a été négocié ni réglé dans la décennie 1990 entre la Russie et l'Occident (sauf le sort des ogives nucléaires qui se trouvaient, du fait de la disparition de l'URSS, en Ukraine ou au Kazakhstan). Kissinger l'a dit lui-même : « On n'a rien fait ensuite pour intégrer la Russie à un ensemble de sécurité en Europe. » Je pense de même. C'est une erreur immense. Et l'affaire Ukraine/Crimée, qui aurait pu être anticipée et peut-être évitée, a tout aggravé – peut-être avant, aussi, l'invasion russe en Géorgie – jusqu'à dégénérer en grand en 2022.

Certes, ce que certains appellent, en s'en réjouissant ou en le déplorant, la « nouvelle guerre froide » entre « l'Occident » et Poutine depuis le début de son troisième mandat en 2012 n'était pas comparable. D'autant qu'elle est concurrencée maintenant par la guerre froide États-Unis/Chine ! Elle n'est pas globale. Pendant dix à quinze ans, le système russe ne prétendait pas supplanter le système occidental, mais seulement résister à la mondialisation américano-libérale en utilisant sa « capacité de nuisance résiduelle (en fait, elle avait gardé plus que cela) périphérique », par exemple en gelant des conflits dans la zone grise (une partie de l'ancien espace soviétique aux frontières de la Russie). C'était un sous-produit du ratage des relations entre l'Occident et la Russie après la disparition de l'URSS, et pendant les deux premiers mandats de Poutine.

Mais, occasions manquées ou non, tout cela est balayé et supplanté depuis 2015 par l'enchaînement Maïdan, Crimée, et plus encore l'attaque russe contre l'Ukraine en 2022, qui se poursuit. Tout est à reconsidérer.

Voir : Armements (Course aux) ; États-Unis ; Occident ; Russie ; Ukraine ; URSS.

Guerre juste

La guerre peut-elle être juste ? Très tôt, des philosophes, des théologiens, des chefs religieux, mais aussi des souverains et des dirigeants se sont souciés de fixer à la guerre, aussi vieille que l'humanité connue, des critères, un cadre, des limites, pour qu'elle puisse être considérée comme « juste » par les esprits du temps, dans certaines conditions, alors qu'en général elle ne l'est pas et qu'elle est le plus souvent atroce. Déjà, plusieurs siècles avant J.-C., l'épopée sanskrite de la mythologie hindoue, le *Mahabharata*, fixe pour cela des critères. Cicéron – sorte de Raymond

Aron de l'époque en plus engagé – aussi. Saint Augustin, l'évêque d'Hippone, au IVe siècle, y réfléchit. Pour Saint Thomas d'Aquin, au XIIIe siècle, la guerre n'est acceptable (juste) que : 1) si elle répond à des objectifs publics (et non privés) ; 2) si sa cause est juste (mais qui peut en juger ?) ; 3) si l'intention est droite. Au XVIe siècle, pour le dominicain Francisco de Vitoria, la guerre n'est juste que pour éviter un mal plus grand. Mais là encore, qui en est juge ?

À partir du XIIe siècle environ est progressivement apparue en Europe la notion de raison d'État qui pourrait légitimer des guerres. Les papes ont jugé les croisades légitimes et même obligatoires contre les infidèles, tout en imposant aux féodaux belliqueux des « trêves de Dieu » (entre eux !).

Mouliné par l'Histoire et le droit international, cela donne, après la Seconde Guerre mondiale, la Charte des Nations unies qui prévoit la légitime défense et le recours à la force pour préserver la sécurité internationale, si aucun des cinq membres permanents du Conseil de sécurité n'y met son veto (mais la Charte réaffirme en même temps la non-ingérence) ! Tout un courant de pensée religieux, juridique ou idéaliste, surtout occidental, a produit des déclarations pour interdire, maudire ou bannir la guerre. Mais bien sûr ne respectent le droit international et ce genre de proclamation que ceux qui le veulent bien, ou n'ont pas le choix.

Des débats comparables se poursuivent à propos de la dissuasion (juste, ou légitime parce qu'elle maintient la paix ; injuste ou illégitime parce qu'elle repose pour ce faire sur une menace d'anéantissement à grande échelle). Le pape François est allé jusqu'à condamner, à Nagasaki, la simple possession de l'arme nucléaire. Le président Macron lui a justement rappelé le principe légitime de la dissuasion.

Débat aussi sur l'ingérence justifiée, impérative, ou au contraire injuste ou illégitime parce que violant la souveraineté des États de façon néocoloniale, sans résultat probant le plus souvent. Justifiée parce qu'on ne peut pas laisser une population être massacrée ou maltraitée, *a fortiori* par ses propres dirigeants, sans rien faire.

Cette thèse a dominé dans les médias européens, surtout en France, durant environ vingt-cinq ans. Une amélioration a été tentée par Kofi Annan avec le concept de « responsabilité de protéger ». J'y ai apporté mon appui. Finalement, tout dépend de qui a le pouvoir de dire le droit et de décréter qu'une guerre est juste ou non !

Voir : Droit international ; Ingérences ; Nucléaire ; Universalisme.

Guerres puniques

« C'était à Mégara, faubourg de Carthage, dans les jardins d'Hamilcar. » Qui ne se rappelle le début de *Salammbô* de Flaubert ? Contestant la domination de la Méditerranée par l'Empire carthaginois punique (Carthage, près de l'actuelle Tunis, fondée par des Phéniciens au VIIIe siècle avant J.-C.), la Rome antique en pleine ascension réussit en trois guerres « puniques », commencées en 264 avant notre ère par la conquête de la Sicile, étalées sur cent dix-huit années, aux IIIe et IIe siècles avant J.-C., à détrôner la puissance carthaginoise. *Delenda Carthago est !* Ce fut fait en 146.

C'est pendant la deuxième (de 218 à 201) que le général Hannibal Barca (Hanni-Baal en punique), brillant stratège et général – selon Isaac Asimov, un des plus grands, si ce n'est le plus grand de l'Histoire connue –, plus grand ennemi de Rome, réussit l'exploit de traverser les Alpes avec des éléphants de guerre partis d'Espagne. Mais il resta trop longtemps à Capoue en Campanie où ses troupes, dit-on, furent amollies par « les délices ». De ce fait, il n'attaqua pas Rome. Il fut finalement vaincu à Zama, près de Carthage, où il s'était replié. Plus tard, il quitta Carthage, s'exila en Asie, se mit au service de divers royaumes grecs. Quand même pourchassé par les impitoyables Romains, il se donna la mort. Triste fin. La machine de guerre romaine restera presque invincible plusieurs siècles encore.

Voir : Batailles ; Empire romain ; Stratégie (stratège).

H

Habermas, Jürgen

Une des incarnations de l'Allemagne, des années 1950 jusqu'à ce que le chancelier Scholz qualifie en 2022 de *Zeitenwende* – changement d'époque – l'ère qu'ouvrait en Europe la guerre en Ukraine. Théoricien, sociologue et philosophe allemand, de la seconde génération de « l'École de Francfort », né en 1929. Son œuvre sur la morale, la politique et les relations internationales est considérable, mais il est surtout connu pour son engagement pour une Europe postnationale et fédérale, et pour la portée qu'il a donnée au concept-ersatz de « patriotisme constitutionnel », conçu par des Allemands pour des Allemands qui se pensent désormais interdits de patriotisme. Il a inspiré des hommes politiques allemands comme Joschka Fischer et avait salué l'élection d'Emmanuel Macron en 2017. Mais les peuples européens sont éloignés de cette vision « kantienne » (qu'il ne faut pas schématiser), et même en Allemagne, la Cour constitutionnelle de Karlsruhe, réticente à tout transfert supplémentaire de souveraineté, exprime certainement mieux le sentiment profond de l'opinion allemande d'aujourd'hui que Jürgen Habermas. Quant au ton du chancelier Scholz, il est plus allemand qu'européen. Le choc Trump peut modifier cette donnée.

Voir : Allemagne ; Europe ; Kant, Emmanuel.

Hannibal

Général carthaginois né en –229, fils d'Hamilcar Barca. Il a failli vaincre Rome, pourtant déjà superpuissante, après la bataille de Cannes en –216 dans les Pouilles, au cours de la seconde guerre punique. Terrorisée et outragée, Rome ne lui pardonnera jamais et le pourchassera sans relâche. Western. Les États-Unis ressemblent à Rome. Pour Isaac Asimov, le génial auteur de science-fiction (mais pas que), auteur d'une fascinante histoire de la République et de l'Empire romain, Hannibal est le plus grand général de l'histoire connue, plus qu'Alexandre le Grand, qui n'a jamais eu à affronter de vraies armées organisées. César non plus. Il ne l'a pas comparé à Napoléon.

Voir : Batailles ; César, Jules ; Empire romain.

Harris, Kamala

Grande juriste californienne d'origine indo-jamaïcaine, honorable représentante d'une idéologie mondialiste en partie au bout du rouleau. Vaincue par Donald Trump avec 48,4 % des voix et 226 grands électeurs (contre 312 pour Trump), c'était sans doute impossible pour elle en trois mois de campagne de relever le gant après l'abandon de Joe Biden alors qu'elle était très peu connue. Même si elle avait eu plus de temps, aurait-elle été en mesure d'endiguer la lame de fond populaire qui veut à la fois mettre un terme à la fuite en avant progressiste des cinquante dernières années, corriger les excès déstabilisants de la mondialisation des trente dernières années et rétablir la maîtrise des flux migratoires ? Ce n'est pas du tout évident. La question qui se pose maintenant est celle de l'avenir du Parti démocrate, divisé entre un courant centriste, un courant de gauche social et un courant sociétal woke. Cela ne manquera pas d'avoir un retentissement profond dans les élites européennes, et pas uniquement à gauche, tant les États-Unis étaient, en dépit des controverses, le phare du monde occidental, qui se croyait lui-même seul maître du monde depuis 1945, et encore plus depuis 1992.

Voir : Trump, Donald ; États-Unis.

Hassner, Pierre

Normalien, élève de Raymond Aron, Pierre Hassner a finement marqué la pensée contemporaine sur les conflits Est/Ouest et les relations internationales : la guerre froide, la fin de l'URSS, la guerre en Yougoslavie. Né en 1933 en Roumanie, il aperçut, avant d'autres procureurs plus bruyants et moins fins des totalitarismes, que l'on était passé du monde de Locke et de Kant à celui de Hobbes et que, entre les dictatures et les démocraties, il y a des « démocratures ». Et, de fait, pourquoi le mécanisme électoral démocratique ne ferait triompher que des idées libérales mesurées ou équilibrées ? Chez lui, l'intelligence analytique des faits et le réalisme sont toujours restés, jusqu'à son décès en 2018, plus forts que les *a priori*, ce qui l'a amené à rester au-dessus de la mêlée dans le débat sans fin entre idéalisme et réalisme. Ce n'est pas sans appréhension que cet aronien avait diagnostiqué en 2004 « la revanche des passions » – ce que Bertrand Badie a constamment souligné à propos de l'« humiliation », et d'autres auteurs comme Dominique Moïsi ou Étienne de Gail. Mais quelles passions étaient contenues, et quelles autres se déchaînaient ? On ne parlait pas avec Pierre Hassner sans s'enrichir. Quelqu'un comme Pierre Manent lui doit beaucoup.

Voir : Humiliation ; Penseurs.

Hiroshima

Césure : avant et après Hiroshima. Le largage, le 6 août 1945, sur la ville d'Hiroshima au Japon d'une bombe nucléaire de 15 tonnes, surnommée Little Boy (suivi le 9 août 1945 d'une autre, sur Nagasaki) a entraîné immédiatement 80 000 morts puis, le 2 septembre, la capitulation du Japon. Les bombardements de Tokyo avaient entraîné 100 000 morts, mais c'est l'emploi de la bombe nucléaire encore inconnue, qui avait sidéré. Les chefs militaires américains avaient convaincu le président Truman, qui avait succédé le 12 avril, moins de quatre mois avant, au président Roosevelt, que, à défaut d'un coup décisif, la reconquête des îles du Japon jusqu'à la victoire finale sur le militarisme japonais fanatisé nécessiterait des mois de combat, et entraînerait des centaines de milliers de morts supplémentaires de part et d'autre. Ce qui a été contesté ensuite par divers mouvements ou personnalités pacifistes ou antinucléaires militant pour l'abolition de l'arme nucléaire.

Le Japon est ensuite devenu, sous MacArthur, un protectorat américain puis un allié (traité de 1951, signé à

San Francisco, renégocié en 1960). Quatre-vingts ans après, l'île est toujours plus désireuse de retrouver son autonomie stratégique... tout en espérant rester protégée par les États-Unis avec lesquels le dragon chinois pousse à conserver, voire à resserrer des liens confirmés, modifiés, en 1960, 1978, 1996 (Clinton/Hashimoto)... Dilemme, d'autant que la controverse sur l'arme nucléaire se poursuit et que le pape François l'a relancé à Nagasaki le 24 novembre 2019, en condamnant la possession.

Voir : Japon ; Nucléaire ; Papes ; Seconde Guerre mondiale.

Histoire de France

Longtemps culte national en France, aujourd'hui source de controverses croissantes. Compte tenu de l'extraordinaire enchaînement d'événements qui a conduit à ce que l'on appelle la France et de la volonté de la IIIe République d'en enseigner une version conforme à la légitimité du régime qui s'installait et l'hostilité au Second Empire, entièrement centrée sur la césure de 1789, il n'est pas étonnant que l'histoire de France ait été et soit restée un enjeu politiquement sensible. Entre ceux pour qui la France est une idée, et ceux pour qui elle est un territoire, une histoire, et un, ou des, peuples.

Contre l'histoire de France, telle qu'elle a été conçue et enseignée par les Lavisse, Malet-Isaac, et illustrée par un Jules Michelet, les critiques se sont accumulées depuis des décennies. Critique marxiste et de l'École des Annales : ce « roman national » était étroitement national, voire nationaliste ; il ne traitait que des rois et des dirigeants, pas du peuple ni du prix du blé. À l'époque contemporaine, critique européiste ou mondialiste : l'Histoire est faite de flux, cela n'a pas de sens d'enseigner l'histoire d'un pays en particulier. Critique féministe inspirée de mouvements radicalisés sur les campus américains : cette histoire est celle d'hommes par des hommes. Critique anticolonialiste ou antiraciste de même inspiration woke : c'est l'histoire vue par les colonisateurs. Il s'est construit ainsi, à force d'attaques combinées à la désastreuse déconstruction de l'apprentissage chronologique, c'est-à-dire logique, un roman antinational masochiste absurde. La France aurait été la seule à avoir été en guerre, à avoir colonisé, à avoir à un moment donné pratiqué l'esclavage, etc. Grotesque.

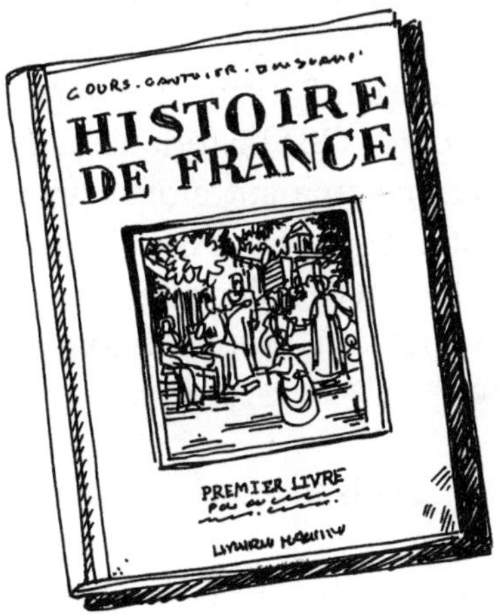

Ce ne serait plus possible d'honorer les personnages historiques non conformes aux dogmes des minorités activistes actuelles les plus intimidantes ni à la conception contemporaine du Bien ! Faut-il alors marteler les cartouches comme sous les pharaons, ou détruire des portiques de cathédrale ? Débaptiser des rues ou des places consacrées à des personnes devenues controversées ? On a vu au printemps 2020 le mouvement américain de déboulonnage de certaines statues essaimer dans quelques lieux ailleurs en Europe, dont la France.

Patrick Boucheron[1], historien intéressant par ailleurs, et son école contestent, contre la plupart des historiens, la spécificité même d'une histoire nationale, *a fortiori* d'un roman national, alors que personne n'a jamais nié, même à l'époque du Malet et Isaac, les échanges et les influences entre nations, peuples et coutumes. Cette controverse vigoureuse n'est pas sans lien avec celle qui ressurgit périodiquement sur le bien-fondé, la légitimité intellectuelle et l'utilité pédagogique ou non de lois mémorielles.

Le grand public reste indifférent à cette casuistique, comme le démontre le succès des livres et/ou des émissions de Jean-Christian Petitfils, de Stéphane Bern ou de Franck Ferrand, ou des BD historiques, *Alix*, *Les Sept Vies de l'épervier*, etc., comme autrefois ceux d'Alain Decaux ou d'André Castelot, et la passion intacte pour les biographies. Il faut remettre du bon sens, du savoir et de la mesure dans tout cela. René Rémond, reviens ! Pierre Nora, au secours !

Voir : Batailles ; Lois mémorielles ; Repentance.

1. Patrick Boucheron, *Histoire mondiale de la France*, Éditions du Seuil, 2017.

Hitler, Adolf

Satanique. Incarnation contemporaine pour les Occidentaux et les Russes du mal absolu. Aucun des nombreux dictateurs de troisième ordre que l'on a voulu depuis affubler de l'étiquette de « nouveau Hitler » ne lui arrive à la cheville dans l'horreur et la puissance destructrice. En même temps, il est le résultat d'un impensable enchaînement : une guerre 14-18 perdue par l'Allemagne sur le sol français et pas allemand (d'où la légende du coup de poignard dans le dos inventée par Ludendorff), une politique de réparations jugées excessive et à courte vue, notamment par les Américains (cela se discute encore), la crise de 29 et ses ravages sociaux, la faiblesse de la république de Weimar, le talent diabolique et envoûtant de Hitler à la radio, l'obsession ancienne de la conquête de l'espace vital (*Lebensraum*) à l'est, le ressentiment féroce des Allemands envers la France après le traité de Versailles, la prédisposition d'une partie des Allemands à faire des Juifs le « bouc émissaire », l'inhibition pacifiste des démocraties européennes (« plus jamais la guerre »), la terreur paralysante du bolchevisme (mieux vaut Hitler que Staline), etc. À l'arrivée, un épouvantable accident industriel où aucun verrou n'a fonctionné ! Parmi tous les ouvrages sur Hitler, je recommande celui de François Delpla, *Hitler* (Grasset, 1999).

Le fait que Staline ait, au bout du compte, entraîné la mort de plus d'hommes et de femmes que Hitler, et Mao plus encore que Staline, n'a pas modifié cette hiérarchie dans l'abominable car, curieusement, une grande partie de l'opinion en Occident pense encore que les « intentions » étaient différentes et qu'exterminer pour créer l'Homme nouveau est moins atroce que vouloir éradiquer un peuple en soi.

Quoi qu'il en soit, le XXe siècle aura été celui des plus grands totalitarismes et des plus grands massacres.

Affaire aussi de démographie et d'industrialisation. Des décennies de condamnations solennelles et rétroactives, de création d'un arsenal d'excommunications juridiques, l'érection d'une justice internationale ont-elles immunisé l'humanité de demain, entièrement connectée, facile à fanatiser, contre la férocité inhérente à l'espèce humaine, qui peut toujours ressurgir, notamment quand elle se sent humiliée, en danger, menacée ?

Rien ne le garantit.

Voir : Seconde Guerre mondiale ; URSS.

Humiliation

Le sentiment d'humiliation est un ressort tellement puissant dans la psychologie humaine qu'il serait bien étonnant de ne pas en trouver des traces dans les relations entre les peuples – même s'il est toujours hasardeux de définir des sentiments collectifs. Toujours est-il que l'humiliation (réelle ou ressentie) est au moins aussi présente dans les relations internationales que la peur, souvent couplée à la haine, l'instinct de puissance et de domination, l'arrogance, l'*hubris* ou l'étrange culte masochiste des défaites.

Quand le terme est brandi dans les débats actuels, c'est évidemment pour incriminer l'Occident, à commencer par l'Europe qui a dominé les affaires du monde pendant trois ou quatre siècles, avant que les États-Unis ne s'engagent dès leur origine sur la voie démiurgique de l'américanisation du monde, en balayant au passage les empires européens. Évidemment, il y a des tas d'humiliations secondaires ou contradictoires et des concours d'humiliation, mais elles sont souvent refoulées : l'humiliation, par exemple, de la France face à l'Allemagne en 1870. Mais pas toujours : les Chinois de l'époque Xi Jinping parlent d'effacer les humiliations du siècle des traités inégaux. C'est sans fin. On connaît le rôle du wagon de Rethondes comme instrument changeant d'humiliation à répétition, finalement détruit sur ordre de Hitler, quelques jours avant son suicide en avril 1945.

La question est de savoir à quel point ces sentiments d'humiliation sont réellement ressentis, enracinés ou fabriqués, entretenus, et dans quel but. Et comment ceux qui n'ont de cesse de les attiser à des fins politiques, ou de revanche, réussissent à les apaiser, à les cautériser, ou à s'en libérer. S'ils n'y parviennent pas, la rage de se venger les uns des autres s'opposera à tout compromis. N'est pas Mandela qui veut. On lira avec intérêt à ce sujet l'essai d'Étienne de Gail, tout simplement titré *L'Humiliation*, paru en 2023.

Voir : Géopolitique ; Hassner, Pierre.

Huntington, Samuel

Un des penseurs majeurs de la fin du XXe siècle. Professeur américain de sciences politiques, né en 1927 à New York, mort en 2008 à Martha's Vineyard, Samuel Huntington devient mondialement célèbre, et controversé, pour avoir opposé en 1993, puis 1996, la thèse pessimiste du *clash* (en français, du « choc ») des civilisations à celle, optimiste, de la fin de l'Histoire de Francis Fukuyama. Ce qu'avaient déjà pu dire avant lui, sans même remonter à Toynbee, Bernard Lewis, en 1957, puis Fernand Braudel de 1963 à 1987 avec sa *Grammaire des civilisations*, et avait été débattu entre spécialistes sans faire hurler. Alors que

Huntington, lui, fut violemment attaqué sur l'idée même de civilisation, sur sa classification en huit civilisations (occidentale, latine américaine, islamique, slave orthodoxe, hindoue, japonaise, confucéenne, africaine) et sur le clash. Le monde occidental et assimilé en pleine mondialisation voulait à tout prix que Fukuyama ait raison, surtout l'Europe, fukuyamesque avant Fukuyama, ce qui devient de plus en plus difficile à défendre, et rejetait tout ce qui entravait son triomphalisme. Mais Huntington ne préconisait pas le clash, il l'annonçait comme un risque ! À Jacques Chirac qui me dit un jour : « Je condamne cette théorie », je répondis : « Il vaut mieux combattre le risque. »

Il est clair que, si on peut juger la mise en garde de Huntington trop sommaire, discutable (il y a au moins autant de conflits au sein des civilisations qu'entre elles), elle contient malheureusement une part de vrai, entre l'Islam et ses voisins, l'Occident, la Chine, la Russie, voire la Russie et l'Occident judéo-chrétien (mais pas orthodoxe), le Sud « global » et l'Occident « collectif ».

D'où la question : que faire pour prévenir le clash auquel travaillent délibérément ou inconsciemment des petits groupes activistes ou fanatiques au sein de chaque civilisation ?

Voir : Braudel, Fernand ; Fukuyama, Francis ; Penseurs.

Hyperpuissance

En 1998, alors que j'étais ministre, j'ai employé spontanément ce terme, dans une interview à *Jeune Afrique*, pour désigner les États-Unis de Bill Clinton. Leur rayonnement mondial dans tous les domaines, sept ans après la disparition de l'URSS, était sans comparaison, historique ou contemporaine. Pour la plus grande puissance de tous les temps, « superpuissance » devenait un terme trop limité, et connoté « guerre froide ». Rien de génial, donc. Mais le terme fit florès car en anglais le préfixe *hyper* est toujours péjoratif (contrairement au français : *hypermarché*), d'où une polémique.

La presse américaine dénonça cette manifestation nouvelle d'un indécrottable antiaméricanisme français, alors que le terme n'était que descriptif. Madeleine Albright, alors secrétaire d'État, et francophone, m'appela : Qu'avais-je voulu dire ? Je le lui expliquai. Elle comprit, se surnomma « Hyper-Madeleine » et se fit mon interprète aux États-Unis. Mais la plupart de ceux qui reprennent ce thème aujourd'hui lui donnent en effet un sens critique. Il est adapté aux États-Unis de la décennie 1990, avant le 11 septembre 2001. Je l'ai moins employé ensuite. Mais, s'il y a une puissance (encore) numéro 1, les États-Unis, et un 1 *bis*, la Chine, les premiers, même challengés, gardent en propre plusieurs éléments de puissance : la suprématie militaire, la supériorité technologique, les GAFAM, l'influence normative intellectuelle de l'Amérique anti-Trump sur le politiquement correct occidental (la dictature des minorités sur les campus), la pratique scandaleuse de sanctionner unilatéralement pays, entreprises ou industries, hors du cadre de l'ONU, et sans crainte de représailles ! Le dollar fait loi.

Avec Trump capable de 2017 à 2018 de prendre en otage l'économie mondiale tout entière, on a pu reparler d'hyperpuissance, en tout cas judiciaire. Pas seulement rayonnante, ou un peu arrogante. Mais hargneuse, agressive, revancharde, voulant réviser l'ordre mondial libéral... américain. Une sorte d'autorévisionnisme qui fragilise la relation États-Unis/Europe. Mais impunie, la politique des sanctions extraterritoriales avait commencé bien avant Trump I et risque *a fortiori* de durer après Trump II... Et les Européens sont tentés d'en faire autant ! Alors que les sanctions sans précédent contre la Russie ont démontré leur relative inefficacité.

Voir : États-Unis.

I

Inde

Aujourd'hui, l'Inde, c'est Modi.

Grande puissance régionale ? Ou un des pôles du monde de demain ? L'Inde politique n'est pas le seul ensemble civilisationnel à avoir été forgé par une invasion extérieure (que l'on pense à la Gaule des Gallo-Romains) et en réaction à elle : la colonisation britannique a joué ce rôle, de 1750 à 1947, après quatre Empires moghols (le premier a été fondé par Babur), une des branches des Empires mongols – que l'on songe au Taj Mahal édifié au XVIIe siècle par l'empereur mohgol Shâh Jahân. Est-elle aujourd'hui d'abord nationaliste ou hindouiste ? L'un et l'autre. Plutôt l'inverse avec Modi. En tout cas, elle n'est plus l'Inde des Nehru/Gandhi qu'elle a été de 1947 à 2014 !

L'histoire est lourdement chargée. Avec l'indépendance, chaotique, et la violente et meurtrière séparation Inde/Pakistan (1 million de morts, 12 millions de déplacés), il y eut trois guerres indo-pakistanaises en 1947, 1965 et 1971. En 1998, l'Inde s'est dotée de l'arme nucléaire, comme le Pakistan, et cela a eu depuis un effet dissuasif. Pendant soixante-sept ans, le parti du Congrès, celui du pandit Jawaharlal Nehru (et de sa famille, Indira puis

Rajiv Gandhi, aucun rapport avec Gandhi), a maintenu un cap tiers-mondiste, assez distant des Occidentaux, assez proche de l'URSS, plutôt socialiste et étatiste.

Rencontrer des dirigeants qui ont ensuite été assassinés ne s'oublie pas. Je connaissais surtout l'Inde par Malraux ou les livres de Tibor Mende sur Nehru. J'étais là en 1982 quand François Mitterrand a accompagné Indira Gandhi à la Mutualité où elle était allée assister avec son père, Nehru, avant la guerre, à un meeting antifasciste. En Inde avec Laurent Fabius, Premier ministre, quand il avait été invité par Rajiv Gandhi. Puis avec François Mitterrand qui était allé s'incliner sur leurs tombes. Et j'ai rencontré sa veuve, Sonia Gandhi, avec Jacques Chirac. Et j'y suis revenu comme ministre.

Après 2014, le Bharatiya Janata Party (BJP), parti nationaliste hindou de Narendra Modi, après avoir vaincu le parti du Congrès épuisé, a orienté l'Inde sur une voie économiquement « libérale » et plus ouverte à la mondialisation. Avec un certain succès, jusqu'en 2020. Il inquiète maintenant avec sa législation agressivement hindouiste, l'hindutva (« hindouité ») – l'Inde aux hindous (80 % de la population) –, avec sa loi de 2019 qui aggrave la marginalisation des musulmans (14 % de la population en Inde, 172 millions, la plus grande population musulmane du monde après l'Indonésie) et qui a provoqué de violentes attaques contre des mosquées ; et avec la révocation brutale en 2019 de l'autonomie du Cachemire – dont le statut est controversé, héritage empoisonné depuis la partition ratée de 1947 –, le muselage féroce des Cachemiris et l'isolement qui ont suivi. Certains parlent d'une démocratie indienne à la dérive ! On est bien loin du rêve de Gandhi conçu dans l'ashram de Sabarmati durant l'entre-deux-guerres ! Gandhi Mahatma (la grande âme), avec son rouet, son pagne, sa marche du sel, son opposition à la partition et son assassinat pour cette raison, le

30 janvier 1948, par un hindou ultranationaliste. Il avait dit, prémonitoire : « La mort serait une glorieuse délivrance pour moi, plutôt que d'être le témoin impuissant de la destruction de l'Inde, de l'hindouisme, du sikhisme et de l'islam. »

En dépit de sa participation aux réunions des BRICS et aux G20, et de sa diaspora dynamique et performante sur la côte est des États-Unis, notamment dans la Silicon Valley, en Grande-Bretagne et en Asie (près de 15 millions), l'Inde n'est toujours pas tout à fait un acteur géopolitique majeur dans les relations internationales, même si elle a présidé le G20 en 2024 et sera un jour au Conseil de sécurité. La Chine a plusieurs longueurs d'avance. Mais, visiblement, le souci de ne pas laisser la Chine dominer jusqu'à l'Afrique la zone indopacifique *via* les routes de la soie tentaculaires et mondiales dans l'océan Indien a rendu l'Inde moins introvertie, et l'a amenée à plus de vigilance et de détermination, himalayenne : l'Inde n'a pas oublié l'affrontement à 4 000 mètres d'altitude en 1962 avec la Chine, et des incidents se produisent régulièrement. Surveillance océanique aussi, sans prétendre que tout l'océan « Indien » soit à elle. Elle a utilisé sa présidence du G20 pour faire rayonner les valeurs de « l'hindouisme » et de l'hindutva. Pour les Perses, il y a 2 000 ans, les Hindous, c'étaient les habitants à l'est de l'Indus.

Le plus impressionnant en Inde : la mondialisation américano-globale ne l'a pas dissoute. Elle est restée en profondeur un monde différent, comme le Japon. Avec ou sans Modi. Mais là, pour encore longtemps, avec Modi, qui n'a gagné les élections de juin 2024, pour un troisième mandat, qu'avec une courte majorité. Va-t-elle retrouver une cohésion ou glisser vers la guerre civile ? L'inconnue numéro 1 est sa relation avec la Chine, qui hypothèque les BRICS ou le « Sud global ». Il ne faut pas *tout* ramener au bras de fer sino-américain. Ce qui se passe en Inde depuis 2014, le retour à un hindouisme agressif, n'est pas sans faire penser à la réaffirmation d'une dangereuse sensibilité russe après l'URSS, à la nostalgie ottomane d'Erdoğan qui rêve au califat, au repliement d'une partie des musulmans sur l'islamisme, à l'extrémisme sans frein d'une partie des Israéliens, ou de celui de certains bouddhistes birmans, sans oublier certains évangélistes américains. J'y vois, entre autres causes, un des effets d'une mondialisation aveuglante et enrichissante, agressivement nivelante, et trompeuse.

Voir : Chine ; Mondialisation/démondialisation.

Indo-Pacifique

A priori, géographiquement, ce terme désigne les régions qui bordent les deux océans, Pacifique et Indien. Immense ! En fait, ce terme a un sens géopolitique, et il est déjà ancien : il a été lancé la première fois en 2007 par le Premier ministre japonais Shinzō Abe – qui a démissionné en août 2020 pour raisons de santé et a été assassiné le 16 septembre 2022 – devant le Parlement indien. Japon-Inde. C'est explicite. Mais c'est le lancement, quelques années plus tard, par Xi Jinping, de l'initiative « One Belt, One Road » qui lui a donné, en réaction, son sens actuel. Il s'agit bien d'établir entre toutes les puissances de ces régions (Japon, Vietnam, Australie, Inde, Indonésie) des liens stratégiques, pour résister à toute hégémonie, c'est-à-dire en clair celle de la Chine. Cela intéresse forcément les Occidentaux.

Donald Trump avait employé cette expression. Jean-Yves Le Drian et Emmanuel Macron aussi, dans un sens un peu différent, « en complément de notre stratégie chinoise », avait-il précisé. La France y a sa place en raison de la Nouvelle-Calédonie, devenue un casse-tête, et de la Polynésie. Cela explique aussi les tentatives de renforcement des liens sécuritaires France/Australie. Les Chinois affectent de s'en moquer, ou le dénoncent, c'est selon ! Il n'empêche qu'ils surveillent de près toute concrétisation de ce concept et que l'Asie du Sud-Est est à l'épicentre des tensions adverses. Impossible de dire si cela restera un concept, ou si cela deviendra une quasi-alliance… Le regroupement de tous les moyens américains pour endiguer la Chine est une certitude (cf. l'Alliance AUKUS, États-Unis, Japon, Australie, Royaume-Uni). La France doit réadapter sa politique dans cette zone immense, en fonction de ses moyens.

Voir : ASEAN ; Chine ; « Guerre économique » mondiale.

Influences

Batailles.

Finalement, qui aura eu le plus d'influence sur la marche du monde depuis cent ans ? Réponse classique : Lénine et Staline (hélas), Hitler (hélas), Mao (hélas, mais a réveillé la Chine), Roosevelt, Churchill et Truman (tant mieux), un peu de Gaulle (tant mieux), les leaders de l'ancien tiers-monde (cela dépend), quelques papes, Gorbatchev (courageux !), les démocraties depuis 1945. Mais on pourrait aussi répondre, *matter of fact*, depuis 1945 : les ingénieurs, mathématiciens, informaticiens de la Silicon Valley (expression inspirée par un journaliste local, Don

Hoefler, dès 1971), qu'ils aient été des utopistes individualistes anarcho-libertaires libertariens ou des génies commerciaux ou financiers, et/ou des mégalomanes. En quelques décennies, ils ont changé le monde, le monde quotidien de chacun de nous. Des mathématiciens français de talent y ont joué un rôle.

Deng Xiaoping. Il aurait pu neutraliser en 1979, avec l'armée, les derniers maoïstes délirants sans pour autant prendre la décision de révolutionner le système économique chinois en s'inspirant de Lee Kuan Yee, de libérer du carcan communiste la colossale énergie chinoise en gardant le contrôle politique ! En faisant de la Chine l'atelier puis l'usine du monde, en accord et synergie avec les États-Unis, jusqu'à Trump, trente-huit ans après, et Xi Jinping trente-huit ans après, il a créé l'économie mondiale telle que nous la connaissons et changé la géopolitique que nous connaissions.

Et, un peu moins global, les islamistes radicaux, se nourrissant de toutes les frustrations anciennes ou contemporaines dans les populations musulmanes, en réveillant partout un affrontement sans pitié contre les musulmans « normaux » non extrémistes, et tous les « impies ».

Et maintenant, qui ? Elon Musk ? Les apprentis sorciers de l'IA ? Un jour, les inventeurs et ingénieurs de la fusion nucléaire ? Les wokistes ? En tout cas, pas les « influenceurs » qui conjuguent masse et vide. Dans le monde global interconnecté par les réseaux, tout est influence, pour le pire (propagande, fake news, « bourrage de crânes ») et le meilleur (?).

Infrastructures

Maillage essentiel de la globalisation. Manifestation de modernité, de puissance économique, mais aussi de vulnérabilité. Il y a les infrastructures évidentes : en 2016, entre 2 600 et 4 000 aéroports selon les décomptes, 47 000 avions et plus de 1 300 compagnies aériennes (on annonce une reprise massive des vols, ce qui montre que l'humanité n'arrive pas à croire au risque écologique ; 115 000 kilomètres de voies ferrées ; 1 900 kilomètres de routes supplémentaires par an et 25 millions de kilomètres de routes nouvelles d'ici à 2050 ; 800 000 barrages, dont 52 000 grands ; près de 800 ports ; plus de 2 600 satellites (un peu européens, essentiellement américains et russes, et maintenant de plus en plus chinois) ; 457 réacteurs nucléaires dans 211 centrales ; 28 500 centrales électriques dans 164 pays. Pour les gazoducs, 500 000 kilomètres aux États-Unis, 203 000 en Europe, encore plus de pipelines. Et 18 400 usines de dessalement dans le monde. Autant d'organes vitaux, et de cibles d'attaques potentielles.

Et il ne faut surtout pas oublier les 450 câbles sous-marins qui s'étirent sur 1,3 million de kilomètres et qui interconnectent toutes les régions du monde, à commencer par les États-Unis qui restent le centre mondial d'Internet, et passent par tous les détroits, et canaux, espaces restés plus que jamais stratégiques (près de 99 % du trafic internet mondial passe par ces câbles). Un câble de fibre optique mesure 17 millimètres de circonférence, enroulé dans plusieurs couches de fibre d'acier, ensouillé sous un à deux mètres de sable. Il n'empêche qu'ils sont vulnérables, que le monde s'arrêterait sans eux, que les marines mondiales ou régionales (pays baltes) s'en préoccupent, développement de nouvelles capacités et stratégies.

Voir : Géographie ; Géopolitique.

Ingérences

Énorme contradiction ! La Charte de l'ONU, dans son article 2, § 7, adoptée en 1945, consacre le principe de la « non-ingérence » dans les affaires d'un autre État, tant les ingérences étaient synonymes de colonialisme. Tout en innovant avec le chapitre VII sur le recours à la force si le Conseil de sécurité le décide. Mais dans la vie internationale, depuis une quarantaine d'années, c'est l'inverse qui se produit régulièrement ! Cela a été évident en Europe pendant des siècles, notamment pour des raisons religieuses (ou des prétextes), jusqu'aux très sages et aujourd'hui mal compris traités de Westphalie. Et qu'est-ce que l'histoire des conquérants sinon celle des ingérences militaires ? Les colonisations (de la guerre des Gaules jusqu'aux diverses colonisations du XIIIe au XIXe siècle) pour « évangéliser », « civiliser », et mettre la main sur des ressources, sont de gigantesques ingérences, même si le terme n'est pas employé.

À l'époque moderne, la notion de « droit – voire de devoir – d'ingérence » est apparue en Europe, spécialement en France (Bettati, Kouchner) au cours de la décennie 1960, au moment même – ce n'est pas fortuit – où les colonisateurs européens devaient accepter les indépendances. Pour reprendre d'une main ce qui avait été lâché de l'autre ? Cela a eu en France ses heures de gloire, avec Médecins sans frontières, surtout au début. Cela a été ensuite mis à toutes les sauces, dévoyé et glorifié pour apaiser les souffrances (des téléspectateurs européens, selon les esprits caustiques), mais aussi, plus noblement, pour protéger des populations en danger. Les questions demeurent : qui s'ingère ? Chez qui ? Pas le Sud au Nord ! Non, des pays occidentaux encore imbus de leur mission « universelle » – le vocabulaire a été aseptisé –, où l'opinion est inflammable et peut forcer la main des gouvernements, et qui dispose de vraies capacités militaires.

Donc souvent la France. Mais après trop d'interventions infructueuses et mal comprises depuis une trentaine d'années, les opinions française, britannique, américaine se sont fatiguées.

Cela dit, les ingérences prennent des formes très diverses : elles peuvent être directes, militaires et assumées ; directes et masquées : celles des services secrets, les campagnes de fake news (pas si nouvelles que cela, mais développées à grande échelle par la Russie de Poutine) ; des ingérences classiques ou indirectes : l'utilisation des lobbies, des diasporas, l'abus du droit (sanctions unilatérales américaines ou européennes, pas encore chinoises !), qui recoupent en partie les batailles d'influences. Une vraie mêlée. Mais il n'est plus possible d'en avoir une vision unilatérale comme dans les années 1980.

Voir : Diaspora(s) ; Droit international ; Influences.

Intelligence artificielle (IA)

Quel tintamarre ! Les érudits ont beau expliquer que l'emploi du terme intelligence dans « intelligence artificielle » (IA, terme inventé par John McCarthy en 1956, il y a soixante ans) est impropre, que cela n'a rien à voir avec « l'intelligence » (la plaisanterie : espérons que l'IA va faire reculer l'idiotie naturelle tombe à plat), mais qu'il fallait, à l'origine, trouver une formule simple pour marquer les esprits, rien n'y fait. D'où l'excitation, ou l'angoisse.

Cette IA, un des produits de l'ère numérique, vient de loin, elle est partout, elle va tout changer, permettre de tout régler. Mais quoi exactement ? Mais aussi, peut-être, nous échapper. Henry Kissinger a eu le temps, avant sa mort, de s'en préoccuper. Elle a surexcité Davos en 2024. Un sommet a appelé en novembre 2023 à un développement « sûr » de l'IA : immenses perspectives (ChatGPT) ; immenses risques !

La codification de tout sous forme de séries de nombres, le numérique, le digital, les ordinateurs personnels, la mise en réseau, Internet, l'Internet-working, la « Toile », le Web, tout ce qu'a produit la Silicon Valley, Fairchild et ses descendants : oui, cela a tout changé et créé un autre monde. Et pendant ce temps, il y a toujours des peuples, des Américains, des Chinois, des pays, la France et l'Allemagne, et les autres, la volonté de puissance, la bataille pour les ressources rares, et toutes les angoisses humaines (sans parler du CO_2 dégagé par l'activité numérique, environ 4 % en 2024, plus que ce que rejette la France seule).

Rapportée à la géopolitique, cela se ramène à la question suivante : la diffusion de l'IA va-t-elle non seulement modifier les modes de vie, mais égaliser la puissance ? Ou va-t-elle au contraire donner à la puissance qui la maîtrisera le mieux (États-Unis ? Chine ? L'Europe n'est pour le moment pas dans la course) un pouvoir irrattrapable pour supplanter, connaître, affaiblir, voire asservir tous les autres, par une cybersupériorité, une cybersuprématie ? Une brutale géopolitique de l'IA ? C'est ce qu'a dit Poutine. Celui qui dominera l'IA dominera-t-il le monde ? Ce serait trop simple. Il y a aussi d'immenses facteurs humains. C'est comme pour l'ensemble de la révolution informatique/numérique : comment maximiser ses opportunités et réduire ses risques et les nuisances ? Est-elle régulable comme l'espère et a essayé de le faire l'Union européenne (Thierry Breton), ou la Californie en août 2024 ?

Voir : Ère numérique.

Interdépendances

C'était une évidence économique, vantée pour l'enrichissement qu'elle entraînerait. On s'est extasié pendant quarante ans, à la fin du XXe siècle et au début du XXIe, sur les chaînes de valeur mondialisées (fabriquer là où les salaires sont les moins chers). Mais si presque tous les peuples, les États, les économies, les cultures, les gens sont devenus interdépendants, imbriqués les uns dans les autres, peut-on encore parler d'indépendance, qu'elle soit nationale, européenne ou autre ? De souveraineté ? Comment, dans des réseaux aussi serrés, garder la capacité de penser par soi-même, de décider de façon autonome ou, au moins, avec des partenaires librement choisis ? D'autant que certains – la majorité – sont plus dépendants que d'autres et que les moyens d'intimider, de mentir, de menacer, de manipuler, de sanctionner, de boycotter, de s'ingérer, d'utiliser les lobbies et les diasporas, sont inégalement répartis. Il faudrait élaborer, pour décrire cette foire d'empoigne, un indice multifactoriel de dépendance, reflet inversé de la souveraineté ! Tout le monde tient tout le monde par la barbichette, mais pas au même degré ! Ce sont des questions politiques, économiques et démocratiques essentielles. Mais ce monde qui fonctionne à flux tendus et qui s'en enivrait n'a-t-il pas été confronté à cette interdépendance et à sa propre vulnérabilité de la façon la moins anticipée et la plus inquiétante possible, lors de la pandémie de la Covid-19 en 2020-2021, lorsqu'il a fallu suspendre presque tous les transports et contacts de 7 milliards d'habitants agités depuis des décennies de « mouvements browniens », et confiner en urgence, faute de vaccin, de traitement, ou de tests, le maximum de gens ? Il faut donc préciser : ne pas dépendre, dans un domaine stratégique, d'un seul fournisseur ; diversifier ; même chose pour les échanges intellectuels ou culturels. Sans parler du domaine stratégique. Parler d'autonomie de décision plutôt que d'indépendance. Ce qui suppose au préalable d'avoir gardé ou recouvré une autonomie de pensée, exactement ce que la mondialisation, telle qu'elle a été menée, a diminué. Et une grande capacité professionnelle de négociation.

Voir : Covid-19 ; Europe ; Souveraineté.

Iran

L'Iran, c'est la Perse, nom donné par les Grecs à l'Empire achéménide, et le centre d'empires parmi les plus anciens et les plus puissants. Et l'Iran moderne, un casse-tête. Disputé entre les deux blocs, mais quand même, sous le shah d'Iran, érigé en gendarme du Golfe et armé jusqu'aux dents par les États-Unis. Depuis la révolution islamique des mollahs en 1979 et l'arrivée au pouvoir de l'ayatollah Khomeiny, il est le cauchemar des Arabes sunnites, Arabie en tête, et l'obsession des Américains qui ne pardonneront jamais la prise en otages de leurs diplomates en 1979-1980. La profonde méfiance anti-arabe qui rapprochait autrefois l'Iran et Israël a été supplantée ces dernières décennies, et plus encore ces dernières années, par une alliance *de facto* israélo-saoudienne contre le régime des mollahs de Téhéran, illustrée par l'Alliance d'Abraham promue par Trump et poursuivie par Biden jusqu'au coup d'arrêt violent de Gaza. Elle avait auparavant été renforcée par les violentes menaces d'Ahmadinejad contre Israël et les opérations déstabilisatrices des Gardiens de la révolution partout où il y a des chiites dans la région : Irak, Syrie, Bahreïn, Yémen.

La tentative solitaire et courageuse d'Obama de geler, grâce à l'accord de 2015, la menace nucléaire iranienne, à défaut de pouvoir empêcher les autres actions iraniennes mais en faisant le pari que la société iranienne « moderne » submergerait le régime si le pays se développait, était à mon avis la politique la plus intelligente possible. Plus que les sanctions sans fin, ou la guerre. Elle a été pulvérisée avant d'avoir pu produire ses effets positifs par la politique du pire menée par Trump de 2017 à 2020. Trump, le Saoudien MBS, les Émirats et les nationalistes israéliens, Likoud et ses alliés extrémistes, ne visent en fait qu'un objectif : que les « M modérés » – les plus dangereux – soient discrédités, que le régime s'effondre, du fait d'une révolte interne provoquée par des sanctions cyniques, même si selon l'AIEA le régime respectait les clauses de l'accord nucléaire !

Un jour, peut-être après une nouvelle révolution, et un autre régime – celui-là a montré sa cruauté et jusqu'ici hélas son efficacité dans la répression de la courageuse révolte des femmes –, l'Iran sera une vraie puissance régionale et un grand pays émergent. En attendant, il faudra voir si le « réformateur » Massoud Pezeshkian, chirurgien et ancien ministre de la Santé de 2001 à 2005 sous la présidence du « réformateur » Mohamed el-Kettani, aura une vraie marge de manœuvre par rapport au Guide Suprême Khamenei pour faire un peu évoluer le régime. Dans l'immédiat, l'effet des frappes israéliennes très ciblées contre les installations iraniennes de missiles, et du retour de Trump, n'est pas encore mesurable.

Voir : Arabe (Monde) ; États-Unis ; Israël ; MBS (Mohammed ben Salmane) ; Trump, Donald.

Irrealpolitik

Au dictionnaire *moderne* des idées reçues (il reste à écrire, il serait volumineux !), à Realpolitik : « tonner contre, la dénoncer ». Il me semble pourtant que, à tout prendre, les politiques étrangères et les diplomaties fondées sur la realpolitik, c'est-à-dire les réalités et le réalisme, qui conduit à des compromis, a fait historiquement moins de ravages que l'irréalisme, l'utopisme, le chimérisme, l'esprit missionnaire, fussent-ils drapés d'un idéalisme issu du wilsonisme et du droit-de-l'hommisme ou du romantisme, en un mot ce que j'appelle l'irrealpolitik, qui peut elle aussi conduire à des fanatismes. Mais s'agissant des formules, j'ai eu moins de succès avec irrealpolitik qu'avec *hyperpuissance*, pourtant moins significative ! Ou avec d'autres formules telles : « Il ne faudrait pas que l'Europe devienne l'idiot du village mondial » (il y a vingt ans !), ou la distinction plus récente entre « mondialisateurs et mondialisés », ou les « insurrections électorales » à partir de 2016. Sans doute les médias subodorent-ils dans irrealpolitik une critique les concernant ? Ils auraient raison.

Voir : Hyperpuissance ; Réalisme (realpolitik, irrealpolitik).

Islam

Comment aborder ce sujet ? Cela fait quatorze siècles que l'islam, révélé ou créé par Mahomet, a conquis en quelques décennies de chevauchées foudroyantes le Proche et le Moyen-Orient, tout le pourtour sud de la Méditerranée, ainsi qu'une partie de l'Afrique et de l'Asie centrale, et, pour plusieurs siècles, la péninsule Ibérique, rayonnant à partir de Damas (les Omeyyades), puis de Bagdad (les Abbasides), faisant partout disparaître ou reculer le christianisme, le judaïsme, l'animisme, les cultures locales. Et près de cinq cent soixante-dix ans que des Turcs mongols convertis à l'islam ont mis à bas l'Empire byzantin et fondé l'Empire ottoman, sur lesquels ils faisaient pression depuis des siècles. Les musulmans seraient aujourd'hui 1,8 milliard (dont 1,4 non arabes), soit 24 % de la population mondiale. Depuis l'origine, l'islam est resté prosélyte, comme l'a été longtemps la chrétienté (les protestants évangélistes le sont plus que jamais), alors que le judaïsme ne l'a quasiment jamais été, à part quelques rares épisodes (mais le roi des Khazars en Asie centrale s'y convertit au VIIIe siècle), ni les hindouistes (à part Modi), ni les bouddhistes ou des confucianistes.

Il y a eu une division majeure – la grande discorde – dès la mort de Mahomet entre les tenants de la succession familiale – pour les chiites (partisans, suiveurs), pour lesquels c'est le gendre de Mahomet, Ali, qui doit être calife – et ceux – les sunnites (sunna, la tradition) – qui jugent que tout musulman issu de ce groupe dirigeant initial peut accéder au califat si son prédécesseur le désigne. Les schismes se sont enchaînés au sein de l'Islam (comme au sein du christianisme, mais sans Conciles pour trancher), et les tensions et affrontements n'ont presque jamais cessé entre les musulmans et les autres religions ou civilisations.

Aujourd'hui, les divisions sunnites/chiites sont de nouveau vivaces ou sont réapparues, attisées pour des raisons nationales, sur fond de réaction au monde moderne, qui conduit une importante minorité des musulmans au fondamentalisme, au wahhabisme, au djihadisme, puis, dans quelques rares cas, au terrorisme. Mais les terroristes n'ont pas besoin d'être nombreux pour terroriser.

Au sein du monde sunnite, la bataille fait rage partout entre l'islam modéré, ou routinier, majoritaire, et la volonté wahhabite (mais l'Arabie et le Qatar, wahhabites, sont rivaux), ou salafiste, de retour à la pureté des ancêtres (*salaf*). L'islamisme vient de loin (les Frères musulmans ont été fondés en 1928 en Égypte par Hassan el Banna), mais il se nourrit partout où il y a des musulmans de toutes les frustrations actuelles. Et l'islamisme politique est à l'offensive partout. Et 90 % des victimes du terrorisme islamiste, qui en est la dégénérescence ultime, sont des musulmans.

En France, on n'a longtemps rien compris à tout cela, par ignorance, paresse, terreur d'être « islamophobe », incapacité à analyser les profonds courants permanents.

« L’essentialisme », c’est le mal. Et, pour les laïcs, les religions sont secondaires. S’y sont ajoutés : le remords colonial, la repentance. On essaie laborieusement de faire rentrer l’édredon islamique (si ce n’est islamiste) dans la valise républicaine… tout en réduisant de façon égocentrique des convulsions, en fait mondiales, à des causes françaises (banlieues ou autres). On s’est plié lâchement à la dénonciation de l’islamophobie alors que c’est un amalgame artificiel, forgé pour étouffer toute critique : l’islamophobie (*peur* de l’islam), critique de l’islam (elle doit être possible), racisme anti-arabe (à combattre, mais c’est tout autre chose). En oubliant les musulmans et musulmanes modernes qui résistent chaque jour partout dans le monde à cette réislamisation régressive et mortifère. Zineb El Rhazoui, entre autres, menacée de mort pour cela avait dit que l’islam devait se soumettre aux lois de la République ! Ce que 40 % des musulmans refuseraient… C’est d’eux, intellectuels musulmans, romanciers algériens, femmes marocaines ou tunisiennes, roi du Maroc, homme et femme de tous les jours, leur résistance et de leur courage, qu’il faut s’inspirer. Ceux qui prétendent qu’il n’y a pas et qu’il n’y aura pas de musulman modéré car tout musulman est potentiellement islamiste font le jeu de ces derniers.

L’objectif : l’alliance des musulmans et des démocrates contre les islamistes.

Voir : Arabe (Monde) ; Arabie Saoudite ; Huntington, Samuel ; Iran ; Israël.

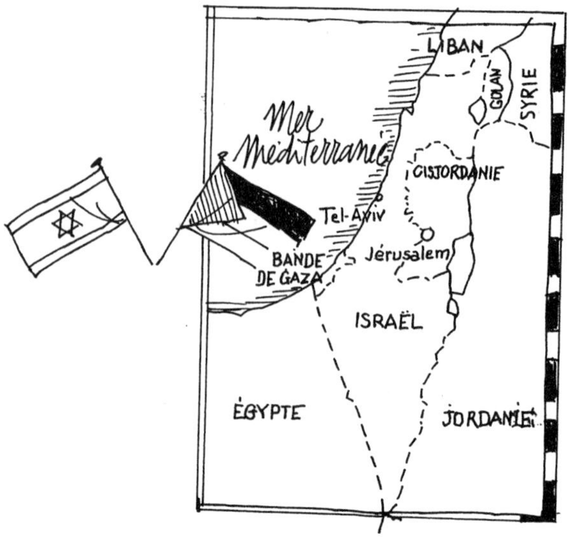

Quelle tristesse poignante ! Qui ne souhaite que ces deux peuples que l'Histoire a fracassés l'un contre l'autre, les Israéliens et les Palestiniens, parviennent un jour à vivre en sécurité et à coexister en paix ? Mais d'un côté, comment ne pas comprendre que la majorité des Israéliens, qui portent en eux la mémoire tragique du peuple juif, n'aient confiance que dans leur armée, et dans la force, pour les protéger, jusqu'à fermer les yeux sur les moyens engagés ? Et de l'autre, comment refuser de voir que tant de Palestiniens soient animés par la volonté de revanche, depuis que la « Naqba » a fait d'eux en 1948, et ensuite depuis quatre ou cinq générations, un peuple martyr ? Pourtant, impossible de s'en tenir à cette fatalité. On connaît bien l'histoire de l'État d'Israël, Ben Gourion, la proclamation de 1948, les refus arabes, leurs défaites, le vrai tournant fatidique après

1967 : la décision de coloniser les territoires palestiniens occupés, ce dont de Gaulle avait lucidement décrit, il y a cinquante-huit ans (!), les conséquences fatales. On a trop oublié que de 1992 jusqu'à 2009, avec un intermède Netanyahou, soit pendant près de quinze ans, il s'est trouvé des dirigeants israéliens – Itzhak Rabin, Shimon Pérès, Ehud Olmert, Ehud Barak, et même, à la fin, Ariel Sharon – et des dirigeants arabes (Sadate, le précurseur) et palestiniens (Yasser Arafat, Mohammed Abbas), certes minoritaires mais assez lucides pour admettre que les deux peuples devaient finalement se résigner à l'existence l'un de l'autre et assez courageux pour essayer de trouver, malgré les fanatismes et menaces symétriques, un compromis géographique et politique. Plusieurs l'ont payé de leur vie.

Israël a changé. Clinton, à Chirac et moi en décembre 2000 : « Depuis l'arrivée de Juifs russes, le problème est insoluble » (ils votent pour des partis suprémacistes). Cela assure le pouvoir de Netanyahou. Ces dernières années, les nationalistes et sionistes religieux décrits depuis longtemps par Charles Enderlin, pensaient avoir gagné, encouragés par les Accords d'Abraham de

Trump et la lâcheté occidentale et arabe, en occultant l'enfer de Gaza et les aspirations des Cisjordaniens. On parlait du « roi Bibi ». Jusqu'aux odieuses attaques terroristes du Hamas le 7 octobre 2023 (1 500 morts israéliens et 200 otages – pour eux, c'est une guerre, et employer le terme de « terrorisme » ne fait pas disparaître la réalité politique) et à l'interminable et cruelle guerre de représailles de Gaza, peut-être inévitable, en tout cas au début, avec déjà plus de 42 000 morts en décembre 2024, essentiellement civils, et des milliers d'orphelins, et qui n'est pas terminée, en dépit de la demande insistante du ministre de la Défense, Yoav Gallant, écarté début novembre 2024 pour cela par Netanyahou. Malgré les efforts louables d'Anthony Blinken, Secrétaire d'État du président Biden, un cessez-le-feu durable pour libérer les otages encore en vie n'avait pas pu être conclu en 2024, et naturellement la reconstruction de ce territoire détruit et massacré comme aucune ville depuis 1945 n'a pas pu être entamé. Mais après, avec qui gérer ces ruines à reconstruire ? Netanyahou fait tout pour que cela ne justifie pas la création d'une nouvelle Autorité palestinienne. Il est cohérent : depuis 1996, et surtout depuis 2009, il a toujours affirmé qu'avec lui il n'y aurait *jamais* d'État palestinien. Et il a tout fait pour qu'il n'y ait pas non plus d'Autorité palestinienne crédible avec laquelle il serait impossible de ne pas négocier, mais seulement des terroristes. Cela reste sa ligne. Politique du pire, comme le Hamas. Même Ehud Barak l'a dénoncé.

Il y a plusieurs *scénarios* extrêmes, tragiques pour les Israéliens comme pour les Palestiniens (ou les deux). Mais il n'y a encore et toujours qu'une seule *solution* : le compromis territorial. Il faudrait qu'à nouveau quelques décideurs israéliens et palestiniens, minoritaires, lucides et courageux, et protégés 24/24 de leurs extrémistes prêts à tout, reprennent les négociations à partir des discussions de Taba (janvier 2000) et qu'ils soient soutenus continûment et réellement par les États-Unis, les Européens, et les pays arabes, tous s'engageant à sécuriser la coexistence entre Israël et l'État palestinien, à financer la reconstruction, les indemnisations, le développement à terme, dans un cadre régional. Le prince héritier saoudien, Mohammed ben Salmane, a changé. Il a déclaré en septembre 2024 que l'Arabie Saoudite ne pourrait reprendre le processus de normalisation avec Israël, une relance des Accords d'Abraham, qu'à la condition que ça se fasse avec un État palestinien (au moins une perspective), ce que Netanyahou veut absolument empêcher. Il n'est pas totalement impossible que Trump et l'Arabie s'entendent sur un tel plan. Auquel cas Netanyahou serait, peut-être, obligé de lâcher du lest. Ce serait évidemment différent avec un successeur de Netanyahou. Les Israéliens ont été furieux de l'inculpation de Netanyahou par la CPI, qui ne sera sans doute pas concrétisée. Mais il n'empêche que cela traduit un début d'érosion du privilège d'impunité et d'immunité d'Israël dans la partie non-occidentale du monde.

Mais il y a bien sûr des scénarios plus sombres.

Voir : Arabe (Monde) ; Iran ; Palestine ; Trump, Donald.

J

Japon

Grande civilisation à ne pas oublier. L'ancien empereur légendaire Jinmu et son empire, vigoureusement modernisé sous l'ère Meiji (1868) en imitant à marche forcée l'Occident après deux siècles et demi de fermeture, devenu un féroce empire militariste qui a échoué à imposer par la force « la sphère de coprospérité » et a failli sombrer après la capitulation imposée par les bombardements de Hiroshima et Nagasaki, n'a dû sa survie qu'à la volonté de MacArthur d'éviter au Japon de basculer dans le « communisme », et donc à sa décision de préserver l'empereur. Protectorat américain ensuite, il était pronostiqué comme troisième grand en 1969 (par le journaliste Robert Guillain). Faute de puissance, le pays joue à fond la carte du *soft power*, tout en étant resté… en profondeur japonais, sur tous les plans. Il est aujourd'hui membre du G7, encore la troisième économie mondiale (depuis 2024 l'Allemagne est repassée quatrième), quoique stagnant depuis des années, et sa population (125 millions) baisse de 0,16 % par an. Futur pays de vieillards assistés par des robots ? Face à la Chine, quelle stratégie pour le Japon ? Soit continuer à compter sur la protection américaine (traité de 1951, de

1960, accords de 1978, de 1996-1997, une centaine d'installations militaires américaines sur son territoire). Soit se soumettre à la Chine, devenir pays tributaire. Insupportable ! Mais celle-ci demanderait quand même, malgré l'interdépendance économique des deux pays, un commerce extérieur très imbriqué, et l'apport économique et technologique japonais, une reconnaissance explicite, humiliante, des crimes japonais commis de 1937 à 1945, et certainement une limitation des dépenses militaires du Japon. Ce n'est pas la tendance 2025 !

Elle est plutôt de compter sur le lien américain réactivé par le risque Taïwan (cf. l'alliance AUKUS) et plus encore sur ses propres forces : 60 milliards de dollars pour les forces d'autodéfense, très modernes, en 2018. Au cours des cinq prochaines années, le Japon consacrera 306 milliards d'euros à ses dépenses militaires pour porter son budget en 2027 à 8 900 milliards de dollars. Voire compter sur le nucléaire, un jour, facile à réaliser malgré le refus horrifié de sa population qui diminue et vieillit ? Cela ne peut être exclu.

Voir : Chine ; Indo-Pacifique ; Nucléaire.

Jean-Paul II

Né en 1920 à Wadowice, décédé en 2005, le cardinal polonais Wojtyła, athlète qui, telle une sorte d'Atlas, a porté l'Église vingt-six ans sur ses épaules, de 1978 à 2005, et la parole chrétienne comme une rock star dans 129 pays, est resté célèbre par son message du 22 octobre 1978, « N'ayez pas peur », repris de celui du Christ à ses disciples. Il a, à l'évidence, accéléré la désagrégation déjà bien entamée de l'empire communiste en Pologne, et dans toute l'Europe de l'Est, catholique ou non, ce que Gorbatchev prendra en compte à partir de 1985, mais pas pour l'URSS elle-même. Au Saint-Siège, quand il m'a reçu le 9 octobre 1999, déjà cassé par la maladie mais encore charismatique, il m'a dit, comme à tout responsable français : « France, qu'as-tu fait à ton baptême ? »...

Grande question : qu'est-ce ce qui a survécu souterrainement de plus de mille cinq cents ans de christianisme dans la France de la Révolution, de la laïcité, de la république, de la consommation, de l'individualisme de masse, des réseaux connectés et de l'américano-globalisation ? Beaucoup, si on admet que les Lumières ont sécularisé les valeurs chrétiennes... Presque rien, si on voit la vitesse avec laquelle tout cela s'efface, mis à part la culpabilité et l'esprit missionnaire encore vivaces chez certains intellectuels, si ce n'est le blanc manteau d'églises.

Voir : Papes.

Jeux

On ne compte plus les jeux qui s'inspirent ou ont inspiré la géopolitique. Le plus ancien, devenu fameux, serait chinois : le jeu de go, qui remonterait aux Zhou orientaux de 700 à 450 avant J.-C. ! On y apprend à gagner en encerclant et en étouffant, jamais en attaquant.

L'ancêtre commun des jeux d'échecs apparaîtrait vers l'an 800 (on n'est sûr de rien) en Inde du Nord (chaturanga) et en Chine, avec des déclinaisons arabes (shakran), mongols (shatan) et perse (chatrang).

Le jeu de dames, plus schématique, n'est pas une transposition des échecs mais une création espagnole, au Moyen Âge. « Risk », créé par Albert Lamorisse en 1957, est une guerre mondiale. Mais à notre époque, les jeux vidéo, puis tous les jeux numériques, ont largement puisé dans le répertoire géopolitique (« Guadalcanal », « Dune », « Warcraft »), tout en étant imprégnés de folklore, de mythologie et de sagas nordiques.

À l'école militaire et au CHEM (Centre des hautes études militaires), on pratique désormais le *War Gaming*. Mais intègrent-ils les formes non militaires et non guerrières des conflits et les guerres d'influence et de propagande ? Quant à la ferveur des JO, voire la religion olympique, elle ne change pas l'espèce humaine.

Voir : Stratégie (stratège).

Jospin, Lionel

L'opinion, en priorité focalisée sur l'action des présidents, ou sur les désaccords en politique intérieure, n'a pas mesuré à quel point Lionel Jospin, que Jacques Chirac avait dû nommer Premier ministre après l'échec de sa dissolution de confort en 1997 (ce qui avait alors permis à Lionel Jospin de constituer un gouvernement de « gauche plurielle », surnommé sa *dream team* – dont j'étais, fort d'un engagement de longue date dans les affaires internationales) s'était investi également pendant cinq ans dans les choix et décisions de politique internationale et européenne de la France (je le voyais d'ailleurs chaque semaine une heure en tête à tête, comme je voyais le Président) : conseils restreints à Matignon avant tous les sommets, Conseils européens, etc. ; nombreux voyages (États-Unis, Russie, Afrique du Sud, Maroc, Algérie, Israël et Territoires palestiniens) ; suivi constant de la crise du Kosovo où je représentais la France dans le Groupe de contact des six ministres. Pas de désaccords fondamentaux entre Lionel Jospin et Jacques Chirac sur les intérêts vitaux du pays. Ils s'étaient mis d'accord pour que nous parlions à l'unisson (eux et moi). Ainsi, la mise à jour de la doctrine de dissuasion nucléaire a été effectuée de façon concertée, comme ça a été le cas de la préparation française à l'euro, après que Lionel Jospin a décidé d'accepter les conclusions du

Conseil européen d'Amsterdam (on a trop cru ensuite que cela nous protégerait et nous dispenserait de faire des réformes et d'améliorer la compétitivité française !). De même, après le difficile Conseil européen de Nice fin 2000, la relation franco-allemande a été relancée, selon le processus dit « de Blaesheim », par Chirac, Jospin, Schroeder, Fischer et moi. Il faut rappeler que c'est Lionel Jospin qui avait décidé d'intégrer l'ancien ministère de la Coopération aux Affaires étrangères ; mais aussi qu'il s'était opposé à la réintégration de la France dans l'OTAN qui tentait Jacques Chirac (et que Nicolas Sarkozy effectuera quelques années plus tard pour des raisons discutables) ; et que c'est lui qui empêcha Jacques Chirac d'intervenir en Côte d'Ivoire au profit de Konan Bédié, ce qui aurait été une grave erreur.

Comme on n'en a pas fini avec les cohabitations, c'est intéressant de réexaminer celle-ci, la troisième.

Justice internationale

Vieille idée. Rêvée par des philosophes, des idéalistes ou des puristes, une justice « internationale » tente d'émerger depuis un peu plus de deux siècles de la justice des vainqueurs (*Vae victis*). Dès le XVIe siècle, Francisco de Vitoria y réfléchit dans *De potestate civili* (1528). En 1872, le Genevois Gustave Moynier, cofondateur du CICR (Comité international de la Croix-Rouge), propose un tribunal pour poursuivre les contrevenants à la 14e convention de Genève. Les propositions de juger Guillaume II en 1918 (Clemenceau), les tribunaux de Nuremberg et de Tokyo en 1945 relèvent de la justice des vainqueurs. En revanche, les tribunaux pour l'ex-Yougoslavie créés en 1993 par le Conseil de sécurité comme celui créé, en 1994, à Arusha, pour le Rwanda, sont les premiers pas vers une justice « internationale », avant l'acceptation en 1998 par 128 États dont la France (j'étais alors ministre) du statut de la Cour pénale internationale pour juger les dirigeants coupables des plus grands crimes. Cette CPI est entrée en vigueur en 2002, le chiffre de soixante ratifications ayant été atteint. Néanmoins, plusieurs États très importants n'ont pas ratifié : États-Unis, Israël, Russie, Chine, Inde, plusieurs pays arabes. Plusieurs pays africains accusent la CPI de ne juger que les dirigeants africains. Plusieurs décisions des tribunaux sur la Yougoslavie ou le Rwanda ont été controversées. Mais quelle décision ne l'est pas ?

Le mouvement de lutte contre l'impunité des dirigeants criminels continuera sans doute de progresser, mais très lentement. On voit bien, à travers cet exemple, qu'il n'y a pas encore de « communauté internationale », et, de toute façon, la « justice internationale » ne préviendra pas tellement plus le crime international que la justice nationale n'a empêché le crime national... En attendre des miracles, comme l'ont fait espérer les zélotes à son lancement, devait inévitablement conduire, quelques années plus tard, à des désillusions et des reproches injustes, empêchant de voir le progrès accompli. La CPI a affronté son plus grand défi quand, en mai 2024, le procureur général Karim Ahmad Khan a proposé aux juges d'inculper le Premier ministre et le ministre de la Défense israéliens (ce dernier a pourtant été écarté en novembre 2024 par Netanyahou), et les dirigeants du Hamas à propos de Gaza, ce que les juges ont confirmé le 21 novembre, déclenchant une gigantesque controverse. Il a également annoncé qu'il allait réactiver les enquêtes de la CPI contre le mouvement M23 (imputé au Rwanda) dans l'est de la République démocratique du Congo (Nord-Kivu).

Voir : « Communauté » internationale ; Droit international.

K

Kant, Emmanuel

Grand penseur de l'*Aufklärung* (les Lumières allemandes), le philosophe de Königsberg (1727-1804) symbolise encore aujourd'hui l'idéalisme allemand et l'universalisme européen. On dit d'ailleurs « idéalisme kantien ». Sa postérité est immense. Il me fait cependant penser à la formule de Péguy : « Le kantisme a les mains pures, mais il n'a pas de mains. » (Mais à quelles mains pensait-il ?) C'est un peu réducteur car, en fait, il n'a jamais pensé que l'action politique devait obéir aux mêmes principes que l'action morale, mais... Et avant lui, à celle de Bakounine : « Les idéalistes veulent créer un monde entre le ciel et la terre. » L'espèce humaine est ainsi faite. Kant en aurait été conscient : le monde dans lequel on pense n'est pas le monde dans lequel on vit. Peu de gens maîtrisent sa pensée subtile et complexe, ce qui ne l'empêche pas d'avoir une immense influence, intellectuelle et morale... Sa vision du cosmopolitisme (*Vers la paix perpétuelle*, en 1795) mérite d'être découverte, sans manichéisme, ni anachronisme, et confrontée aux pensées critiques du cosmopolitisme ou du droit-de-l'hommisme, tel Carl Schmitt.

Voir : Droits de l'homme, droits de l'individu, droits humains ; Habermas, Jürgen ; Universalisme.

Kennedy, John Fitzgerald

Dynastie.

S'il n'avait pas été tragiquement assassiné le 22 novembre 1963 dans des circonstances jamais vraiment élucidées, si Jackie et lui n'avaient pas été aussi photogéniques, sexy et glamour au moment même où débutait le règne de l'image, de la télévision et des news (la légende de « Camelot », celle du roi Arthur et des chevaliers de la Table ronde, recyclée autour de la saga Kennedy), et si les vautours et les lyncheurs des réseaux sociaux avaient déjà existé, jamais John Fitzgerald Kennedy – Jack – ne serait devenu une icône mondiale des sixties, à l'égal des plus grandes stars du rock. Il n'aurait peut-être pas été élu le 8 novembre 1960, certainement pas réélu et peut-être destitué ! La crise de Cuba a été maintes fois décortiquée. On oublie d'ailleurs de rappeler que des missiles nucléaires américains à moyenne portée Thor avaient été déployés au préalable par les États-Unis en Turquie, à la frontière soviétique ! Cela rend le bilan de sa présidence problématique (baie des Cochons, Cuba 1962, rencontre au sommet avec Khrouchtchev). Étonnamment, la révélation de sa sexualité compulsive, voire maladive – dont un centième briserait net une carrière sous l'empire de l'ordre moral actuel, ou de la fin de la tolérance aveugle à ces comportements –, n'a en rien terni son image ni la nostalgie, voire la fascination, qui nimbe son souvenir, celui de Jackie, et celui de Robert assassiné à son tour, et celui de toute une époque.

Voir : États-Unis ; Présidents.

Kipling, Rudyard

Je ne le mentionne pas ici comme créateur du *Livre de la jungle*, mais comme « chantre de l'impérialisme britannique ». Même si « The White Man's Burden » (« Le Fardeau de l'homme blanc »), poème de 1899, évoque en fait les Philippines, et non pas l'Inde, son retentissement fut universel. Kipling fut d'ailleurs le premier anglophone prix Nobel de littérature, en 1907. De nombreux politiques ou écrivains européens de la seconde moitié du XIXe siècle ont ainsi affirmé que les « races » (dans le sens de l'époque : peuples, nations, ethnies, épargnons-nous l'indignation anachronique) supérieures avaient le *devoir* de civiliser les races inférieures, sauf à se montrer égoïstes et infidèles à leur mission prosélyte. C'était le cas pour Jules Ferry et les colonisateurs sans état d'âme de la IIIe République. Sous d'autres formes, ce prosélytisme missionnaire avait resurgi en Europe après la disparition de l'URSS (nos valeurs universelles).

Voir : Colonisations ; Occident.

Kishore Mahbubani

Provocateur ? Universitaire et ancien diplomate, le géopoliticien singapourien s'est rendu célèbre depuis une vingtaine d'années en annonçant la fin de la « parenthèse occidentale » qui aura duré trois siècles, et le retour de l'Asie au premier plan. On a bien lu : la parenthèse ! En ce qui me concerne, j'écris depuis longtemps que « l'Occident a perdu le *monopole* de la puissance ». C'est très différent.

Dans un essai paru en anglais en 2018, *Has the West Lost It ?* (*L'Occident (s')est-il perdu ?*, Fayard, 2019), il conseille à l'Ouest une nouvelle stratégie fondée sur 3 M : le Minimalisme (l'Occident est bâti sur l'inverse) ; le Multilatéralisme (l'Europe l'idéalise et l'encense, Trump l'a jeté aux orties) ; le Machiavélisme (au sens de stratégie à long terme, lucide et réaliste, l'Europe moderne qui en aurait besoin, le rejette). En septembre 2018, à Paris, il me dit : « L'Asie a besoin d'une Europe forte. » C'était la première fois ! Je lui demande pourquoi : « Parce que ce serait dangereux que le sort du monde ne dépende que des relations imprévisibles entre la Chine et les États-Unis. Et que nous ne sommes pas protégés en Asie contre des engrenages sécuritaires dangereux. » Mais il ajoute : « J'ai fait le tour de l'Europe. Presque personne n'y pense de façon globale et stratégique. Donnez-moi des raisons d'espérer ! » Moi : « Cherchons-les ensemble ! Qu'est-ce qui permettra selon vous ce sursaut de l'Europe ? » Lui : « Un moratoire sur les migrations [c'est la première fois qu'il en parle], et que l'Europe devienne machiavélienne. » À 27 ? Avec la diplomatie d'opinion et des « valeurs » ? Dans cet essai, il préconise aussi que la Grande-Bretagne laisse son siège de membre permanent du Conseil de sécurité de l'ONU à... l'Inde ; et la France, le sien à l'Europe. À réfuter (paralysie assurée), mais à méditer... Car on ne peut plus ignorer de telles interpellations.

Voir : Europe ; Occident ; Réalisme (realpolitik, irrealpolitik) ; Souveraineté ; Sud global.

Kissinger, Henry

Star. Né allemand, en 1923, à Fürth, Henry Kissinger, devenu secrétaire d'État ayant entretenu toute sa vie son accent allemand, a fait figure de grand pontife de la politique étrangère américaine et de la géopolitique occidentale voire mondiale pendant plus d'un demi-siècle. Bien sûr, par sa carrière (conseiller à la Sécurité nationale puis secrétaire d'État de Nixon, puis de Gerald Ford), de 1969 à 1977 (huit années seulement !), sa politique controversée, ses exploits (l'alliance sino-américaine contre l'URSS), mais aussi son exceptionnel sens de la mise en scène et de l'autopromotion, et surtout sa puissance analytique et ses écrits : *Diplomacy* (éloge de

Richelieu et de Metternich), ses mémoires (*À la Maison Blanche*, *Les Années orageuses*), *On China*, *World Order*, *The Age of AI : And Our Human Future* ; *Leadership : Six Studies in World Strategy* (un chapitre sur de Gaulle).

Il a eu pendant des décennies des échanges intellectuels ininterrompus et des controverses brûlantes avec les autres grands penseurs (essentiellement américains) de ces décennies : Zbigniew Brzeziński, Stanley Hoffmann, Samuel Huntington, Francis Fukuyama, Joseph Nye, etc., et les dirigeants mondiaux. Il a violemment été attaqué sur sa gauche par ceux qui ont dénoncé son rôle et celui de la CIA dans le coup d'État en 1973 contre Allende (mais Mitterrand l'écoutait avec intérêt) ou critiqué pour la stérilité de sa politique des petits pas au Proche-Orient. Et, plus violemment encore, sur sa droite, par les nouveaux conservateurs américains, les « néo ». Ceux-ci étaient souvent issus, à l'origine, de la gauche du parti démocrate avant de migrer à la droite du parti républicain. Ils en voulaient à Truman d'avoir choisi face à l'URSS « l'endiguement » (*containment*) plutôt que le « refoulement » (*roll back*). Ils détestaient la realpolitik de Kissinger envers l'URSS et la Chine et les compromis qui en découlaient nécessairement. Trop réaliste ! Quelques années plus tard, dopés par la conviction d'une victoire par K.O., ils essaieront d'imposer l'idée en Occident qu'il ne faut pas parler, négocier, traiter avec des pays qui ne « partagent pas nos valeurs ». Alors, on fait la guerre, comme en Irak en 2003. Cela a largement échoué, mais Poutine les a requinqués par son attaque de 2022.

Aucun de ses contestataires n'a atteint une notoriété et un rayonnement intellectuel mondiaux comparables au sien. Zbignew Breziński est à part et a eu, peut-être, une influence plus grande encore. Henry n'a jamais varié sur la nécessité d'une alliance entre les États-Unis et la Chine, celle à laquelle Donald Trump a mis fin en 2018, avec un soutien assez large chez les démocrates. Il m'a dit en décembre 2018 à Pékin – donc juste après l'arrivée au pouvoir de Xi et l'élection de Trump – reconnaître qu'il fallait un coup d'arrêt économique à l'ascension chinoise, mais qu'il faudrait préserver malgré tout entre Pékin et Washington une sorte de partenariat stratégique. Ce n'est plus vraiment possible, avec l'épée de Damoclès de Taïwan, même si les États-Unis et la Chine parlent de « dérisquage » plus que de « découplage ».

Toujours en 2018, à Paris, au Ritz, Kissinger m'a dit : « À l'époque de Mitterrand, l'Europe avait une vraie stratégie... » (il pensait aux euromissiles). C'est un réaliste dur. Un jour, Henry m'a demandé : « En quoi est-ce important pour la France que la Syrie soit gouvernée par X plutôt que par Y ?... » Les valeurs, l'opinion, notre rôle universel, l'exportation de la démocratie ? Il ne se rattachait pas au messianisme occidental. D'ailleurs, dans le recueil de vingt portraits de *Grands diplomates*, l'auteur de son portrait, Jérémie Gallon, présente ce grand réaliste comme une parenthèse dans la politique étrangère américaine.

Je pensais à cela en septembre 2018 quand Kishore Mahbubani m'a dit : « Pour que l'Europe s'en sorte, il faudrait qu'elle devienne machiavélienne. » Mais qui en Europe connaît encore le vrai sens des mots cynisme, stratégie ou machiavélisme ? Et aux États-Unis il faudrait mentionner John Mearsheimer, Stephen Walt, Wess Mitchell et, dans l'équipe Biden, John Sullivan. Henry Kissinger est décédé le 29 novembre 2023 dans le Connecticut.

Son héritage est difficile à mesurer à une époque où les opinions imposent de plus en plus leurs exigences immédiates et passionnées aux gouvernements démocratiques, ce qui rend presque impossible pour eux de mener une politique étrangère réaliste et rationnelle dans la durée, *a fortiori* une stratégie.

Voir : Brzeziński, Zbigniew ; États-Unis ; Géopolitique ; Guerre froide ; Penseurs ; Réalisme (realpolitik, irrealpolitik).

Kremlin

Lieu de fantasme maximum, avant même Poutine ! Le Kremlin (fortification), a eu une longue vie avant la révolution d'Octobre. Modeste forteresse en bois à partir de 1156, conquise en 1382 par le khan mongol Tokhtamych, il est reconstruit de 1483 à 1495 sous la direction d'architectes italiens quand le grand prince de Moscovie, Ivan III, émerge de ce joug et devient grand prince de *toutes les Russies*. Le Kremlin, où résident dès lors les tsars, désigne le pouvoir par métonymie. Il est mis en scène dans de nombreux opéras, dont le plus célèbre est

Boris Godounov. Le Kremlin sera encore attaqué par les Tatars de Crimée, les Polonais, par Napoléon. Hitler n'y parviendra pas.

Et puis, en 1917, à partir du putsch de Lénine, il devient le siège du pouvoir bolchevique soviétique, jusqu'à la fin de 1991 où l'URSS s'effondre, laissant place à la Russie, l'Ukraine, etc. Donc c'est dans ce vaste ensemble de palais qu'ont habité, même s'ils avaient des datchas à l'extérieur de Moscou, en Crimée, Lénine, Staline (lire le saisissant *Staline. La Cour du tsar rouge* de Simon Sebag Montefiore), Khrouchtchev, Brejnev, Andropov, Tchernenko, Gorbatchev, Eltsine, et ensuite Poutine depuis 2000.

Mon souvenir le plus marquant au Kremlin : Gorbatchev, alors chargé de l'Agriculture, quand Tchernenko, alors souffreteux numéro 1, lui demande depuis quand l'agriculture va mal, répond : « Depuis 1917 ! », dans la grande salle à manger, en juin 1984. C'était pendant le voyage de François Mitterrand, lors du déjeuner, avant que celui-ci ne parle du professeur Sakharov.

Objet de fantasme pour les Occidentaux durant des décennies, capitale de « l'empire du Mal » jusqu'à la fin de l'URSS et, pour beaucoup, plus que jamais aujourd'hui avec Poutine (même s'il ne réside pas au Kremlin, c'est un lieu de mise en scène).

Voir : Gorbatchev, Mikhaïl ; Lieux de pouvoir ; Poutine, Vladimir ; Russie ; URSS.

Kurdistan

Histoire malheureuse d'un peuple sans État, le plus nombreux (40 à 50 millions), plus que les Palestiniens ou les Tibétains. La proclamation grandiloquente par l'Occident, au XXe siècle, du principe des nationalités (Wilson) s'est révélée inapplicable dans certains cas ; la création d'un Kurdistan autonome – qui leur avait été promise par le traité de Sèvres (1920), mais ne fut pas reprise dans celui de Lausanne (1923) – aurait fait exploser ce qui restait de la Turquie, ainsi que l'Irak, l'Iran, un peu la Syrie. Même en 1920-1923, c'était inapplicable, sauf si cela avait été imposé (par qui ?) et maintenu par la force (combien de temps ?).

Dans la décennie 2010, les Kurdes réapparaissent comme les bons musulmans modérés, réfractaires à la dérive islamiste, persécutés par des régimes atroces et des combattants valeureux en Irak et en Syrie, ce qu'ils sont, alliés aux Occidentaux contre Daesh. Mais le résultat est le même : l'Occident s'est mis hors-jeu en Syrie, et personne ne fera la guerre à la Turquie pour les Kurdes. On l'a vu avec Trump en 2019. Le seul but envisageable pour les Kurdes à vue humaine : une autonomie culturelle et linguistique dans les quatre pays concernés des gouvernements régionaux autonomes, et des circulations facilitées entre Kurdes. C'est ce que l'on devrait exiger des quatre pays concernés.

Voir : Arabe (Monde) ; Turquie.

L

Langue anglaise (Peuples de)

De 1956 à 1958, retiré du pouvoir, passant parfois l'hiver comme avant-guerre dans les jardins de La Mamounia (d'avant les rénovations) à Marrakech, à peindre l'Atlas enneigé, Winston Churchill a publié en quatre tomes une *History of the English-Speaking Peoples*. Pour lui, il y avait entre ces peuples plus qu'une communauté linguistique et culturelle, une solidarité géopolitique autour de la Grande-Bretagne, une confiance et un rôle mondial particulier, une sorte de chevalerie. Même si le British Empire, à la grande fureur du Vieux Lion, avait été lâché par les États-Unis qui voulaient voir disparaître, après la Seconde Guerre mondiale, les empires coloniaux européens si encombrants et périmés, y compris celui de la Grande-Bretagne. L'hégémonie pouvait s'exercer autrement ! Ce à quoi les travaillistes n'avaient pas résisté. Il existe d'ailleurs toujours une coordination étroite entre services secrets de Grande-Bretagne, des États-Unis, du Canada, d'Australie et de Nouvelle-Zélande, les *Five Eyes*. Mais le temps a passé. Beaucoup de temps ! La relation spéciale États-Unis/Grande-Bretagne n'est plus que l'ombre d'elle-même. La belle langue anglaise a quant à elle échappé à ses créateurs et à ses locuteurs d'origine, Angles, Saxons, Franco-Normands (lire à ce sujet les ouvrages incisifs de Bernard Cerquiglini), dits Britanniques d'Oxbridge. À sa place, c'est un horrible et pauvre globish d'aéroport et un jargon *corporate* et de comm', qui se répandent dans les populations globalisées du monde. Il est hégémonique, voire monopolistique, dans le monde des affaires, dominant dans le système multilatéral. C'est, bien sûr, commode. Cela dit, les Chinois ne se convertiront pas tous à l'anglais, ni les Russes, ni les Arabes. Les logiciels d'interprétation sont de plus en plus fiables. La bataille pour la diversité culturelle et linguistique n'est pas achevée, ni perdue, et les francophones ne doivent pas baisser les bras.

Voir : Francophonie ; Influences.

Langues

L'un des aspects les plus virulents de la bataille d'influences culturelles mondiale est la bataille linguistique. Mais il ne suffit pas de compter le nombre de locuteurs des 7 000 langues dont un grand nombre disparaît chaque année. Dans ce cas-là, le chinois mandarin ou les langues indiennes arrivent en tête. Ce qui compte, dans la bataille d'influence, c'est le nombre de gens dans le monde qui utilisent une langue indépendamment du pays où cette langue est apparue. C'est évidemment l'américain qui arrive en tête, le fameux globish, comme l'avait été le phénicien ou le grec. Le français n'a jamais été la *lingua franca* du commerce, mais de Louis XIV à Clemenceau, celle des élites et des dirigeants. Faut-il se résigner à ce que ce fameux globish, langue très pauvre (langue des aéroports et des traders) par rapport au véritable anglais, devienne le seul vecteur de communication dans le monde américano-globalisé ? Je ne le pense pas. Les Chinois ne vont pas s'y convertir massivement. Des traducteurs automatiques instantanés et sûrs sont quasiment au point. Les hispanisants ne sont pas pessimistes sur l'avenir de leur langue, notamment aux États-Unis (plus de 50 millions). Ce serait donc un paradoxe que la France, un des rares pays dans le monde où s'est développée et d'où s'est diffusée une grande langue de culture et de civilisation, soit la seule à baisser les bras, à considérer que la messe est dite et que l'avenir est au sous-américain d'aéroport. Il ne s'agit pas d'appeler sur ce monopole une malédiction biblique : Jahvé confondit les langages de ceux qui avaient dit, au pays de Shinéar : « Bâtissons une ville et une tour dont le sommet atteindra le ciel », et les dispersera à la surface de la Terre (Genèse 11, 1-9, Bible de Jérusalem). Mais de rappeler que, au sein de la mondialisation économiquement fragmentée, la bataille se poursuit pour la diversité culturelle (adoptée par l'UNESCO en 2001) et donc linguistique... On lira en souriant *La langue anglaise n'existe pas. C'est du français mal prononcé* (Gallimard, 2024) de Bernard Cerquiglini, mais c'est un livre sérieux.

Voir : Francophonie ; Influences.

Latin

Avant que le latin nous devienne aussi indéchiffrable que les hiéroglyphes pendant quinze siècles, jusqu'à Champollion, souvenons-nous que bien des expressions, locutions ou phrases latines que nous apprenions ont à voir avec la géopolitique, et plus largement avec le pouvoir.

« Sic transit gloria mundi »

À commencer par *Si vis pacem, para bellum* – « Si tu veux la paix, prépare la guerre ». Ce qui est au fondement même de la politique romaine de conquête, mais plus encore de la notion d'équilibre des forces, et même de la dissuasion.

Le *Vae victis* – « Malheur aux vaincus » de Brennus en 390 avant J.-C. – est une tentation permanente des vainqueurs, surtout s'ils craignent une revanche, s'ils ont eu très peur, ou s'ils pensent incarner le bien contre les forces du mal. Cela peut conduire à des exterminations. Quant au *Sic transit gloria mundi*, cousin de la parabole de la Roche Tarpéienne du Capitole, il devrait être gravé sur tous les monuments triomphants...

Autre exemple : *Nemo auditur propriam turpitudinem allegans* – « Personne ne peut se prévaloir de sa propre turpitude ». Et pourtant, il y a pléthore. Et le *Oderint dum metuant* de Caligula, mal repris de Tibère – « Qu'ils me haïssent pourvu qu'ils me craignent ». Rien de tout cela n'est périmé en 2025...

Voir : Manichéisme.

Lieux de pouvoir

Fascination exagérée. Les lieux de pouvoir subjuguent. Les lieux religieux : le Vatican, le saint des saints, Karnak à Louxor, la Kasbah à La Mecque. Et plus encore politiques ou militaires. Ils ont toujours enflammé les imaginations et inspiré bien des fantasmes, entretenus à dessein par les bénéficiaires. Les médias « d'investigation » vivent de l'obscurité qui est censée protéger ces endroits, et donc de « révélations » à répétition (sur la répartition des bureaux, et autres informations sans intérêt). Mais la transparence comme le complotisme est insatiable : quand les enquêtes établissent que, dans les lieux de pouvoir, les présidents, Premiers ministres, chanceliers, ministres, etc., travaillent, tout simplement, lisent des notes, se réunissent, téléphonent, envoient des mails, la conviction se répand que les vraies choses secrètes ont été dissimulées ! Paranoïa comparable pour l'accès aux archives politiques. Jamais rassasiée, la transparence boulimique alimente le complotisme au lieu de l'apaiser. On ne dément pas un fantasme.

Aujourd'hui, les principaux lieux de pouvoir politique sont, bien sûr, la Maison Blanche et le Capitole à Washington, le 10, Downing Street à Londres, la Chancellerie à Berlin, le palais de l'Élysée à Paris (les « dorures »), mais aussi, bien sûr, le Kremlin à Moscou, et à Pékin, pour les spécialistes, Zhongnanhai, que l'on confond avec l'ancienne Cité interdite, qui est juste à côté. Et à Delhi ? En revanche, quasiment pas de fantasmes sur le siège de la Commission européenne ou du Parlement à Bruxelles, ni sur celui de la Banque centrale, à Francfort, ni sur celui de la Cour de Justice. Il en faudrait, peut-être ! Les lobbyistes, eux, ne s'y trompent pas. Mais les systèmes de pouvoir en réseaux compliquent la vie des complotistes...

Le succès des séries sur le pouvoir, au départ anglo-saxonnes, est frappant.

Peut-être est-ce alimenté par les réminiscences du passé pour nous, les guerres civiles romaines, la Rome impériale, le Louvre, la tour de Nesle, Versailles. Napoléon était si mobile que son souvenir n'est pas lié à Paris à un endroit précis, sauf à la fin, à Fontainebleau, et après le pouvoir, Elbe, Sainte-Hélène. Ou même peut-être par celles de notre terrifiant XXe siècle, qui n'est pas si vieux que cela, le nid d'aigle de Hitler – le Berghof –, le bunker de Churchill, le Kremlin.

Sur les empereurs communistes, deux ouvrages saisissants à lire : *Staline. La Cour du tsar rouge*, de Simon Sebag Montefiore, et *Mao, sa cour et ses complots. Derrière les Murs rouges*, de Jean-Luc Domenach.

En fait, le « pouvoir » politique, dans les démocraties, n'en a jamais eu aussi peu, et il est strictement encadré, surveillé, au nom de la transparence, jugé sans jugement (par les médias, les réseaux sociaux – où les dénonciateurs chassent en meute –, les juges, etc.). Et le nouveau maccarthysme, qui veut détruire socialement ceux qui ne se plient pas aux nouveaux dogmes wokes, rencontre depuis quelques décennies étonnamment peu de résistances.

Et si les vrais lieux de pouvoir étaient ailleurs : à la Bourse de New York, la Bourse de commerce de Chicago, dans la Silicon Valley ou à Shenzhen, dans les sièges des entreprises mondiales de toutes nationalités, dans les télévisions d'information continue, ou bien partout et nulle part en même temps, dans l'âge de la démocratie d'opinion et des lyncheurs numériques qui se cachent sous de fausses identités et des localisations usurpées ?

Voir : Élysée (Palais de l') ; Kremlin ; Maison Blanche.

Lobbies

Le terme a longtemps heurté les chastes oreilles françaises. Maintenant, on voit plutôt des « lobbies » partout ! À l'origine, les lobbies tirent leurs noms du *lobby*... d'hôtel où attendaient aux États-Unis au XIXe siècle les représentants d'intérêts privés divers qui voulaient accéder aux divers titulaires des pouvoirs exécutifs ou législatifs.

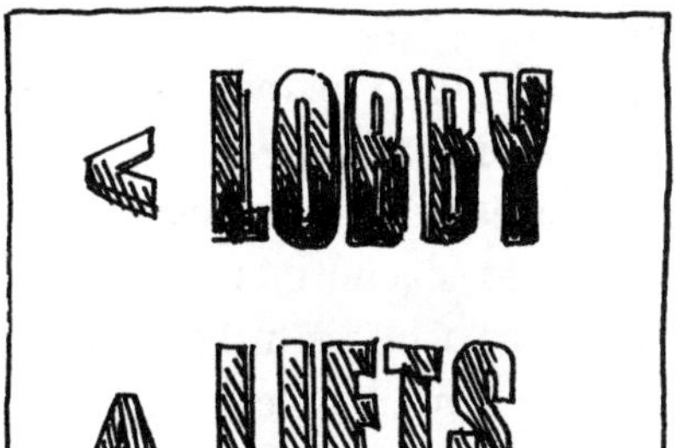

Très logiquement, ils se rassemblent là où l'on décide, où l'on réglemente, ou bien là où l'on vote. Ils grouillent donc à Washington, à Paris, Berlin, Bruxelles, Parlement européen, etc., en attendant Pékin (pas si simple !), ou encore auprès d'organismes internationaux puissants (OMC à Genève pendant une vingtaine d'années ;

Commission européenne ; divers organes de régulation). Leur nombre a explosé avec la mondialisation des trente dernières années. Cela dit, dans l'ambiance généralisée de méfiance et de soupçon dans les démocraties qui peinent à être encore jugées représentatives, on a un peu tendance à amalgamer les représentants légitimes d'intérêts essentiels, les démarches normales d'informations et les manœuvres en coulisses, voire les pressions. Les mêmes peuvent exalter nos fleurons industriels face à la concurrence internationale et les couvrir d'opprobre quand ils défendent leurs intérêts réglementaires ou fiscaux. Par exemple, l'agro-industrie doit-elle être soutenue, réglementée, combattue ? Ou transformée, mais à quel rythme ? Nos sociétés qui ne croient plus à grand-chose idolâtrent la transparence et la surveillance à tendance inquisitoriale et la justice. D'où une avalanche de réglementations et d'exigences pour proscrire les abus, par exemple les amendements transmis prérédigés aux parlementaires.

En faisant preuve de cynisme marxiste, on pourrait avancer que, dans une économie de marché globale dérégulée et financiarisée, cela ne devrait pas surprendre que tout se vende et s'achète, y compris les décisions publiques, et les votes. Choquant ! Impensable ! Le terme de lobby renvoie à des intérêts économiques (donc méprisables) obscurs et agissant non par l'argumentation et la persuasion mais par la compromission et la pression, et par l'achat des décideurs.

Tout cela existe, mais il n'y a jamais eu autant de dispositifs légaux et judiciaires de plus en plus contraignants, de lois et de comités d'éthique pour encadrer ces actions. C'est nécessaire. Mais toutes les lois Sapin ne calmeront pas les tricoteuses du moralisme, jamais rassasiées. D'autre part, les fameux « lobbies » sont parfois une forme de résistance de la société à des changements économiques, techniques, réglementaires, écologiques, trop rapides et mal expliqués. Le lobby des constructeurs de diligence essaie de ralentir l'implantation des chemins de fer, celui des forestiers de ralentir l'exploitation du charbon, des lavandières l'installation des machines à laver, etc. Et celui des agriculteurs européens en 2023-2024, mais là on parle plus de tracteurs que de lobbys.

Il faut une saine transparence, plus de responsabilité et une pédagogie convaincante, mais ne pas tout mélanger. Ce qui suppose un peu plus de connaissances ou de culture économique. Et de courage.

Voir : Acteurs des relations internationales ; Influences ; Think tanks.

Lois mémorielles

Nouveau rite.

Est-ce que des parlementaires élus peuvent imposer par le vote d'une loi un point de vue officiel et définitif sur un événement historique ? Si cette assemblée est remplacée par une autre qui vote une loi différente, est-ce que cela veut dire que la vérité proclamée par la loi antérieure était un mensonge ? Une loi peut-elle interdire, et même punir et pénaliser, l'expression de points de vue différents sur un événement historique ? Et *quid*, si un parlement, dans un autre pays, vote une loi contraire ? Sujet de controverse récurrent en Occident. En tout cas, la classe politique française et la majorité des médias n'ont pas d'état d'âme à ce sujet puisque le Parlement français a adopté la loi Gayssot sur la Shoah le 13 juillet 1990, qui ne se contentait pas de sanctionner l'antisémitisme (il y avait déjà des lois très précises contre le racisme), puis le 29 janvier 2001 la loi sur le génocide arménien de 1915, et le 21 mai 2001 une loi dite « Taubira » reconnaissant la traite de l'esclavage en tant que « crime contre l'humanité ». Ce type de loi est contesté par de nombreux juristes, évidemment pas par négation de faits incontestables, mais parce qu'ils estiment qu'on n'a pas à mélanger dans des lois, par exemple, des dispositions justifiées contre le racisme et des injonctions mémorielles qui ne devraient pas relever de la loi. Elles l'ont été surtout il y a quelques années par des historiens courageux réunis dans l'association Liberté pour l'histoire, créée à partir d'une pétition lancée par Pierre Vidal-Naquet (« absolument contre cette loi »), présidée ensuite par Pierre Nora, pour qui « l'Histoire n'est pas une religion ». C'était aussi la position du grand historien René Rémond et de Madeleine Rebérioux, présidente de la Ligue des droits de l'homme. En quoi une assemblée élue (voire un président) aurait la compétence et la légitimité pour fixer et figer la vérité historique, *a fortiori* quand elle concerne d'autres peuples ? C'est ce que j'avais dit en tant que ministre, à l'Assemblée nationale : il n'appartient pas à une assemblée élue de fixer la vérité historique. Même Paul Ricœur a écrit contre l'idéologie victimaire, qui a proliféré depuis, que « la mémoire est la matrice de l'Histoire, elle comporte le risque de corriger, de critiquer, de démentir la mémoire d'une communauté lorsqu'elle se replie sur ses souffrances propres au point de se rendre aveugle et sourde aux souffrances des autres communautés ». C'est un peu ce qu'a dit Barack Obama en novembre 2019 en mettant en garde contre la nouvelle culture de la dénonciation. Les historiens ne parlent guère de « devoir de mémoire », expression dont ils se méfient car c'est une construction sociale conjoncturelle, mais d'Histoire. J'en reste donc au rapport de la mission Accoyer, adopté en 2008 à l'unanimité, qui ne demanda pas l'abrogation de lois mémorielles antérieures, mais mit en garde contre le risque de dévoiement du devoir de mémoire à l'école et précisa que le Parlement devrait à l'avenir renoncer à la loi pour porter une appréciation sur l'Histoire ou la disqualifier.

Dans la réalité politique, un conflit peut surgir quand, par exemple, des Américains, ou Européens, d'origine arménienne, ne tenant aucun compte de ces scrupules d'historiens, obtiennent des élus de leur pays, qui s'autoattribuent une compétence universelle, des lois mémorielles (équivalents moraux des sanctions unilatérales économiques américaines) sur le génocide arménien, et que la Turquie tente d'empêcher par diverses pressions. Pressions incohérentes de sa part puisque des procès avaient eu lieu en Turquie même, entre la fin de l'Empire ottoman et le début du kémalisme, contre les responsables du génocide, alors incontesté (voir Taner Akçam, *Un acte honteux : le génocide arménien et la question de la responsabilité turque*, 2006). Cette reconnaissance officielle par un État peut aussi tenir lieu d'arme sur la scène internationale : le parlement syrien (!) a ainsi reconnu, le 13 février 2020, le génocide arménien, dans un contexte de tensions avec la Turquie. On pourrait prendre d'autres exemples. Dans ce débat délicat, le fils de Susan Sontag, David Rieff, s'est montré courageux. Dans son *Éloge de l'oubli, la mémoire collective et ses pièges* (Premier Parallèle, 2018), il a écrit que la « mémoire », qui est par « définition une construction collective, peut enfermer dans une prison mentale à perpétuité ». Henri IV aurait approuvé ! En attendant, lire Bernard Bruneteau.

Voir : Diaspora(s) ; Génocides ; Repentance.

Londres

Fondée il y a deux mille ans, en 43 avant J.-C., par les Romains après l'invasion menée par l'empereur Claude, né à Lyon, Londres, avant d'être la capitale du Brexit, a été la capitale de l'Angleterre, puis de la « Grande-Bretagne », puis du « Royaume-Uni » (Ulster, pays de Galles, Écosse), enfin, au XIXe siècle, de l'Empire britannique. Elle est alors la ville la plus peuplée du monde. Plus tard, en 1940, capitale de la résistance churchillienne à Hitler malgré le Blitz, après la débâcle totale de la France. Capitale du Commonwealth depuis 1931. Puis capitale d'un des 28 États membres de l'Union européenne et, à partir de 2020, capitale de la Grande-Bretagne sortie de l'Union européenne après le Brexit qui a fait apparaître que Londres et la Grande-Bretagne sont deux pays différents. Demain, d'un Royaume encore uni ?

Destination touristique mondiale, comme Paris, Rome ou Athènes. Il y a toujours le 10, Downing Street où se trouvait le Vieux Lion. Mais quels pouvoirs y siègent aujourd'hui ? Depuis le 4 juillet 2024, celui de Keir

Starmer, travailliste, après quatorze années de Premiers ministres conservateurs. Celui de Charles III ? De Premiers ministres changeant ? Et Westminster ? Et la Tour de Londres ? *Sic transit gloria mundi...*

Reste quand même Harrods. Et la façon dont la monarchie et le peuple anglais continuent à se mettre en scène est fascinante !

Voir : Brexit ; Europe ; Langue anglaise (Peuples de).

M

Machiavel, Nicolas

À l'index ! Qu'est-ce que le machiavélisme dans la sous-culture médiatique contemporaine ? Une sorte d'immoralisme abject, d'indécence déontologique, de cynisme (autre contresens sémantique) répugnant – à l'opposé de la moraline obligatoire.

En réalité, le penseur, théoricien et fonctionnaire florentin Nicolas Machiavel a rédigé, dans *Le Prince* (1513) et les *Discours sur la première décade de Tite-Live* (1513-1520), des réflexions réalistes (donc en s'affranchissant des dogmes et interdits religieux et moralistes de l'époque) sur la conquête, l'exercice et la conservation du pouvoir par « le Prince », le leader. Précurseur au XVIe siècle de l'éthique de la « responsabilité » de Max Weber.

Vivant au temps des princes dans une Italie éclatée, Machiavel espérait une république italienne unifiée, et il réfléchissait aux moyens d'y parvenir. L'unité italienne se fera sous l'impulsion de Cavour et dans le cadre de la monarchie piémontaise, mais trois siècles plus tard !

Machiavel reste l'un des grands penseurs politiques d'Occident.

On devrait le relire. C'est ce qu'a fait Roger-Pol Droit dans *Les Échos* du 11 janvier 2019 à propos… des Gilets jaunes ! « Si le prince doit n'avoir qu'une vertu, c'est celle d'être capable d'anticiper. En agissant lorsque les signaux sont faibles, il est aisé de prévenir les tempêtes. Une fois qu'elles sont déchaînées, il n'y a plus rien à faire (j'ajoute qu'on ne lui en sait pas gré puisque personne à part lui n'avait perçu ces signaux !). Machiavel, dans *Le Prince*, le dit très clairement. Lorsqu'on prévoit le mal de loin, ce qui n'est donné qu'aux hommes doués d'une grande sagacité, on le guérit bientôt ; mais lorsque, par défaut de lumière, on n'a su le voir que lorsqu'il frappe tous les yeux, la cure se trouve impossible. » Citons aussi sa lettre à son ami diplomate Francisco Guicciardini : « Le vrai moyen d'apprendre le chemin du paradis est de connaître celui de l'enfer, pour l'éviter. »

Un vœu : que l'Europe devienne « machiavélienne », comme le souhaite le Singapourien Mahbubani !

Voir : Penseurs ; Réalisme (realpolitik, irrealpolitik).

Maison Blanche

Siège et résidence de l'individu « le plus puissant de cette planète », jusqu'à ce que cela change un jour (les mémoires de Barack Obama, *Une terre promise*, nous font toucher du doigt, à propos du Proche-Orient, les limites de la puissance). La Maison Blanche – manoir géorgien construit de 1792 à 1800 au 1680, Pennsylvanie Ave, pour héberger le président des États-Unis, auparavant à Philadelphie – a été occupée par le successeur de George Washington, John Adams. Elle a été incendiée en 1812 par les Anglais.

Reconstruite, repeinte en blanc (*White* House), réaménagée, rééquipée plusieurs fois, cette résidence de 132 pièces est devenue, avec la montée en puissance des États-Unis au XXe siècle, le lieu de tous les fantasmes. La Maison Blanche ! Le Bureau ovale ! Les frasques de John Kennedy ! Mais aussi John-John, enfant, à quatre pattes sous le Bureau ovale ! L'East Wing masque un bunker, un abri antiaérien et un centre de commandement. La West Wing a été l'objet d'une célèbre série.

Quelques souvenirs personnels : la soirée dansante avec Julio Iglesias pendant la grande visite américaine de François Mitterrand, invité par Reagan après sa réélection en 1984. Le vrai échange entre Mitterrand et Reagan quant aux intentions de Reagan sur l'URSS ; l'entente exceptionnelle entre François Mitterrand et George H. Bush ; François Mitterrand expliquant à Bill Clinton, à sa demande, dans le Bureau ovale, l'histoire complexe de la Yougoslavie (pas simplement un régime communiste de plus à balayer !). La rencontre, dans le sulfureux boudoir, entre Jacques Chirac (et moi) et Bill Clinton en décembre 2000 où celui-ci nous dit : « La question israélo-palestinienne était déjà la plus difficile à résoudre ; avec l'arrivée massive de Juifs russes en Israël, elle est devenue insoluble. » Ma visite, en tant que ministre, au printemps 2001 où je comprends, en parlant avec Condoleezza Rice, puis Dick Cheney, que cette nouvelle équipe cherche une occasion et un prétexte pour écrabouiller l'Irak et qu'elle veut laisser tomber l'inutile, voire nuisible « processus de paix » au Proche-Orient. Alors qu'à Taba, quelques semaines auparavant, Israéliens et Palestiniens étaient allés plus loin que jamais ! La visite avec Jacques Chirac, juste après le 11 septembre 2001, programmée avant mais maintenue, et le déjeuner à la Maison Blanche avec G. W. Bush gentil, courtois et désemparé... Et puis il y a eu Barack Obama, Donald Trump et ses tweets, puis Joe Biden, puis à nouveau Trump à partir de janvier 2025...

Voir : États-Unis ; Lieux de pouvoir.

Manichéisme

Tentation de l'Occident.

Au sens premier, le manichéisme est une religion fondée au IIIe siècle par le Perse Mani, à partir du zoroastrisme, du bouddhisme et du christianisme (influence gnostique). Elle sépare le monde en deux royaumes distincts : celui de la Lumière, de la vie divine et de l'éternité ; et celui des Ténèbres, royaume de la matière et de la mort. L'homme étant partagé entre les deux, entre son corps et son esprit. De cette synthèse intellectuelle et raffinée, on a tiré un affrontement simpliste, binaire, « manichéen », entre le bien et le mal. La plupart des religions monothéistes, à la source desquelles UNE vérité a été révélée par un dieu, les fameuses « religions du Livre », y tendent par nature. Les civilisations polythéistes ou peu religieuses (Empire romain, Empire chinois) moins, l'animisme pas du tout. Néanmoins, dans tous les grands affrontements géopolitiques, une opposition schématique ressurgit entre cultures, religions, idéologies et nations antagonistes. Et persiste même quand la foi recule. Par exemple pendant la guerre froide entre les États-Unis et l'URSS. Aujourd'hui entre l'Occident et la Russie. Entre Israéliens et Arabes. Musulmans sunnites et chiites, etc. Un jour, la Chine et *the rest* ? Sud global contre Occident collectif ?

Confronté à la prise de contrôle de la présidence de G. W. Bush par la ligne « néoconservatrice » américaine, j'avais déploré, en 2001, que le manichéisme soit de retour… en Occident, aux États-Unis. Mais, avec le recul et en comparaison de Donald Trump et de la suite, G. W. Bush paraît avoir été un président modéré et raisonnable.

Voir : Occident ; Religions.

Mao Zedong

Demi-dieu ou tyran ? Parmi les *Trente « Empereurs » qui ont fait la Chine* (voir cet excellent livre de Bernard Brizay) Mao Tsé Toung (puis Mao Zedong) restera un de ceux qui l'ont refondue, cruellement mais efficacement, après plus d'un siècle de divisions, d'affaiblissement, de guerre civile, d'occupation, de traités inégaux. (L'histoire de la fondation du PCC en juillet 1921 dans la concession française de Shangaï et de l'influence du « groupe de Montargis » – Zhou Enlai, Deng Xiaoping – est un roman en soi.)

Il prit la tête, à travers le Parti communiste chinois, de la résistance populaire et paysanne (alors que les bolcheviques russes ne croyaient qu'au prolétariat industriel) à l'occupation japonaise et supplanta ainsi le nationalisme chinois moderniste de Tchang Kaï-chek (qui se réfugia à Formose/Taïwan avec d'importantes richesses financières, et artistiques). À l'issue de la « longue marche », il prit le pouvoir à Beijing (Pékin) en 1949. Il imposa alors à la Chine une dictature marxiste radicale, égalitariste et paysanne, en fait personnelle, lança, pour préserver son pouvoir *de facto* impérial, son pays dans des fuites en avant communistes mais surtout ubuesques, absurdes et ruineuses comme celle du « Grand Bond en avant » (plusieurs dizaines de millions de morts, par famine). Il déjoua les manœuvres de ses compagnons, qui voulaient endiguer son extrémisme en le marginalisant, en déchaînant contre eux une jeunesse fanatisée : les gardes rouges. Feu sur le quartier général !

Résultat : de nouveau, plusieurs dizaines de millions de morts. Ce n'est qu'après sa mort en 1976, à 82 ans, que Hua Guofeng jugule, grâce à l'armée, les derniers maoïstes de la « bande des Quatre », que Deng prend le pouvoir et libère les énergies chinoises pour reconstruire le pays, tout en en gardant le contrôle politique avec le PCC, ce qui a changé le monde. Mao peut se comprendre au regard de l'histoire chinoise. Mais le prestige et l'influence du maoïsme pendant des décennies au sein d'une petite partie des élites intellectuelles européennes, et notamment parisienne et française, sont à la fois incompréhensibles et consternants. Il y a eu en France à la fin du XXe siècle des partis maoïstes ! En 1968, c'était un dogme à Normale sup, et ceux qui n'étaient pas maoïstes étaient considérés comme des fascistes, fussent-ils trotskistes ! Passe encore au tout début (Philippe Sollers, *Tel Quel*), même si c'est déjà délirant et révélateur d'une fascination d'une partie de l'Occident pour le néant (le sien) et de l'attirance d'une certaine extrême gauche pour la violence. Tout cela rendu possible par une ignorance abyssale de la Chine (à la différence de Simon Leys, clairvoyant et courageux, et de ce fait même, à l'époque, ostracisé). Après tout, Mao lui-même ne disait-il pas : « Le poisson pourrit par la tête » ? Mais à notre époque ? Badiou ? Même Deng avait décrété qu'il y avait eu 70 % de bon dans Mao (et donc seulement 30 % de mauvais). Depuis 2017, Xi Jinping n'a pas cherché à démaoïser plus, au contraire. Certains pensent qu'il s'inspire de Mao, sous une forme plus technologique, quant au contrôle total de la société, avec sa directive du 26 août 2018 et le système Skynet de reconnaissance faciale, l'introduction de sa « pensée » dans les textes fondamentaux, la sinisation des grandes religions, etc. Il est en tout cas le plus puissant des successeurs de Mao et a été réélu en 2022 pour un troisième mandat (jusqu'en 2027). Mais il est douteux qu'il puisse imposer une hégémonie chinoise au monde, ni même à l'ensemble des BRICS...

Voir : Chine ; Deng Xiaoping ; Xi Jinping.

Maroc

Pays arabe, certes, mais pas comme les autres. Pays arabo-musulman qui reconnaît les dimensions berbère et juive comme composantes de son identité nationale. Pays méditerranéen et atlantique. Vieux pays qui a connu depuis le VIIIe siècle les dynasties Idrisside, Almoravide, Almohade, Mérinide, Saadienne et Alaouite (l'actuelle). Pays qui a été colonisé tardivement en 1912, par la France, sous la forme d'un protectorat (comme en Tunisie, pas comme en Algérie), qui a été marqué de 1912 à 1925 par la personnalité exceptionnelle du maréchal

Hubert Lyautey (un des seuls militaires avec Foch que de Gaulle admirait et respectait). Qui a ensuite été le bénéficiaire (comme la Tunisie, le Sénégal ou la Côte d'Ivoire) d'une décolonisation réussie, suivie d'une relation exceptionnelle avec la France. Qui a connu depuis son indépendance en 1956 trois grands souverains : Mohammed V, Hassan II (avec des moments shakespeariens) et, depuis 1999, Mohammed VI. Le Maroc est maintenant un pays émergent, économiquement, technologiquement, et dans le domaine des arts et du cinéma. Marrakech est une sorte de capitale d'hiver pour la *jet-set* et un centre permanent de congrès et de festivals. Le Maroc est revenu dans l'Union africaine. 800 000 Israéliens environ sont originaires du Maroc. Depuis 1975 le Maroc et l'Algérie sont en conflit grave à propos du Sahara occidental – territoire à décoloniser selon le droit international, ou partie historiquement intégrante du Maroc, selon les Marocains. Trump ayant reconnu la « marocanité » de cette partie du Sahara, le Maroc a ensuite exigé de ses partenaires que, d'une façon ou d'une autre, sa souveraineté y soit reconnue, ce qu'ont fait l'Espagne puis l'Allemagne. Après deux années de brouille franco-marocaine, le président Macron a reconnu à son tour que l'avenir du Sahara occidental se situerait dans le « cadre de la souveraineté marocaine », ce qui lui a valu un accueil enthousiaste au Parlement marocain en octobre 2024.

Pays émergent à suivre.

Verra-t-on un jour une coexistence maghrébine ?

Voir : Arabe (Monde) ; Sahara.

Marshall (Plan)

Panacée mythique. Vaste plan de prêt américain, annoncé à Harvard le 5 juin 1947 par le secrétaire d'État de Truman, le général George Marshall. Il était destiné à l'Europe pour sa reconstruction, pour un montant équivalent à 173 milliards de dollars 2018 et était lié à l'engagement d'importation de produits américains (introuvables en Europe à l'époque) d'un montant équivalent. Le Président avait arbitré pour ce plan contre celui de son secrétaire au Trésor, Hans Morgenthau, né d'une famille de la bourgeoisie juive de New York, qui voulait « ramener l'Allemagne au stade préindustriel » (ou même à « l'âge de pierre »). Le récit qu'en fait Benn Steil (*Le Plan*

Marshall, Les Belles Lettres, 2020) à partir des archives ouvertes est passionnant. Il montre que l'administration Truman espérait, en lançant le Plan Marshall, ne pas avoir à s'engager dans une alliance militaire avec les Européens pour les protéger. Ils durent faire les deux.

Cela ne fit pas grand bruit à l'époque, sauf chez les communistes qui, sur ordre de Staline qui avait peur que cela ne sape son influence en Europe, combattirent ce plan « américain et capitaliste ». Pour répartir les crédits de ce plan, les Américains créèrent en 1948 l'OECE, ancêtre de l'OCDE, avec tous les pays européens bénéficiaires, y compris donc l'Allemagne de l'Ouest (la RFA). Le plan fut la matrice de la construction européenne, trop oubliée par les européistes, qui sautent une étape et font comme si c'était « l'Europe » qui avait fait la paix. Les années 1945-1957 (et le rôle conducteur des Américains) sont escamotées.

Depuis, le « plan Marshall » est devenu un mythe. On en réclame pour l'Afrique, le développement, les banlieues, la relance de l'économie après la pandémie, etc. Sans réaliser que souvent des sommes équivalentes ont déjà été consacrées à ces fins. Par exemple pour « l'aide » à l'Afrique depuis les années 1960, sans résultats suffisamment probants.

En fait, pour que de telles sommes soient bien gérées, réparties, affectées judicieusement, pour déclencher des processus économiques vertueux, il faut un substrat social, économique, juridique, donc étatique. Ce qui existait encore, malgré la guerre, dans l'Europe occidentale des années 1945-1950.

Marshall est un des visages les plus aimables de l'Amérique libératrice (GI et chewing-gum), protectrice (l'Alliance en 49), rayonnante (Hollywood), leader du « monde libre ». L'américanisation sympathique. Une Amérique et un monde d'un autre temps.

Voir : Mythes ; Seconde Guerre mondiale.

MBS (Mohammed ben Salmane)

Incarnation de l'Arabie... Salmanite, et non plus seulement Saoudite (descendants d'Ibn Saoud, Abdelaziz ben Abdelrahmane Al Saoud, refondateur de l'Arabie, décédé en 1953). Né en 1985, un des quatre fils de Salmane ben Abdelaziz Al Saoud, devenu roi le 23 janvier 2015 à la mort du roi Abdallah, Mohammed ben Salmane (MBS) s'est attribué en quelques années l'essentiel du pouvoir. Il a obtenu de son père l'éviction du prince héritier (Mohammed ben Nayef Al Saoud), et écarté en les emprisonnant par un coup de force, sorte de lettre de cachet, le 4 novembre 2017, onze princes, quatre ministres, des dizaines d'anciens ministres et des dizaines d'hommes d'affaires, dont le milliardaire Walid ben Talal. Finalement relâchés après avoir signé des reconnaissances de dettes pour 100 milliards de dollars ! MBS accomplit alors un changement de régime, un putsch dans le régime *saoudien* gouverné jusque-là par la succession de frère en frère – dite adelphique – et collectivement par la vaste famille royale (des milliers de princes, quelques dizaines qui jouent un rôle). Il n'y a plus de « famille saoudienne » qui puisse le stopper. À l'extérieur, il est nationaliste, antiiranien et antichiite (Iran, Syrie, Yémen, Liban). Il a donc été très pro-Trump, plus encore que pro-israélien, et s'est mal entendu avec Joe Biden. À l'intérieur, s'appuyant sur les attentes de la jeunesse (70 % de la population) qui veut des distractions, des cinémas, etc., et des femmes, qui veulent conduire, il veut préparer l'Arabie à l'après-pétrole (le plan Arabie 2030, conçu à grands frais par des consultants occidentaux) et moderniser la société, plus ou moins contre le clergé wahhabite et la Muttawa, brigade des mœurs. Il se proclame d'un « islam modéré ouvert au monde, et à toutes les religions ». Il a même déclaré le

24 octobre 2017 devant des Occidentaux, ce qui avait de l'allure : « Nous ne gâcherons pas trente autres années de nos vies à combattre les idées extrémistes, nous allons les détruire aujourd'hui ! »

Mais cela signifie se libérer du pacte conclu en 1744 entre le patriarche Mohammed Ibn Saoud, et l'imam Abdelwahhab pour créer le premier État saoudien *wahhabite*. S'il réussit économiquement, s'il se dégage des aventures extérieures (sur le Yémen, sa vision diverge maintenant de celle de MBZ qui veut contrôler un Yémen du Sud indépendant), s'il succède à son père (qui l'a quand même un peu freiné sur la privatisation de l'Aramco avant même la crise de 2020 et l'abandon complet des positions arabes sur l'État palestinien avant Gaza en 2023), et s'il met fin à la propagande wahhabite offensive et dévastatrice financée depuis quarante ans auprès des musulmans sunnites du monde entier (y compris en Europe), cela changera le rapport de force au sein de l'islam, entre musulmans et islamistes, même si l'islamisme politique a d'autres sources.

Tout cela a été entrepris, mais suspendu, un moment, par l'assassinat et le découpage à la scie, le 2 octobre 2018, au consulat saoudien à Istanbul, d'un journaliste opposant saoudien, Jamal Khashoggi, sur ordre, selon Erdoğan (qui lui-même fait enlever, torturer et disparaître ses opposants gülenistes) et la CIA, de MBS lui-même, qui avait dû demander qu'on le neutralise. En tout cas de très proches, provoquant un embarras énorme chez tous ceux qui, horrifiés par cet acte, ne peuvent pourtant pas, ou ne veulent pas, rompre avec l'Arabie, son pétrole, ses marchés, son argent, etc.

Le roi Salmane soutint et confirma son fils, comme Donald Trump, mais une interrogation est apparue un moment sur l'avenir du prince héritier, et, aux États-Unis, le lobby antisaoudien s'était réveillé… MBS modernise l'Arabie par l'économie, les femmes, le tourisme : promotion de sites nabatéens – Al-'Ula de Dariya, berceau de la maison des Saoud –, avec l'aide de la France, création d'une ville touristique nouvelle, Qiddiya.

Si MBS atteint ses objectifs intérieurs, c'est un changement considérable dans la région et dans l'islam. Dans l'immédiat, il n'est prêt à se réengager dans un processus de normalisation avec Israël que si celui-ci inclut la création d'un État palestinien. Suspens en 2025 !

Voir : Arabie Saoudite ; Islam ; Israël ; Trump, Donald.

MBZ (Mohammed bin Zayed Al Nahyan)

Mohammed bin Zayed Al Nahyan, connu sous le nom de MBZ, actuel prince héritier et ministre de la Défense d'Abou Dabi (la capitale des Émirats arabes unis, qui comptent sept émirats dont Dubaï), est le vrai stratège et penseur de la péninsule Arabique. Il est le troisième fils du fondateur, le cheikh Zayed bin Sultan, décédé en 2004. Je me souviens encore du profil d'aigle de celui-ci alors qui était venu saluer le président Mitterrand à l'aéroport où nous faisions une escale technique. Seigneur du désert.

La politique étrangère de MBZ est ambitieuse, voire aventuriste. Il est totalement anti-iranien (contrairement à son voisin le Qatar qui exploite avec l'Iran une gigantesque nappe sous-marine de gaz) et a donc été pro-Trump. Au Yémen, il s'est engagé pour les sudistes, contre les houthistes soutenus par l'Iran. Il veut un Yémen du Sud indépendant, sous son contrôle, ce qui l'oppose maintenant au saoudien MBS, qui ne veut pas d'un Yémen chiite indépendant à sa porte. Et en Libye, il a aidé Haftar contre Fayez el-Sarraj. Cette diplomatie très ambitieuse a suscité une comparaison avec la Prusse et des critiques.

En août 2020, il avait officialisé l'établissement de relations diplomatiques avec Israël, certainement en accord avec MBS. Son ministre des Affaires étrangères (son frère) a argumenté que cela avait permis d'obtenir de Netanyahou le report de l'annexion de la vallée du Jourdain. En fait, c'était un front anti-iranien. Les événements de Gaza ont arrêté net – si ce n'est mis un terme à – cette politique à courte vue, qui avait passé les Palestiniens par pertes et profits. N'oublions pas que nous sommes mêlés à ce jeu puisqu'il y a depuis 2009, sous Sarkozy, une base française à Abou Dabi, et même un accord de défense.

Voir : Arabe (Monde) ; Iran ; Israël.

Mearsheimer, John

Courageux. S'il y a encore un « néoréalisme américain » en politique étrangère, c'est le professeur de sciences politiques John Mearsheimer, né en 1947, qui l'incarne. Il a eu notamment le courage de publier en 2007, avec Stephen Walt, autre néoréaliste, Le *Lobby pro-israélien et la politique étrangère américaine*, décrivant l'influence considérable, et à leurs yeux abusive, du lobby israélien sur la politique étrangère américaine. Celui-ci est devenu au fil du temps presque exclusivement un lobby Likoud. C'est facile aux États-Unis d'identifier les nombreux lobbies car ils se vantent en général de leurs résultats : lois ou nominations bloquées ou obtenues. Mearsheimer a évidemment été violemment attaqué par les partisans, nombreux aux États-Unis – lobbies israéliens et, de plus en plus, évangélistes –, d'un soutien *inconditionnel* à la politique du Likoud, aux sionistes messianiques et à l'extension des colonies jusqu'à rendre impraticable une solution à deux États. Ces derniers avaient réussi jusqu'en 2023 à faire taire presque toute critique de la politique israélienne (sauf un peu en Israël même).

Voir : Penseurs ; Réalisme (realpolitik, irrealpolitik).

Méditerranée

Mer semi-fermée de 2,5 millions de kilomètres carrés, objet, avec sa dizaine d'îles enchanteresses, source de mythes anciens, au cours des millénaires antiques, et contemporains (*Sea, Sex, Sun* et Sud = Club Med).

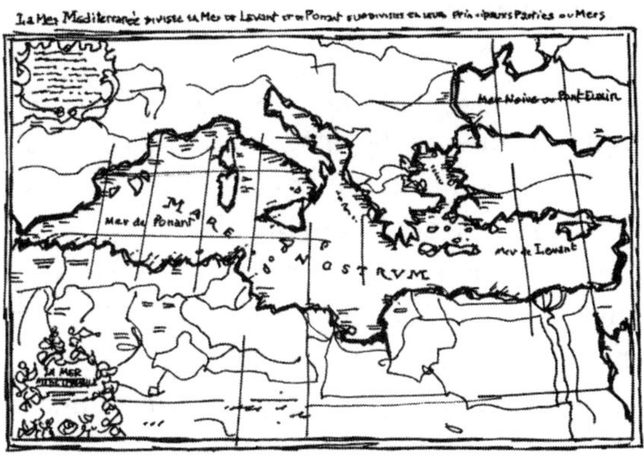

A été en fait dans l'Histoire connue l'objet constant de luttes féroces de toutes les puissances et les empires qui le bordaient bien avant que la République romaine puis l'Empire romain (en –25) ne le contrôlent jusqu'au IIIe siècle. C'est cette *Mare Nostrum* de trois siècles (apogée sous les Antonins) qui fait encore rêver. Après ce sera la conquête du Sud par l'Islam et la division de la Méditerranée.

Affrontements, rivalités, batailles, piraterie.

Pas un concept géopolitique donc, mais océanique.

Menacée par un réchauffement climatique qui s'accélère, notamment de ses eaux, les hordes touristiques et les rejets non épurés. Un programme simple : limiter le surtourisme et que les 25 pays qui le bordent se dotent tous de stations d'épuration. Ce serait déjà énorme.

Menaces (perceptions des)

On a tout intérêt à ne pas rester nombrilistes ou binaires pour comprendre ce qui nous attend. Une méthode simple que j'ai employée pendant une décennie dans mon séminaire à Sciences Po est de confronter les *perceptions* contradictoires des menaces, si possible à l'aide d'études d'opinion sérieuses, dans la durée. Exemple : la Russie était perçue comme menaçante par les Européens (même avant 2022, ensuite, c'est une évidence). Mais par quoi et par qui les Russes se sentaient-ils menacés ? Même question pour les Chinois, les Américains, les Israéliens, etc. Pour l'Europe, c'est plus facile : elle se sent menacée par beaucoup de choses mais personne ne se sent menacé par elle. Juste un peu énervé, découragé parfois dans les États membres, par sa frénésie réglementaire…

Mende, Tibor

Je lui suis reconnaissant de m'avoir éveillé à la géopolitique. Il est venu plusieurs fois dîner chez mes parents à Bois-Colombes, avenue Cloarec, dans les années 1960, lorsque j'étais lycéen. Juif hongrois, né à Budapest en 1915, devenu français, esprit universel et polyglotte, il avait écrit de nombreux livres. À table, il racontait ses entretiens avec Nehru ou Zhou Enlai... J'étais fasciné. Plus tard, dès 1972, il a dénoncé dans l'« aide au développement » un effet pervers d'« aide à la recolonisation ». C'était un tiers-mondiste de l'époque Bandung, fin, libre d'esprit et non dogmatique. Sa remarquable épouse s'appelait Vera Mende, vert *amande*... Ils s'en amusaient. Il est décédé en 1984, au Canada. On devrait le rééditer et le relire.

Voir : Tiers-monde.

Metternich, Klemens Wenzel von

Klemens Wenzel von Metternich a été, au nom de l'empereur d'Autriche, l'architecte principal du congrès de Vienne, puis de la Sainte-Alliance antirévolutionnaire, et d'une subtile politique d'équilibre en Europe au sein du « concert européen », jusqu'à son éviction en 1848. Dans sa thèse, classique, *Le Chemin de la paix*, Henry Kissinger dit son admiration. Metternich sera autorisé à revenir à Vienne en 1859. Par la suite, c'est Bismarck, et donc la Prusse, qui prend la main. Il continue, sous une forme plus rude, une forme de realpolitik aventureuse mais assez contrôlée, que Guillaume II poursuivra sans précaution, dangereusement et unifie l'Allemagne.

Metternich connaissait très bien la France. Ambassadeur à Paris de 1806 à 1809 (date à laquelle il devient chancelier d'Autriche), il y fut l'amant de Caroline Bonaparte et de la duchesse d'Abrantès (l'épouse de Junot). Il avait de bons rapports avec Talleyrand – cela ne peut nous étonner – et organisa le mariage avec Marie-Louise. Son époque n'est pas celle de guerres perpétuelles ni de nationalismes exaltés.

Sa biographie par Charles Zorgbibe est précieuse – *Metternich, le séducteur diplomate*. C'est d'ailleurs à lui que j'ai demandé de reprendre son portrait dans l'ouvrage sur les *Grands diplomates (du XVIe au XXIe siècle)* paru chez Perrin début 2024.

Voir : Vienne (Congrès de) ; Zorgbibe, Charles.

Confusion totale. À ce sujet, exprès ou par ignorance, on confond en général tout en Europe : émigrants, immigrants légaux ou illégaux, demandeurs d'asile légaux ou *de facto*, migrants temporaires. Et on croit, par notre nombrilisme habituel, que cela ne concerne que l'Europe. En plus, tout cela est politisé de la façon la plus caricaturale. Je schématise : pour la gauche, tout immigrant est demandeur d'asile et il est inhumain de ne pas l'accueillir (donc asile pour tous) ; pour la droite, tout demandeur d'asile est déjà un immigré illégal. Nos médias emploient le terme amalgame de « réfugiés » à tort et à travers. On entend des remarques absurdes : « Il y a toujours eu des migrations. » Oui, peut-être, si on pense la colonisation du monde par l'*Homo erectus* puis l'*Homo sapiens*, et si l'on raisonne en milliers d'années ! Mais on parle alors de quelques centaines de milliers de chasseurs-cueilleurs à la recherche de gibier, ou d'un climat plus clément, il y a des dizaines, ou des centaines de milliers d'années, *sur une terre vide*. Même aux époques historiques, à part les invasions, ou les mouvements de population des IVe et Ve siècles, Francs, Goths, Vikings, etc., les migrations ont été, le plus souvent, des mouvements assez lents, des déplacements à pied ou en chariots de petits groupes, ou des attaques par quelques dizaines d'individus, dans des territoires clairsemés. Tout cela n'a absolument aucun rapport avec le monde du XXIe siècle et les tensions innombrables sur une planète surpeuplée. Face à la question migratoire, pour mieux comprendre les différences de réaction, il faut commencer par distinguer les pays où les premiers occupants ont été quasi exterminés (Amérique du Nord, Caraïbes, Australie, Argentine), ou bien largement réduits, ou encore « décimés » (un dixième), qui ont dû ensuite être repeuplés par une immigration massive, et qui sont donc par construction favorables à l'immigration (exemple : l'Argentine, et le pape François). Rien de surprenant. Il faudrait distinguer ensuite les pays que les émigrants ont fuis en raison de la pauvreté (au XIXe : Irlande, Italie, Scandinavie), de ceux qui se sont exilés par exemple pour des raisons religieuses (sectes protestantes anglaises fondamentalistes qui partent en Amérique pour exercer librement leur culte). Pendant près de mille cinq cents ans, la France n'a été ni de l'un ni de l'autre, sauf à la marge lors du départ obligé et désastreux des huguenots. Grande stabilité.

Depuis les années 2000, selon l'ONU, environ 190 millions d'hommes et de femmes bougent chaque année, soit 2 à 3 % de la population mondiale. « Bouger » ne veut pas dire émigrer. Cela englobe les mouvements à l'intérieur de chaque pays (comme en France « l'exode rural » dans les années 1950 et 1960), mais aussi d'un pays à l'autre, voire d'un continent à l'autre. À notre époque, c'est beaucoup plus facile, moins cher et relativement sûr – sauf en Méditerranée – de se déplacer. Ce n'est pas sans espoir de retour. Et c'est tentant : tout le monde connaît les facilités et les aides sociales attractives auxquelles on a accès dans les pays européens, surtout en France. En fait, les migrations posent peu de problèmes aux pays d'arrivée et sont mêmes avantageuses quand elles correspondent à de vrais besoins, qu'elles ne sont pas trop massives, qu'elles sont étalées dans le temps, qu'elles ont lieu dans des territoires peu denses, que les populations arrivantes ont, pour des raisons religieuses ou autres, des modes de vie pas trop différents ni antagonistes, veulent s'intégrer, si ce n'est s'assimiler, et qu'il y a en face volonté et moyens d'intégration. Pourquoi ces évidences basiques sont-elles niées avec autant de mauvaise foi ? Parce que l'immigration sert de combustible à des querelles idéologiques de substitution !

En tout cas, depuis des décennies, c'est l'inverse qui se passe. Il se mêle, sur une Terre surpeuplée, occupée, urbanisée et très organisée, des gens qui fuient des persécutions ou des guerres et qui cherchent un asile, aux termes de la Convention de 1951 – Syriens, Érythréens, Afghans, par exemple ; et des gens qui « votent avec leurs pieds » et vont ailleurs pour vivre mieux, par exemple en Europe, mais pas qu'en Europe : les Africains vont d'abord vers leurs grandes agglomérations, puis en Côte d'Ivoire, au Nigeria ou en Afrique du Sud avant, pour les plus audacieux d'entre eux et les plus capables de rassembler quelques milliers d'euros afin de payer les passeurs, de tenter leur chance vers l'Europe en utilisant toutes les failles et les contradictions des législations et des réglementations, et les relais en Europe même. Selon un sondage de l'Institut PEW réalisé en 2017, 40 % des jeunes subsahariens *voudraient* émigrer ! Mais, contradiction, 87 % de Nigériens préféreraient rester chez eux !? Cela ne concerne pas que l'Afrique : des centaines de milliers d'Européens de l'Est, du Sud et des Balkans ont ainsi quitté leurs pays depuis le début du XXIe siècle.

Les migrations vont rester un sujet perpétuel d'instrumentalisations politiques et de controverses sur les « valeurs », surtout dans un pays comme la France qui adore l'idéologie (= les valeurs), mais aussi de pugilats, de faits et de chiffres dans des débats « continus ». Jusqu'à ce que cela soit enfin géré, rationnellement et globalement. Les pays d'Europe ont besoin d'énormément de migrants, mais ce ne sont pas ceux que les passeurs amènent illégalement. C'est donc une nécessité vitale pour l'Europe de ressusciter un Schengen qui marcherait et *dissocierait, pour les traiter différemment, les demandes d'asile et nos demandes légales d'immigration*. C'est la clé. Pour l'immigration, cela suppose une cogestion entre pays de départ, de transit et d'arrivée et la fixation périodique de quotas professionnels ; qu'il soit mis fin au détournement massif du droit d'asile, seule façon, face aux opinions, de le sauver. Ce long aveuglement ou déni de la part des gouvernements de gauche et de droite dont se sont nourries les nouvelles droites extrêmes est comparable au refus « progressiste » de considérer l'explosion démographique comme un problème. Ce serait être « malthusien » (Malthus, 1766-1834), crime presque aussi atroce que d'être « réactionnaire » ! La prise de conscience de l'urgence écologique qui va s'étendre est en train d'ébranler tout cela. Si les Européens n'adaptent pas la nouvelle approche à ce sujet de la social-démocratie scandinave, tout cela peut tourner très mal.

Voir : Afrique(s) ; Démographie ; Europe ; Manichéisme ; Valeurs.

Minerais/métaux

Les préhistoriens et historiens classent l'âge des métaux (âge du cuivre, du bronze, du fer) à partir d'il y a 4 000 ans à la charnière de la préhistoire et du début de l'Histoire. En est-on sorti ? Certes, il y a eu la recherche tous azimuts de bois, la folie pour les épices, le besoin vorace d'énergie (charbon, pétrole, gaz) depuis la révolution industrielle. Mais aujourd'hui, dans un monde global numérisé, censé être immatériel, il semblerait, paradoxe, que l'on n'ait jamais eu autant besoin pour réussir les révolutions numériques et *écologiques* de cobalt, de cuivre (encore !), de lithium (pour les batteries, notamment automobiles, secteur dominé par le chinois CATL), de nickel, de graphite, de terres rares (17 éléments chimiques, en fait assez répandues), de minerais « critiques », dont l'extraction est encore écologiquement très agressive. Domaine supplémentaire de la compétition entre les puissances pour l'accès aux ressources rares et stratégiques et des difficultés de *l'écologisation*. Les livres de Philippe Chalmin et de Guillaume Pitron permettent d'y voir clair.

Ministre

Titre encore assez prestigieux, en tout cas pour certains postes. Encore que. En latin, *minister* veut dire « serviteur ». Pendant longtemps, ce terme a eu un sens religieux : ministre de Dieu. À partir du XVIIIe siècle, « ministre » a acquis un sens politique.

À notre époque, un ministre, membre d'un gouvernement, et donc chef d'une administration, peut avoir un poids considérable (encore que dans les démocraties modernes, directes, sous pression permanente de l'opinion, tout affaiblisse les dirigeants et transforme les leaders en followers) ou insignifiant. Cela dépend de beaucoup de choses. Aux critères classiques (les compétences, la résistance physique, l'autorité, la confiance du souverain) s'est ajouté dans les démocraties modernes un critère de représentativité au sens étroit : un gouvernement devrait être (aussi ou seulement ?) un échantillon représentatif des catégories et sous-catégories, majorité et minorités. Au moment même où la notion de démocratie *représentative* est contestée de toutes parts, c'est paradoxal.

C'est donc une fonction extraordinaire ou ingrate, selon les contextes. En tout cas, ministre des Affaires étrangères (*Secretary of State*) reste de loin, à mon avis, la fonction la plus intéressante, à part celle de président, du moins si l'on dispose d'assez d'autonomie pour être réellement « chef de la diplomatie ». Et si l'on peut s'affranchir de la fatalité annoncée par Tocqueville : les démocraties mèneront de plus en plus leurs affaires *extérieures* sur la base des affaires *intérieures*. Il y a deux siècles ! Que dirait-il aujourd'hui des régimes d'opinion ?

En fait, l'avenir de la fonction de ministre et son intérêt dépendent beaucoup de l'évolution de l'affrontement entre démocratie représentative, démocratie directe ou continue, et démocratie participative. Et de la redécouverte, ou non, de la nécessité, dans le monde chaotique et interdépendant, d'une politique étrangère, d'une stratégie dans la durée, et donc du savoir-faire de négociation, ce qui est un métier pratiqué par bien d'autres que les diplomates dans le monde globalisé interdépendant.

Voir : Diplomatie ; Opinion publique.

Minorités

D'abord, de quoi parle-t-on ? Il y a une vision classique du sujet et une approche différente aujourd'hui en Occident. L'approche « classique » et juridique a été définie après la Seconde Guerre mondiale, en tout cas en Europe, et dans le système onusien multilatéral, en réaction à la façon cruelle ou atroce dont ont été traitées les minorités ethniques, linguistiques ou religieuses depuis la nuit des temps, pendant la Seconde Guerre mondiale bien sûr, mais aussi après 1945 avec les gigantesques mouvements de populations. Pour les protéger, il a été créé, à partir de la Convention de Genève de 1951 relative au « statut des réfugiés », un « droit des minorités ». Les pays homogènes, où il n'y a quasiment pas de « minorités » de ce type (Japon, les deux Corées), sont rares. Dans la plupart des autres cas, même quand il ne s'agit pas d'empires ou d'États multinationaux, les minorités sont nombreuses. Cela dit, dans beaucoup de pays d'Europe, contrairement à ce que l'on dit pour relativiser la pression migratoire nouvelle, la population n'a guère bougé de la fin des « grandes invasions » jusqu'au XXe siècle.

D'autre part, d'autres minorités, influencées par ce qui se passe en Amérique du Nord, se durcissent et s'organisent depuis deux ou trois décennies. Minorités sexuelles. Il ne s'agit pas là des femmes qui ne sont pas une minorité, et donc pas non plus seulement des diverses formes de féminisme radicalisées, mais des LGBT+, etc., et des minorités ethniques.

Dans le passé, les minorités ont pu, selon les cas et les époques, être tolérées, bien traitées, acceptées (la bourgeoisie copte en Égypte), voire être dominatrices (les Alaouites dans la Syrie des Assad), mais aussi utilisées, instrumentalisées, ou encore persécutées, et même anéanties. Plus récemment, cette question a pris un tour beaucoup plus âpre dans les anciens pays colonisateurs, en France et ailleurs en Occident, en tout cas dans ceux qui sont des démocraties ouvertes et judiciarisées où la partie la plus activiste des organisations qui disent représenter les minorités est tentée d'aller au-delà de la lutte contre les discriminations. Pour, par exemple, obtenir des réparations (minorités issues de pays colonisés), voire *de facto* un droit de veto sur des pratiques, des mots, des politiques, qui peuvent les agresser et les offenser. Cela tourne à la censure, par exemple dans le courant américain des *post-colonial studies*, à la revanche contre l'homme blanc occidental. La bataille fait rage dans les universités nord-américaines en ce qui concerne l'enseignement de l'histoire, de la littérature, etc. (Philip Roth avait épinglé en 2000, dans *La Tache*, avec son talent prémonitoire le risque de ce nouveau maccarthysme). Pour Marcel Gauchet (*Le Débat*), on ne pourra bientôt plus y enseigner les humanités. Ce mouvement est peut-être minoritaire, mais réel. Ces névroses américaines sont très contagieuses. Elles se répandent dans les médias et le monde étudiant, la communication, la mode, etc., en Occident, même si l'histoire de la violence aux États-Unis est très spécifique. Il faut préserver la liberté de penser et de s'exprimer. C'est une bataille fondamentale pour l'avenir, qui n'est pas gagnée…

De même, dans une partie du monde musulman menacé ou intimidé par l'islamisme (ou par l'accusation pétrifiante « d'islamophobie »), l'enseignement des sciences (et du darwinisme) devient difficile, voire impossible.

Les batailles actuelles pour ou contre le « multiculturalisme », au Canada ou en Europe, sont typiques d'une époque où, en Occident, une partie des minorités ne veut plus s'intégrer ou s'assimiler mais devenir, sans s'adapter, une partie constituante d'un ensemble social ou politique tout à fait nouveau, et y exercer un droit de veto ou d'injonction, voire un chantage. C'est la question du communautarisme, voire du « séparatisme ». Les luttes judiciaires (mais qu'y peut la justice ?) pour déterminer s'il y a ou non un nouveau « racisme anti-Blanc » s'ajoutant aux racismes classiques en font également partie.

Ainsi que la querelle de « l'appropriation » (au théâtre) en Amérique du Nord, qui n'est pas que ridicule. Le risque est que « la seule minorité dont on ne se préoccupe pas soit la majorité ». Tout cela a alimenté aux États-Unis le vote Trump en 2017, et son score élevé en 2020 même s'il avait été battu, et son élection triomphale en 2024.

La nouvelle querelle minorités/majorité ne se présente de cette façon violente qu'en Occident, ou dans quelques pays culturellement et politiquement comparables. La question classique de l'instrumentalisation des minorités dans les relations internationales pour affaiblir un concurrent, neutraliser un pays critique, appuyer des revendications, est bien d'actualité.

Voir : Correct/tabou/woke ; Diaspora(s) ; Influences ; Migrations.

Mitterrand, François

Difficile pour quelqu'un qui a consacré vingt-deux ans de sa vie à travailler étroitement avec le président Mitterrand après l'avoir admiré et deviné de loin si longtemps avant, après avoir entendu parler toute sa jeunesse de « François » par son père, après avoir passé près de vingt années à présider la Fondation qui entretient la mémoire de sa vie et de son œuvre, quelqu'un qui a écrit deux livres sur lui[1], d'en parler objectivement ! Je n'essaierai même pas ! C'est ailleurs, et plus tard, que je reviendrai peut-être sur cette aimantation, sur ce que le temps

1. *Les Mondes de François Mitterrand*, Fayard, 1995-2019 ; *François Mitterrand, un dessein, un destin*, Gallimard, 2006.

resculpte sans arrêt, sur cette intensification de la vie à son contact. Cela s'appellera « Retour à Mitterrand ».

Disons seulement, pour parler géopolitique, que sa façon d'assumer, en le faisant évoluer, l'héritage gaulliste de la Ve République, après l'avoir combattu, a donné naissance au néologisme moins oxymoresque qu'il n'y paraît de « gaullo-mitterrandisme ». La gauche socialiste a la nostalgie du Mitterrand d'Épinay, de l'Union de la gauche en 1971 à la victoire de 1981, et encore jusqu'au « tournant » européen, qui n'en est pas vraiment un, de 1983. Elle est moins à l'aise avec ce qui précède, et avec la suite, et en général elle a zappé la France unie et la large réélection (54 %) de 1988, et le second septennat. La plupart des gaullistes ont toujours combattu Mitterrand sauf quand, avec Chirac en 1981, ils avaient trouvé VGE pire. Les rocardiens ne l'aimaient pas et jugeaient avant 1981 Mitterrand fini, mais c'est quand même grâce à ce dernier que Rocard a pu être un – bon – Premier ministre. Pour tous les politiques, de gauche et de droite, Mitterrand a été un sorcier du genre. Nombreux sont ceux qui m'ont dit : « Qu'aurait fait François Mitterrand dans cette situation ? » Pour tous les autres, les gens, François Mitterrand est un personnage historique mais qui, avec le temps, s'éloigne. Beaucoup ont découvert l'homme Mitterrand, et le romantique, avec les *Lettres à Anne* et le *Journal pour Anne* !

De nombreux chercheurs français et étrangers continuent à travailler sur lui. Et sur ce qu'il a eu à gérer – avec sang-froid – avec Mikhaïl Gorbatchev, George H. Bush et Helmut Kohl, c'est-à-dire le plus grand bouleversement mondial depuis la guerre : la fin de la guerre froide et de l'URSS, mais aussi sur sa relance de l'Europe avec Kohl, en mai 1984 à Fontainebleau, suivi d'une marche rapide jusqu'à la ratification du traité de Maastricht en 1992 (plutôt une monnaie unique qu'une zone mark *de facto*), passé, on l'oublie trop, à seulement 51,05 % des suffrages ! C'est d'ailleurs à partir de ce moment-là que j'ai pensé qu'il y avait eu un bug dans cette construction européenne.

Des centaines, je dis bien des centaines, de livres lui ont été consacrés. À sa vie, bien sûr (1916-1996), ainsi qu'à sa politique et ses gouvernements, mais aussi à sa famille, ses proches, ses amis, sa guerre, sa carrière, ses lectures, ses livres, ses maisons, ses chiens. Livres haineux, critiques, favorables, admiratifs, dithyrambiques, amoureux. On trouve de tout. Quelques-uns passionnants (Jean Lacouture, Franz-Olivier Giesbert, Jean Daniel, Philip Short, Alain Duhamel, Serge July, Éric Roussel).

Je me suis réjoui qu'en octobre 2018 un sondage *Le Figaro*/France Info, à la question : « Quel a été selon vous le meilleur président de ces quarante dernières années ? » (donc après de Gaulle), François Mitterrand ait été choisi, très en tête, avec 31 % des suffrages (puis Chirac à 26 %), même si Jacques Chirac a bondi en tête devant le général de Gaulle, sous le coup de l'émotion juste après son décès. Ne pas oublier : François Mitterrand était né en 1916 et avait connu l'effondrement de 1940. Un lien souterrain avec de Gaulle, et une différence radicale avec les autres. C'était aussi avant le quinquennat, les réseaux sociaux, l'effondrement de la lecture, etc. Un autre monde. Sa grande biographie reste à écrire.

Voir : Confédération européenne ; France ; Présidents.

Mondialisation/démondialisation

Encore un mot-valise ! Le mot « mondialisation » a été employé pour la première fois, de façon optimiste, par Pierre de Coubertin en 1904, un an avant la mort de Jules Verne. Il s'est répandu après la Seconde Guerre mondiale et, plus encore, depuis l'américano-*globalisation* (terme anglais, vaine querelle entre les partisans de l'un ou l'autre terme) des quarante dernières années. Objet de controverses acharnées. D'un côté ses partisans à tous crins pour qui la mondialisation, suite du « doux commerce », est comme une évidence positive et l'assurance d'un progrès pour toute l'humanité, pour qui l'on ne peut ou ne doit ni la critiquer, ni la corriger, ni la ralentir, ni même la questionner, et à peine la réguler ; de l'autre ses contempteurs, pour qui elle est la source de tous les maux, surtout quand elle est – horreur ! – capitaliste ! Tous mélangeant allègrement causes et conséquences, sur fond de confusions historiques et d'inculture économique (plus encore en France qu'ailleurs).

Essayons d'y voir clair. La mondialisation ne date pas d'aujourd'hui ! « Sortie d'Afrique », de certains *Homo erectus*, il y a environ 1,8 million d'années (ils ne savaient pas qu'ils sortaient d'Afrique, ils suivaient des animaux) qui auront des descendants, en Asie et en Europe. Sortie de certains *Homo sapiens* il y a deux cents à cent cinquante mille ans, qui croisent certains des descendants d'*Erectus* (Néandertal et autres) et se mêlent un peu à eux. Les scientifiques disent pudiquement : « Ils échangent leurs gènes. » Colonisation complète du monde par ces *Sapiens* en quelques dizaines de milliers d'années. En zoologie, on dirait que le genre « *Homo sapiens* » est une espèce invasive, même à pied ! Les controverses entre paléo-anthropologues sont très riches et très excitantes.

Bien bien longtemps après, après des millénaires de stabilisation/sédentarisation (le néolithique : immense progrès ou – Yuval Noah Harari, *Sapiens : une brève histoire de l'humanité* [2011] – fin d'un monde idyllique ?), il y a eu des mondialisations partielles, si l'on peut dire. En Eurasie : celle du christianisme, celle de l'islam, celle des Vikings, celle des marchands arabes en Afrique (pour le commerce et l'esclavage), vers l'océan Indien et l'Asie du Sud-Est. Celle, plus spécifiquement asiatique, de la Chine. Et, déjà mondiales, celles des explorateurs (Magellan !) puis des colonisateurs européens, d'abord portugais, puis espagnols, anglais, français, néerlandais, danois, allemands, italiens, russes. Suivies des empires : ottoman, russe, britannique, français ; la mondialisation britannique (la plus étendue) de 1850 à 1914 ; les Japonais entre les deux guerres. Puis l'actuelle, depuis 1945, l'américano-globalisation. D'abord, après la guerre, l'ONU, le plan Marshall, Bretton Woods, le GATT, l'OTAN, les bases américaines, puis, après la fin de l'URSS, en 1995, l'OMC.

Finalement, l'extension au monde entier de l'économie de marché, mais pas n'importe laquelle (il y avait des foires en Champagne au XIIIe siècle), chaque mot compte. C'était dans les gènes des États-Unis dès leur fondation. Et pour les décennies 1990-2010, une économie de marché dérégulée, financiarisée, dollarisée, numérisée.

En fait, la « mondialisation » est un terme ambigu, faussement neutre. Il y a eu bien sûr des inventions clés (portables, porte-conteneurs, dus à Malcolm Mac Lean, transporteur routier, dans les années 1950) mais plus encore des *mondialisateurs* (des gouvernements, des théoriciens, des médias, des think tanks, la Silicon Valley, les GAFAM, et donc le monde digital, des entreprises, des financiers, Davos) et des *mondialisés*, des gens, des peuples, considérés uniquement comme des consommateurs à satisfaire, et qui n'avaient rien demandé. L'idéologie qui l'a accompagnée, américaine mais pas seulement, était antiétatique, anti-verticale, horizontale, transversale, ultra-individualiste (que l'on songe au projet d'activistes geeks californiens libertariens d'aller vivre dans des îles flottantes en haute mer pour échapper à toute souveraineté classique). C'est d'ailleurs cela qui a façonné l'Occident ces dernières décennies.

Mais, fait nouveau dans les pays occidentaux depuis le début du XXIe siècle, les classes populaires, d'abord, une partie des classes moyennes, ensuite, ont cessé de considérer que la mondialisation était automatiquement bonne pour eux, contrairement à ce qu'on leur avait affirmé, et dénoncent que ce soit la Chine qui en ait profité le plus. D'où des méfiances tous azimuts, et de vraies « insurrections électorales », moins pires cependant que l'abstention grandissante qui s'installe dans la durée. L'élection de Trump en 2017, entre autres, avait été une manifestation spectaculaire de cette défiance maintenant enracinée, *a fortiori* sa réélection en 2024.

Les « mondialisateurs », parfois sincères et convaincus, parfois utopistes, parfois mus par la seule avidité ou leur simplisme, ou tout simplement technos, n'ont considéré les êtres humains que comme des consommateurs indifférenciés à mondialiser, et, par ailleurs, les migrations de masse comme ne posant aucun problème et étant même une bonne chose (main-d'œuvre, baisse des coûts salariaux, métissage bénéfique). C'est typique de la « pensée OMC », même si, dans ce cadre, Pascal Lamy le rappelle, certains ont essayé d'encadrer, de « réguler », notamment lui, comme directeur général de 2005 à 2013. Mais Jean Tirole lui-même, le prix Nobel, avait estimé le 7 octobre 2018, dans *Le Monde* – donc bien avant le coronavirus –, que cet « *Homo economicus* » avait « vécu ». La mondialisation à marche forcée telle qu'elle a été menée a été trop brutale, trop dérangeante, trop perturbatrice, trop insécurisante culturellement pour la plupart des peuples. Elle a provoqué en retour de puissants réflexes identitaires défensifs. Les traiter de « nationalistes », de populistes ou condamner le « repli sur soi » ne les fera pas disparaître. Sans parler de ses ravages écologiques. Mouvement brownien, permanent, et flux tendus. À un moment, cela casse. La pandémie a eu l'effet d'un crash-test.

Il n'y aura pas de « démondialisation » globale, même après la Covid-19, la guerre en Ukraine. La « mondialisation » se poursuit, ou le bras de fer sino-américain, avec des chaînes de valeur raccourcies ou fragmentées, répartie autrement, compte tenu du nouveau rapport de force Chine/Occident (y compris pour la définition des normes et des règles) en son sein, par la compétition entre les puissances montantes et les puissances installées, « Occident global » contre « Sud global » et l'affrontement Russie/Occident. Il y a dans certains domaines un peu de réindustrialisation ou une industrialisation nouvelle. L'obligation vitale de tout écologiser donnera à la mondialisation un visage progressivement différent, plus régional, du fait d'une comptabilité qui intégrera les coûts écologiques faramineux, jusqu'ici externalisés. Et de la volonté de réduire les dépendances et les vulnérabilités apparues en 2020. Mais il y aura encore des entreprises globales, géantes, et les mastodontes essentiellement américains, de la gestion d'actifs. Tout le système productif va muter en quelques années. Ce ne sera plus tout à fait la « mondialisation » des quarante dernières années, couplée à une économie casino, et qui a mis le monde sens dessus dessous, mais autre chose, plus fragmenté. Et encore le libre-échange et, jusqu'à un certain point, la loi des avantages comparatifs.

Voir : Altermondialiste ; Covid-19 ; Dollar ; Ère numérique ; GAFAM (Google, Apple, Facebook, Amazon, Microsoft) ; Hyperpuissance ; Infrastructures ; Interdépendances.

Multilatéralisme

En réaction à Trump I, l'invocation à tout bout de champ, par les Européens, et notamment les Français, comme un étendard, du terme multilatéralisme est typique de l'approximation et de l'à-peu-près du discours politico-médiatique contemporain. Cette idéalisation du multilatéralisme traduisait le rejet que l'on a ressenti face au comportement et aux pratiques internationales choquantes, unilatérales et brutales de Donald Trump. Jetons de l'eau bénite sur ce vampire ! Et on se réfère aux textes sacrés de Kant, en 1795, en le simplifiant à sa définition, en contredisant Hobbes, d'un pacte social de l'humanité qui doit permettre de dépasser l'état de nature ; on évoque les grandes décisions organisatrices de 1944-1945 (Bretton Woods en juillet 1944, San Francisco pour l'ONU en 1945), en oubliant que ce cadre multilatéral, qui a très bien fonctionné pendant près de soixante-dix ans, avait été établi de façon quasi unilatérale par le vainqueur, les États-Unis.

La condamnation de Trump avait commencé par un certain contresens de la part des Européens quand, dès le début, il avait déclaré qu'il voulait se libérer des engagements multilatéraux des États-Unis, tel un Gulliver brisant les liens dans lesquels les Lilliputiens alliés pensaient l'enserrer : il a alors été traité par les Européens d'« isolationniste ». Ce qui est en partie vrai mais traduit surtout la peur panique d'être abandonné. En réalité, Trump n'est pas vraiment isolationniste, il n'a jamais voulu isoler les États-Unis, même pas revenir à la Farewell Address de George Washington (qu'il ne connaît sans doute pas). Il voulait continuer à dominer, mais égoïstement, il refusait que la Chine devienne numéro 1, il voulait pouvoir décider ce qu'il voulait quand il le voulait, de la façon fantasque et ubuesque que l'on a constatée au fil de son mandat et de ses tweets. C'est là où le multilatéralisme a été brandi par une Europe trahie comme un étendard et la référence absolue en relations internationales, qui ne saurait en aucun cas être violé, une sorte de dogme. Ne rouvrons pas cette boîte de Pandore ! En réalité, et c'est là que ce terme, très honorable, est trompeur, presque aucun pays n'a jamais été complètement et uniquement multilatéraliste. À part peut-être la Suisse, compte tenu de ses principes affichés et de sa taille, et un certain nombre de petits pays parce qu'ils n'ont pas d'autre choix, et peut-être le Canada. Mais aucune puissance (il y en a une vingtaine, grandes ou petites, pas 200) ne l'a été complètement. Même pas la France. Sinon, il y a longtemps qu'il n'y aurait plus de dissuasion nucléaire française. Ni de politique étrangère un peu autonome. Et même les présidents américains les plus ouverts des dernières décennies, Barack Obama ou Bill Clinton, le reconnaissaient. Ce dernier disait : « Quand il y a un problème, nous essayons de le résoudre avec nos amis et nos alliés. Si ce n'est pas possible, on s'en occupe tout seuls. » Même eux deux n'ont pas pu faire ratifier par les États-Unis le statut de la Cour pénale internationale. Et je ne parle même pas des politiques clairement et agressivement unilatéralistes aujourd'hui de la Russie, de la Chine, de l'Inde, d'Israël, de la Turquie, de l'Arabie, etc. Il n'en reste pas moins que c'est évidemment préférable d'essayer de régler les problèmes communs à une région ou à l'humanité par la coopération internationale, à condition que l'on ne s'en remette pas lâchement, pour ce faire, à une imaginaire « communauté » internationale. Multilatéralisme signifie négociation permanente. J'ai parlé à propos de l'ONU d'une assemblée de « 200 copropriétaires ». Mais dans certains cas, ça ne suffit pas. Il est clair par exemple que, en ce qui concerne l'écologisation, vitale pour l'avenir de l'humanité, l'unanimité dans le cadre du multilatéralisme sera impossible à atteindre avant longtemps, et paralysante. Or, il faut avancer. On combinera un multilatéralisme idéal général et systématique au multilatéralisme agissant de petits groupes moteurs ou d'avant-garde. Au sein de l'Union européenne, temple de l'idée multilatérale et des bonnes intentions internationales, les États membres veillent malgré tout à leurs intérêts (exemple : l'énergie). Bref, il faut donner une définition pragmatique du multilatéralisme, le privilégier, l'essayer en premier, mais ne pas en être prisonnier. Enfin, même quand ça fonctionne, en général parce qu'une ou deux vraies puissances préfèrent agir ainsi pour entraîner un mouvement plus large, c'est un moyen, un procédé, pas une fin en soi. La question ne devrait donc pas être : « Sommes-nous multilatéralistes ou pas ? » (oui, on préfère, ce serait mieux), mais : « Quels objectifs voulons-nous atteindre par le multilatéralisme, si on arrive à remettre en marche la coopération internationale, à travers des coalitions de volontaires ? »

Multinationales

Euphémisme inventé dans les années 1950 par les plus grandes entreprises américaines de l'époque (à commencer par IBM) pour détourner l'antiaméricanisme en prétendant que, agissant dans le monde entier, elles n'étaient pas d'une nationalité particulière, alors même qu'elles étaient (capital, dirigeants, intérêts)... américaines.

Depuis, avec la globalisation, des multinationales de toutes nationalités se sont développées (environ 85 000) et, même si comparaison n'est pas raison, beaucoup d'entre elles ont un chiffre d'affaires supérieur au PIB de la majorité des membres des Nations unies (par exemple, en 2018, Google + Amazon = le PIB de la France). Déjà il y a plus de vingt ans, alors ministre, j'avais demandé : « Qui régule qui ? Les États ou les entreprises globales ? »

Les multinationales sont devenues une figure clé de la mondialisation dérégulée et, s'agissant des banques et des fonds de toutes sortes, financiarisée.

Les complotistes (les mêmes qui écrivent sans rire que les 200 du Bilderberg[1] sont un gouvernement mondial secret ou qui s'excitent contre la Trilatérale, entités qui préfiguraient comme Davos l'Occident global) pensent que les multinationales inspirent les décisions des démocraties « de marché ». Cela peut arriver, bien sûr, sur des enjeux commerciaux ou internationaux précis, et ce n'est pas forcément caché. Mais elles sont aussi en lutte permanente entre elles, par exemple les majors du pétrole et du numérique, et censées respectées les règles de la

1. Le groupe Bilderberg, du nom de l'hôtel à Oosterbeek (Pays-Bas) où ils se réunissent annuellement, est composé d'environ 130 personnes, essentiellement des Américains et des Européens, en majorité de personnalités de la diplomatie, des affaires, de la politique et des médias.

concurrence. Il y a la foire d'empoigne des États, qui, en même temps, sur certains sujets, coopèrent. Et la compétition permanente des entreprises globales. À géométrie variable. Il va s'y ajouter les batailles sur le rythme de l'écologisation. Mais qui décide finalement ? C'est parfois compliqué à démêler. D'où le succès des analyses simplistes, manichéennes qui répondent à un besoin.

Voir : GAFAM (Google, Apple, Facebook, Amazon, Microsoft) ; Mondialisation/démondialisation.

Munich (Accords de)

Les dénoncer !

Honte obsessionnelle et fonds de commerce. Le 30 septembre 1938, Édouard Daladier pour la France et Neville Chamberlain pour la Grande-Bretagne signent avec Adolf Hitler et Benito Mussolini à Munich un accord pour mettre fin à la « crise des Sudètes », provoquée par la revendication menaçante par Hitler de cette région de la Tchécoslovaquie peuplée d'Allemands, pays créé à l'instigation de la France par le traité de Saint-Germain-en-Laye en septembre 1919. Hitler extorque ainsi le droit d'annexer sans coup férir les régions tchécoslovaques germanophones. La France et la Grande-Bretagne (Chamberlain, bien plus que Daladier) espèrent que Hitler s'en tiendra là et que la paix sera sauvée ! On sait que Hitler ne s'en tint pas aux Sudètes ! Ces accords seront invoqués comme prétexte par Staline pour conclure secrètement en août 1939 le pacte germano-soviétique conçu par Ribbentrop et signé avec Molotov : puisque les démocraties reculent devant Hitler, je dois gagner du temps. Rappelons que, six ans après la défaite nazie, 3 millions d'Allemands furent expulsés de Tchécoslovaquie et renvoyés en Allemagne, ainsi que 8 millions de Pologne et de Hongrie.

Depuis plus de quatre-vingt-sept ans, « Munich » est devenu le symbole de la capitulation lâche, déshonorante et, en plus, inefficace des démocraties devant l'usage de la force et le fait accompli. De nouveaux « Munich » ont été dénoncés des dizaines de fois par des médias ou des intellectuels occidentaux interventionnistes sans que cette analogie ait jamais été vraiment convaincante.

On a dénoncé à juste titre l'aveuglement des démocraties. Mais pas seulement à partir de 38 ! Chamberlain croyait, après Munich, pouvoir encore apaiser Hitler. Daladier était revenu amer et lucide : on connaît sa réaction supposée face à la foule qui l'acclamait au Bourget : « Les cons, s'ils savaient. » Mais surtout : « Si j'avais eu 4 000 avions modernes, il n'y aurait pas eu de Munich ! » Et, de fait, les Français qui se déchirent toujours ou se flagellent quatre-vingt-cinq ans plus tard sur Vichy, la collaboration, etc., examinent très peu les causes de l'effondrement de 40, dont pourtant toute la suite découle :

les années d'avant-guerre pendant lesquelles Hitler réarme à marche forcée, et la France qui ne se prépare pas, ou pas assez, ou trop tard. Cela ressemble à un tabou. Pourquoi ?

Voir : Histoire de France ; Seconde Guerre mondiale.

Murs

L'époque du libre mouvement perpétuel condamne les murs. Normal. Le Mur, à notre époque, cela a été « le mur de Berlin ». Construit le 13 août 1961 pour empêcher la fuite vers l'ouest des Berlinois de l'Est, ouvert le 9 novembre 1989, il a supplanté dans l'imaginaire mondial contemporain, en tout cas occidental, la Grande Muraille de Chine – en fait, *les* grandes murailles, construites entre le IIIe siècle avant J.-C. et le XVIIe siècle, notamment sous les Ming, pour protéger la Chine des peuples des steppes, et qui ont longtemps été efficaces ; le mur pharaonique cité par Jean Lacouture : « Aux alentours de l'an 2000 avant notre ère, un pharaon de la XIIe dynastie, prudent comme un fellah, fit bâtir au travers de la péninsule du Sinaï une muraille que l'on appela “le mur du Prince”. Il s'agissait, nous révèlent les scribes du Moyen Empire, d'empêcher à tout jamais les pillards de l'Asie de venir faire boire leurs troupeaux dans l'eau du Nil[1] » ; les « longs murs » de 25 kilomètres construits entre 461 et 456, de la cité d'Athènes au Pirée ; les limes romains en Germanie, dissuasifs pendant plusieurs siècles contre

1. Jean et Simonne Lacouture, *L'Égypte en mouvement*, Éditions du Seuil, coll. « Esprit Frontière ouverte », 1956.

les peuples venus d'Asie centrale ; les murs en Provence, au XVIIe siècle, pour protéger de la peste arrivée au port de Marseille ; d'autres murs qui séparent ou isolent : la ligne Maginot édifiée de 1928 à 1940 pour empêcher une nouvelle invasion allemande ; le mur pour protéger Israël des attentats, en empiétant sur les territoires palestiniens, à partir de 2002 ; le mur anti-immigration illégale entre les États-Unis et le Mexique édifié à partir de 2006 par le Secure Fence Act, et que Donald Trump, dès 2017, avait entrepris de prolonger et de terminer (aux frais du Mexique, prétendait-il !).

La *doxa* qui a dominé en Occident pendant ces dernières décennies, notamment en Europe, était le « sans-frontiérisme ». Elle condamnait donc les murs, en confondant murs et frontières, frontières et fermetures. Outre qu'ils seraient moralement choquants, tout le monde ayant le « droit » d'aller où il veut, ils seraient inefficaces. Exemple, la ligne Maginot. À ceci près qu'elle a été *contournée*, pas franchie, car elle n'allait pas jusqu'à la mer, la France se croyant protégée par la neutralité belge ! Les grandes murailles ont longtemps protégé la Chine. Les limes romains n'ont pas été complètement inefficaces. Le tracé du mur israélien est illégal, mais il a stoppé les incursions terroristes (jusqu'à Gaza), etc.

Mais le sens qu'a pris « le mur de la Honte » (celui de Berlin) est significatif d'une époque d'émotivité, de confusion historique et de simplification des enjeux. D'abord, il n'avait pas été érigé, redisons-le, pour empêcher d'entrer, mais pour empêcher de sortir (de l'Allemagne de l'Est, la RDA). C'était un mur de prison. Ensuite, il est devenu à tort le symbole du début et de la fin de la guerre froide. C'est inexact. Quand il a été érigé, la guerre froide avait commencé depuis près de quinze ans. Et l'URSS ne disparaîtra qu'en décembre 1991, deux ans après sa « chute » en novembre 1989. En outre, en 1989, les Allemands de l'Est pouvaient déjà partir depuis l'été par la Hongrie et la Tchécoslovaquie.

En outre, le Mur n'a pas « chuté », il a été ouvert par des gardes-frontières déboussolés et laissés sans instruction par un pouvoir aux abois. Trois semaines plus tard, le chancelier Kohl parlait encore dans son plan en dix points d'un long processus pour parvenir à la réunification. Donc la « chute » du Mur n'est pas le début de la fin de l'Histoire. Elle n'a pas déclenché la disparition de l'URSS. C'est l'affaiblissement de l'URSS et le refus de Gorbatchev d'employer la force qui ont rendu possible novembre 1989, sans même attendre le traité d'unification de 1990.

Mais, puissance de l'image et des émotions : les gens ont *vu* à la télé des Berlinois détruire le Mur à coups de pioche. En fait, c'était le lendemain, pour prendre des petits morceaux de mur, des souvenirs. Cela fait beaucoup d'illusions d'optique ! C'est notre époque, celle de l'image.

Voir : Berlin ; Europe ; Frontières ; Guerre froide ; Manichéisme ; Migrations.

Comment s'en passer ? On peut toujours prétendre que les mythes sont des *constructions* imaginaires conçues par des communautés à la recherche de leur cohésion. Religieuse, avec les récits fondateurs des révélations ou de la création du monde chez les Égyptiens, les Mésopotamiens, les juifs, les chrétiens, les musulmans, les Incas, et en fait tous les autres. On peut considérer comme ayant été des mythes l'ancêtre commun des tribus, la croyance dans l'origine divine des dynasties européennes ou asiatiques : César prétendait descendre de Vénus, *via* Énée, et Cléopâtre d'Isis. Le rattachement des empires européens à l'Empire romain, l'idée même de « chrétienté », ou d'« Occident ». Et, plus proche de nous, nos « valeurs *universelles* », le droit *international*, la « *communauté* internationale », l'« Europe », le « Progrès », maintenant l'homme « *augmenté* », etc.

Il n'empêche que, si un mythe est cru à un moment donné par un nombre important de gens, cela devient une réalité, et une force politique que n'efface pas une déconstruction prétentieuse et érudite.

Par exemple, les Français sont nombreux à croire que leur pays a une vocation universelle ; les Anglais que leur pays a une relation spéciale avec les États-Unis ; certains Israéliens sont convaincus que la Bible, cette fascinante construction collective tardive, leur donne des droits territoriaux. Heureusement qu'aucun nationaliste grec ne s'est emparé dans ce but de l'*Iliade* ou de l'*Odyssée* ! Certains musulmans croient que le Coran a littéralement réponse à tout. Certains Chinois pensent que la place de leur pays est au premier plan, de nouveau. Les États-Unis estiment être un pays « exceptionnel » même si Obama a osé dire un jour – courage ou malice – que plusieurs autres peuples se considèrent aussi comme exceptionnels !

Jamais les êtres humains n'ont été autant formés, informés, connectés. Cela les rend-il plus rationnels et raisonnables ? Visiblement non. Peut-être plus jaloux et impatients ? L'espèce humaine n'est pas, ou pas longtemps, ou pas majoritairement, rationnelle, on le voit bien déjà chez les Français, pas cartésiens du tout. Les mythes ont de beaux jours devant eux, à commencer par la croyance dans le complot, plus vivace que jamais : comme la transparence ne confirme pas, et pour cause, les croyances des complotistes, c'est la preuve à leurs yeux que les vraies choses sont cachées ! Il faut au moins agir en permanence pour que les mythes ne deviennent pas meurtriers et ne jettent pas des populations entières les unes contre les autres… Ou ne rendent pas impossible la vie sur Terre ! La démocratie va-t-elle y parvenir en renouant avec le rationalisme ? C'est un des plus grands enjeux des décennies à venir, sous pression écologique.

Voir : Religions ; Valeurs.

N

Napoléon

Fulgurant. Écrasant. Est-il possible d'admirer Bonaparte, sa fougue, son audace, son talent militaire inouï (avant lui, le Grand Condé, précurseur, à Rocroi) et de condamner Napoléon, ses 2 millions de morts (selon Jean Tulard, plutôt moins), son *hubris*, son besoin obsessionnel de bataille, qui l'a empêché de s'arrêter en 1807 et a mis en péril l'ensemble de son œuvre intérieure et extérieure, son échec final qui a ouvert la voie à la suprématie anglaise ? Vieux dilemme que rejettent ses admirateurs inconditionnels et auquel n'échappent que de sévères censeurs de gauche – qui condamnent en bloc le « bonapartisme » et entendent lutter contre ses émules et ses séductions trompeuses. On a pu le revoir autrement, en 2020, de façon oblique à travers son frère Lucien, vrai « prince républicain et opposant », selon la formule et l'ouvrage de Cédric Lewandowski. Ou en 2024, dans la vraie version intégrale du *Mémorial de Sainte-Hélène*, chez Tempus.

Le bilan en 1815 s'annonçait désastreux pour la France qui n'échappera en partie à ses conséquences que grâce à un autre génie complètement différent, Talleyrand. Mais la fascination demeure. En février 2019, à l'ENA, il y a encore eu 25 voix sur 100 pour choisir Napoléon comme nom de promotion. Beau chant du cygne. Il semblerait que ce n'est pas pour cette raison que cette école a été supprimée.

Voir : Histoire de France ; Stratégie (stratège) ; Talleyrand-Périgord, Charles-Maurice de ; Vienne (Congrès de).

Narratif

Il y a sous la compétition classique des puissances (la géopolitique) une gigantesque bataille d'influence sur le récit, le *narratif* pour parler le jargon actuel. Cela a toujours existé (*Gilgamesh*, *Iliade*, *Odyssée*, *Bataille de Qadesh*, *Guerre des Gaules*), mais est devenu envahissant. Le récit de la chrétienté missionnaire devenue Occident, devenu « communauté » internationale ; devenue mondialisation heureuse exportatrice de valeurs universelles, n'a rien à voir avec la longue liste d'insurrections (genre croquants), ni avec le narratif révolutionnaire (1793) marxiste, léniniste, communiste, soviétique, russe, chinois, contre la royauté, les patrons, les capitalistes, les libéraux (on se fiche de la liberté), les riches, etc. Des démocraties contre les autocraties. Ni avec celui des islamistes contre les « croisés ». Du Sud « global » contre l'Occident « collectif ». De la Chine qui dit revenir à sa place naturelle, la première. Ni de l'Inde qui veut exporter les valeurs décrétées universelles de l'*hindoutva*. Ni celui du progressisme contre la « réaction », des décroissants contre la croissance, des écologistes fondamentalistes contre les réalos, etc. Chaque courant, décuplé par les réseaux, a ses valeurs, ses prêtres, ses influenceurs, ses interdits, ses oukases, ses excommunications. Et l'Humanité dans tout cela ?

Néoconservateurs

Faux ami ! Attention au contresens ! Les néoconservateurs, les « néocons », nés aux États-Unis, ne sont pas de nouveaux *conservateurs*, sociaux, économiques ou culturels, des « réacs » comme la gauche française en voit partout. Aucun rapport. À l'origine, il s'agissait plutôt de gauchistes droits-de-l'hommistes situés à la gauche du parti démocrate qui condamnaient le réalisme de Henry Kissinger, lequel jugeait nécessaire, dans l'intérêt des États-Unis, de négocier avec l'Union soviétique des accords de désarmement. Les « néocons », alors appelés des « faucons » – *hawks* –, estimaient qu'il fallait combattre l'URSS au nom de nos « valeurs », la refouler, pas négocier avec elle. Au fil des décennies, ces « néocons » ont glissé à la droite du parti républicain classique. Ils ont estimé, après 1991, que la victoire de l'Occident sur l'URSS était trompeuse (ce n'est pas faux, mais pour d'autres raisons), que l'Occident était menacé par des civilisations hostiles (le risque de clash, ou de choc, existe mais il y a une différence radicale entre vouloir l'éviter ou l'attiser et l'exploiter), qu'il devait donc former un bloc (surtout pas de politique étrangère française trop autonome !), qu'Israël, en première ligne des démocraties, devait être soutenu systématiquement (donc soutien au Likoud, aux ultra-nationalistes et aux sionistes messianiques), que la Russie devait être traitée en ennemie (avant 2022), que les sanctions unilatérales étaient légitimes et que l'intervention en Irak en 2003 était justifiée. Ils ont pris le contrôle de la politique étrangère américaine sous G. W. Bush après le 11 Septembre. La Chine a toujours été l'angle mort de leur politique, d'où leur gêne vis-à-vis de Trump, dont le réalisme brutal et élémentaire les dérangeait car il révélait leurs limites et surtout faisait l'impasse sur la Russie. Cette école a été très bien étudiée par Justin Vaïsse et Pierre Hassner. Transposée en France, elle a méthodiquement remis en cause la politique étrangère de la Ve République. Tout un courant de pensée, incarné à une époque en France par Thérèse Delpech, s'est inscrit dans cette analyse et s'est employé à déconstruire le gaullo-mitterrandisme diplomatique et à occidentaliser la politique étrangère française, la normaliser en fait, avec un certain succès – regrettable –, dont on ne sait pas s'il est réversible. Je pense qu'ils n'ont pas eu entièrement tort sur le diagnostic, mais la politique occidentale missionnaire qu'ils préconisent est la pire et la moins praticable des réponses. Dans le monde dont les fractures profondes ont été révélées par les guerres d'Ukraine ou de Gaza, cela ne peut qu'échouer et nous affaiblir.

Voir : BHL (Bernard-Henri Lévy) ; Universalisme ; Valeurs.

Nixon, Richard

Délit de sale gueule. Né en 1913, élu président en 1969, mort en 1994, Richard Milhous Nixon fut l'un des hommes politiques américains les plus vilipendés sur la scène intérieure : il dut démissionner et quitter le pouvoir le 9 août 1974, chassé après le scandale du cambriolage des locaux du parti démocrate dans l'immeuble du Watergate. Par cette basse manœuvre et surtout par ses mensonges, il avait dressé contre lui presque tous les médias des côtes est et ouest, *Washington Post* en tête, qui s'en fit une gloire, avec Bob Woodward, la jeunesse, les étudiants, les démocrates et finalement l'establishment républicain aussi qui ne voulut pas couler avec lui. Il reste toujours rejeté aux États-Unis comme incarnation de l'immoralité. Contraste : sur le plan international, comme président américain pendant cinq ans, il fut l'un des meilleurs de l'après-guerre. La combinaison improbable entre lui et Henry Kissinger, conseiller à la sécurité nationale puis secrétaire d'État, fit merveille.

Ils négocièrent des accords réalistes de maîtrise des armements et de coexistence pacifique avec l'URSS (ce que l'Occident triomphaliste n'a pas su faire avec la Russie quand cela était possible), ce qui ne les empêcha pas de soutenir en même temps les régimes les plus répressifs, comme au Chili, au nom de la lutte contre le communisme. C'est à cette époque que les « faucons », ancêtres des néoconservateurs droits-de-l'hommistes ET interventionnistes commencent à taxer Kissinger de « cynisme » et d'amoralisme parce qu'il négociait avec Moscou ! Nixon et Kissinger ont pu être impérialistes, mais ils n'étaient pas des missionnaires, et ne parlaient pas d'« axe du mal ». Ils étaient réalistes.

Leur coup de maître fut l'établissement d'une relation stratégique États-Unis/Chine, préparée en secret par Kissinger et consacrée par le voyage de Richard Nixon en février 1972, reçu par Mao et par Zhou Enlai, et le fameux communiqué de Shanghai – document ouvrant la voie au rétablissement de relations entre les deux pays, rompues depuis 1949 – qui a surdéterminé la politique américaine envers la Chine jusqu'à Trump, près d'un demi-siècle !

Nixon et de Gaulle furent présidents en même temps, pendant quelques mois, de janvier à avril 1969. Nixon vint à Paris dès son élection uniquement pour rencontrer de Gaulle. Il y fut dithyrambique sur « le géant », auquel il ne reprocha ni sa sortie de l'OTAN en 1966 (à laquelle de Gaulle n'aurait peut-être pas été contraint s'il avait eu en face de lui Nixon plutôt que Johnson), ni son discours de Phnom Penh du 1er septembre 1966 où il avait affirmé, entre autres, « le droit des peuples à disposer d'eux-mêmes » – principe wilsonien ! – et où il avait critiqué l'intervention américaine au Vietnam.

Voir : Chine ; Guerre froide ; Kissinger, Henry ; Présidents.

Nobel

Contrition.

Selon les mots de Bertha von Suttner, pacifiste autrichienne, prix Nobel de la paix 1905, rapportés par Stefan Zweig, c'est pour « réparer le mal qu'il avait causé avec sa dynamite » (inventée en 1866 à partir de la nitroglycérine) qu'Alfred Nobel laissa à sa mort en 1896 son immense fortune pour créer une fondation. Celle-ci devait attribuer divers prix dont celui de la paix pour récompenser « la personne ou la communauté qui aura[it] le plus contribué à la suppression ou à la réduction d'armées permanentes, à la propagation des progrès pour la paix ». Donc pas du tout la philosophie de l'équilibre des forces.

Alfred Nobel avait fait fortune comme ingénieur chimiste et propriétaire de la manufacture d'armements BOFORS. Depuis, sa dynamite a été supplantée par le « plastic » et le Semtex. Quand la Suède et la Norvège se sont séparées en 1905, c'est à la Norvège qu'est revenue la responsabilité éminente de désigner le prix Nobel de la paix. Le retentissement est mondial. Mais ses choix depuis 1901 (moins dix-neuf années où il n'a pas été attribué – non-unanimité, guerres mondiales...) traduisent bien l'idée parfois déconcertante que se font les luthériens évangéliques scandinaves de la paix.

À l'époque contemporaine, ils ont primé, en 1993, Mandela et De Klerk (on oublie trop souvent le second), en 1994 Yasser Arafat, Shimon Peres et Yitzhak Rabin (choix courageux), ou Barack Obama dès 2009 parce qu'il avait envisagé un monde sans armes nucléaires (cela l'a bien embarrassé). Mais surtout des organisations humanitaires, l'Union européenne (on se demande pourquoi, l'Europe étant la fille et la bénéficiaire, pas la mère, de la paix), l'ONU et Kofi Annan en 2001, Jimmy Carter en 2002, des dissidents courageux (le Chinois Xiaobo en 2010), des personnalités extraordinaires (le chirurgien congolais Denis Mukwege en 2018, qui milite pour la création d'un Tribunal pénal international afin de juger, sur la base du rapport Mapping, de ce qu'il s'est passé en République démocratique du Congo, et spécialement au Kivu depuis 1994, ce qui lui valut d'être menacé), l'Indien

Kailash Satyarthi, la Pakistanaise Malala Yousafzai, l'Iranienne Shirin Ebadi.

De toute façon, il y a confusion à propos de ce qui permet de fonder ou de rétablir la paix : l'équilibre des forces ou le désarmement ? La realpolitik ou l'amour universel ?

Ce n'est donc pas étonnant que ce prix soit, plus souvent que les autres (littérature, physique, chimie, médecine), contesté ou critiqué.

Voir : Paix.

Nucléaire

Ah ! le nucléaire ! Beaucoup de voix ont affirmé au lendemain du bombardement nucléaire d'Hiroshima, le 6 août 1945, que, ayant acquis la capacité de s'autodétruire, l'humanité était entrée dans une nouvelle phase, tragique, de son histoire. Ainsi Albert Camus. Soixante-quinze ans après, le nucléaire est toujours là, et c'est plutôt la dégradation climatique et écologique accélérée qui menace à l'avenir la vie humaine sur Terre ! Il y a deux histoires nucléaires distinctes : l'énergie et l'arme.

À partir des années 1890, une prodigieuse histoire scientifique : la découverte de la radioactivité par Henri Poincaré, Henri Becquerel, Marie et Pierre Curie puis Niels Bohr et Enrico Fermi. Elle va conduire à la maîtrise de la *fission* nucléaire (mais toujours pas, en 2025, de la *fusion*) et à une énergie entièrement nouvelle qui nécessite de l'uranium. En 1973, après le premier choc pétrolier, pour moins dépendre du pétrole du Moyen-Orient, Georges Pompidou et Pierre Messmer, son Premier ministre, lanceront le grand plan d'électricité nucléaire (avec EDF, le CEA puis la COGEMA et Framatome). Cela permet à la France de produire son électricité à 70 % à partir du nucléaire et donc d'être un des pays d'Europe qui rejette le moins de CO_2, avec une énergie « décarbonée » et « pilotable » à 95 %. Des majorités de gauche fragiles ont décidé, pour des raisons plus politiques que scientifiques, de donner des gages à des écologistes politiques et de réduire la part de nucléaire à 50 %. Erreur coupable. Three Mile Island a été un accident nucléaire, mais Tchernobyl un accident soviétique, et Fukushima un accident géologique, un tsunami. Bien sûr, l'avenir est aux énergies décarbonées (y compris le nucléaire, qui n'est pas intermittent et est pilotable), puis, quand on le pourra, entièrement renouvelables. En bonne logique, la priorité écologique aurait dû être, devrait être de réduire d'abord le charbon, ensuite les schistes bitumeux, puis les autres pétroles, plus tard le gaz, et plus tard encore, le nucléaire, dès que les énergies renouvelables seront compétitives et que l'on pourra stocker durablement l'énergie solaire.

Et puis, il y a *l'arme* nucléaire, que les Américains ont maîtrisée – heureusement –, avant Hitler (projet Manhattan dès 1939, sous la direction du général Groves et de Robert Oppenheimer, à Los Alamos au Nouveau-Mexique, en 1943). Hiroshima, 1945. Le général de Gaulle crée le CEA dès 1945. Après, c'est la longue histoire de la croissance de l'armement nucléaire (les bombes, les vecteurs) américain, soviétique, britannique, français, puis chinois, israélien, indien, pakistanais, qualifié d'arme de *dissuasion* (et non d'emploi), après une incertitude dans les toutes premières années, et des controverses et des débats sans fin. Je pense qu'elle a garanti la paix entre les puissances nucléaires. Mais l'abandon de tous les accords américano-soviétiques est dangereux.

Stratégiquement – quoi que pensent les initiateurs du Traité d'interdiction des armes nucléaires, le TIAN, signé par 93 États et entré en vigueur (symboliquement) le 22 janvier 2021 – comment imaginer un monde assez sûr pour se passer de l'arme nucléaire ? Quel détenteur de cette arme prendra le risque de l'abandonner ? Mais aussi, comment s'assurer d'ici là que l'arme nucléaire reste une arme de dissuasion et non d'emploi ? La stratégie et la conception françaises restent jusqu'à maintenant les plus rationnelles. Il ne faudrait pas que dans les tensions et dans la précipitation de la nouvelle donne créée chez les alliés européens par les menaces de Poutine ou la politique de Trump II, ses principes fondamentaux soient abandonnés.

Voir : Écologisation ; Énergie ; Seconde Guerre mondiale.

Nye, Joseph Samuel Jr., dit Joe

C'est à Joseph Samuel Nye Jr., dit Joe Nye, né en 1937, ancien doyen de la Kennedy School of Harvard, ancien secrétaire adjoint à la Défense sous Clinton (1994-1995), théoricien et penseur des relations internationales que l'on doit la notion de *soft power* (esquissée avant). Jugeant nécessaire et positive l'hégémonie américaine, Nye affirma, dans *Bound To Lead*, en 1990, contre Paul Kennedy (le Britannique qui avait publié en 1987 *Naissance et Déclin des grandes puissances – The Rise and Fall of the Great Powers*), que les États-Unis n'étaient pas en déclin et domineraient toujours le monde par leur *hard power*, mais qu'ils pourraient l'exercer avec retenue et finesse : c'est le *soft power*. Attention, il ne s'agit pas pour lui d'abandonner le *hard power* au profit d'une aimable politique d'influence, ce n'est pas un penseur européen, mais de gérer plus habilement la puissance américaine dans un monde plus complexe, plus interdépendant, et où des puissances émergentes et concurrentes sont apparues. Ce n'est pas un substitut mais un relais. Certains ont imaginé que le *soft power* pouvait être un substitut à la puissance. Ce n'est pas son cas. Plus tard, il parlera de *smart power*, qui combine les deux.

Le *soft power* américain a enveloppé et imprégné le monde depuis 1945. La Chine, qui impressionne sans séduire, développe le sien. L'islamisme exerce une sorte de *soft power* terrorisant.

Que pèsera demain le *soft power* américain face au nouveau *soft power* chinois quand celui des démocraties perd de sa force ? Et quel sera celui de l'Europe dans la bataille des influences ?

Voir : Influences ; Penseurs.

O

Obama, Barack

Prestance. Parce qu'il est né à Honolulu (Hawaï) en 1961, d'une mère américaine et d'un père kenyan, et a été élevé en partie en Indonésie, la nationalité de Barack Hussein Obama a été contestée par la bêtise raciste au front de taureau, notamment par Trump ! Obama a quand même été président pendant deux mandats, de 2009 à 2017, donc élu deux fois. Les Européens se sont émerveillés que l'Amérique ait élu « un Noir », en fait un métis. Cet engouement candide, ajouté à l'enthousiasme provoqué en Scandinavie par son discours de Prague sur un monde sans armes nucléaires, le 5 avril 2009 – plus papal que présidentiel –, lui a valu dès le 9 octobre 2009 un prix Nobel de la paix prématuré et encombrant. Symétriquement, son élection a plongé dans une rage durable le parti républicain où les républicains réalistes (le courant aujourd'hui disparu qui a été de Nixon et Kissinger à McCain, en passant par Ronald Reagan, George Bush père et le général Scowcroft) ont été totalement marginalisés. Le Tea Party puis une base enragée, de plus en plus extrémiste, antiélites, antimondialisation, antiscience, annonçait en fait Trump. Ce courant a été violemment anti-Obama, « accusé », je l'ai rappelé, de ne pas être américain (il dut produire son bulletin de naissance !), d'être un musulman caché, etc. Haine raciale et débilité sans masque.

Très intelligent (trop ?), intellectuel brillant, ancien responsable de la *Harvard Law Review*, follement séduisant, magnifique orateur (voir son discours sur l'Amérique « postraciale »), Obama géra avec élégance, distance et humour la guérilla washingtonienne contre lui et, du fait du reblocage du Congrès, une cohabitation forcée et de combat qui a révélé que la fameuse capacité des institutions américaines à produire des compromis appartenait au passé. Obama fut sans doute trop sophistiqué et cérébral pour présider un peuple fruste (à part les élites des côtes est, ouest et de Chicago) et manichéen, mû par des émotions primaires et un rejet de *the rest*. Un jour, comme je disais à Henry Kissinger : « Il a compris le monde », il me rétorqua : « Il n'a pas compris l'Amérique. » Cela voudrait-il dire que Trump l'a mieux comprise ? J'attendais mieux de Henry. Mais il est vrai qu'avec ce qui s'est passé depuis aux États-Unis…

Pourtant son optimisme était typiquement américain et son analyse internationale juste : contenir la Chine en pivotant vers l'Asie, sans devenir agressif, essayer de redémarrer les relations avec la Russie (le *reset*), peut-être encore possible à l'époque, et de faire la paix au Proche-Orient (discours du Caire). Mais il désempara ses partisans par trop de réflexion, d'attente et de retenue, et pas assez de persévérance ni de décision, et, *in fine*, une sorte de détachement. Ce qu'il décrit de l'enfer washingtonien dans *Une terre promise* (Fayard, 2020) est un système qui se paralyse lui-même. À John Kerry qu'il envoie au Proche-Orient, et sollicite ses instructions, il se borne à dire : « *God bless you !* »

François Hollande lui en voulut amèrement de ne pas avoir frappé la Syrie d'Assad malgré le franchissement de la ligne rouge après l'emploi de l'arme chimique en 2013, l'abandonnant en rase campagne. Mais le Congrès, échaudé par G. W. Bush, ne l'aurait pas suivi, d'autant que la Grande-Bretagne, elle-même traumatisée par Blair, s'était retirée. De toute façon, il pensait que les Occidentaux n'auraient pas réussi à maintenir ensuite au pouvoir des démocrates en Syrie face aux islamistes (ce que contestait l'émir du Qatar). Il n'empêche.

Michelle Obama a publié ses mémoires en novembre 2018 (*Becoming*, paru en français chez Fayard sous le titre de *Devenir*). Barack Obama a lancé une mise en garde remarquée et très courageuse au printemps 2020 contre la *cancel culture* d'essence liberticide, qui fait des ravages sur les campus et dans les médias américains, et s'est propagée en Occident, en particulier en France… Comète, ou étoile filante, qui au total semble ne pas laisser d'autres traces que le souvenir qu'il soit passé dans un pays plus déchiré que jamais depuis Trump.

Biden avait repris en partie le fil de Clinton ou d'Obama. Mais l'Amérique a changé, après la tornade de Trump – cause ou effet –, et elle s'est divisée et durcie d'une façon qui paraît irréconciliable.

Voir : États-Unis ; Iran ; Présidents.

Occident

Qu'est-ce que l'Occident ? Grande question depuis que la réponse à la question n'est plus évidente. Étymologiquement, là où le soleil se couche. Donc à l'opposé de l'Orient ! Mais encore ? Historiquement et politiquement, l'Occident, c'est la chrétienté (285, Empire romain d'Occident), devenue Occident, et qui a sécularisé en « droits de l'homme » au moment des Lumières, au XVIIIe siècle, les valeurs chrétiennes de compassion, d'amour et de miséricorde au bénéfice de l'Autre, et donc du monde entier. *Catholicos* = universel. Remarque qui énerve certains progressistes qui ne veulent pas admettre l'évidence des *racines chrétiennes* occidentales, parce qu'il n'y aurait rien eu avant les Lumières. Ah, le passé ! Au moment de la colonisation du monde entier (ou presque) par quelques pays européens en compétition entre eux, on ne parlait pas tellement d'« Occident » mais plutôt des chrétiens ou de « nations civilisées ». C'est le langage de l'époque. Par exemple, Leon XIII ou Jules Ferry. Typique.

En fait, le concept d'Occident est entré dans la géopolitique pendant la guerre froide sous l'effet fusionnant de la menace soviétique. Il s'est confondu avec l'atlantisme inscrit dans le traité de l'Atlantique Nord, prolongé en une flopée de cénacles, de clubs, d'organisations, de fondations ou d'événements comme Bilderberg, la Trilatérale, Aspen, Young Leaders, Davos, des ONG, des médias, etc., sans parler des liens économiques et financiers. Qui ont donné naissance à trois ou quatre générations d'« atlantistes », sans oublier l'influence colossale d'Hollywood sur un public plus large encore, facilité en France par les fameux accords Blum/Byrnes sur le cinéma en 1946 dans la lignée d'un mouvement d'américanisation du monde engagé en fait par les États-Unis dès le XVIIIe siècle.

Construction issue d'une conjoncture historique, sans doute (Hitler, puis Staline), mais qui aura marqué en profondeur la seconde moitié du XXe siècle. Elle est contestée dans son principe même par exemple par Edward Saïd (une invention) ou par Régis Debray. Mais que reste-t-il aujourd'hui de l'Occident (histoire, culture, mode de vie, valeurs, civilisation) ? Et même, que veut dire ce mot ? Cela a été l'objet de mes entretiens avec Maurice Godelier en 2023 et 2024 (peut-il exister un Occident non missionnaire ?). L'idée que cela puisse avoir une fin panique les dirigeants des pays européens protégés, et issus de ce moule, ainsi que tous les milieux de la défense et de la stratégie. C'est l'air qu'ils respirent. Ils n'aspirent pas, pour l'instant, à autre chose. Et notamment pas à une Europe puissance « amie des États-Unis », alliée, mais pas alignée, selon le triptyque français, pourtant si nécessaire. Impensable et pas crédible pour les autres !

À long terme, il ne serait pas étonnant que les rapports États-Unis/Europe redeviennent ce qu'ils étaient avant 1917 : des origines communes, un cousinage proche ou distant selon les moments. Sauf improbable alliance pour endiguer la Chine mais qui ne serait, alors, pas uniquement occidentale (États-Unis, Europe, Australie, et aussi Inde, Corée, Japon, Vietnam). D'où l'obsession américaine d'élargir l'OTAN.

On ne voyait pas quelle menace puissante, uniquement focalisée sur les deux rives de l'Atlantique – c'est le point clé –, aurait pu reforger géopolitiquement « l'Occident ». C'est Poutine qui l'a fournie, avec la guerre d'Ukraine, qui a donné à ces inquiets un répit en réveillant l'esprit de défense en Europe, mais dans l'Alliance. La notion d'Occident est aussi contestée comme trop « huntingtonienne ». Elle est maintenant au cœur de l'affrontement du « Sud global » contre « l'Occident global ». En géopolitique, l'Occident c'est encore le G7 (qui a été fugacement le G8). Les Occidentaux (américains, européens, et ?) utilisent sans retenue le qualificatif « occidental » (la culture, la civilisation, les valeurs, le mode de vie, etc.), très valorisant à leurs yeux car supérieurs, mais n'aiment pas que Poutine ou d'autres leaders du Sud leur renvoient, caricaturé, un « Occident collectif ». Ils rétorquent que dans les pays du Sud les gens (les classes moyennes) veulent vivre « comme nous » (les Occidentaux). C'est vrai, mais plus sous notre coupe ! La France se veut encore (espère ou croit l'être) un pays occidental particulier. Cela fait ricaner Régis Debray.

Cette compétition sémantique, politique, géopolitique entre les Occidentaux et les autres n'est pas près de s'achever. Ni par une victoire mondiale de l'un ou de l'autre, ni par un compromis créant, cette fois-ci, vraiment, une « communauté internationale ». Autour de l'écologisation ?

Voir : États-Unis ; Europe ; Huntington, Samuel ; G (7, 8, 20) ; Sud global ; Universalisme ; Valeurs.

Océans

En théorie et en droit, pour ne prendre que les textes les plus récents, la convention sur la haute mer en 1958, et la convention de Montego Bay de 1982, le statut des océans est clair. Les eaux territoriales s'étendent jusqu'à 22 kilomètres des côtes (12 miles) mais peuvent aller dans certaines conditions jusqu'à 370, voire 648 kilomètres. C'est la zone exclusive économique (ZEE). Grâce aux DOM-TOM, la France a la plus étendue au monde : 11 millions de kilomètres carrés.

70 % de la surface de la Terre est recouverte d'eau. L'océan dit « Pacifique » (Magellan n'y avait pas subi de tempête) est le plus vaste : 179 000 000 kilomètres carrés ; puis l'Atlantique, 106 400 000 ; l'Indien, 79 556 000 ; l'Austral, 20 327 000 ; la Méditerranée, pour comparer, 2,5 millions de kilomètres carrés. Au total, la haute mer représente 64 % des océans. La pression pour exploiter les océans, leur contenu, leurs grands fonds, va s'intensifier. D'où ces dernières années l'Appel de Paris et des projets de traités plus écologiques et pour apaiser cette géopolitique des abysses potentiellement conflictuelle. Exemples récents : les tensions en mer de Chine ne s'expliquent pas que pour des raisons stratégiques, mais aussi géologiques et énergétiques. Même chose en ce qui concerne les forages turcs à l'été 2020 dans les eaux grecques, chypriotes ou internationales. Les risques pour l'Arctique sont du même ordre. Il faut donc absolument compléter Montego Bay… Ce serait une mise en œuvre utile du « multilatéralisme ». Le contrôle des fonds marins est stratégique (Internet).

Voir : Eau ; Ressources (Compétition pour l'accès aux).

ONG (organisation non gouvernementale)

Des organisations non étatiques mènent de longue date une activité humanitaire, comme l'ordre de Malte, ou, depuis le XIXe siècle, la Croix-Rouge internationale, cofondée par Henri Dunant, mais le phénomène contemporain des organisations non gouvernementales (ONG), et son succès, est tout à fait différent. On ne comprend pas le préjugé favorable, voire l'engouement presque aveugle dont ont bénéficié les ONG, si on ne le replace pas dans son contexte : celui de la mise en cause des gouvernements, des États, des autorités publiques en général dans les sociétés occidentales, et notamment européennes, au cours des trente dernières années. Cela correspond à l'époque où les gouvernements sont devenus suspects par nature, et tout ce qui n'est pas gouvernemental ou public (la société dite « civile »), sympathique par opposition. On retrouve ce réflexe aussi bien chez des économistes ultralibéraux, qui ne jurent que par le marché et jugeaient les instances publiques régulatrices périmées ou gênantes, que dans certains courants issus du gauchisme (mis à part les trotskistes qui aiment l'État et le pouvoir, à condition de pouvoir s'y introduire pour l'influencer ou le contrôler) ou des milieux anarcho-libertaires. C'est ainsi que la majorité des médias ont placé les ONG au pinacle, sans faire le détail : il faudrait se méfier *a priori* des gouvernements, et faire confiance *a priori* aux ONG. Cette idée s'est répandue comme une traînée de poudre dans le monde étudiant. Une jeunesse généreuse s'y est engouffrée. Bien sûr, il y a des ONG admirables qui s'appuient sur un personnel passionné, compétent, altruiste et dévoué, et font un magnifique travail de terrain. D'ailleurs, quand j'étais ministre, j'invitais souvent lors de mes voyages les ONG qui travaillaient dans le pays à venir discuter avec moi. Et souvent, ils me donnaient des informations ou des analyses que je n'avais pas eues autrement. Cela avait été le cas par exemple à Islamabad. Dans certains pays, ils pallient même l'incapacité totale de l'État. Mais il y a aussi des ONG dont la comptabilité n'est pas très claire, ou qui utilisent une part trop importante des dons reçus pour leurs dépenses de fonctionnement. Ou alors, pire, des ONG qui ne sont que le faux nez de telle ou telle puissance, de tel ou tel service, ou qui sont engagées dans des luttes idéologiques ou extrémistes, comme les ONG islamistes. La concurrence entre certaines ONG pour l'accès au « marché humanitaire » – le terme n'est pas excessif – peut avoir des effets délétères. Bref, il en va des ONG comme des gouvernements : il y a chez elles le pire et le meilleur.

Quand j'étais ministre, j'avais demandé un jour qu'elles s'appliquent à elles-mêmes les critères de transparence et de responsabilité qu'elles exigeaient des gouvernements. Que n'avais-je pas dit ! Les médias bien-pensants s'étaient indignés. Les ONG avaient demandé à être reçues pour protester. Ce que j'avais accepté. Et, vite, elles avaient alors reconnu devant moi qu'elles devraient établir entre elles une sorte de label de qualité, sans s'accorder d'ailleurs sur les critères. Mais que ce n'était pas à moi – ministre – de le dire… « Pourquoi pas ? », avais-je dit. Enfin, tous les gouvernements ne voient pas d'un bon œil l'arrivée d'une ONG étrangère, même humanitaire, sur leur sol. Après le tsunami de 2004, l'Inde les avait interdites « pour ne pas ajouter au désordre créé par la catastrophe ».

En réalité, il faudrait établir une typologie des ONG, en fonction de leurs origines, de leur fondateur, de leur pays principal de rattachement, de leurs financements, de leur domaine d'activité, etc. Il faudrait distinguer les

ONG spécialisées dans la défense des droits de l'homme, qui sont par nature plus portées à l'ingérence au sens classique que les autres, les ONG humanitaires, celles qui luttent pour la transparence et contre la corruption, ou les ONG écologiques, ce qui est encore un autre monde, etc. Ni leurs objectifs, ni leurs alliés, ni leurs adversaires ne sont les mêmes. Bref, des exigences que l'on trouverait tout à fait normales s'agissant de n'importe quel gouvernement, ou entreprises occidentales, soumises à une revendication croissante presque inapplicable de RSE (responsabilité sociétale des entreprises) et d'éthique. Et c'est ainsi qu'on maximisera l'apport précieux des ONG.

Voir : Acteurs des relations internationales ; Westphalie (Traités de).

ONU (Organisation des Nations unies)

Les nations sont-elles « unies » ? À Yalta, en février 1945, Roosevelt, Staline et Churchill décidèrent de remplacer la SDN (modeste Société des nations), qui avait échoué, par une ONU (Organisation des Nations unies) mais dotée d'un « Conseil de sécurité » de quinze membres, dont cinq permanents (États-Unis, URSS, Chine, Grande-Bretagne ainsi que la France, grâce à l'insistance de Churchill). Ces derniers seraient dotés d'un droit de veto sur les décisions pour ne pas dépendre des votes aléatoires de l'Assemblée générale (et encore ils n'étaient que 49 pays lors de la création à San Francisco, c'est encore plus justifié avec près de 200 aujourd'hui).

Sans cette garantie, les vraies puissances ne seraient pas entrées à l'ONU, le « U » de « unies », étant là par un optimisme de principe qu'elles espéraient autoréalisateur. Innovation majeure : il était prévu au chapitre VII de la future Charte des Nations unies que le Conseil de sécurité *puisse décider ou accepter le recours légal et légitime à la force dans le domaine touchant à la sécurité internationale.*

Le magnifique préambule de la Charte qui commence par « Nous les peuples » – dont je conseille la relecture – est d'inspiration américaine et a été en fait écrit par les directeurs juridiques des ministères des Affaires étrangères des trois principaux pays occidentaux.

Las, l'Organisation des Nations unies fut vite paralysée par le veto soviétique pendant la guerre froide, et le veto américain ensuite, pour protéger Israël. Soyons honnête avec elle : elle est victime de trop d'attentes utopiques impossibles à satisfaire. Les nations sont en désaccord sur mille choses. L'organisation en tant que telle n'a pas beaucoup de pouvoir, pas même son secrétaire général – sauf un pouvoir moral d'alerte ou de remontrance. Il y en a eu de remarquables comme Boutros Boutros-Ghali. Kofi Annan agissait finement (voir à leur propos dans *Grands diplomates – Les Maîtres des relations internationales de Mazarin à nos jours*, Perrin, 2024, les articles de Robert Solé et Jean-Pierre Langellier). António Guterres fait vraiment pour le mieux dans un monde qu'il décrit comme « chaotique ». Les nombreuses institutions spécialisées de l'ONU qui s'efforcent d'améliorer le sort de l'humanité, notamment l'UNESCO, le FAO, l'OMS, le PNUD1[1], etc., n'ont pas démérité. En tout cas, personne ne peut contraindre les cinq membres permanents, détenteurs du veto, pas plus d'ailleurs que des pays récalcitrants et intouchables comme Israël. Mais si le veto disparaissait, les vraies puissances ne resteraient pas longtemps. Et si l'ONU, lieu de rencontre au cœur d'un système multilatéral imparfait et agressé de toutes parts, n'existait pas, tout serait pire. Donc ne pas l'idéaliser, ne pas en attendre des miracles (« Que fait l'ONU ? »). Mais l'utiliser au mieux en fixant des objectifs ambitieux mais atteignables, et, bien sûr, la réformer, en commençant par le Conseil de sécurité. Cela fait près de trente ans que la France est favorable à son élargissement à l'Allemagne, au Japon, à l'Inde, à un pays africain, un pays latino-américain, et, j'ajoute, un pays arabe. Mais il faut pour cela l'accord des cinq membres permanents et détenteurs du veto, et les États-Unis n'y sont pas acquis, la Chine ne veut ni du Japon ni de l'Inde, les Africains et les Latino-Américains ne sont pas d'accord entre eux, etc. On tourne en rond.

Voir : Seconde Guerre mondiale ; Yalta.

---

1. Respectivement : Organisation des Nations unies pour l'éducation, la science et la culture ; Food and Agriculture Organization ; Organisation mondiale de la santé ; Programme des Nations unies pour le développement.

Opinion publique

Redoutable dieu caché, omniprésent dans les démocraties, puissance indéfinissable, changeante et insaisissable. Comment ne pas être dévoré par ce Moloch ?

Déjà il y a deux mille cinq cents ans, Platon se méfiait de la versatilité de l'opinion du peuple, en latin la *doxa vulgus*, trop sensible aux arguments des intellectuels sophistes, ou, à l'inverse, des démagogues. Bon, il avait déjà tout vu.

En fait, s'il faut distinguer les âges, même dans l'âge prédémocratique il y a déjà une opinion, un état d'esprit, des courants de pensée, des coteries, des clubs, des cercles, un esprit des peuples, des forces profondes.

On entre par étapes dans le vif à l'âge des élections : suffrage d'abord limité, masculin, censitaire, etc., avant d'être élargi, et à la fin d'être universel.

Depuis le XVIIIe siècle européen, les penseurs n'ont cessé de débattre et de croiser le fer entre eux, grâce à l'invention de l'imprimerie, des journaux, et plus tard encore de la radio, de la télévision puis d'Internet. Début d'une lutte sans fin pour façonner, former, contrôler, récupérer, canaliser, instrumentaliser, neutraliser l'opinion (dont Voltaire se méfiait et qu'en réalité Rousseau n'idéalisait pas). Invention des sondages au sens scientifique du terme dans les années 1920 (Gallup, 1936) : il a fallu un certain temps pour : 1) les rendre fiables ; 2) se rendre compte que les sondages les plus justes photographient l'opinion à l'instant « T », comme une foule qui marche dans une gare, mais avec des constantes.

À l'étape suivante : le monde informatique et numérique, l'instantanéité des informations et des réactions sur les réseaux sociaux ou l'anonymat libère le pire de l'espèce humaine. Notre monde. Le risque pour la démocratie est évident : informées en permanence, marquées par des décennies de valorisation des émotions et du « ressenti » (le froid « ressenti », l'humiliation « ressentie », etc.), les populations réagissent à chaud et sont tentées de se passer de représentants. Péril mortel pour la démocratie *représentative*. Est-ce qu'une pratique continue mais encadrée, de la démocratie *participative* – grand débat permanent – pourra enrayer l'évolution fatale vers la démocratie directe instantanée, c'est-à-dire la dictature versatile de tous sur chacun ? C'est techniquement possible par smartphones interposés.

Avec ces systèmes, et pas seulement en démocratie, est-ce qu'il peut y avoir encore des *leaders*, ou seulement des *followers* ?

Les conséquences en géopolitique sont considérables : d'abord, comme l'avait pressenti génialement Tocqueville, les démocraties sont de plus en plus amenées à mener leur politique extérieure sur la base de considérations intérieures, ce qui les rend court-termistes, émotives, a-stratégiques et violemment hostiles aux compromis.

Les puissances peuvent essayer d'utiliser dans leur sens, dans les autres pays, pas seulement des lobbies ou des diasporas, mais aussi les opinions, et ainsi de les prendre à revers. Manipulations croisées, visibles ou masques, duels d'influence, sans oublier les fake news, foires d'empoigne géopolitique.

Enfin, sujet inépuisable de perplexité : quelle aurait été « l'opinion » dans les grands moments historiques du passé ? Les grands décideurs historiques courageux auraient-ils été suivis ?

Que l'on pense à Roosevelt, obligé de promettre pour être réélu, en 1940 (!), de ne pas entrer en guerre. À l'approbation massive des accords de Munich en Grande-Bretagne et en France (et en Allemagne !). Régis Debray fait remarquer qu'après la guerre les trois quarts des

Français attribuaient la victoire sur le nazisme à l'URSS ; cinquante ans après, aux États-Unis – mais Hollywood est passé par là. En fait, ce sont les deux consécutifs. Demain ? Démocratie d'opinion, bateaux ivres ? Qu'en tirer, vu de Pékin, ou d'ailleurs dans le Sud, le fameux Sud global ?

Voir : Acteurs des relations internationales ; Ère numérique ; Influences.

Ordre mondial

Qui rêve d'un « ordre mondial » ? Des puissances qui pensent pouvoir le modeler à leur façon. Des conquérants, à la poursuite de leur chimère. Des peuples maltraités qui rêvent à un ordre mondial juste comme un ultime recours contre l'injustice qui leur est faite. Des idéalistes, souvent des juristes, qui y croient. Des ONG qui pensent que leur mission est d'apporter au monde cet ordre, ou de le rétablir. Mais, alors, c'est un ordre occidental. De notre époque, il y a eu celui de 1945 et de la Charte de l'ONU. Puis, après la fin de l'URSS, celui de l'américano-globalisation libérale et dérégulatrice à la sauce « Fin de l'Histoire ». Ou, alternative, le concept chinois de « Tanxia », « tous sous un même ciel », plus aimable apparemment et consensuel qu'OBOR (One Belt, One Road), les fameuses nouvelles routes de la soie ? Mais le Président Xi ne prend pas autant de précautions.

Pendant ce temps-là, le monde continue, dans le désordre de la lutte des puissances, une mêlée, une foire d'empoigne et un système économique fou, secoué d'angoisses périodiques par une écologie détraquée et des guerres cruelles. D'ailleurs, le secrétaire général de l'ONU, l'excellent António Guterres, a parlé de « chaos » au sens scientifique : un monde instable, imprévisible. Pas d'ordre mondial dans l'avenir sans un deal Occident/Sud et un accord sur un programme décennal d'écologisation. Possible qu'il y ait plutôt un désordre mondial évolutif.

Voir : Influences ; Interdépendances ; Occident ; ONU (Organisation des Nations unies) ; Sud global.

Orient

C'est plus facile de se situer par rapport au nord ou au sud – la latitude –, l'équateur, les tropiques, que par rapport à l'ouest et l'est – la longitude. On est toujours à l'est ou à l'ouest d'un autre pays. Mais c'est vital de s'orienter, de ne pas être « désorienté ». La notion d'Orient renvoie bien sûr à la centralité européenne à l'époque moderne (méridien de Greenwich depuis 1850 !). D'où les expressions d'éloignement eurocentrées Orient, *Proche*-Orient, *Moyen*-Orient, *Extrême*-Orient ; d'où les reproches sourcilleux des tenants de ce qu'on appelait naguère le Sud contre l'orientalisme (Delacroix, etc.). Il n'empêche que les expressions convenues d'Orient et d'Occident ont correspondu à un long moment de l'histoire humaine, qu'elles ont charrié beaucoup de méconnaissances et ont entraîné beaucoup de rejets violents ou d'affrontements, mais aussi des trésors d'échanges, de correspondances, de découvertes mutuelles et d'enrichissement, pas au sein d'une mondialisation purement commerciale et dépersonnalisante mais entre des pôles de culture également fiers et forts. Dès 1721, Montesquieu se moque, à travers les personnages d'Usbek et Rica, de ceux qui, à la cour de France, se demandent : « Comment peut-on être Persan ? » En effet, comment ? Dans *La Tentation de l'Occident*, en 1926, Malraux fait dialoguer un Européen, A. D., séjournant en Extrême-Orient, et Ying, un Chinois voyageant en Europe. Il y a eu des milliers d'échanges féconds de ce type, intellectuels, culturels, humains entre « l'Orient » et « l'Occident ». Chacun en connaît. On pourrait ajouter Tchang qui révéla à Hergé les réalités chinoises.

C'est un héritage qu'il ne faut pas perdre, il ne faut ni le rejeter, ni le niveler, ni l'édulcorer, ni le noyer dans les fleuves de repentance, encore moins le détruire, comme le redoute Amin Maalouf dans son *Naufrage des civilisations* en 2019. Il faut l'intégrer à une vision d'avenir – plus large – de l'humanité, au-delà du demi-siècle que nous avons connu qui a enrichi l'humanité comme jamais, mais en ramenant les êtres humains à deux fonctions trop frustes de producteur/consommateur. En plus, de façon réaliste, il faudrait aujourd'hui parler d'Orients et d'Occidents (comme de Nords et de Suds)...

Voir : Influences ; Occident.

OTAN (Organisation du traité de l'Atlantique Nord)

La plupart des gens confondent l'Alliance atlantique et son organisation, l'OTAN. L'Alliance a été créée en premier par un traité – de l'Alliance atlantique –, demandé par les Européens et accepté par les États-Unis, le président Truman ayant fait pression dans ce sens sur le Sénat. Il fut signé le 4 avril 1949 à Washington, et il comprend le fameux article 5 d'assistance mutuelle. Mais il ne prévoyait pas un déploiement permanent de forces américaines en Europe. Cependant, les Européens auraient été tout à fait incapables de se défendre par eux-mêmes contre une éventuelle agression soviétique, c'est-à-dire, à l'époque, stalinienne. Or, Staline, dans ces années d'immédiat après-guerre, violait allègrement la promesse faite à Yalta d'organiser des élections libres dans les pays libérés des nazis par l'armée Rouge et imposait au contraire, par différentes manœuvres et intimidations, des gouvernements contrôlés par les partis communistes dans toute l'Europe centrale et orientale pour se constituer un glacis. Et puis il y a eu la guerre de Corée. D'où une demande additionnelle, pressante, des Européens aux Américains, qu'ils reviennent en Europe, comme si on était de nouveau en guerre, avec un dispositif militaire capable de dissuader l'Union soviétique. C'est l'époque où le général de Gaulle lui-même disait, dans les meetings du RPF, que l'armée Rouge n'était qu'à « cinq cents kilomètres, soit à peine la longueur de deux étapes du Tour de France cycliste » ! Le président Truman accepta, les Américains revinrent, mais en annonçant que, ayant été obligés d'intervenir deux fois en Europe au XXe siècle du fait de deux guerres mondiales déclenchées par des Européens, ils contrôleraient cette fois tout. Au grand soulagement des Européens. Ils mirent sur pied l'OTAN, c'est-à-dire l'Organisation du traité de l'Atlantique Nord. Les États-Unis fournirent la quasi-totalité du dispositif militaire et nommèrent à sa tête un général américain, ce que les Européens trouvèrent à la fois légitime et rassurant. Le quartier général fut installé à Rocquencourt près de Versailles, et le premier commandant suprême des forces de l'OTAN fut le général Eisenhower, qui habitait une charmante résidence à Marnes-la-Coquette. Plus tard, dans les années 1980, Pierre Schweid y organisa de discrètes concertations droite/gauche pendant les cohabitations. En 1952, Eisenhower allait être élu président des États-Unis, puis réélu en 1956, et son mandat durera jusqu'en 1960.

Les controverses n'ont jamais cessé ensuite au sein de l'Alliance. Kissinger appelait ça de simples « malentendus » transatlantiques, mais ils étaient permanents. Même quand le général de Gaulle, lassé à juste titre par la non-réponse des présidents américains, Kennedy puis Johnson, à son mémorandum de 1958 dans lequel il réclamait une réforme des modes de décision dans l'Alliance elle-même, et donc un poids plus grand pour la France et la Grande-Bretagne, finit par quitter en 1966 ses organes intégrés, il ne quitta pas l'Alliance. Il n'envisagea jamais de dénoncer le traité. Par la suite, les débats en France porteront sur le retour ou non de la France dans les organes militaires intégrés. Jacques Chirac l'avait envisagé. Nicolas Sarkozy prit finalement cette décision en 2008, François Hollande résista ensuite aux demandes de son aile gauche et décida de ne pas en ressortir. La France a essayé depuis d'y garder une certaine autonomie conceptuelle et pratique. Les débats ont rebondi en 2019 quand le président Macron s'est interrogé publiquement sur l'avenir de l'OTAN et même de l'Alliance, sur l'attitude à adopter par rapport à la Russie, à la Chine, au terrorisme, sur la place d'un pôle européen dans l'Alliance (autre sujet de discorde), ce que le sommet franco-britannique de Saint-Malo avait rendu en théorie possible, il y a plus de vingt-cinq ans, en 1998, sur la cohérence des politiques des Alliés entre elles (c'est l'aboulie et la paralysie de l'OTAN sur la politique turco-ottomane en Méditerranée avec Erdoğan qui lui avait fait parler de « mort cérébrale »)...

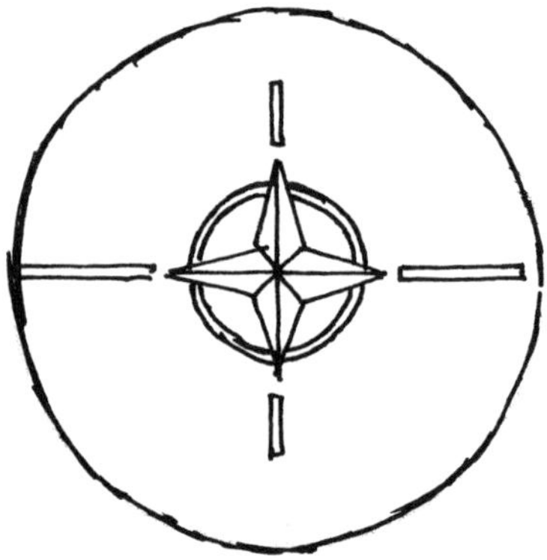

Les débats sur l'OTAN, entre les États-Unis et les autres membres de l'Alliance en dehors de la France, ont longtemps tourné autour des mêmes sujets. Les États-Unis qui assument environ 70 % des dépenses demandent que les Européens prennent une part plus grande du fardeau (*burden sharing*), sans pour autant leur consentir une part plus grande de la décision, ce que d'ailleurs la plupart des Alliés redouteraient d'avoir à assumer ; les gouvernements européens ont du mal parce que leurs électeurs, jusqu'en 2022, voulaient plus de social, de bien-être, mais pas plus de défense, et ne percevaient pas le lien entre les deux. Les États-Unis font pression – avec succès – pour que les Alliés achètent le plus possible du matériel militaire américain plutôt que du matériel européen – quand il y en a. D'où la sortie bien ajustée de Florence Parly, alors ministre de la Défense : « L'alliance, c'est l'article 5 [solidarité entre alliés], pas l'article F-35 [le dernier avion de combat américain]. » Et, enfin, il y a toujours eu des batailles subsidiaires sur la répartition des postes. La réalité est que les Européens se sentent toujours incapables de défendre l'Europe par eux-mêmes et qu'ils ne sont même pas très allants, malgré les propositions répétées de la France, pour constituer un pôle européen au sein de l'Alliance, l'affirmation progressive d'une capacité européenne de défense, ce qui serait pourtant la bonne méthode pour évoluer. Est-ce que les esprits ont commencé à bouger ? Une situation radicalement nouvelle a été créée : 1) par l'agression de Poutine en 2022, qui a réveillé l'esprit de défense en Europe, dans l'Alliance ; 2) par la réélection de Trump, dont les déclarations relativisant l'engagement américain du fait de l'article 5 avaient eu un effet dévastateur. Cela peut entraîner des réactions désordonnées des alliés européens en quête de réassurance et de garantie, ou au contraire un sursaut, le plus important depuis 1948.

Voir : Alliances ; États-Unis ; Europe ; Souveraineté.

Oural

Séparation arbitraire entre la Russie d'Europe et la Russie d'Asie : exemple remarquable du pouvoir de nommer.

Géographiquement, l'Oural est une chaîne de montagnes peu élevée (elle n'atteint pas 2 000 mètres) qui s'étend sur 2 000 kilomètres du nord au sud de la Russie, maintenant le Kazakhstan.

Personne ne s'était posé la question, vaine, de la limite entre l'Asie et l'Europe jusqu'à ce qu'Ivan le Terrible, en 1552, prenne contre les Tatars le contrôle du khanat de Kazan qui devient alors la pointe avancée à l'est de la Russie orthodoxe, prélude à l'expansion/colonisation de la Russie au sud – le Caucase – et en Sibérie, plus à l'est. Un peu moins de deux siècles plus tard, Pierre le Grand, tsar dès 1682, après avoir voyagé « incognito » en Europe de l'Ouest et fondé Saint-Pétersbourg en 1703, veut affirmer la dimension européenne de la Russie. En

1721, soit peu de temps avant sa mort en 1725, l'année où il s'attribue le titre d'« empereur de toutes les Russies », il demande à son géographe Tatichtchev de fixer sur l'Oural la limite entre l'Europe et l'Asie. Gros avantage à ses yeux : affirmer que toutes les villes importantes de la Russie (Moscou, Saint-Pétersbourg bien sûr, mais aussi Kazan, Kiev, Nijni Novgorod, libéré des Tatars, etc.) sont européennes.

Le pouvoir de nommer est lié à la puissance et à la situation de ceux qui prétendent, par exemple, « découvrir » l'Amérique (!). Ce pouvoir traduit aussi la *localisation* de celui qui nomme : le *Proche*-Orient est plus proche pour nous, que l'*Extrême*-Orient ! Cela se retourne : Mexico n'est pas redevenue Tenochtitlan (il n'y a plus d'Aztèques pour l'exiger), mais Bombay a été « rebaptisée » Mumbai, Pékin Beijing, Mogador Essaouira, etc. Et des centaines d'autres !

Qui aura le pouvoir de débaptiser et de nommer demain ?

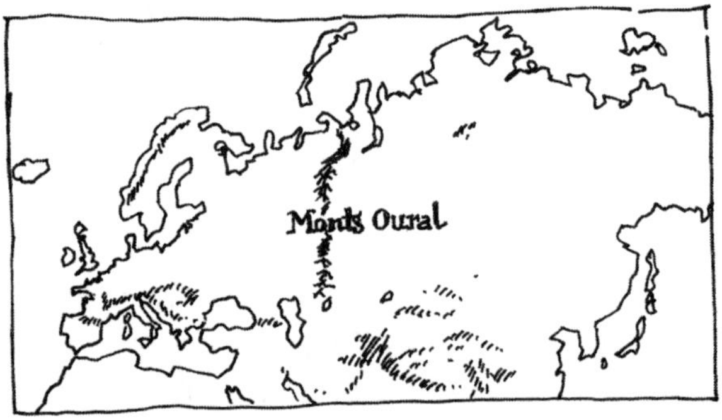

Voir : Europe ; Influences ; Russie.

P

Paix

Absence de guerre. Traités de paix... Mais comment établit-on, rétablit-on la paix ? Deux grandes écoles. L'école idéaliste. Cela passerait par une sorte de religion de la paix. Par l'enseignement de l'amour de la paix. Le pacifisme (tendre la joue droite). Forum pour la paix. Pétitions. Interdictions : pacte Briand-Kellogg d'inspiration wilsonienne, qui met la guerre hors la loi, en 1928.

Et l'école réaliste, à laquelle j'adhère, par expérience. La paix se construit, se maintient par l'équilibre des forces ou par la dissuasion. Classique, Lyautey : « Montrer sa force pour ne pas avoir à s'en servir. » Puis nucléaire : dissuasion mutuelle. Mitterrand, lors de la bataille des euromissiles, en octobre 1983 : « Les missiles sont à l'est, les pacifistes à l'ouest. »

La paix se rétablit par la force (les Alliés en 1945), ou par la négociation appuyée par la menace, donc par la force, et un accord politique. Il faut que les protagonistes se résignent à la paix, la veuillent, ou qu'il y ait un vainqueur, ou qu'une autre puissance les y force.

La sécurité collective relève de la première approche, incantatoire, tant qu'elle n'est pas appuyée par un moyen d'imposer le respect des engagements pris, ou d'une vraie interdépendance qui rend raisonnable, ou d'une force en commun dans une alliance militaire. L'ONU n'a pas d'armée. Et, d'ailleurs, qui la commanderait ? Qui lui donnerait des ordres ? *Idem* pour l'Europe jusqu'à nouvel ordre (cela peut changer). On ne peut pas être contre la « culture de la paix », mais cela ne suffit pas. Le pacifisme – explicable – des Français après la saignée sans précédent de 1914-1918 a affaibli la France face à Hitler. La paix se construit !

Voir : Dissuasion ; Wilson, Woodrow.

Palestine

Calvaire.

Ne pas confondre l'usage du mot Palestine pour désigner la région située entre la Méditerranée et le désert à l'est du Jourdain (Jean-Pierre Filiu en a fait l'historique) et le sens géopolitique contemporain, chargé de sang et de larmes. Aujourd'hui, il s'agit de la situation du territoire attribué à la « Palestine » le 20 novembre 1947 dans le plan de partage des Nations unies (cinquante États membres seulement, dont sept pays arabes, qui avaient voté contre) et du sort de ses habitants : 5 millions environ en 2023, plus 1,5 million d'Arabes israéliens. À cela s'ajoutent les « réfugiés » du Liban et en Jordanie, et la diaspora palestinienne dans le monde, soit 14 millions environ. Pour les Juifs, les chiffres sont de 15,7 millions environ, dont 57 % hors Israël. Il s'est écoulé depuis 1948 plusieurs guerres israélo-arabes, des années de terrorisme palestinien mené par des mouvements rivaux. Mais ensuite, la création, sous diverses conditions, d'un État palestinien, envisagée par

François Mitterrand dès mars 1982 devant la Knesset, était devenue pendant plus de trente ans un objectif de plus en plus partagé en théorie, et un enjeu central des relations internationales, dans toutes les enceintes politiques et diplomatiques, et plus ou moins, pour les principaux intéressés, en Israël et en Palestine. Une lutte de tous les instants opposa les Palestiniens entre eux sur la stratégie à suivre (OLP puis Autorité palestinienne acceptant Israël, contre Hamas – Frères musulmans – ou des organisations n'ayant pas renoncé au terrorisme). De même que les Israéliens étaient divisés entre ceux qui se résignaient à un État palestinien, sous certaines conditions, et la droite nationaliste sioniste, et messianique, qui ne l'a jamais acceptée et a toujours poussé, à partir de 1967 et de plus en plus après, à une colonisation visant à rendre matériellement impossible tout État palestinien en Cisjordanie. Cela a opposé aussi les États arabes entre eux, ou la « rue arabe » à leurs gouvernements ; et les Européens, entre ceux qui s'étaient engagés plus ou moins fermement pour la solution à deux États et ceux qui n'avaient jamais osé irriter ni Israël ni les États-Unis, ni leur opinion interne. De toute façon, les dirigeants américains n'ont jamais imaginé pouvoir faire pression dans ce sens sur Israël, fût-ce légèrement, même Clinton et Obama (il explique pourquoi dans ses mémoires, *Une terre promise*). Seule exception depuis Eisenhower, George H. Bush (et James Baker).

Jusqu'en octobre 2023, il semblait que Benjamin Netanyahou, au pouvoir depuis juin 1996 avec le Likoud et des alliés de plus en plus extrémistes, avait réussi à quasiment éteindre tout soutien extérieur à un État palestinien. Les Européens s'étaient découragés ou lassés, ou laissé lâchement intimider dès que Netanyahou les taxait d'antisémites. Les gouvernements arabes étaient beaucoup plus obnubilés par la lutte contre l'Iran des mollahs, contre

Al Qaïda ou Daesh, comme on l'a vu spectaculairement en 2020 quand les Émirats et Bahreïn avaient accepté d'établir des relations avec Israël dans le cadre des « Accords d'Abraham » imaginés par Trump, alignés sous la pression des pro-Israéliens et des évangélistes américains, sur les nationalistes israéliens pour achever d'écarter la perspective d'un État palestinien. D'où le plan Kushner (le gendre de Trump) qui fut quand même contesté par les ultra-nationalistes israéliens car il conservait le principe d'un micro-État palestinien. Encore trop !

On commençait à se demander si une nouvelle génération de Palestiniens, malgré la vieille Autorité palestinienne vermoulue qui voulait garder son statut, ne dirait pas un jour : « Vous avez réussi à empêcher la création de tout État palestinien, même petit et démilitarisé. Vous avez recréé une sorte d'Afrique du Sud (même Frederik De Klerk, ami d'Israël, l'a dit). Nous ne voulons pas des *bantoustans* (les territoires assignés aux populations noires pendant l'apartheid) que vous nous laissez. Eh bien, maintenant, nous revendiquons des droits égaux dans un même État. » Mais la féroce attaque terroriste du Hamas le 7 octobre 2023 et l'impitoyable guerre de vengeance contre Gaza et les Gazaouis, peuple martyr, qui s'est ensuivie, a radicalement changé la situation. Est-ce à dire que la perspective d'un État palestinien est définitivement écartée ? Pas sûr. Une nouvelle autorité palestinienne remise sur pied par un autre gouvernement israélien, des Arabes – l'Arabie – devenus moins irresponsables, les Européens, plus courageux, ressortira-t-elle de ce champ de ruines, sous la forme par exemple d'une relance des Accords d'Abraham, *incluant un État palestinien ?* Ce serait un retournement stratégique positif et la seule politique qui pourrait menacer les Frères musulmans et l'Iran.

Voir : États-Unis ; Israël ; Trump, Donald.

Bimillénaire. Qui peut en dire autant ? Sous le nom de « François », comme François d'Assise, le cardinal argentin Jorge Mario Bergoglio est depuis le 13 mars 2013 le 286e « évêque de Rome » après Pierre. C'est ainsi que l'on nomme le pape.

Le pape François a un mode de vie simple. Il réside à la pension Sainte-Marthe. Ses idéaux sont proches de la gauche latino-américaine (le désarmement nucléaire) et de la « théologie de la libération » des années 1970. Très conscient des effroyables risques écologiques (l'encyclique *Laudato si'*), il ne comprend en revanche pas les préoccupations des peuples européens quant aux flux migratoires incontrôlés (il vient d'un pays qui s'est fait par l'immigration), au terrorisme et à l'islamisme. Mais il s'est doté d'un think tank mondial informel sur l'économie responsable.

Le pape François a entrepris courageusement de réformer la Curie, c'est-à-dire le cœur de l'administration de l'Église (équivalent de l'Intérieur et de Bercy) et se heurte, comme tous les réformateurs, à des résistances, ouvertes, ou larvées. Comme quand Louis XV avait tenté, sans succès, d'imposer à l'Église un impôt qu'il voulait général.

Mais quelle influence a, à notre époque, un pape – que ce soit Jean-Paul II ou François – sur 1 milliard et 329 millions de catholiques, dont 256 millions en Afrique ? Et, au-delà, sur les quelque 6 autres milliards, sur 885 millions de protestants (dont 80 millions d'évangélistes américains, extrémistes sur le Proche-Orient, qui ne cessent de progresser en Afrique au détriment des catholiques), et au-delà sur les hindouistes, confucianistes, juifs, animistes, athées ? Sur le monde chinois ?

Le prestige du pape reste immense. Mais comment mesurer sa puissance dans notre monde ultra-matérialiste et individualiste ?

Voir : Influences ; Nucléaire ; Religions.

Passé

Si lourd passé de l'humanité qui ne passe pas...

D'un côté, on veut s'y rattacher pour ne pas perdre pied. Les religions révélées, il y a des milliers d'années, la dernière il y a mille trois cents ans, restent pour certains des guides politiques voire des plans de bataille au quotidien. La Chine, la Russie, la Serbie, Israël et leur passé ! La France avec son histoire. Le culte masochiste de certaines défaites à venger (le Champ des Merles [1389], le mur des Fédérés [1871]), traumatisme vécu ou transmis, ou fantasmé. C'est vrai que, sans la connaissance du passé, et évidemment de la chronologie, on ne comprend rien à ce qu'il se passe dans le monde.

En même temps, on rêve de s'en débarrasser, de se désenvoûter du passé. Du passé faisons table rase ! Certains ont voulu faire démarrer l'histoire à Moïse, Jésus ou Mahomet, ou à 1789 ou à 1917, quand il y a deux millions d'années que l'*Homo erectus* a essaimé le monde, et des centaines de milliers d'années qu'il enterre ses morts, et qu'il y a des *Sapiens* depuis deux à trois cent mille ans ! On veut créer un homme nouveau, et la tentation surgit alors d'éradiquer ceux qui ne sont pas réformables. La croyance dans le Progrès qui s'est substitué à la croyance aux cycles postule que ce qui arrive maintenant est forcément mieux, et sera encore mieux demain. C'est la base de la mode. De la consommation. De la mondialisation.

Dans les relations internationales, la géopolitique, les forces de conservation, de stabilisation, plus rarement de retour en arrière, de réaction, sont constamment confrontées aux forces de renouvellement, de changement, de révolution. C'est éclatant dans les débats « mémoriels ». Et l'Histoire avance cahin-caha. On est condamnés à tenir les deux bouts de ces oscillations. « Le passé n'est jamais mort, a écrit Faulkner dans *Requiem pour une nonne* en 1951, il n'est même pas passé. »

PC Jupiter

Lieu de bien des fantasmes comme tous les lieux de pouvoir, surtout quand ils sont militaires et (en principe) secrets. À l'origine, c'est juste un abri antiaérien, creusé sous l'aile est du palais de l'Élysée… en 1940 pour le président Albert Lebrun (celui à propos duquel de Gaulle aura cette phrase fameuse : « En tant que chef de l'État, il lui a manqué deux choses : qu'il fût un chef, et qu'il y eût un État. »)

C'est le président Giscard d'Estaing qui y installa le « PC Jupiter » en 1978. Jupiter trônait sur l'Olympe, là, c'est en sous-sol. Il fut rénové en 2015. La plupart des conseils de défense s'y tiennent, notamment, en 2020-2022, ceux consacrés à la pandémie de Covid-19. En cas de guerre nucléaire, le Président et quelques chefs militaires pourraient se réfugier dans ce bunker et y survivre quelques jours. Et après ?

Voir : Élysée (Palais de l') ; Lieux de pouvoir.

Pearl Harbor

Événement déclencheur de l'interventionnisme américain contemporain. En coulant par surprise le 7 décembre 1941, dans le port de Pearl Harbor, à l'ouest d'Honolulu, à Hawaï avec ses avions kamikazes, deux cuirassés et cinq autres navires américains, en détruisant 188 avions, en tuant plus de 2 000 soldats américains, le Japon, qui s'est prétendu acculé à cette attaque par l'embargo américain, fournit au président Roosevelt l'argument décisif qui lui faisait défaut pour faire admettre à son électorat la déclaration de guerre à l'Empire japonais et à l'Allemagne nazie. Lui qui avait dû promettre en 1940, pour être réélu, de ne pas envoyer les « boys » dans la guerre en Europe ! Tout en préparant cet engagement.

Auparavant, la seule agression étrangère sur le sol américain avait été l'incendie de Washington par l'armée anglaise en 1812. Et après Pearl Harbor, il n'y eut que le 11 septembre 2001 à New York. Le rôle « impérial » et global des États-Unis est pratiquement né là, en 1941. Même s'il était depuis l'origine présent dans l'idée que l'Amérique se faisait d'elle-même. Le film de Fred Zinnemann *Tant qu'il y aura des hommes* se passe à Pearl Harbor la veille de l'attaque.

Voir : États-Unis ; Seconde Guerre mondiale.

Pékin (Beijing)

Comme d'autres capitales, Pékin (« Beijing » : capitale du Nord) a connu un destin contrasté tout au long de l'histoire de la Chine. C'est sa position stratégique au nord-est, face aux peuples nomades septentrionaux, envahisseurs fréquents – un petit-fils de Gengis Khan s'y était déjà installé –, qui l'a finalement imposée comme capitale en 1403 sous Yongle, le troisième empereur Ming (dernière dynastie purement chinoise/han). Nankin était la capitale du Sud. Et c'est la dynastie Qing, dernière dynastie chinoise en fait (mandchoue), qui confirme Pékin en 1644.

Aujourd'hui, la question qui se pose est : Pékin, ses vingt-deux millions d'habitants et ses six périphériques, sera-t-elle la capitale politique du monde de demain ? Ce n'est pas fait car, même si l'émergence fulgurante de la Chine a stupéfié et impressionné depuis Deng et inquiète maintenant sous Xi, elle ne séduit pas, elle fait même peur et elle a ses propres failles, soulignent les Occidentaux.

De toute façon, il n'y aura pas *un* empire mondial, ni *une* seule capitale.

Voir : Chine.

Penseurs

Qui pense sur la géopolitique ? Comme Monsieur Jourdain, tout le monde : historiens, géographes, explorateurs, biographes, mémorialistes, diplomates, etc. En premier, Thucydide (-460 ; -397). Les penseurs politiques (Machiavel). De grands intellectuels (Tocqueville, Aron). De grands juristes. Des économistes (Keynes, Marx). Les grands penseurs (Platon, Aristote). Tous les dirigeants qui ont fait graver des épitaphes, ou des arcs de triomphe, ou écrit des mémoires (*La Guerre des Gaules*) ou dicté (à un Joinville, à un Las Cases). Il y a toujours énormément à tirer de ce qui a été pensé, dit ou écrit par Clausewitz, Machiavel, Richelieu, Mazarin, Louis XIV, Talleyrand, Metternich et tant d'autres. Mais aussi par La Fontaine (« Le chat, la belette et le petit lapin »). Des professeurs de relations internationales (Renouvin, Duroselle). Les textes de De Gaulle sont passionnants, y compris ses échanges avec Ben Gourion après la fameuse conférence de presse controversée. Ou les réflexions de Raymond Aron dans *Paix et guerre entre les nations*, ses analyses sur de Gaulle, ou encore de Mitterrand, en 1985, dans ses *Réflexions sur la politique extérieure de la France*. Il y a, à l'époque moderne, les penseurs américains, Kissinger, Brzeziński, Nye, Stanley Hoffmann, Fukuyama, Huntington, Graham Allison, Paul Kennedy, John Mearsheimer, Wess Mitchell. Une partie des quelque cent ouvrages de Jacques Attali, ancien sherpa. Et Thérèse Delpech, figure tutélaire du néoconservatisme à la française, qui a eu le mérite d'annoncer que la « communauté » internationale était une illusion et de prédire « l'ensauvagement du monde ». Et je n'oublie pas mon ami le regretté Alexandre Adler. Également des philosophes, des économistes, des anthropologues, des historiens.

Et, bien sûr, parce que, dans ce domaine aussi, les Occidentaux n'ont plus le monopole. Le Singapourien Kishore Mahbubani, des Chinois, des Indiens, des Japonais, des Africains, des Brésiliens, sans oublier les Russes, etc. À leur façon, les islamistes font de la géopolitique. En fait, tout le monde y pense. Bien sûr, les grands diplomates. Aujourd'hui, Claude Martin, Gérard Araud, Jean de Glinasty, Maurice Gourdault-Montagne et Michel Duclos, et parmi ceux qui n'ont pas encore écrit, Pierre Sellal, Jean-David Lévitte, Pierre Vimont, Philippe Étienne. Et bien d'autres moins connus.

Dans chaque café du commerce, ou chaque palabre, n'importe où dans le monde, chacun a son idée sur qui gouverne le monde, et qui sont ses amis ou ses ennemis. Sur le Net où l'anonymat libère les délires complotistes et les haines les plus enfouies, et un nouvel obscurantisme.

Il faut n'être prisonnier d'aucune chapelle, d'aucune église idéologique, ne pas se contenter des penseurs patentés, aller voir du côté des anthropologues et des savants. Mais, à la fin, mesurer le degré de réalisme (ou de *realpolitik*) ou d'irréalisme utopique (*irrealpolitik*), et prendre en compte la révolution de l'écologisation qui va rebattre les cartes… Toutes les données qui nous sont familières vont être jetées dans une terrible concasseuse.

Voir : Experts ; Géopolitique.

Pentagone

Le Pentagone est le centre de commandement de la première armée du monde. Son budget en 2024 : près de 842 milliards de dollars (soit environ le PIB de la Suisse, ou de l'Arabie). Par comparaison, le budget français est de 343 milliards, le budget français de défense de 40 milliards d'euros. Les dépenses américaines de défense représentent entre 40 et 50 % des dépenses de défense du monde entier. Construit en 1943 à Arlington, en Virginie (où se situe aussi le fameux cimetière national), le Pentagone (qui tire son nom de la forme de son architecture) est le siège du ministère de la Défense où travaillent plus de 30 000 militaires et civils de l'armée américaine. Il a été percuté le 11 septembre 2001 par le vol 77 d'American Airlines, un des trois avions détournés par les terroristes d'Al Qaïda.

Inspire presque autant de fantasmes que la Maison Blanche.

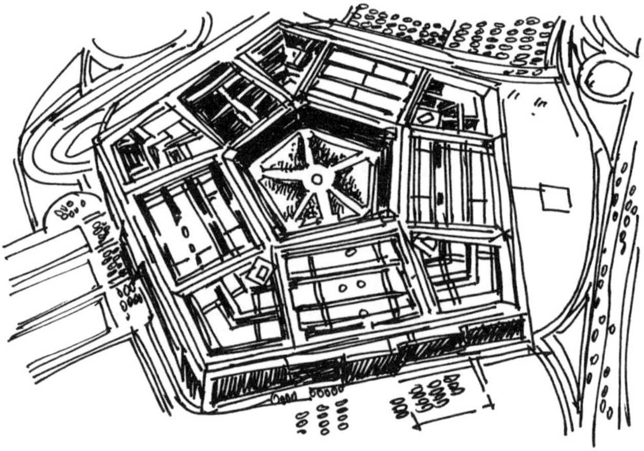

Voir : Lieux de pouvoir.

Populisme

Viral. Populisme : terme péjoratif, employé par les élites pour dénoncer ceux qui les dénoncent au nom du peuple. Cette interpellation est apparue en 1929 (pas étonnant !). Elle est très employée dans les démocraties, occidentales et autres, ces dernières années depuis : 1) que la démocratie représentative est contestée au nom d'une démocratie directe instantanée, permanente et vindicative ; 2) que les classes populaires d'abord, moyennes ensuite, ont commencé à douter des bienfaits (pour elles) de la mondialisation à tous crins des trente dernières années ; 3) et depuis qu'elles ont été également de plus en plus nombreuses à penser que la construction européenne ne répondait pas à leurs attentes et les privaient de leur souveraineté. D'où les « insurrections électorales » des années 2010 et suivantes, et la montée de l'abstention ou des votes extrêmes.

La dénonciation du populisme est d'autant plus vaine que ce dernier n'a pas de définition claire. Toute personne démocratiquement élue qui dit vouloir tenir compte des volontés du peuple et des demandes de ses électeurs (« Je vous ai compris ») est-elle populiste ? Où est la limite, et qui la fixe ? En plus, les peuples détestent *a priori* les élites, qui dénoncent le populisme. Cercle vicieux ! Il faut traiter les causes.

Les peuples européens demandent en fait des choses assez simples : pas tellement plus d'« intégration européenne », sauf si cela permet de vivre mieux pour eux et leurs enfants, tout en préservant leur identité ; que leur pays garde une certaine souveraineté, ou que l'Europe en crée une ; que la sécurité soit assurée ; que les flux migratoires soient gérés, etc.

Si les partis de gouvernement ne parviennent pas à répondre à des demandes aussi élémentaires ; pire, si ceux qui les expriment se font insulter par les fameuses « élites » qui comparent par paresse pavlovienne ce phénomène avec les années 1930, alors ils deviennent enragés et votent pour les partis extrémistes et des programmes absurdes. Voir le long épisode précurseur des Gilets jaunes en France à l'hiver 2018-2019 et les élections européennes puis législatives en 2024.

C'est peut-être LE problème de l'Europe et des autres démocraties aujourd'hui. Et partout où il y a des peuples !

Voir : Mondialisation/démondialisation.

Potsdam (Conférence de)

Troisième, et dernière, conférence des trois « grands » alliés pendant la Seconde Guerre mondiale. Elle réunit à partir du 17 juillet 1945 – moins de trois mois après le suicide de Hitler – au château de Cecilienhof, près de Potsdam (la capitale de la Prusse, limitrophe de Berlin, là où se trouve la résidence d'été, « Sans Souci », de Frédéric II de Prusse, dit le Grand), Staline, Truman (président depuis trois mois) et Churchill. Le Troisième Reich, qui a capitulé les 7 et 8 mai 1945, est démantelé (séparation de l'Allemagne et de l'Autriche, division de chacun des deux pays en quatre zones d'occupation, attribution de la Prusse orientale à la Pologne et de Königsberg à la Russie – Kaliningrad [il y aura 11 millions d'Allemands expulsés et 2 millions de morts]).

La décision est prise à Potsdam de juger les responsables nazis : ce sera à Nuremberg. Le 26 juillet, la conférence lance un ultimatum au Japon : capitulation, abandon des conquêtes d'après 1937, abdication de l'empereur, instauration des libertés. Le Japon le rejette. Le 28 juillet, Churchill, congédié par les électeurs (lassitude ? ingratitude ? demande sociale ?) est remplacé par le travailliste Clement Attlee.

Le 6 août, Truman, convaincu par ses militaires que la guerre contre le Japon va être interminable et entraîner des centaines de milliers de morts supplémentaires de part et d'autre, ordonne pour la finir de larguer une première bombe atomique, sur Hiroshima, puis une seconde, le 9, sur Nagasaki. C'est alors seulement que Staline tient l'engagement pris à Yalta six mois plus tôt auprès de Roosevelt, très demandeur, et déclare enfin la guerre au Japon.

Le 15 août, six jours après la deuxième bombe, après qu'un coup d'État militaire avait été tenté pour l'en dissuader, l'empereur Hirohito annonce la reddition du Japon, dans la première allocution radiodiffusée jamais prononcée par un empereur (prononcée en japonais impérial, incompréhensible par le peuple). La capitulation signée le 2 septembre à bord de l'*USS-Missouri* est reçue par le général MacArthur, arrivé le 30 août. Un tribunal militaire est créé en janvier 1946 pour condamner à mort 7 prévenus. L'empereur Hiro Ito fut préservé. Mac Arthur gouvernera le Japon en véritable proconsul jusqu'en 1951. Ce n'est que par le traité de San Francisco du 8 septembre 1957 que le Japon recouvrera sa souveraineté, mais il devra encore accepter des bases américaines et il reste lié jusqu'à aujourd'hui aux États-Unis par un traité d'alliance.

Voir : Japon ; Seconde Guerre mondiale ; Yalta.

Poutine, Vladimir

Après avoir eu peur de Poutine, ou feint d'avoir peur, après l'avoir détesté, ou adoré le détester, l'Occident, et surtout l'Europe, a eu depuis 2014 (et qui plus est depuis 2022), encore davantage de bonnes raisons pour cela. Il est presque plus haï que Staline, avec lequel Roosevelt et Churchill avaient dû s'allier contre Hitler, ou que l'URSS, avec laquelle Kissinger traitait. Et cela a commencé avant la Géorgie, la Syrie et l'Ukraine. En fait, compte tenu de ce que les Russes ont enduré après la fin de l'URSS (–40 % de pouvoir d'achat dans les années 1990 quand les Occidentaux pavoisaient), c'est étonnant qu'il n'y ait pas eu plus tôt à la tête de la Russie un dirigeant plus dur et plus revanchard que Vladimir Poutine. Qui d'ailleurs était assez demandeur envers l'Occident pendant ses deux premiers mandats, et avait été solidaire après le 11 Septembre, en tout cas se présentait ainsi. Pour certains réalistes américains – Kissinger, Brzeziński, Mearsheimer –, les États-Unis et les Européens ont raté des occasions pendant la décennie 1990. Pour les Occidentaux de la décennie 2020, au contraire, et surtout les Européens, Poutine mijotait depuis ses débuts l'invasion de l'Ukraine. C'est vrai que ce dernier avait déclaré : « Celui qui [un Russe] ne regrette pas l'URSS n'a pas de cœur. » (François Mitterrand avait-il eu tort de rappeler que l'Ukraine était constitutive de la Russie depuis plus longtemps que la Bretagne n'avait été intégrée à la France ?) Mais d'ajouter : « Celui qui veut la reconstituer n'a pas de tête. » Ce qui ne convainc pas ceux qui le soupçonnent, au-delà de l'Ukraine, de lorgner de façon obsessionnelle l'espace post-soviétique, et de mijoter d'autres plans d'invasion.

Délit de sale gueule ? À mi-chemin entre Daniel Craig et un officier nazi de film hollywoodien. En réalité, c'est à se demander si les Occidentaux n'en voulaient pas déjà, avant 2022, aux Russes... d'être restés russes, au lieu de s'être laissés normalisés et transformés en gentils sociaux-démocrates nordiques. Les États-Unis avaient cru cela possible après 1992 quand, sous Eltsine, ils avaient truffé les ministères russes de conseillers américains adeptes de la thérapie de choc dont les Russes ont subi les effets. Ces dernières années, avant 2022, il était plus facile et de moins en moins risqué de s'en prendre à la Russie, à la fois énervante, provocatrice, agressive, menaçante, mais plus faible que la Chine, par exemple.

Et ces Russes qui avaient l'audace de s'ingérer chez nous ! À croire que l'Occident ne l'avait jamais fait. Il aurait peut-être été possible, pendant dix à quinze ans, après 1992, tout en étant vigilants et dissuasifs (en étant cyberoffensifs), d'avoir des rapports plus stratégiques avec Moscou, tout en relançant avec eux des négociations d'accords de désarmement et de sécurité en Europe, et de ne pas les pousser stupidement dans l'orbite de la Chine ! Pourquoi ce qui a été possible avec l'URSS ne l'a pas été avec la Russie ? C'est ce qu'analyse très bien l'ouvrage de

Georges-Henri Soutou, *La Grande Rupture (1989-2024). De la chute du Mur à la guerre d'Ukraine* (Tallandier, 2024), sans rien occulter de la responsabilité russe. Mais peut-être était-ce de toute façon trop tard, et le système sécuritaire poutinien trop verrouillé dans sa conviction qu'il n'y avait plus rien à attendre de l'Occident, et donc plus de précautions à prendre : on l'a vu user du poison militaire Novitchok pour éliminer le courageux Navalny et le laisser être évacué en Allemagne, puis le laisser mourir dans un bagne nordique ! *Idem* dans son soutien à la Syrie d'Assad, même si cela n'a pas empêché la chute de ce dernier en décembre 2024.

Puis son attaque de l'Ukraine en 2022 (tragique pour l'Ukraine, insensée pour la Russie) et sa guerre ultraviolente ont pour le moment donné raison aux tenants de la dissimulation de Poutine, de son obsession ukrainienne, de sa dangerosité intrinsèque… Faudra-t-il un jour reparler à Poutine ? Il a fait adopter le 1er juillet 2020 une réforme de la Constitution qui lui permet de se maintenir au pouvoir au-delà de la fin de son quatrième mandat, en 2024, jusqu'en 2036… Dans l'intérêt de l'Ukraine, et de l'Europe.

Qui s'y résignera ?

La question se pose maintenant tout autrement avec la politique complètement différente de Trump.

Première Guerre mondiale

Jusque-là impensable. Conflit qui a opposé quatre ans, trois mois et deux semaines, du 28 juillet 1914 au 11 novembre 1918, « la Triple Entente » (les « Alliés » : France, Grande-Bretagne, Russie jusqu'à la Révolution bolchevique) et les empires centraux (le Deuxième Reich allemand, l'Empire austro-hongrois, ainsi que l'Empire ottoman), et a fait au total 38 millions de victimes, 22 millions de morts, blessés ou disparus chez les militaires, 16 millions chez les civils – s'y ajoutent au moins 50 millions de morts par la grippe née aux États-Unis et dite à tort « espagnole » qui a suivi en 1918-1919 (7 millions pour la Covid). L'expression consacrée de guerre « mondiale » est un peu exagérée même s'il est vrai que les puissances coloniales d'alors ont entraîné dans leur guerre leurs colonies, qui n'ont pas eu le choix. Elle s'est finalement conclue – après l'entrée en guerre des États-Unis en mars 1917 – par la victoire des Alliés qui imposèrent les traités de Versailles (1919), de Saint-Germain-en-Laye (1919), de Neuilly (1919), de Trianon (1920), de Sèvres (1920). Elle a entraîné la chute de quatre empires du fait de la guerre elle-même ou des décisions consécutives : allemand, russe, austro-hongrois et ottoman. Elle a donné le coup d'envoi au premier féminisme concret puisqu'on avait dû faire massivement appel aux femmes dans les usines pour remplacer les hommes mobilisés.

L'Allemagne n'a jamais admis avoir été traitée à Versailles comme *seule* responsable de cette tuerie (article 23 du traité de Versailles). Lloyd George voulait même faire juger Guillaume II, petit-fils de la reine Victoria (article 227 du traité de Versailles) et le faire fusiller ! Il n'en était pas question pour le président américain Wilson. Tout cela a alimenté un profond ressentiment en Allemagne que Hitler a su capter. D'autant que la guerre n'avait pas eu lieu sur le territoire allemand, mais français. Le vif débat entre responsables alliés, et français, sur la nécessité d'aller ou non jusqu'à Berlin avait été tranché par la négative. Pétain ne voulait pas de morts inutiles en plus. Conséquence : les Allemands n'admirent pas qu'ils avaient « perdu ».

Les controverses n'ont jamais cessé depuis un siècle sur ce séisme géopolitique, ce suicide européen, même si elles changent périodiquement de contenu et de sens.

Sur les causes de la guerre : la realpolitik de Bismarck ou plutôt son abandon par Guillaume II ? Les alliances automatiques d'avant 14 ? La diplomatie secrète ? (Marotte de Wilson. Même si on ne voit pas le rapport.)

Sur l'aveuglement des dirigeants, les fameux *Somnambules* (de Christopher Clark). Mais, par définition, ils ne pouvaient pas imaginer qu'ils marchaient à une guerre « mondiale ». Sur les décisions aberrantes de l'état-major français pendant la guerre : l'acharnement à lancer des offensives sanglantes vouées à l'échec. Sur le traité de Versailles et ses conséquences. Sur l'enchaînement Première Guerre/entre-deux-guerres/Seconde Guerre. Sur le pacifisme post-14/18 en France et ses conséquences politiques jusqu'en 40 et à Vichy. Sur le revanchisme post-Versailles en Allemagne.

Et, plus récemment, sur les analogies entre la situation d'avant 14 et celle du monde global d'après 1992... Mais les comparaisons avancées par certains Français à l'occasion du 11 novembre 2018 à Paris, entre 1918 et 2018 étaient tirées par les cheveux.

Ce que nous vivons, le chaos actuel, est à mon avis différent, sans précédent.

Voir : Bismarck, Otto von ; Versailles (Traité de).

Présidents

Les régimes présidentiels (essentiellement américain et français) ont longtemps généré un respect, voire une vénération, pour « le Président » ou « Mister President » (« Potus » : President of the United States, pour les services américains). Surtout chez les personnes qui travaillent pour les présidents, transies par le regard que leur patron porte ou pas sur eux, mais pas seulement, ou amères, ce qui est fréquent. Il y a des noms de présidents qui sortent du lot. Aux États-Unis, les « grands » du mont Rushmore sculptés en 1925 et où se passe la fin inoubliable du film d'Hitchcock *La Mort aux trousses* : Thomas Jefferson, George Washington, Theodore Roosevelt, Abraham Lincoln – mais pas Woodrow Wilson (qui incarne le courant idéaliste). Ensuite, il y a le second Roosevelt (Franklin Delano), et après... difficile à dire. Kennedy, du fait de sa séduction et de son assassinat ? Reagan ? G. H. Bush ? Clinton ? Obama ? Trump (eh oui !) ? Biden ? À partir de Kennedy, avec la politique spectacle et la peopolisation, les dépenses illimitées et absurdes de campagne, le règne de l'image, difficile de trancher. Pour moi, Harry Truman, un des moins glamour et un des plus oubliés, est un des plus remarquables du fait des décisions historiques qu'il a dû prendre juste après la guerre : pour contenir la Russie, l'endiguement. Puis Nixon.

En France, les Français classaient les présidents en octobre 2018 : 1) de Gaulle (de loin) ; 2) Mitterrand ; puis, loin derrière 3) Chirac (qui a un moment bondi au premier plan après sa mort) ; puis 4) et 5) VGE et Pompidou ; et loin derrière 6) Sarkozy et enfin 7) Hollande. Pour Emmanuel Macron, c'est trop tôt.

Il est vrai qu'avec le quinquennat, la vague de revendication de démocratie directe et les réseaux sociaux ont détraqué quelque chose.

Q

Qadesh (Bataille de)

Vers 1274 avant notre ère, une bataille opposa dans le sud-ouest de la Syrie actuelle, près de Homs, les deux grandes puissances d'alors : l'Empire égyptien de Ramsès II, le grand pharaon de la XIXe dynastie, avec environ 20 000 combattants et 2 000 chars, au nouvel Empire hittite de Muwatalli II avec environ 50 000 hommes et 3 700 chars. Ramsès II, qui régnait depuis cinq ans, la fit décrire et graver comme une victoire personnelle sur les murs de cinq temples et dans trois textes. En réalité, l'Égypte ne consolida pas ses conquêtes sur cette région, et d'ailleurs un « traité éternel de paix et de fraternité » fut conclu quinze ans plus tard, vers 1259, entre Ramsès II et Hattusili III, ce qui confirme qu'il a existé depuis la première moitié du IIe millénaire avant J.-C. une sorte de roi de Babylone, d'Assyrie, des Hittites, d'Égypte, d'Élam, de Chypre et la Grèce mycénienne.

Première grande bataille historiquement documentée et première bataille de propagande, voire de « communication » et de fake news. Il y a près de trois mille trois cents ans, avant le grand effondrement de l'âge de bronze tardif. Vertige…

Voir : Batailles.

Quai d'Orsay

On dit le « Quai d'Orsay », ou simplement « le Quai », pour désigner le ministère des Affaires étrangères (l'hôtel du ministre et les services) installé depuis 1855 au 37, quai d'Orsay, mais, dans l'idiome interne, le « département », pour désigner le ministère. La plupart des autres services sont maintenant localisés 27, rue de la Convention. Le terme d'« hôtel » n'est pas exagéré : les délégations étrangères s'y succèdent sans discontinuer et on y sert autant de repas que dans un grand palace parisien. J'y ai passé cinq belles années de ma vie. Mais dans cette vie très particulière de ministre des Affaires étrangères (100 voyages par an en moyenne, urgences à traiter, pressions contraires à contenir, mots à peser), on finit par ne même plus voir le lourd décor Napoléon III où l'on travaille ni même ses salons historiques (conférences de 1856, de 1919 et de 1950 !). Je garde un souvenir particulier des deux merveilleuses salles de bains Art déco inspirées de l'architecture d'intérieur de luxe des transatlantiques conçus par Labouret et Adnet pour la visite du roi George VI et de son épouse Elizabeth en 1938, où logèrent aussi John et Jackie Kennedy. Mon épouse et moi les avions fait restaurer. Stéphane Bern avait adoré. Mais, pour travailler, un lieu plus sobre et beaucoup plus fonctionnel, adapté aux exigences nouvelles et au mode de travail contemporain, ne serait pas plus mal. Or de quelle diplomatie le « Quai » est-il maintenant le cadre ?

Voir : France ; Ministre.

Quincy (Pacte du)

Le 14 février 1945, au retour de Yalta – alors qu'il ne lui reste que deux mois à vivre –, le président Franklin D. Roosevelt fait halte en Égypte où il rencontre, sur le croiseur *USS-Quincy*, dans le canal de Suez, le roi Ibn Saoud, fondateur du second royaume d'Arabie Saoudite. Il existe une photo iconique, en couleurs, de cet instant. On y voit le roi, coiffé de son keffieh, qui écoute le colonel

William Eddy, un genou au sol, qui sert d'interprète. Le président Roosevelt est assis à droite, élégant, aristocratique, émacié, en costume, un manteau léger sur l'épaule gauche malgré les rayons du soleil, visibles. À gauche, debout, l'amiral Leahy, ancien ambassadeur à Vichy, chef d'état-major des armées.

Déjà, en 1943, Roosevelt s'était arrêté au Caire. Américains et Arabes avaient partie liée contre l'Empire britannique, à la grande fureur de Churchill.

Ibn Saoud refuse d'approuver la création d'un foyer national juif en Palestine – ce qui surprend beaucoup Roosevelt, président depuis treize ans et encore naïf. Il suggère même au président américain de donner aux Juifs une partie de l'Allemagne, « vu ce que les Allemands leur ont fait ». Mais le souverain saoudien garantit l'essentiel de l'approvisionnement énergétique américain *via* l'Aramco, l'Arabian American Oil Company fondée en 1933, qui est alors encore américaine. En contrepartie, les États-Unis s'engagent à protéger la famille Saoud et le royaume saoudien, et reconnaissent que la stabilité de la péninsule Arabique et le leadership régional de l'Arabie (ce qui n'inclut pas l'Iran) font partie des « intérêts vitaux » des États-Unis.

C'est ce qu'on a appelé le « pacte du *Quincy* ». Il est signé pour soixante ans. Il a été renouvelé en 2005 pour une même période par G. W. Bush, donc jusqu'en 2065.

Ce pacte n'a jamais été remis en cause même quand les Saoudiens, en représailles contre les États-Unis qui avaient soutenu Israël dans la guerre du Kippour, ont pris 60 % du capital de l'Aramco puis l'ont nationalisée (Saudi Aramco). Ni quand les États-Unis avaient fait du shah d'Iran, Mohammad Reza Shah, après l'avoir remis sur le trône par un putsch contre Mossadegh, le « gendarme du Golfe », de 1953 jusqu'en 1979. Ni après le 11 Septembre (la plupart des pilotes djihadistes étaient saoudiens). Ni même quand le président Obama, sévère envers le régime et le prosélytisme wahhabites, s'en était distancié, d'autant que les États-Unis, grâce au pétrole et au gaz de schiste, dépendent moins du pétrole saoudien. D'une certaine façon, le président Trump est revenu au pacte d'origine, mais à un moment où l'Arabie du roi Salmane et du prince héritier MBS (Mohammed ben Salmane) est devenue belliqueuse pour contrer l'influence irano-chiite, question qui ne se posait pas en 1945.

Le pacte est moins vital pour les deux pays qu'en 1945. Il a survécu pour le moment à la mise en cause de MBS dans l'assassinat à Istanbul du journaliste Jamal Khashoggi qui a réveillé aux États-Unis un lobby anti-saoudien qui s'était constitué, en particulier au Sénat, en réaction au 11 Septembre. Mais la nécessité, à leurs yeux, d'être unis contre l'Iran des ayatollahs est plus forte que tout. On l'a constaté sous Trump et Biden.

Voir : Arabie Saoudite ; MBS (Mohammed ben Salmane) ; Roosevelt, Franklin Delano ; Yalta.

R

Reagan, Ronald

Bon acteur de seconds rôles (dans *La Piste de Santa Fe*, en 1940), longtemps président de la Screen Actors Guild, gouverneur républicain de Californie puis président des États-Unis, de 1981 à 1989, Ronald Reagan a été mésestimé par snobisme et mal jugé par la côte est des États-Unis et en Europe où l'on voyait en lui un plouc et un extrémiste (de son époque maccarthyste). Amusant, avec le recul. En fait, il gouvernera au centre (dans le sens américain). Il réussit un extraordinaire coup de bluff avec la Strategic Defense Initiative (la « guerre des Étoiles ») lancée en 1983. Rien n'était opérationnel (et ce n'est toujours pas hermétique !), mais il croyait vraiment que les États-Unis auraient bientôt les moyens de neutraliser tous les missiles soviétiques (des amis scientifiques le lui avaient promis au petit déjeuner : son « Kitchen Cabinet »). L'URSS le crut, y compris Gorbatchev, qui s'épuisa à réagir budgétairement et militairement à cette menace de déclassement, ce qui accéléra sa désagrégation, déjà bien avancée. Reagan est aussi l'homme (ce n'est pas du tout contradictoire) qui conclut en 1987 avec Gorbatchev le traité éliminant les forces nucléaires en Europe (FNI) et avait même envisagé avec lui, à Reykjavik, le 12 octobre 1986, l'abandon (irréaliste) de toutes les armes nucléaires dans le monde, ce qui avait paniqué Mrs. Thatcher et tous les establishments militaro-industriels.

En revanche, quand Reagan, depuis Berlin-Ouest, le 12 juin 1987, lança son fameux : « Monsieur Gorbatchev, abattez le mur ! », Gorbatchev aurait pu lui répondre : « C'est bien mon intention ! Mais c'est aux Allemands de l'Est de le faire. » On sait maintenant qu'il avait décidé de ne jamais employer la force pour maintenir les régimes communistes au pouvoir en Europe de l'Est, mais que les dirigeants concernés ne l'avaient pas cru !

Reagan se montra chaleureux avec Mitterrand. D'abord épaté par l'obtention par la DST, *via* un détecteur russe, du système soviétique d'espionnage industriel et technologique dans le monde entier (affaire Farewell), puis rassuré sur la France par G. H. Bush alors vice-président, lui-même impressionné et convaincu par François Mitterrand que Reagan l'avait envoyé interroger dès juin 1981.

François Mitterrand a eu quelques désaccords sérieux avec lui (gazoduc, Proche-Orient, URSS), ils furent gérés avec retenue.

Après sa réélection, Reagan eut un long entretien avec Mitterrand, à l'occasion du long voyage d'État de celui-ci aux États-Unis, en 1984. C'est à ce moment qu'il lui expliqua qu'il voulait la chute du communisme, mais surtout pas la guerre (on lui reprochait d'être va-t-en-guerre) et qu'il était prêt à avoir de bonnes relations avec la Russie. La suite l'a montré.

L'homme Reagan était simple, chaleureux, bonhomme et conservateur. Il aimait blaguer. Zéro arrogance. Pendant les entretiens, il lui arrivait de décrocher et de laisser George Shultz, son secrétaire d'État, mener la discussion avec Mitterrand. Il n'empêche que, après, il trouvait les mots exacts qui résumaient pour les télévisions américaines, en termes compréhensibles par n'importe quel électeur américain, ce qu'il avait fait et dit pour eux. Avec des leaders comme lui, le populisme n'avait pas d'espace.

Voir : États-Unis ; Gorbatchev, Mikhaïl ; Guerre froide ; URSS.

Réalisme (realpolitik, irrealpolitik)

Contre l'à-peu-près contemporain, essayons de retrouver le sens des mots. La réalité est par définition *réelle*. Mais le *réalisme* est une philosophie, un principe ou une éthique (de responsabilité). Dans les relations internationales, elle s'impose en Occident avec Machiavel, Richelieu (que Kissinger tient pour un des plus grands hommes d'État) et Mazarin (traités de Westphalie). Puis

Talleyrand ou Metternich. Le réalisme est une honnêteté intellectuelle : voir les choses comme elles sont. Il s'oppose donc à l'idéalisme (platonicien, ou wilsonien), au chimérisme, à la démagogie, au risque – par contresens et ignorance – de passer pour cynique. Le réalisme de l'analyse se combine très bien avec l'idéalisme des ambitions. En politique étrangère, le réalisme s'incarne en realpolitik. Attention, dans le dictionnaire moderne des idées reçues, c'est très mal vu : on est sommé de la condamner tous les jours comme nauséabonde et immorale. Certains jugent celle-ci non seulement moralement condamnable mais aussi dépassée car fondée uniquement, à l'origine par nécessité, sur les relations entre souverains ou entre États, et non sur la société « civile », sorte de Guanyin, déesse chinoise à mille bras, parée au XXIe siècle de toutes les vertus. Mais, par définition, le réalisme se doit d'englober tous les phénomènes nouveaux qui apparaissent dans le monde, à commencer par le poids des opinions instantanées et l'influence d'acteurs innombrables non étatiques. On peut se demander si, à l'inverse, « l'irrealpolitik » dans laquelle a baigné l'Europe depuis 1945, et plus encore après la fin de l'URSS, soit plus de vingt-cinq ans (jusqu'au retour de la Russie, à l'affirmation de la Chine, et à l'arrivée de Trump), n'a pas été plus trompeuse et plus dangereuse. J'ai proposé ce terme mais avec moins de succès que pour « hyperpuissance » !

Voir : Cynisme ; Westphalie (Traités de).

Religions

Évoquer les fondateurs des grandes religions, dont certains sont considérés par leurs fidèles les plus croyants comme des dieux, dans un dictionnaire de géopolitique, serait-il subjectif ? Inévitable ! Prenez Jésus : en 2015, deux mille ans après, près de 2 milliards d'êtres humains se réclament encore de lui, soit 1 milliard et 329 millions de catholiques, 885 millions de protestants (dont plus de 600 millions d'évangélistes) et 260 000 orthodoxes. Mahomet : treize siècles après, 1,8 milliard d'êtres humains se reconnaissent comme musulmans (environ 80 % de sunnites, 20 % de chiites). Pour Siddhartha Gautama (le Bouddha), deux mille cinq cents ans après, ce serait entre 1,7 milliard et 2,3 milliards. Pour Moïse, au moins 13 millions de Juifs. Et n'oublions pas Confucius, Lao Tseu, le panthéon hindouiste… et Karl Marx. Pour Raymond Aron, les idéologies du XIXe et du XXIe siècle (marxisme, nazisme, maoïsme et leurs avatars) ont à l'évidence été des religions séculières. Certains le pensent du wokisme.

Est-ce que ces « révélations divines », enseignements et dogmes, ont, au-delà de la vie privée et familiale, une influence sur les comportements sociaux et politiques ? Bien sûr ! Sans oublier le rôle des hiérarchies, du pape, des Églises, des prêtres, pasteurs, rabbins, dignitaires variés. Pour Samuel Huntington, qui a si fort fâché les tenants de la *doxa* universaliste et progressiste, les religions ont formé la matrice des « civilisations » et donc de leurs possibles « clash ».

Il y a un problème particulier avec les religions monothéistes. Pour elles, il y a eu « révélation », et donc une vérité, et en dehors d'elle, par conséquent, erreur et hérésie. Peuvent-elles tolérer, admettre, quand elles sont fortes, qu'il puisse y avoir d'autres croyances et, pire encore, un ordre du monde non divin (Copernic, Pascal) ?

Combien de siècles et de combats acharnés a-t-il fallu pour que l'Église catholique se résigne, sous la contrainte des faits, à la liberté de penser, même si elle s'y est ensuite adaptée ? Et encore, elle pouvait se rattacher à un principe présent dans l'Évangile (et dans *aucun* autre texte fondateur de religion) : « Rendez à César ce qui est à César et à Dieu ce qui est à Dieu. » D'où la possible laïcité. Autre question : peut-il exister un christianisme non occidental, alors qu'il a été le vecteur de l'occidentalisation du monde, *via* les valeurs « universelles » ? À travers un messianisme aussi politique et philosophique que religieux ? Mentalement et philosophiquement, cela paraît impensable. Statistiquement, c'est ce vers quoi on se dirige : les évangélistes en Amérique du Nord et du Sud, en Asie, le quart des chrétiens dans le monde, et en Afrique. Celui auquel le pape François est sensible.

Comment imaginer que ce maelström d'idées et de croyances forgées par l'espèce humaine, dès qu'elle a pu commencer à penser, et donc à s'angoisser, et à enterrer ses morts, qui se sont cristallisées avec le sentiment d'appartenance collective (avec les autres descendants d'un ancêtre commun, au sein d'une famille, d'une tribu, d'un clan, plus tard d'une ethnie, d'une nation, d'un empire, voire d'une idéologie), comment imaginer donc que ce maelström n'ait pas laissé des traces profondes, sous un modernisme pelliculaire ? Et comment imaginer que les fidèles des religions révélées, ceux qui y croient vraiment, ceux qui ont la charge de les perpétuer, n'essaient pas chaque jour, chaque fois qu'ils le peuvent, d'endiguer la marée, agnostique, matérialiste, individualiste, et ses conséquences humaines, sociales, culturelles, politiques, détestables à leurs yeux ? D'autant que la modernité, l'individualisme de masse et le consumérisme, vides de sens profond, sauf un bien-être matériel, jamais rassasié, créent de nouvelles frustrations exploitables : voir l'islamisme politique et le renouveau du protestantisme évangélique. Bref, laïcité ou pas, ce facteur religieux peut encore peser, par ses dérives, et doit être encore pris en compte. Et pour longtemps. Les Français, très peu cartésiens mais un des peuples les moins religieux au monde, auraient intérêt à le comprendre. La parenthèse des Jeux Olympiques et la ferveur qui l'a accompagnée, sorte de « religion olympique », peut-elle y contribuer ?

Voir : Acteurs des relations internationales ; Influences ; Mythes.

Repentance

Attitude religieuse et morale, en principe personnelle, qui s'est répandue dans le champ de la politique occidentale comme un principe collectif, une trentaine d'années après la décolonisation du fait de volonté de revanche de certains groupes et du masochisme de certains autres. Pourquoi et comment ?

On se « repent » d'une mauvaise action que l'on a commise. Dans la civilisation chrétienne, dès lors que l'on accepte le concept (choquant !) de péché originel, la confession, la contrition (*confiteor*), l'expiation permettent de recevoir l'absolution et d'être lavé pendant un temps de ses péchés. Déjà, cela se discute : pour Spinoza, le repentir est une seconde faute. En politique, François Mitterrand disait : « On ne corrige pas une erreur par une autre. » Mais le droit civil et le droit pénal punitifs ont pris le parti inverse.

Tout change quand le désir ou l'exigence de repentance prétend s'appliquer à ce qu'un peuple tout entier a fait dans le passé. Suis-je coupable de ce qu'ont fait mes ancêtres ? Dois-je m'en repentir ? Peut-on et qui peut l'exiger de moi ? À quoi cela sert-il ? Y a-t-il une responsabilité collective ? Non. Sauf s'il y avait eu un vote global, conscient. Mais qui peut prétendre que les Allemands ont voté pour les nazis en 1933 *pour* faire Auschwitz ? Ou alors les peuples seraient responsables de tous les crimes de leurs dirigeants, y compris contre eux ?

Pire encore : on serait responsables des crimes de nos parents ou de nos ascendants ? Cette malédiction biblique (jusqu'à la septième génération ?), vivace pendant toute l'histoire connue de l'humanité, mais monstruosité juridique, se porte partout bien dans le champ politique médiatique ou géopolitique contemporain, en tout cas en Occident, qui a conduit les affaires du monde pendant trois ou quatre siècles.

La loi du plus fort a régi toute l'histoire de l'humanité, y compris les colonisations (et les décolonisations !), mais seuls des Européens se sentent *responsables* de la colonisation par leurs ancêtres ! Les anciens « colonisés » devraient se demander pourquoi, et comment ils ont pu l'être (pas tous !). Cela serait utile pour eux à l'avenir. Des groupes activistes essentiellement africains, « issus de l'immigration » en Europe depuis d'anciennes colonies, demandent, deux ou trois générations après les indépendances et les décolonisations, et en général plus d'un siècle après la colonisation, reconnaissance, réparations, voire une vengeance. Cela devient un levier dans les relations internationales. Un moyen de chantage *via* des opinions européennes culpabilisées. Le contrôle, ou non, par certaines puissances du Sud, des flux migratoires vers l'Europe, en fait partie.

Certains courants de pensée au Canada et en Europe jouent activement à ce jeu par conviction, honte (de quoi ?), lâcheté ou opportunisme politique, alors que l'histoire humaine est faite de colonisations politiques, économiques et religieuses. Mais pour certains politiques contemporains, comme le Premier ministre canadien Justin Trudeau, les excuses deviennent une activité en soi, et le repentir un programme.

Tout cela avance à quoi ? Nul doute que Chesterton y aurait vu la preuve que, selon sa célèbre formule : « Le monde [l'Occident] est plein de vertus chrétiennes devenues folles. »

Il faudrait revenir à l'Histoire *versus* mémoire. Honnêteté et franchise historique *versus* culpabilisation et réparation. Cette correction n'empêche pas, bien au contraire, de raconter l'histoire des colonisations telles qu'elles se sont produites. C'est nécessaire pour en sortir et déjà très bien fait. Par exemple dans *Le Livre noir du colonialisme, XVIe-XXIe siècle : de l'extermination à la repentance*, publié en 2003 sous la direction de Marc Ferro. Ou le *Sortir de l'impasse post-coloniale* de Philippe San Marco.

Voir : Colonisations ; Décolonisations ; Histoire de France.

Ressources (Compétition pour l'accès aux)

Elle ne cesse de s'intensifier… Remarque banale : les groupes humains, les puissances, même les plus anciennes, avant la constitution des États, à toutes les époques, ont été en compétition pour l'accès aux ressources, au sens le plus large. Du côté de la recherche des couches de silex taillable, puis des mines de l'âge de cuivre, des points d'eau, il y avait certainement déjà compétition. Il y a eu les siècles des épices, à la valeur phénoménale (celles des Moluques), et l'ancestrale route de la « soie » euro-asiatique Antioche-Xi'an. Au XXe siècle, l'accès au pétrole, qu'on ne trouve pas partout, contrairement – hélas – au charbon, avec la rivalité que cela a entraînée entre compagnies occidentales pour l'accès aux gisements du Moyen-Orient, du Venezuela, ou même des États-Unis (voir la ruée sur l'Oklahoma). On a pu parler aussi de route du fer, de course à l'eau lourde, etc. Pendant la guerre, Hitler voulait à tout prix mettre la main sur le pétrole du Caucase. Et que dire des ruées vers l'or ? Etc.

Mais c'était dans un monde que l'on croyait sans limites. À notre époque, dans le cadre de l'économie de marché mondialisée, dérégulée et (trop) financiarisée, la compétition s'est étendue au monde entier et à toutes les ressources : toujours le pétrole et le gaz, y compris dans des endroits impossibles et qu'il faudrait protéger (offshore profond, Arctique), mais aussi uranium, métaux précieux, or, lithium, terres rares indispensables aux technologies numériques (avec les dégâts écologiques et le risque d'un monopole chinois...), terres cultivables, sable, eau potable et, finalement... espace disponible. Longtemps après Paul Valéry en 1931 (« le temps du monde fini commence »), les premiers écologistes ont eu raison de rappeler – dans le désert – que la Terre et ses ressources étaient « finies », qu'il nous faudrait plusieurs planètes pour continuer à consommer autant. Surtout avec, peut-être un jour, 10 milliards d'habitants (sauf « transition » ou inversion démographique brutale), avides de se développer, de consommer et de gaspiller sans limites.

Non seulement cela annonce des catastrophes écologiques cumulatives et exponentielles, jusqu'à une grande rupture, mais aussi des compétitions de plus en plus dures, et donc des risques accrus d'affrontement. Mais l'interdépendance généralisée pourrait aussi inciter à la retenue, comme c'était le cas dans les déserts autour des points d'eau. D'ailleurs, aucune puissance n'a tenté depuis la Seconde Guerre mondiale de bloquer un des détroits (ou canaux) vitaux pour le commerce mondial : Gibraltar, Suez (mais la mer Rouge l'a été par les Houthistes, après Gaza), Ormuz, de Malacca, de la Sonde, Panama, sans parler du Pas de Calais, en attendant la route du Nord ! Il est vrai que, depuis 1945, ce sont les sept flottes américaines qui assurent la liberté de navigation en haute mer, plus encore que les conventions internationales... Mais l'accès aux ressources peut aussi s'entendre comme l'accès vital aux marchés (aux acheteurs, aux consommateurs, aux données, un vrai trésor) : d'où la violence des dénonciations du « protectionnisme » par les puissances principales bénéficiaires de l'économie globalisée, que toutes les puissances ont pourtant pratiqué en phase d'ascension : le cas de la Grande-Bretagne est emblématique : protectionniste pour protéger son textile jusqu'à ce qu'elle ait anéanti l'industrie indienne ! Libre-échangiste ensuite pour écouler les textiles de Manchester. Et même capable de déclencher, entre 1839 et 1860, des guerres contre l'Empire chinois Qing, « insolent protectionniste », pour l'obliger à acheter l'opium britannique fabriqué... en Inde ! Évoqué par Amitav Ghosh dans son mémorable *Un océan de pavots*. Accès au marché, que de crimes on a commis en ton nom ! La guerre commerciale a été à peu près encadrée par les accords du GATT (l'accord général sur les tarifs douaniers et le commerce) à partir de

1949 puis de l'OMC, de 1995 jusqu'à Trump I et sa quasi-paralysie. Les gouvernements et les entreprises du monde de demain accepteront-ils de « s'autoréguler », y compris dans la jungle numérique ? Si ce n'est par bonne camaraderie « multilatéraliste », écologique ou intérêt bien compris, du moins par autodiscipline économique ? Rien n'est moins sûr.

Voir : Anthropocène ; Écologisation ; « Guerre économique » mondiale.

Réunification allemande

Bertrand Dufourcq, le grand diplomate français qui était directeur politique au moment de la négociation sur la réunification allemande, faisait remarquer à juste titre, dix ans après le traité de 1990, que la meilleure preuve de la réussite de cette négociation, et donc de ce traité, c'était que plus personne n'en parlait ni ne le contestait. Alors que, pendant toute la guerre froide, la réunification allemande, évidemment espérée par les Allemands, semblait impossible à atteindre, sans guerre avec l'URSS. Perspective bien sûr repoussée avec horreur. C'est pourquoi j'avais été sidéré lorsque, jeune conseiller diplomatique de 34 ans, preneur de notes lors de la rencontre François Mitterrand/Helmut Schmidt à Latché en octobre 1981, j'avais entendu le premier dire au second : « D'ici quinze ans maximum, peut-être dix, l'Union soviétique sera tellement affaiblie qu'elle ne pourra plus empêcher la réunification allemande. » Je n'ai jamais oublié la réponse de Helmut Schmidt : « J'aimerais vous croire, mais je n'y parviens pas, et d'ailleurs je serai certainement mort avant car je fume beaucoup trop (des gitanes maïs), j'ai déjà un pacemaker, etc. » Cette prévision juste mais audacieuse de François Mitterrand est devenue plus probable à partir de l'arrivée en mars 1985 de Mikhaïl Gorbatchev au pouvoir à Moscou, et surtout quand, à partir de 1986-1987, celui-ci a averti les dirigeants communistes d'Europe de l'Est qu'il n'emploierait jamais la force pour les maintenir au pouvoir. Ils ne l'avaient pas cru, mais c'est pourtant ce qu'il a fait. Quand les événements se sont accélérés en 1988-1989, il n'y a jamais eu de débats débiles entre les grands dirigeants du type : « Est-ce qu'on est pour ou contre la réunification ? », mais uniquement des échanges sur les modalités et le calendrier et les garanties de la réunification, pour que cela se passe le mieux possible, ce qui a occupé le second semestre 1989 et le premier semestre 1990. Tout ça paraissait tellement incroyable que, le jour même de la « chute » du Mur, le chancelier Kohl avait déclaré à Varsovie où il se trouvait qu'il ne verrait pas la réunification de son vivant. Peut-être pour conjurer le sort ? Et que le même Helmut Kohl, trois semaines après ladite « chute » du Mur, avait encore présenté au Bundestag un plan en dix points, resté fameux, mais qui n'envisageait la réunification qu'au terme de plusieurs années, de coopération, confédération, fédération. Et puis tout ça s'est emballé début 1990, les négociations ont eu lieu en quelques mois entre les quatre puissances victorieuses et les deux Allemagnes (le fameux 4 + 2, les Allemands préféraient dire le 2 + 4). C'est un exemple, rare, d'intelligence collective internationale, de sens des responsabilités coopératif, et de bonne gestion. Soyons honnête, rien de tout ça n'aurait pu se passer sans drame et aussi pacifiquement si Gorbatchev n'avait pas pris les positions que l'on sait, et qui devaient d'ailleurs finalement entraîner sa chute. Il espérait encore à l'époque pouvoir lâcher l'emprise soviétique sur l'Europe centrale et orientale tout en préservant et réformant l'URSS. La suite relève de l'histoire de l'Europe.

Voir : Allemagne ; Berlin ; Mitterrand, François ; URSS.

Richelieu, Armand Jean du Plessis, cardinal de

Un des dirigeants que Kissinger admirait le plus (*Diplomacy*). Dictateur *de facto* pendant près de vingt ans de 1624 à 1642, sous le règne de Louis XIII, le cardinal Armand Jean du Plessis de Richelieu a incarné la raison d'État, et l'affirmation sans faiblesse du pouvoir royal face aux féodalités et aux grandes familles qui résistaient et frondaient. Cela a préparé l'absolutisme de Louis XIV qui a laissé gouverner Mazarin, que Richelieu lui avait légué, jusqu'à sa mort en 1661, avant d'exercer le pouvoir seul.

Il a lutté contre l'encerclement des Habsbourg par des alliances réalistes, y compris avec des princes protestants, ce qui scandalisait l'aristocratie catholique et l'Église. Son œuvre est parachevée par Mazarin, six ans après sa mort, avec les traités de Westphalie, chef-d'œuvre diplomatique qui mettent fin à l'horrible guerre de Trente Ans et organisent pour un siècle et demi l'Europe, à la française.

Voir : Penseurs ; Westphalie (Traités de).

Roosevelt, Franklin Delano

Figure centrale du XXe siècle. Pas seulement en raison du New Deal et de son invention de l'État providence après la crise de 29, encore que J. M. Keynes ait jugé, après l'avoir rencontré, « qu'il ne comprenait rien à l'économie », ni en raison de sa formule magnifique « la seule chose que nous devons craindre, c'est la peur », mais en raison de son engagement décisif face à Hitler.

Il avait compris tôt le danger, mais avait dû encore, dans sa campagne pour sa réélection en 1940, pour la troisième fois, après 1932 et 1936, promettre de ne pas envoyer les « boys » au front. Le fonds isolationniste des États-Unis envers l'Europe restait majoritaire. Il avait quand même pris des dispositions très tôt avec le prêt-bail et d'autres mesures pour aider Churchill à tenir et faire des États-Unis « l'arsenal des démocraties ». Mais il fallut le choc de Pearl Harbor, le 7 décembre 1941, pour qu'il puisse déclarer la guerre au Japon et à l'Allemagne, ce sur quoi Churchill et de Gaulle comptaient depuis le début. Il s'est complètement trompé sur de Gaulle en qui, sous l'influence de Jean Monnet et de certains de ses diplomates, il voyait un putschiste, et a privilégié jusqu'au bout Pétain (qu'il avait connu et admiré en 1916 et en qui il voyait un bouclier), Darlan, Giraud. Il voulait la fin des empires coloniaux européens, à commencer par la fin de l'Empire britannique. Il assuma l'alliance avec Staline pour détruire Hitler et le militarisme japonais, sans se demander s'il « partageait ses valeurs ». Sa charte de l'Atlantique, le 14 août 1941, conçue avec Churchill, préfigura les principes de l'ordre international américano-libéral qui allait inspirer la charte de San Francisco qui fonde l'ONU, en 1945, Bretton Woods et le GATT, et structura le monde pendant des décennies. À Yalta cependant, contrairement à Churchill, il crut les promesses de Staline sur l'Europe libérée… ou feignit de les croire pour obtenir l'engagement de l'URSS contre le Japon. Et, de retour sur le croiseur *Quincy*, il passa un pacte avec le roi d'Arabie, pétrole contre sécurité. C'est à cette occasion que le roi lui avait dit que compte tenu de ce que les Allemands avaient fait aux Juifs, ce serait normal de leur donner la Bavière…

F. D. Roosevelt, un cas d'étonnante métamorphose sous l'effet de circonstances extrêmes, d'un politicien patricien aisé, brillant, mondain, naïf par certains aspects, très courageux face à sa maladie (polio), un dirigeant historique de premier plan…

Voir : Présidents ; Seconde Guerre mondiale.

Routes de la soie (Nouvelles) (OBOR : One Belt, One Road)

Ironie de l'histoire. On a oublié que c'est Hillary Clinton qui avait avancé en 2012 en Asie centrale l'idée de relancer les routes de la soie dans un esprit de mondialisation OMC et de leadership américain ! C'était jouer avec le feu. En 2013, le nouveau président chinois, Xi

Jinping, a repris l'idée d'un ensemble de corridors ferroviaires, routiers et maritimes qui relieront la Chine à plus de soixante-cinq pays d'Asie centrale et d'Asie du Sud-Est, mais aussi d'Europe et d'Afrique, par des ports, des aéroports, des lignes de chemin de fer, des gares, des autoroutes, des installations énergétiques. Sans oublier les passages circumpolaires du nord-ouest et du nord-est, voire transpolaire vers 2040. C'est la ceinture et la route, One Belt One Road ! Le monde entier !

La Chine utilise la Bank of China et a créé en plus, pour ce colossal programme, une « banque asiatique pour les investissements et les infrastructures », et un fonds souverain. Au total, 3 700 milliards de dollars pour financer 26 000 projets sur cinq continents !

Tout cela n'a rien à voir avec le très ancien réseau de routes commerciales reliant sur 8 000 kilomètres pendant des siècles, et jusqu'au XVe siècle, par étapes, Xi'an (Chang'an) à Antioche. Ce n'était pas la projection d'une puissance potentiellement hégémonique, mais un canal d'échanges.

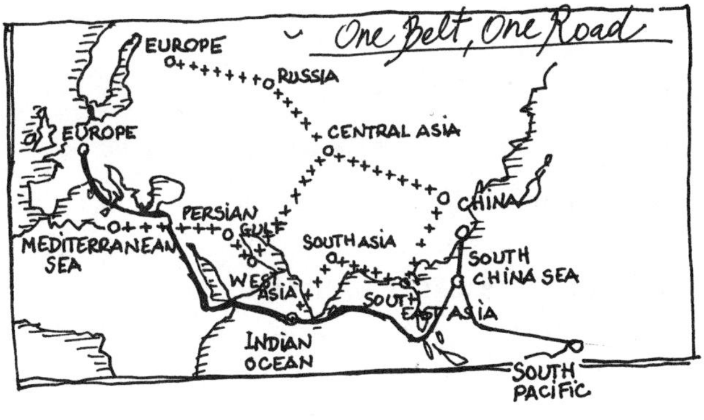

D'abord économique, le projet actuel est devenu beaucoup plus immense, titanesque, quasi global, et il est, avec les visées militaires en mer de Chine, la manifestation la plus spectaculaire des ambitions chinoises, qui posent un énorme problème aux autres puissances. Sur la dimension historique et les enjeux contemporains, je recommande à ce sujet les deux ouvrages fascinants de Peter Frankopan : *Les Routes de la soie* (2017) ; *Les Nouvelles Routes de la soie* (2018), aux éditions Nevicata.

Pourraient-elles devenir à double sens, comme l'avait demandé le président Macron ? Il faudrait que la Chine réalise qu'elle ne peut pas imposer au monde ce qu'elle veut, et y trouve son intérêt. Le choc de la pandémie de Covid-19 ne l'a pas rendue plus disponible à une approche plus coopérative – ou plus régionale. En août 2020, les Chinois eux-mêmes reconnaissaient que 20 % des projets en étaient très affectés, 40 % un peu, et 40 % légèrement. Depuis 2020, le bilan est mitigé et l'économie chinoise passe depuis 2022 par une phase médiane.

Voir : Chine ; Infrastructures.

Russie

Russie ! Immense pays, même après la fin de l'URSS : 17 millions de kilomètres carrés (contre 9 pour la Chine, les États-Unis et le Canada). Et, immense interrogation. Faut-il pour autant souscrire à la formule très datée de Churchill, inspirée par Staline : « La Russie est un rébus enveloppé de mystère au sein d'une énigme. » C'était en octobre 1939, deux mois après le pacte germano-soviétique, au moment de l'invasion de la Pologne. Rien d'intemporel ni de permanent. La situation actuelle n'a rien de mystérieux.

Dans les années 1992-2022 (et surtout de 2014 à 2022), l'Occident a eu de plus mauvais rapports avec la Russie qu'avec l'URSS (pourtant bien plus puissante, et plus menaçante) pendant les vingt dernières années de la guerre froide. C'était paradoxal, voire absurde, à moins que cela n'ait été délibéré. Certes, il fallait être très (plus ?) vigilant avec le voisin russe (et les fameux *siloviki*) qui s'ingère et provoque. Les Baltes et la Pologne étaient en droit de demander des garanties à l'Europe et à l'OTAN pour éviter toute tentation à la Russie. Il aurait fallu néanmoins renégocier des accords de limitation et de contrôle des armements avec la Russie. On ne devrait plus pouvoir changer des frontières par la force au XXIe siècle. Et il fallait se protéger des cyberattaques russes, et rendre coup pour coup, c'est entendu ! Mais ma thèse, que je partage avec beaucoup de réalistes américains, est que l'Occident a été coresponsable depuis vingt-cinq ans de cet engrenage. Il n'a même pas cherché à mettre à profit la disponibilité d'Eltsine, puis de Poutine, pendant ses deux premiers mandats, jugeant la Russie hors-jeu. Obama l'avait réduite à une « puissance régionale ». Et j'avais parlé à tort d'une « capacité résiduelle de nuisance périphérique ». Kissinger l'a dit : « On n'a fait aucun effort sérieux pour associer la Russie à une nouvelle architecture de sécurité en Europe. » Quoi qu'il en soit, les promesses – orales – de George H. Bush et James Baker de non-élargissement à l'est des forces militaires de l'OTAN après la dissolution du pacte de Varsovie ont été oubliées pour des raisons intérieures par Bill Clinton et George W. Bush. Annoncer à son de trompe à Bucarest en 2008 le principe de l'élargissement de l'OTAN à l'Ukraine (appartenant au monde russe depuis plus longtemps que la Bretagne ou la Franche-Comté ne sont françaises) signifiait pour la Russie la perte de la base vitale de Sébastopol. Cette provocation, équivalente, symétriquement, à l'installation par Khrouchtchev de missiles à Cuba, ne pouvait que provoquer une réaction, et une opération qui a eu lieu en 2014. Réaction absolument condamnable, certes, mais résultant d'une politique irréfléchie.

J'ajoute que l'accord d'association UE/Ukraine, justifié dans son principe, avait été conçu de façon à couper économiquement l'Ukraine de la Russie. Etc.

Il y a toujours en Russie, issue d'une histoire violente et tragique, depuis Pierre le Grand, à la fin du XVIIIe siècle, oscillation entre un courant ouvert vers l'extérieur (l'Europe) et un courant « slavophile », nationaliste.

L'Occident a contribué, par son arrogance et ses bavures, en dépit de louables initiatives françaises, notamment sous François Mitterrand puis Jacques Chirac, à déchaîner un courant très anti-occidental et très hostile depuis le troisième mandat de Poutine, à partir de 2012, prolongé par un quatrième en 2018, illustré par l'attaque de l'Ukraine, puis un cinquième mandat en 2024.

De 1992 à 2022, d'un côté, provocations russes, cyberagressions, déclarations « antilibérales » qui indignaient les Européens, reconstitution d'une capacité militaire russe, aggravation de l'autoritarisme du régime, action incontrôlée des services. De l'autre côté, détestation officielle de Poutine, sanctions à répétition, avant même 2022, perte de marchés en Russie, contre-attaques cyber.

En pratique, l'Occident a poussé bêtement la Russie à se rapprocher, en dépit de ses craintes territoriales et démographiques, de la Chine, de l'organisation de Shanghai et des BRICS. L'Europe, qui en voulait à la Russie d'être restée russe et de ne pas s'être « normalisée », n'a pas cherché à se différencier de l'obsession antirusse de « l'État profond » américain, ce fameux *Deep State* (ministères, agences, administrations).

Il y avait certainement un moyen, dans la décennie 1990, de gérer plus intelligemment ce voisinage, tout en restant vigilant et dissuasif. Cela n'a pas été fait, les Occidentaux ayant été d'une arrogance olympienne (années 1990) ou s'étant illusionnés. Les événements de 2022 ont balayé cela. Tous ces ratages occidentaux ne disculpent en rien Poutine de sa décision tragique à tous points de vue d'attaquer l'Ukraine en 2022. Si on retrouve un jour (longtemps après la guerre en Ukraine) une Russie demandeuse d'ouverture ou disponible, il ne faudra pas rater le rendez-vous. Mais on en est loin et d'ici là tout peut aussi s'aggraver.

Voir : Menaces (perceptions des) ; Poutine, Vladimir ; URSS.

Rwanda

La controverse la plus virulente, et à mon sens la plus injuste, sur la politique étrangère française contemporaine. Cas unique : deux thèses absolument opposées à propos du processus qui a conduit au génocide des Tutsis rwandais en 1994, et surtout de la politique menée par la France auparavant, de 1990 à 1993. La première : selon Édouard Balladur, Alain Juppé et moi, la France est le seul pays qui, ayant pris conscience des risques de massacres inhérents à la guerre civile déclenchée par le FPR en 1990, a agi pour enrayer cet engrenage et pensait y être parvenue le 4 août 1993 avec la signature des accords d'Arusha par les forces en présence. Et l'autre thèse (celle de Kigali et de ses relais) : « La France a coopéré avec un régime qui préparait un génocide. Elle est au minimum coresponsable. »

Reprenons les faits.

Le 1er octobre 1990, soit quelques mois après le discours de François Mitterrand à La Baule sur la souhaitable démocratisation en Afrique, le FPR de Paul Kagamé, le chef des Tutsis rwandais en exil en Ouganda (une minorité dans la minorité tutsie de 14 à 15 %, qui donc ne pouvait pas remporter d'élection), pénètre au Rwanda grâce au soutien de l'armée du président ougandais Museveni. Son but : renverser le régime hutu de Kigali et reprendre le pouvoir qu'exerçaient les Tutsis jusqu'au départ des Belges en 1962, et les massacres anti-Tutsis, qui avaient eu lieu alors.

Le président rwandais (hutu) Habyarimana demande l'aide militaire de la France. Le président Mitterrand l'accorde pour stopper l'engrenage de la guerre civile et des massacres prévisibles. C'est l'opération Noroît. Mais, en contrepartie de cette aide, il réclame que le régime rwandais règle la question des « réfugiés ». Il s'agit des Tutsis rwandais partis se réfugier en Ouganda en 1962 pour échapper aux massacres commis contre eux dans le chaos de l'accession à l'indépendance, dont la famille de Paul Kagamé. Entre 1990 et 1993, le FPR de Kagamé poursuit ses attaques et, selon certaines enquêtes de l'ONU et certains ouvrages anglo-saxons ou africains, massacre, en avançant, des cadres hutus. Certains responsables hutus se radicalisent encore plus. Les pressions de la France en 1990-1991 pour une solution politique entraînent la chute du gouvernement hutu et la mise en place d'un gouvernement intérimaire – toujours hutu, contesté par les Hutus extrémistes. Grâce à l'engagement d'Alain Juppé, depuis cinq mois ministre des Affaires étrangères dans la cohabitation Mitterrand/Balladur, et de nombreux pays africains, des accords sont signés à Arusha, à l'été 1993, qui organisent un partage du pouvoir entre le pouvoir hutu et le FPR de Paul Kagamé, très généreux pour les Tutsis. Il leur attribue notamment 40 % de l'armée. Soulagement à Paris. La France estime avoir atteint son but – enrayer la guerre civile et prévenir les massacres – et retire ses troupes, à la demande formelle du FPR, avec le sentiment du devoir accompli. Mais, le 6 avril 1994, l'avion qui ramène d'Arusha les présidents du Rwanda et du Burundi, où était discutée la mise en œuvre laborieuse de l'accord, est abattu par un missile à l'atterrissage à Kigali.

Très vite, en réaction, des massacres de Tutsis et de Hutus modérés ont lieu et tournent au génocide (de 800 000 à près d'un million selon l'ONU). Le FPR, toujours soutenu par l'armée ougandaise, pénètre dans le pays et en prend le contrôle. La France (Mitterrand/Balladur) se dit prête à revenir pour mener une action humanitaire mais veut pour cela un mandat du Conseil de sécurité, qu'elle n'obtient que le 22 juin 1994, les États-Unis attendant que Kagamé ait pris le contrôle de l'essentiel du pays. Elle envoie alors, avec un contingent sénégalais, une force dite Turquoise qui permet en quelques semaines, depuis le Congo limitrophe, à des dizaines de milliers de Rwandais d'échapper aux massacres.

Paul Kagamé conquiert tout le pouvoir et dirige le Rwanda d'une main de fer avec sa garde rapprochée. Les armées rwandaise et ougandaise poursuivent les Hutus en République démocratique du Congo (3 à 4 millions de victimes selon le rapport Mapping pour l'ONU), et exploitent ensemble, avant de s'opposer et de se déchirer, les richesses du Kivu. La tentative de Kagamé de prendre le pouvoir à Kinshasa échoue. J'aurai l'occasion de le rencontrer deux fois en tant que ministre en 2001 et 2002, avant que ses accusations contre la France ne deviennent vraiment violentes, à partir de 2006. En effet, en 2006, le juge français Jean-Louis Bruguière, qui enquête sur l'attentat contre l'avion à la demande des familles du personnel navigant français, laisse entendre que celui-ci aurait été commis par le FPR (donc par Kagamé) et lance des mandats d'arrêt. Plus tard, d'anciens proches de Kagamé, dont plusieurs ont été assassinés pour cela, ont indiqué aux juges français qu'il était bien le commanditaire de l'attentat pour se libérer de la politique française d'Arusha, qui l'aurait empêché de prendre tout le pouvoir. Ce que dément Kigali. En 2008, le gouvernement rwandais fait alors rédiger, pour se disculper préventivement, en contre-attaquant, un « rapport Mucyo » qui accuse une trentaine de responsables politiques et militaires français de 1994 d'avoir armé les génocidaires, et donc de « complicité de génocide » ! Ceux-ci répondent, comme je l'ai indiqué, que, au contraire, la France est le seul pays au monde à avoir agi, dès 1990, pour arrêter l'engrenage prévisible des massacres et avoir contribué, à Arusha, à l'été 1993, à imposer un compromis, dont ne voulaient en réalité ni les extrémistes hutus ni le FPR. La France n'est coupable que d'avoir échoué.

Ces accusations terribles sont relancées depuis contre la France chaque année, à l'instigation de Kigali, ou spontanément, par vingt ou trente chercheurs, journalistes ou militants, sans tenir compte des nombreux démentis précis et argumentés. Même si elles ont été condamnées plusieurs fois pour diffamation, la plupart des médias français les relaient sans recul, et les attaques contre l'armée française ont fait l'objet de non-lieu.

Le livre de la journaliste Judi River, *Rwanda, l'éloge du sang*, a été publié en français en 2020 par l'éditeur Max Milo, en dépit d'attaques violentes pour « négationnisme ». Ce qui est archifaux, mais une technique d'intimidation. Elle ne nie pas le génocide mais explique autrement ce qui y a conduit, et elle a aussi enquêté sur la politique de conquête menée après par le FPR en RDC.

Par la suite, Paul Kagamé, réélu en 2017, après avoir modifié la Constitution en 2015 pour supprimer la limitation du nombre de mandats présidentiels, a été en 2018-2019 président de l'Union africaine et a lancé l'idée d'un marché commun de toute l'Afrique. Il a été réélu à la tête du Rwanda en 2024 avec 99,15 % des voix. Il est populaire en Afrique (mais pas en République démocratique du Congo car Kinshasa le considère comme responsable des agissements du groupe M23 au Kivu et du pillage des ressources dans la région) pour avoir bien géré et développé son pays, fermement mais efficacement – mais il impressionne peut-être aussi pour avoir fait porter à un grand pays comme la France le chapeau des conséquences de son attaque en 1990. Le président Macron a endossé la conclusion du rapport Duclert, une « responsabilité lourde et accablante » de la France, ce que ce rapport n'établit pas, mais a fait l'éloge de la politique française ayant permis les Accords d'Arusha. De nombreuses publications – livres, articles et déclarations – d'auteurs britanniques, belges, canadiens, camerounais, français ou congolais, qui démontrent l'inanité des accusations contre la France ou les jugements plus récents de médias anglo-saxons ne sont à peu près jamais repris par les médias français. Il faut citer Michela Wrong et son enquête *Rwanda : assassins sans frontières*, notamment félicitée par le *Washington Post* et la *New York Review of Books*. La France devient, sur cette question, un cas particulier, un « isolat » ethnologique. Le débat historique reste ouvert.

Voir : Histoire de France ; Repentance.

S

Sahara

Les 5 000 kilomètres carrés désertiques du Sahara – plus vaste désert chaud au monde – font rêver quand on songe qu'il y a 10 000, voire 5 000 ans, c'était une savane arborée. Et que les sublimes peintures rupestres d'animaux et de personnages dans le Tassili ont peut-être inspiré les toutes premières formes artistiques de l'Égypte prépharaonique quand les habitants chassés par la sécheresse ont rejoint à l'est la vallée du Nil. Puis il y a une histoire séculaire de voyageurs (en général arabes), de caravanes (le dromadaire a été domestiqué environ 2 000 ans avant Jésus-Christ) et, à l'époque coloniale, de projections occidentales fantasmées et romancées. Ma préférée : le cycle saharien de Roger Frison-Roche, dans les années 1930 : *La Piste oubliée*, *La Montagne aux écritures* (c'est le Tassili, sublime, j'y ai été), *Le Rendez-vous d'Essendilène*.

Aujourd'hui, le Sahara englobe dix États, berbères et arabes ou africains, tous musulmans. C'était depuis toujours un immense espace de caravanes, de nomadisme, d'échanges, de trafics (dont les esclaves), et aujourd'hui à nouveau de trafics en tout genre, et de djihadisme. Les frontières de ces dix États ne sont pas issues de l'Histoire, mais de la colonisation, en général militaire, au début, et à des décisions politiques au moment de la décolonisation. Il en fallait bien ! Mais elles ne correspondent pas non plus aux « sous-régions » définies par la Banque mondiale. Les réalités ethniques sont toujours à l'œuvre même si elles offusquent les Occidentaux d'aujourd'hui, par exemple au Mali.

C'est au Sahel (ce qui veut dire bordure), dans des pays (Mauritanie, Haute-Volta devenue Burkina Fasso, Soudan français devenu Mali, Niger, Tchad) devenus indépendants, après avoir été très liés à la France durant des décennies, qui ont souvent depuis sollicité militairement la France (brave fille toujours présente) et qui depuis les années 2020 s'en sont détachés, que se concentrent les tensions les plus vives. Échecs, recherche de boucs émissaires, version locale de la rhétorique anti-occidentale du « Sud global », djihadisme rampant, manœuvres russes, etc. Putschs, oukase, le Mali, le Burkina et le Niger se sont alliés, ont expulsé les Français et les Américains ont rompu avec les organisations régionales et comptent sur les Russes (comme la Guinée en 1962). Il est probable qu'ils voudront plus tard s'en libérer. Que de temps perdu ! Quant à la France, il n'y a pas de raison que sa présence et son partenariat soient en Afrique essentiellement militaires. C'était une autre époque, à la demande des Africains. C'est un nouveau chapitre maintenant. Et elle est bien accueillie dans plus de quarante pays d'Afrique.

Voir : Afrique(s).

Sanctions

Ce qui importe, à propos des sanctions (comme de l'ingérence), c'est *qui* a le droit (ou estime l'avoir) de sanctionner qui, pour quels motifs, dans quels buts ? En théorie, aujourd'hui, la réponse est simple : c'est le Conseil de sécurité des Nations unies, à condition qu'aucun des cinq membres permanents n'y mette son veto, qui peut décider en vertu du chapitre VII de la Charte, de recourir à la force (si un pays veut bien se dévouer pour le faire) ou à des sanctions et lui seul. Avec quel effet ? Ça, c'est une autre histoire, car les résultats ne sont pas souvent ceux que l'on espérait, on l'a vu à propos de la Russie après 2022 ! L'Union européenne se pense également légitime pour sanctionner si ses valeurs ou ses intérêts sont bafoués ou menacés.

La liste de ses sanctions est longue, mais en général décalquées de celles de l'ONU (cas de l'Iran ou de la Russie).

La pratique vraiment exorbitante, c'est celle des États-Unis. Par la loi d'Amato-Kennedy (le sénateur Edward Kennedy, en général mieux inspiré) votée par le Congrès le 8 août 1996, les États-Unis, qui sanctionnaient déjà Cuba depuis 1960, se sont ainsi arrogé le droit de sanctionner tout investissement en Iran ou en Libye, *américain ou non*, de plus de 20 millions de dollars.

En 2018, quarante-cinq pays (!) étaient sanctionnés par les États-Unis, un peu moins par l'Union européenne. S'agissant des sanctions américaines, la passivité, la soumission, voire l'approbation ou encore la faiblesse des alliés et partenaires des États-Unis et de tous les autres ont encouragé ces derniers dans cette *hubris* unilatérale et extraterritoriale. Cela n'a fait qu'empirer. Jusqu'à ce que Trump, qui ne l'a pas commencée, mais l'a amplifiée, et fait tout sans se dissimuler, prenne en otage toute l'économie mondialisée, dollarisée et numérisée pour asphyxier le régime iranien (qui pourtant appliquait l'accord, en tout cas jusqu'en 2020) et le faire chuter. Et s'engager par ailleurs dans une guerre commerciale contre les rivaux des États-Unis. Il a fallu attendre 2019, plus de vingt ans après la loi de 1996, pour que les Européens entament prudemment une longue marche vers la reconquête de leur autonomie de décision ! Et encore, très prudemment. La Commission européenne devrait s'intéresser aux motivations des sénateurs qui proposent des sanctions... Par exemple, en 2020, les sanctions américaines contre le gazoduc Russie-Allemagne Nord Stream 2 avaient à l'évidence pour objet de permettre aux États-Unis d'écouler, *via* la Pologne, leur gaz de schiste, plus que la sécurité en Europe. Les dizaines de trains de sanctions pris par les États-Unis, l'OTAN, l'Union européenne, contre la Russie après l'invasion de l'Ukraine ont montré que l'Occident n'était plus assez global pour asphyxier un pays.

Et Pékin ? En Chine, ce ne sont pas des avocats, des légistes ou des juges qui gouvernent, mais la technocratie communiste, et qui peut déjà dissuader, inhiber, neutraliser les décisions qui la gêneraient dans plusieurs dizaines de pays... Elle l'a fait envers la Norvège et l'Australie.

L'Arabie a déjà sanctionné le Canada. Ce n'est qu'un début. Au semi-chaos mondial actuel s'ajoute une bataille de sanctions et de prises d'otages croisées.

Voir : Dollar ; États-Unis.

Schengen (Accords de)

Dispositif partiel à reconstruire entièrement.

Les tribulations des accords de Schengen – et de leur mise en œuvre – résument bien les ambitions sympathiques et irréalistes, emblématiques de l'Europe des années 1980-1990, et leur atterrissage difficile dans le monde du XXIe siècle. Au départ, une idée venue des secrétaires d'État aux Affaires européennes du Benelux (Belgique, Luxembourg, Pays-Bas) : élargissons à d'autres partenaires la libre circulation qui existe déjà entre nos trois pays. Belle idée, annoncée d'un bateau sur la Moselle près de la bourgade de Schengen au Luxembourg, à laquelle se joignent la France et l'Allemagne. On est en juin 1985, dans l'Europe des 10, un an après le Conseil européen de Fontainebleau décisif où Mitterrand et Kohl ont pris Thatcher en sandwich, relancé la construction européenne et se sont accordés sur le nom de Jacques Delors pour prendre la tête de la Commission à partir de janvier 1985. Schengen va être le « laboratoire de l'Europe », vu comme un grand Benelux. On est en plein « sans-frontiérisme ». La libre circulation concrétisée par la suppression des frontières et des douanes intérieures, vite très populaire, va s'étendre dans les années 1980-1990 au rythme des élargissements. Les conventions de Dublin I (1990), II (2003) et III (2013) fixent en principe les règles de l'asile qui reposent (trop) sur le premier pays d'accueil. Dans le même temps, les frontières extérieures sont censées être renforcées. Mais où les placer ? Schengen est supposé s'étendre par contagion vertueuse. Jusqu'où ? On ne le dit pas... À l'arrivée, 26 États en font partie (22 de l'Union – jamais la Grande-Bretagne – plus 4). Schengen devient « communautaire » en 2005 et relève donc de la « codécision » Conseil européen/Parlement.

Et puis, patatras, le monde réel du XXIe siècle rue dans les brancards. Ce n'est pas le monde rêvé par les initiateurs Bisounours ! Déjà en 2006, 2008, 2012, divers pays doivent rétablir des contrôles internes au titre des clauses temporaires de sauvegarde en raison d'événements politiques, diplomatiques ou sportifs... et bien sûr du terrorisme. On s'aperçoit que le contrôle extérieur est le volet oublié des accords. L'agence européenne des gardes-frontières et des garde-côtes, FRONTEX, ne sera créée qu'en 2016 avec 1 500 agents pour gérer un centre de surveillance permanent et contrôler 14 483 kilomètres de frontières terrestres, sans parler des maritimes ! 2016, au bout de trente et un ans ! Elle espère disposer un jour de 10 000 gardes. Mais son rôle n'a jamais été clairement assumé.

Entre-temps, il y a eu la grande vague migratoire de 2015, résultat combiné des demandeurs d'asile syriens chassés par la guerre civile (même si la majorité est restée au Liban et en Turquie) et des vagues migratoires africaines, déguisées en demandes d'asile. Sur les routes migratoires, les frontières se referment. L'opinion bascule : en 2015, sept Français sur dix sont favorables à la suppression ou à la renégociation des accords de Schengen. Et, en 2020, la Covid-19... Certes, les virus ignorent les frontières, mais ils adorent la libre circulation... Les frontières se referment de nouveau. Inutile de brandir des condamnations morales grandiloquentes ! Dans un sondage de septembre 2020, 65 % des Français estiment que la France... doit « se protéger mieux du monde d'aujourd'hui ». La question est alors : quand et comment les frontières intérieures pourront-elles être rouvertes ? Le contrôle des frontières extérieures pourra-t-il être assuré ? Les pays membres d'un Schengen reconstruit (Schengen 2) arriveront-ils à se mettre d'accord pour distinguer les vrais demandeurs d'asile, en danger, qui méritent d'être protégés par un meilleur système que Dublin, des candidats à l'émigration, en fait économique, dont certains sont nécessaires en Europe. Et de les cogérer avec les pays de départ et de transit ? L'Europe doit devenir parallèlement réaliste sur la gestion de l'exil (les réfugiés) comme l'a fait la gauche scandinave. Ce qu'elle a commencé à faire en 2024 en adoptant un pacte asile/immigration en négociation depuis dix ans.

Voir : Europe ; Migrations.

Seconde Guerre mondiale

Le conflit le plus meurtrier de l'histoire de l'humanité. Immense conflit planétaire issu du premier, mal conclu et réglé à Versailles et dans la cohorte d'autres traités, et de la rage hitlérienne de revanche : 1) se venger de la France ; 2) dégager « l'espace vital à l'est » pour les Allemands en éliminant les Slaves ; 3) expulser ou éliminer les Juifs d'Europe, boucs émissaires. La guerre dura du 1er septembre 1939 au 2 septembre 1945 et entraîna la mort, selon les historiens, de 50 à 85 millions de personnes, dont 40 à 52 millions de civils (dont 5 à 6 millions de Juifs, seules victimes d'un plan systématique).

Pour l'URSS : près de 27 millions de morts au total1[1]. Au début, Hitler et le Japon gagnèrent de façon foudroyante. Le tournant de la guerre à l'ouest fut, grâce à l'URSS, Stalingrad (1942-1943), avant le Débarquement, le 6 janvier 1944. Dans le Pacifique, il fallut deux bombes nucléaires pour stopper et éradiquer le militarisme japonais.

Le monde dont cette Seconde Guerre mondiale a accouché après la victoire des Alliés est resté en grande partie le nôtre, même après la guerre froide, la fin de l'URSS et la montée des émergents, et cela jusqu'au début des années 2020. La mentalité de plusieurs des nations les plus concernées en est restée marquée jusqu'en 2022. L'Allemagne et son aversion pour la puissance. La Russie, qui gomme le pacte germano-soviétique et exalte la victoire de Stalingrad (voir l'*Alexandre Nevski* d'Eisenstein en 1938) ; le Japon, qui oublie tout en restant lui-même en profondeur. La France, occupée et saignée à blanc qui n'en finit pas de se repentir d'avoir – pour quelques-uns – collaboré pour éviter de se demander pourquoi elle a été si facilement écrasée, occupée et exploitée. Le nombre de Juifs sauvés en France a d'ailleurs été un des plus élevés parmi les pays de l'Europe occupés par les nazis. Les États-Unis, qui ont fait triompher et organiser « le monde libre ». Le soutien irrésistible au mouvement nationaliste sioniste et à la création d'Israël. L'accélération des décolonisations.

Donc, on peut commémorer des dates (les 8 et 9 mai, ou le 6 juin), célébrer d'extraordinaires personnalités (Churchill, Roosevelt, de Gaulle), cela ne justifie pas d'oublier ou de minorer le rôle des Russes (lamentable), rappeler (c'est utile) qu'il a fallu s'allier avec Staline pour vaincre

1. Voir Peter Frankopan, *Les Routes de la soie* (Flammarion, 2017), chap. 19, « La Route oubliée », et chap. 20, « La Route du Génocide », sur l'effroyable opération Barbarossa.

Hitler et le militarisme japonais. Mais quels enseignements en tirer aujourd'hui ? Après quarante-sept ans de guerre froide et plus de trente-trois ans d'après-guerre froide qui ont débouché sur un vaste chaos potentiellement conflictuel ? Qu'il faille prévenir les conflits, bien sûr. Mais cela suppose d'être d'accord sur ce qui les enclenche et les déclenche. Or, il ne s'agit pas seulement de « haine de l'autre ». Il faudrait moins de catéchisme et d'incantations, et plus de réalisme et d'analyse, d'anticipation, de prévention et de courage.

Secrétaires d'État

Aux États-Unis, le terme Mr. ou Mrs. Secretary est très chic. On y appelle « secrétaire d'État » les ministres des Affaires étrangères. Au XXe siècle, Cordell Hull de 1933 à 1944, le général George Marshall de 1947 à 1949, John Foster Dulles de 1953 à 1959, Henry Kissinger de 1973 à 1977 après avoir été conseiller à la sécurité nationale de 1965 à 1975, James Baker de 1989 à 1992, etc., ont été de « grands » secrétaires d'État.

J'ai travaillé avec Madeleine Korbel Albright, tchèque d'origine, née Marie Jana Korbelová le 15 mai 1937 à Prague. Elle était secrétaire d'État du président Bill Clinton depuis le 23 janvier 1997 quand je suis devenu ministre des Affaires étrangères dans le gouvernement Jospin, le 4 juin suivant. C'était une patriote américaine ardente, pénétrée de l'exceptionnalisme américain, convaincue de l'universalité des valeurs américaines et occidentales, et de la légitimité des interventions de l'Occident pour imposer « ses valeurs ». Impérieuse, drôle, très cultivée, extrêmement sympathique, autoritaire et passionnée mais soucieuse de comprendre les autres. Même les Français ! Par rapport aux États-Unis, je maintenais, moi, la ligne de la Ve République : « amis, alliés, pas alignés ». Nous avons donc été souvent en désaccord, mais nous nous sommes très bien entendus car nous avions adopté une méthode directe et claire pour traiter de nos divergences : les anticiper en nous mettant d'accord sur la façon d'en parler et de les gérer. Nous sommes devenus de vrais amis, comme beaucoup de ceux qui ont travaillé avec elle. Elle a beaucoup écrit. Elle avait fait activement campagne pour Hillary Clinton, qui avait, en 1997, suggéré son nom à son mari pour le département d'État. Elle a été abasourdie en 2016 par l'élection de Donald Trump, et éprouvé une vraie aversion pour sa personnalité, son style, sa politique – et espérait toujours un retour à l'Amérique « d'avant ». Peut-être avec Biden. Mais elle est décédée le 23 mars 2022. La concomitance avec l'invasion de l'Ukraine frappe.

J'ai aussi travaillé près de dix mois avec Colin Powell, secrétaire d'État républicain modéré, sous George W. Bush. Fils d'un immigrant jamaïcain modeste, il incarnait le rêve américain. Il m'a dit : « Sans l'Amérique, je serais peut-être devenu marchand de bananes dans la rue. » Il avait eu le bon sens, comme chef d'état-major de George H. Bush pendant la guerre du Golfe, de conseiller au Président de s'en tenir au mandat de l'ONU et de ne pas aller s'enferrer à Bagdad. Même avis que Mitterrand. C'était un honnête homme. Je suis sûr que, en 2003, la CIA s'était autoconvaincue que l'Irak développait des armes chimiques et bactériologiques, et que Colin Powell croyait à ce qu'on lui avait fait dire. On s'était un peu accrochés, lui et moi, sur les sanctions contre l'Irak, il m'avait dit : « Il faut passer à des *smart sanctions* [sanctions intelligentes]. » Je lui avais répondu : « C'est la preuve que les sanctions actuelles sont idiotes. » Il est décédé en 2021. Anthony Blinken a été, sous Biden, un secrétaire d'État estimé, en liaison avec Jake Sullivan qui concevait la politique de Biden.

Voir : Ministre ; États-Unis.

Sécurité

Dans ce monde inquiétant, en tout cas inquiet (Einstein ne disait-il pas déjà que le monde n'était pas un endroit sûr ?), où nous vivons, l'aspiration à la sécurité s'exprime partout. Et tous ceux qui ont dénoncé pendant des décennies le « sécuritaire » comme étant une pathologie condamnable, ou un simple ressenti, ont dû baisser le ton. Dans les relations internationales comme en politique intérieure, la demande de sécurité est partout.

Zbigniew Brzeziński expliquait que les Américains, pour se protéger, voulaient tous les systèmes : défensifs, dissuasifs, offensifs. Ou peut aussi se fonder sur une alliance dès lors qu'il y a un allié très puissant qui s'engage à vous protéger (article 5 du traité de l'Alliance atlantique). Mais est-on sûr de l'engagement perpétuel de cet allié ? Il y a aussi ceux qui croient au droit international, à la « sécurité collective », qui avaient cru à la SDN, qui croient à l'ONU comme si c'était une superstructure en surplomb capable de s'imposer à des États dangereux. Et n'oublions pas le « doux commerce », l'idéologie OMC : l'économie globalisée, l'augmentation très rapide du commerce international étaient censées, ces vingt dernières années, noyer les vieilles haines identitaires ou géographiques dans la satisfaction des consommateurs (en faisant l'impasse complète sur l'écologie). Et le *soft power* de l'Union européenne allait être son *hard power*. Il n'en est rien et, donc, on ne peut pas encore se passer d'un bon équilibre des forces, au plus bas niveau possible, bien sûr. L'aspiration à la sécurité ne peut que croître dans un monde anxiogène, très peuplé, connecté, interdépendant donc multidépendant et instable : chaos géopolitique, foire d'empoigne entre puissances, comptes à rebours démographique et écologique, choc et mutation numérique, flux migratoires, risques sanitaires, etc. Il ne faut ni ignorer ni mépriser, et encore moins humilier ces demandes de sécurité, mais y répondre en les canalisant pour les apaiser. Comment appliquer ces remarques évidentes à l'Ukraine et, dans la durée, à l'avenir, au voisinage russe ?

Voir : Dissuasion ; Mondialisation/démondialisation ; OTAN (Organisation du traité de l'Atlantique Nord).

Shoah

Pour l'Occident et une partie du monde depuis 1945 : mal absolu, satanique. Sorte de trou noir dans lequel la civilisation occidentale si longtemps dominante et sûre d'elle-même se serait abîmée...

Le terme hébreu *shoah* (« catastrophe ») a progressivement pris le pas sur les termes de *génocide juif* ou d'*holocauste* (d'un terme grec ancien : « sacrifice »), pour désigner l'extermination systématique par l'Allemagne nazie de 5 à 6 millions de Juifs, soit les deux tiers des Juifs d'Europe à partir de la conférence de Wannsee, en janvier 1942, qui a organisé la « solution finale », même si elle avait commencé avant, à l'est, avec la Shoah par balles. Elle s'est poursuivie jusqu'à la libération des camps en 1945 par l'armée Rouge ou les Américains.

Les handicapés, les Roms et les opposants politiques ont également été génocidés. L'horreur de la Shoah (comparable à rien d'autre dans l'histoire connue de l'espèce humaine) a donné naissance, au tribunal de Nuremberg, aux concepts de génocide et de crimes contre l'humanité, devenus imprescriptibles.

Avec le recul, il est poignant de penser que beaucoup de Juifs d'Europe auraient pu être sauvés de la démence nazie si le risque hitlérien avait été perçu plus tôt. L'obsession de Hitler, au départ, était d'abord de se venger de la France du traité de Versailles, de l'humilier, de l'occuper, de la piller, y compris dans la zone pseudo-libre. Ensuite de gagner à l'est, Ukraine, etc., un « espace vital », *Lebensraum*, et des terres à blé – vieille obsession germanique – en éliminant les Slaves et les Juifs à l'est. Les technocrates nazis avaient calculé froidement que l'opération Barbarossa déclenchée en 1941 dans ce but entraînerait la mort par famine de 15 millions de personnes environ ! Finalement, l'URSS aura enduré 27 millions de morts sur les 60 millions de morts environ (selon les estimations, entre 50 et 85 millions de morts) de la Seconde Guerre mondiale.

En 1938, quand les nazis commencent par vouloir expulser massivement les Juifs d'Europe (Madagascar fut envisagée comme terre d'accueil des déportés) et pas encore les anéantir, à la conférence d'Évian, voulue par Roosevelt, aucun pays ne se déclare prêt à accueillir massivement les Juifs. Chacun a ses problèmes graves et urgents, et la suite est encore proprement impensable. Hitler est au pouvoir depuis neuf ans quand la conférence de Wannsee a lieu ! Se remémorer ces occasions manquées est insoutenable et alimente la réaction d'une partie des opinions en Europe, comme quoi l'asile en Europe serait un droit.

Un vaste courant d'études s'est développé en Occident sur le thème de la prévention de génocides, à partir de la Shoah. Il y avait eu auparavant au XXe siècle les génocides arménien et herero (en Namibie), et, après, cambodgien et tutsi. Le plus souvent, il s'agit de condamner solennellement, de punir, de déplorer. Mais prévenir ? Il faut pour cela s'accorder sur les causes. Est-ce le racisme ? Le traité de Versailles ? La crise de 29 ? La peur ? Les engrenages ? La haine ? La pauvreté ? La fanatisation ? Et donc détecter à temps les signes annonciateurs de l'atroce...

Depuis des décennies, des travaux historiques et des controverses sans fin ont eu lieu sur la participation des autorités des pays vaincus et occupés par les nazis à la déportation, et donc l'extermination, des Juifs d'Europe. Les causes de l'effondrement sous les coups des offensives hitlériennes, par exemple de la France, en juin 1940, sont moins étudiées, refoulées ou oubliées. C'est pourtant cette débâcle qui a entraîné la suite. Concernant la France, le spécialiste des génocides et des formes de résistance civile et de survie des Juifs Jacques Semelin a établi, dans *Persécutions et Entraides dans la France occupée. Comment 75 % des juifs en France ont échappé à la mort* (Les Arènes/Éditions du Seuil, 2013) et dans *La Survie des juifs en France* (1940-1944) (CNRS Éditions, 2018), une réalité longtemps méconnue : 92 % des Juifs de nationalité française en 1939 ont été sauvés ; et 50 % des Juifs étrangers (d'Europe de l'Est et qui étaient de ce fait sur le fichier des étrangers) réfugiés en France avant 1940. Au total, 75 %, le troisième pourcentage des pays occupés par les nazis. Cela n'efface pas l'horreur, mais il y a en France beaucoup plus de Justes, anonymes, qu'on ne le croit.

Voir : Génocides ; Israël.

Sibérie

Impossible de faire l'impasse sur la Sibérie dans un tel dictionnaire. Pas seulement en raison de ses 13 millions de kilomètres carrés, mais pour des raisons historiques, politiques, stratégiques, énergétiques et écologiques.

Historique : *L'Épopée sibérienne* (titre de la somme d'Éric Hoesli, Éditions des Syrtes, 2018) raconte la colonisation russe vers l'est au fur et à mesure que s'affaiblissaient les Tatares. C'est si peu connu, ou oublié !

Politique et stratégique : la Russie a de nombreux voisins au sud, mais le principal est la Chine. Et il y a en Sibérie environ... 25 millions d'habitants, dont 10 % de population indigène (pour 144 millions au total en Russie). Officiellement, pas d'inquiétude russe. Mais Deng Xiaoping avait dit à Chirac, prenant un air malicieux, qui me l'a raconté : « N'oubliez pas que la Sibérie est vide. » L'ancien Premier ministre Ievgueni Primakov s'en inquiétait. Un sous-sol très riche, notamment en pétrole, gaz et charbon. La péninsule de Yamal contient des ressources en gaz équivalentes à celles du Qatar et de l'Iran.

Et plus encore des raisons écologiques : les hausses inimaginables de température en 2019 et 2020 et ensuite (15 à 20 °C au-dessus des maximums déjà relevés), les incendies gigantesques de l'été 2020 sont des signes spectaculaires du réchauffement accéléré en cours qui présente en plus l'immense danger de décongeler le permafrost et d'éventuelles bactéries, et de dégager du méthane dont l'effet de serre est plus puissant que le CO_2... Film catastrophe.

Là aussi, course de vitesse entre le dérèglement général et la nécessaire écologisation de tout...

Voir : Écologisation ; Russie.

Sommets

Aucun rapport avec l'alpinisme (sauf le nom du « sherpa » donné aux collaborateurs des présidents pour les « sommets des 7 »). Il est arrivé autrefois que des souverains se rencontrent, par exemple François Ier et Henry VIII d'Angleterre du 7 au 24 juin 1520, près de Calais au camp du Drap d'Or, pour négocier, conclure et célébrer un accord (ou des marchés de dupes !). Le sommet Napoléon/Alexandre Ier sur un radeau sur le Niémen (traité de Tilsit) le 7 juillet 1807 n'est pas oublié. Ni le sommet entre Napoléon et le roi de Prusse le 9 juillet (second traité de Tilsitt). Mais c'était exceptionnel, très rare, trop compliqué, trop de gens à gérer – plus qu'une smala, des cohortes entières ! Les sommets ne deviennent possibles qu'avec l'amélioration des routes et des transports. Exemple : le congrès de Vienne en 1815. Puis se tiennent des « concerts » européens au sommet, réguliers au XIXe siècle. En 1858, le « banquet du futur » à Cherbourg en présence de Napoléon III et de la reine Victoria. Après la Première Guerre mondiale, en 1919-1920, des mois de négociations ont lieu à Versailles et à Paris. Au XXe siècle, les progrès de l'aviation à partir de 1920 ont rendu les sommets encore plus faciles (Munich en 1938, Téhéran, Yalta, Potsdam – et encore, on choisit des lieux où Staline, qui craint l'avion, peut venir en train !). À l'époque contemporaine, au moment même où le téléphone pourrait les remplacer, c'est la bougeotte, le mouvement brownien : conversations téléphoniques, rencontres bilatérales et multilatérales, grands-messes (ONU), et surtout depuis une vingtaine d'années les sommets de quelques grands pays (G7 depuis Giscard et Schmidt, G8 pendant une dizaine d'années avec la Russie, G20 depuis la crise financière de 2008, etc.), maintenant concurrencés ou contrés par les sommets des BRICS. Un ministre des Affaires étrangères français fait environ cent voyages par an, dont beaucoup de sommets ! Plus ou moins utiles. Même pression sur les présidents qui absorbent de plus en plus l'activité internationale visible. La moitié de tout cela ne sert à rien, mais c'est presque impossible de s'en abstraire, d'autant que la « société civile » s'y agglutine et que les « anti » les prennent pour cibles. Sommets ou pas, la vie internationale est une négociation continue. Il a fallu la Covid-19 pour imposer des téléconférences, et, en effet, on pouvait penser après 2020 qu'une bonne partie des sommets pourraient se tenir ainsi. Il n'était pas nécessaire de revenir à la fébrilité antérieure, mais il semblerait que *the show must go on* !

Voir : BRICS/Organisation de coopération de Shanghai (OCS) ; Diplomatie.

Souveraineté

On parle de la défendre, ou de la reconquérir, ou de la développer (Europe). Mais que signifient la souveraineté et l'indépendance dans un monde complètement globalisé et interdépendant ? En principe ne pas (trop) dépendre des autres et pouvoir, *in fine*, décider librement, garder la maîtrise de son destin...

C'est avec Jean Bodin, en 1576, que l'on est passé de la suzeraineté, le haut de la pyramide féodale, à la souveraineté de l'État nation, notion absolue et perpétuelle qui ne connaît de limites que par sa volonté ou, plus tard, la soumission consentie à des règles internationales supérieures. Souveraineté qui s'est construite, pour la France, contre la suprématie des papes (Philippe le Bel contre Boniface VIII), et des empereurs (l'étau des Habsbourg), avec les légistes des rois capétiens (le roi est empereur en son royaume).

Mais aujourd'hui ? En principe, en démocratie, les électeurs ont le dernier mot... Mais peut-on être souverain dans le monde dominé par les États-Unis et la Chine, leurs GAFAM et BATX, par le dollar, par les sanctions extraterritoriales américaines, etc. ? Certains sont plus souverains que d'autres... Et il y a l'Union européenne : pot au noir, ou levier ? Quelle souveraineté a pu garder un État membre de l'Union européenne quand on a vanté pendant des décennies « l'abandon » de la souveraineté ou, de façon moins agressive, sa délégation, son exercice en commun ? Et qu'on est lié de surcroît par des milliers d'accords internationaux. Quand on n'a cessé de ridiculiser le « souverainisme ». Et que « l'État de droit » dans les démocraties risque de tourner, à coups de jurisprudences, à l'empêchement de la décision publique ? Quand le président Macron a mis en avant une souveraineté *européenne*, certains ont pris cela pour un abandon supplémentaire de ce qui restait de souveraineté nationale.

D'autres, au contraire, pour la volonté de renforcer, en plus, le pouvoir et les capacités du niveau européen. Reste à lui donner un contenu, en commençant par la technologie, où l'Europe a perdu pied.

On en est là, la suite se joue sous nos yeux...

Voir : Covid-19 ; Europe ; GAFAM (Google, Apple, Facebook, Amazon, Microsoft) ; Interdépendances.

Staline, Joseph

Ogre. Le « petit père des peuples ». Cela paraît si loin ! Presque irréel ! Et pourtant, il a, comme Hitler mais plus longtemps, marqué au fer rouge tout le XXe siècle dont les convulsions sont incompréhensibles sans un retour au point de départ : l'agonie, l'effondrement, le 16 mars 1917, du tsarisme russe et la confusion qui s'est ensuivie : la mise en place d'un gouvernement « réformiste » Kerenski le 21 juillet, déjà contesté par le Soviet de Petrograd, sa chute après l'insurrection – en fait, un putsch – bolchevique. Prise du palais d'Hiver le 7 novembre. Maître du parti communiste de l'URSS, Lénine allait gouverner d'une main de fer jusqu'à ses AVC en 1923, après avoir inventé le communisme soviétique, la Tchéka, les camps de travail forcé (1919), et provoqué dans le monde la scission délétère communistes/socialistes. Il meurt en 1924, à l'âge de 53 ans, sans héritier désigné.

Staline, dont on dit que Lénine se méfiait, s'empare alors du pouvoir, écartant Trotski qui n'est pas moins sanguinaire, mais prône la révolution mondiale – pas dans un seul pays –, et qu'il fera assassiner le 21 août 1940 à Mexico par Ramón Mercader.

Il règne férocement sur l'URSS comme un tyran oriental, multipliant les répressions (le quasi-génocide par famine des Koulaks en Ukraine qu'il fait organiser par l'Ukrainien Khrouchtchev), les purges, les déportations, le goulag, la décimation (un dixième) des chefs militaires, les procès « staliniens ». Je recommande *Staline. La Cour du tsar rouge*, de Simon Sebag Montefiore. C'est si atroce que, dans les années 1933-1939, une partie des élites occidentales, épouvantées, en viennent à penser que mieux vaut Hitler (qu'ils sous-estiment) que Staline ! Mais la réalité de l'abomination hitlérienne s'impose : Roosevelt et Churchill s'allient à Staline pour vaincre Hitler (de Gaulle pensait de même). Sans la résistance soviétique contre l'armée nazie à Stalingrad, et la défaite de celle-ci, il n'est pas sûr que le Débarquement aurait pu avoir lieu, ce qui est d'ailleurs lamentablement occulté par l'opinion occidentale.

C'est fascinant que son emprise politique et mentale ait duré si longtemps, que des partis communistes (et tant d'intellectuels progressistes), longtemps puissants en Europe, soient restés staliniens, même après le rapport Khrouchtchev ! Et que certains ne s'en soient détachés en Occident que pour adhérer à des courants de pensée « gauchistes », trotskisme ou maoïsme, potentiellement tout aussi violents. Ce sont les héritiers des ordres les plus violents et les plus inquisiteurs de l'histoire de l'Église, l'Inquisition, en pire.

Il y a maintenant beaucoup de nostalgiques de Staline en Russie ! On peut espérer qu'ils ne regrettent pas le goulag (encore que) et la pénurie, mais l'époque où l'URSS était crainte et respectée...

Voir : URSS.

Stratégie (stratège)

À l'origine, le mot stratégie, issu du grec et du latin *stratos* (« armée ») et *agein* (« conduire »), définit l'art de conduire les opérations militaires. Chef des armées, Périclès était stratège.

Avec le temps – inflation verbale –, ce terme désigne n'importe quel ensemble d'actions coordonnées en vue d'atteindre un but précis dans quelque domaine que ce soit. Cela paraît évident, mais n'est pas stratège qui veut ! Sun Tzu, Clausewitz sont des penseurs stratégiques. Machiavel un stratège politique. Et il y a des grands capitaines qui sont aussi des stratèges : Napoléon.

Sud global

Concept problématique.

Longtemps, le « Sud » n'avait pas de nom général et spécifique, sauf géographique – pôle Sud – quand il s'agissait de l'ensemble du monde non européen, *terra incognita*, à découvrir, un reste du monde peuplé d'incroyants, de païens, de barbares à convertir, que se partageaient les puissances chrétiennes, évangélisatrices, colonisatrices et commerçantes. Puis il y a eu aux XIXe et XXe siècles

les décolonisations (oubliées aujourd'hui), une centaine de pays nouvellement indépendants. Alfred Sauvy avait inventé à leur sujet le terme de *tiers-monde*.

En dehors des attaques anti-impérialistes (occidental) orchestrées par l'URSS dès sa création (Congrès de Bakou) puis pendant la guerre froide (les États-Unis eux-mêmes ont tout fait pour mettre fin aux empires coloniaux espagnols, français et britanniques), la première manifestation d'un « Sud » autonome et critique a eu lieu à Bandoeng en Indonésie en 1955 (Nehru, Chou Enlai, Nasser, Soekarno, Tito). Mais avec l'aide au développement, l'action de l'ONU et des institutions spécialisées, le travail de la Banque mondiale et les aides bilatérales, les Occidentaux et les élites du Sud ont cru, dans les années 1970, 1980, 1990 et 2000 que cette question du tiers-monde était dépassée, dissoute dans la mondialisation heureuse. Grosse erreur, même si certains pays du Sud comme la Chine en ont beaucoup profité, et s'inquiètent même maintenant d'un retour d'un certain protectionnisme en Occident. Depuis quinze ou vingt ans, on voit au contraire un Sud agressivement post ou anti-occidental s'affirmer de plus en plus à travers l'Organisation de Coopération de Shanghai et les BRICS, et la partie décoloniale du mouvement *woke* américain et les diasporas en Occident, prétendre que la décolonisation n'a en fait pas eu lieu. Ce « Sud » travaille à un monde post-occidental et/ou à se venger. Il n'a pas réagi comme l'Occident sur l'Ukraine (40 pays représentant les deux tiers de l'humanité, n'ont pas voulu trancher), ni sur Gaza (ils condamnent le deux poids deux mesures).

Beaucoup d'Occidentaux, dirigeants, experts, éditorialistes stupéfaits, indignés ou inquiets fustigent ce Sud insolent : il n'est pas global mais divisé (Inde/Chine) ; les droits fondamentaux y sont bafoués ; ses classes moyennes veulent vivre « à l'occidentale ». Certes, mais pas sous la coupe des Occidentaux. Pourquoi tant de haine ? s'interrogent-ils vainement. Symétriquement, la Russie et ses affidés pourfendent « l'Occident collectif » et l'Alliance atlantique, elle-même démangée (depuis longtemps) par le prurit de l'élargissement global.

L'expression « Sud global » est peut-être de la rhétorique – y compris mémorielle – mais elle est puissante. Que faire ?

À mon avis : ne pas le renforcer en l'attaquant comme un tout de façon inquiète et en amalgamant tous ses participants qui n'ont pas en réalité les mêmes objectifs. Feindre la tranquillité. Agir au cas par cas, avoir une politique chinoise, indienne, etc.

Voir : BRICS/Organisation de coopération de Shanghai (OCS) ; Émergents ; Occident ; Tiers-monde.

Sun Tzu

Général et stratège chinois du VIe siècle avant J.-C., pendant la période troublée de la première partie de la dynastie des Zhou orientaux, dite « printemps et automne ». Les Chinois adorent les formules poétiques. On ne sait rien de lui. Il serait l'auteur de l'ouvrage de stratégie militaire le plus ancien du monde : *L'Art de la guerre*. Mais rien n'est sûr.

Il a essentiellement insisté sur la dimension psychologique pour l'emporter sans avoir à combattre et la nécessité, dans les guerres entre Chinois, de ménager l'avenir. Bien vu !

Connu en France comme un grand stratège, depuis que ses « treize articles » ont été traduits en 1772 par le père Joseph-Marie Amiot. Souvent cité et, en fait, superficiellement – pas assez – connu.

Sykes-Picot (Accords)

Fantôme persistant.

Accords négociés en secret entre Mark Sykes pour la Grande-Bretagne et François Georges-Picot pour la France, et signés le 16 mai 1916, *avec l'aval de l'Italie et de l'Empire russe*, par sir Edward Grey et Paul Cambon. Ils partageaient le Moyen-Orient en zones d'influences *entre ces quatre puissances* après la fin prévue et voulue de l'Empire ottoman. Connus en novembre 1917, typique de la diplomatie secrète d'autrefois en temps de guerre. Entre-temps, la Russie était devenue bolchevique et l'Italie était sortie du jeu. Ils fixent donc le partage entre zones d'influences britannique (Irak, Jordanie, Palestine) et française (Syrie, Liban). On leur prête une signification exagérée (le Moyen-Orient était déchiré avant eux), mais leur nom est devenu, avec celui du congrès de Berlin, le symbole du découpage inique des territoires sur le dos des peuples, et ils sont conspués comme tels même s'ils ont donné naissance à des nationalistes vigoureux. Quoi qu'il en soit, cette organisation aura duré environ un siècle avec des convulsions permanentes, dans l'âge du pétrole, et du nationalisme arabe, avant et après la création d'Israël, avant et après la réislamisation du monde musulman. Elle s'achève sous nos yeux.

Voir : Arabe (Monde).

T

Talleyrand-Périgord, Charles-Maurice de

Princier. Un des plus fascinants et des plus controversés personnages de l'histoire de France, qui a inspiré de grands biographes (Orieux, Waresquiel, Charles-Éloi Vial). Né en 1754, Charles-Maurice de Talleyrand-Périgord a connu la « douceur de vivre » de la fin de l'Ancien Régime (« Pourquoi vouloir un monde meilleur ? »). Il aspirait à une monarchie constitutionnelle, à l'anglaise, et au libre-échange (« On peut tout faire avec une baïonnette, sauf s'asseoir dessus »). Il eut à affronter la Révolution, la Terreur (il se mit à l'abri en Grande-Bretagne, puis aux États-Unis), le Consulat, l'Empire, les guerres napoléoniennes, Napoléon lui-même (qui, selon Las Cases, avait pensé en faire un cardinal), la restauration bourbonienne ! Il ne se sentit en phase, finalement, qu'avec le roi des Français, Louis-Philippe, qui fit de lui son ambassadeur à Londres, peu avant qu'il ne meure, en 1838, à 84 ans. On lui reprocha une énorme prévarication (évitons l'anachronisme : c'était un autre temps, et dans l'esprit de Mazarin ou de Barras) ; d'avoir trahi Napoléon en complotant avec le tsar Alexandre Ier (Réponse : « Sire, je n'ai jamais conspiré que lorsque j'avais la moitié de la France derrière moi ») ; et, avec une mauvaise foi totale, d'avoir permis, au congrès de Vienne, à la Prusse montante de Frédéric de prendre pied sur la rive du Rhin. C'est tout le talent de Talleyrand – ou peut-on presque parler de génie ? – d'avoir réussi à ce que le congrès de Vienne, réuni pour punir cette France si dangereuse et la placer sous surveillance, ait fini par en faire, au sein du « concert européen », une des puissances garantes de l'équilibre européen. Napoléon n'est plus là. « Pourquoi vous alliez-vous contre la France ? Vous devez vous allier avec elle. » Il obtint ainsi que la France fût traitée comme l'Allemagne d'après 1945 et non comme à Versailles en 1919. Cela tint pendant presque un siècle, jusqu'à ce que Guillaume II s'affranchisse fatalement de l'influence de Bismarck. Les bons mots de Talleyrand – autant de flèches acérées qui enchantaient ses contemporains, ceux des salons, préfigurant Clemenceau ou Churchill – ne se comptent plus… Pourtant, le meilleur est à son détriment, s'il n'est apocryphe : à Louis-Philippe qui vient le saluer sur son lit d'agonie, et à qui il dit : « Je souffre comme un damné », le roi aurait répondu : « Déjà ? »…

François Mitterrand se disait anti-Talleyrand. Cela étonne. À Michel Charasse qui le questionnait, il répondit que son apostasie – sa trahison de son serment d'évêque – était impardonnable ! Cela devait lui venir de sa mère.

Voir : Napoléon ; Vienne (Congrès de).

Terrorisme

C'est la France qui a inventé, en 1794, le mot de « terreur », mais c'était pour désigner une forme de gouvernement, la dernière période de Robespierre. « Terreur », « terrorisme »... Il y a eu au fil du temps différentes vagues de terrorisme, hashishin, anarchistes russes, indépendantistes divers, mais, aujourd'hui, le terrorisme est essentiellement *islamiste*, même si beaucoup, par lâcheté euphémistique, ont longtemps eu peur de l'appeler par son nom. Depuis le début du XXIe siècle, il y a eu, selon les années, entre 7 000 et 15 000 attentats qui ont fait, par exemple, en 2014, dans le monde, 37 000 morts. Le nombre de tués a été multiplié par neuf par rapport à la fin du XXe siècle, le cas de la guerre civile algérienne (environ 200 000 morts) étant très particulier.

Dans cette période, près de 60 % des victimes ont été des Irakiens, des Syriens, des Pakistanais, des Afghans, des Nigérians, ou des Africains du Sahel. Bien sûr, il y a dans le monde beaucoup plus de morts par homicides que par terrorisme (treize fois plus), mais l'inspiration, le but, et, surtout, les effets politiques sont sans commune mesure.

Le débat est vif sur la sémantique, les slogans (la « guerre contre le terrorisme » de George W. Bush est, elle, une formule étrange – on ne combat pas une technique). Et sur l'attitude à adopter pour mieux se protéger. Ce n'est jamais possible de protéger des sociétés ouvertes à 100 %. Contre-attaquer ? Où, et contre qui ? Comment ? On dit qu'il faut assécher les causes, mais sont-elles économiques, sociales, identitaires, religieuses ou idéologiques ? Il faut des politiques d'ensemble. La coalition américano-internationale est venue à bout, en 2017 (bataille de Mossoul), de l'État islamique, Daesh, qui avait proclamé un califat, le 29 juin 2014, à cheval sur la Syrie et l'Irak. Seule organisation terroriste à avoir prétendu s'implanter territorialement. Au Sahel, l'opération française Barkhane avait été déclenchée le 1er août 2014 par François Hollande, à la demande générale des pays de la région, contre les groupes armés salafistes et djihadistes dans le centre et l'ouest du Sahara, le Sahel. Les armées de Mauritanie, du Mali, du Burkina Faso et du Tchad soutenaient Barkhane et étaient censées, un jour, prendre le relais. Mais la France ne pouvait pas – seule – sécuriser une zone aussi vaste. Il y a eu des putschs (en partie encouragés par la Russie) au Mali, au Burkina Faso et au Niger et le président Macron y a mis un terme le 9 novembre 2022. Par la suite, les Français et les Américains ont dû quitter ces pays.

Les Européens ont eu longtemps du mal à se déterminer clairement et fermement tant leurs croyances optimistes des cinquante dernières années et leur mauvaise conscience ne les avaient pas du tout préparés à comprendre, à gérer et à prévenir ce phénomène dont ils sont des victimes collatérales, tandis que les pays musulmans sont en première ligne. Lutte sans fin qui nécessite, aussi, des solutions politiques.

Thé

L'importance géopolitique du thé – *tchaï* – est sous-estimée. Connu depuis des millénaires en Chine, très consommé au sud du Yang-Tsé depuis le Ve siècle avant J.-C., le thé n'a été introduit en Europe, par les marchands portugais, qu'au XVIe siècle. Il faut attendre la fin du XVIIe siècle puis le XVIIIe pour qu'il devienne la boisson « nationale » des Anglais (le *five o'clock tea*). Mais il faut l'importer de Chine, ce qui coûte 20 millions de livres par an. L'empereur Qianlong, le sixième de la dynastie mandchoue Qing, à son apogée, estimant que la Chine « n'[avait] nul besoin » de produits fabriqués en Angleterre, les bateaux arrivaient à vide.

La Grande-Bretagne « mondialisatrice » veut s'ouvrir le marché chinois. George III envoie en ambassade à Pékin lord George Macartney en 1793 (voir Alain Peyrefitte, *L'Empire immobile ou le Choc des mondes*, Fayard, 1989), expédition financée par la Compagnie britannique des Indes orientales. Mais l'empereur déclare : « Nous n'avons besoin de personne, reprenez vos cadeaux. » À l'époque, l'Angleterre a 10 millions d'habitants, la Chine déjà 330. C'est un échec. La Grande-Bretagne a ensuite l'idée, pour équilibrer sa balance commerciale, d'écouler en Chine l'opium qu'elle produit en Inde ! Ce qu'elle parvient à faire mais en contrebande. Jusqu'à ce que, en 1821, le nouvel empereur, Daoguang, décide d'éradiquer ce trafic de l'opium. Il en charge Lin Zexu, qui arrête les contrebandiers et détruit les stocks (1 200 tonnes). Il adresse une insolente lettre ouverte à la reine Victoria. Le lobby du commerce oriental, à Londres, convainc la reine et lord Palmerston de donner « une bonne raclée » à la Chine. Le grand romancier bengali contemporain Amitav Ghosh décrit dans *Un océan de pavots* la fièvre libre-échangiste, en fait coloniale, qui s'empare des milieux anglais au Bengale contre les Chinois qui osent être protectionnistes ! Honteux ! C'est encore plus choquant que de refuser la vraie foi ! Résultat : la Chine, immense nation agricole à l'époque de cette première guerre de l'opium (1839-1842), battue par la Grande-Bretagne, petite mais industrielle, militariste et expansionniste, doit signer sous la contrainte, à Nankin, le 29 août 1842, « un traité de paix perpétuelle et d'amitié » qu'elle n'a pas l'intention d'appliquer. Premier des traités « inégaux » avec les Occidentaux, la Russie et le Japon, que les Chinois d'aujourd'hui ne laissent pas oublier et rejettent encore avec horreur.

Il y aura une seconde guerre de l'opium, sous prétexte d'un petit incident naval, « la guerre de l'*Arrow* ». L'Angleterre masque encore moins ses ambitions et exigences commerciales. La France s'y joint... au motif « d'évangéliser les masses chinoises » (on ne parle pas encore des droits de l'homme, mais la mission est également prosélyte). Cela plaît à la presse. La guerre se conclut en 1858 par des traités sino-anglais et sino-français de Tianjin (la France de Napoléon III obtient le libre exercice par les Chinois de la religion chrétienne). La Chine ne veut pas plus appliquer ces traités iniques que les précédents. Une expédition de 20 000 soldats est mise sur pied pour la contraindre, mais ce sont les 8 000 Français qui saccageront et pilleront le 6 octobre 1860 le palais d'Été, le « Versailles chinois[1] », ce que dénoncera Victor Hugo. C'est à travers cette histoire que les écoliers chinois font connaissance avec l'Occident civilisateur...

Ministre des Affaires étrangères, j'avais été reçu par le président Jiang Zemin qui m'avait cité, en français, les phrases par lesquelles Victor Hugo condamnait la barbarie occidentale : « Les barbares, c'est nous. »

---

1. Bernard Brizay, *Les Trente « Empereurs » qui ont fait la Chine*, Perrin, 2018.

Think tanks

Laboratoires d'idées ou groupes de réflexion, à l'origine anglo-saxons, où il est habituel d'alterner et de continuer recherche, enseignement et responsabilités : Fabian Society, 1884 ; Carnegie Endowment for International Peace, 1910 ; Brookings Institution, 1916 ; Chatham House, 1920 ; Council on Foreign Relations, 1921 ; American Enterprise Institute, 1938 ; Société du Mont-Pèlerin, 1947 ; Rand Corporation, 1948, etc. Leur nombre s'est accru après la Première Guerre mondiale, et surtout la Seconde, les habitudes américaines s'imposent, puis la crise énergétique de 1973. En France, ils se sont développés dans les années 1980, 1990 puis 2000 (l'IFRI [Institut français des relations internationales] en 1979 ; l'IRIS [Institut de relations internationales et stratégiques] en 1991 ; la Fondation Jean-Jaurès et la FRS [Fondation pour la recherche stratégique] en 1992 ; Notre Europe en 1996 ; l'Institut Montaigne et Terra Nova en 2000, etc.) et maintenant en Chine, au Maroc (The New South, les Atlantic Dialogues) et en Afrique du Sud. Il en existerait entre 6 000 et 7 000 dans le monde.

Ces organismes analysent, lancent des débats et parfois proposent des plans d'action, des programmes, des politiques aux décideurs, leurs anciens ou futurs collègues. Ils peuvent avoir des liens étroits, reconnus ou discrets, avec des partis politiques et des gouvernements – c'est une étape dans la longue histoire de l'américanisation. Ils sont le plus souvent « libéraux », américano-globalisateurs, avec des nuances, mais d'autres courants d'idées sont représentés. Leur influence peut être ponctuellement décisive, mais elle est aussi souvent fantasmée ou exagérée. Ils sont aussi un réservoir pour les gouvernements et ils créent un milieu interactif de penseurs. Ils ont en tout cas accompagné et nourri l'occidentalisation du monde et essaient maintenant en compétition, rivalité ou complémentarité avec les pensées émergentes, de décoder et d'influencer le monde qui vient.

Voir : Influences.

Thucydide (Piège de)

Penseur toujours célèbre deux mille cinq cents ans après sa mort ! Homme politique et historien athénien, né en 465 avant J.-C., mort entre 400 et 395. Auteur de *La Guerre du Péloponnèse*, conflit qui se déroula entre 431 et 404 avant J.-C., au terme duquel Sparte vainquit Athènes. Considéré en Occident comme le premier géopoliticien. Il y a, selon le politologue américain Graham Allison, « un piège de Thucydide » (*Vers la guerre*, Odile Jacob, 2019). Selon l'historien athénien, les guerres du Péloponnèse s'expliquent par la crainte qu'Athènes, puissance montante, inspirait à Sparte, puissance établie. Graham Allison note qu'au cours des cinq derniers siècles la puissance dominante a été contestée à seize reprises, et que cela a entraîné douze fois une guerre : d'Européens entre puissances européennes ou occidentales. D'où l'interrogation de l'historien américain : aujourd'hui, la suprématie des États-Unis est contestée par la Chine… Y aura-t-il une guerre ? Ce n'est pas fatal, mais pas impossible.

Plaisir de rencontre inopinée : un jour, un chauffeur de taxi inconnu (peut-être grec) taciturne, bonnet vissé sur le crâne, me dit tout à coup : « Vous me faites penser à Thucydide [!] Tout ce que vous dites est clair et net. Ce n'est pas comme Hérodote » (historien et géographe du ve siècle avant J.-C., auteur des « Enquêtes » sur les guerres médiques). La culture n'est pas morte ! C'est fascinant de voir comment ce qui s'est passé, ce qui a été réfléchi et pensé lumineusement il y a quelque deux mille cinq cents ans dans quelques cités grecques à l'époque classique, en particulier l'Athènes des ve et ive siècles avant J.-C., résonne encore en nous, Occidentaux, et conserve un sens immédiatement intelligible. En même temps, au vu des siècles ultérieurs, cela démontre que l'espèce humaine n'arrive pas à intégrer les leçons de son histoire. Trop lourd, trop étouffant, sans doute.

Voir : Chine ; États-Unis.

Tiers-monde

En 1952, en pleine guerre froide, le démographe et sociologue français Alfred Sauvy lance, par analogie avec le « tiers état », l'expression « tiers-monde » pour désigner des dizaines de pays qui ne font partie ni de l'ensemble occidental ni de l'ensemble soviétique. Ce sont en général d'anciennes colonies de pays européens en train de (re)devenir indépendantes, des pays que l'on dit « sous-développés » ou, par euphémisme, « en voie de développement ». Plusieurs sommets de « non-alignés » réunissent ceux qui ne veulent pas être dans un des deux camps, notamment celui de Bandung en Indonésie en 1955 (avec Soekarno, Nehru, Zhou Enlai, Tito, Nasser). Dans les années 1970, le mouvement s'étiole, certains pays développent une stratégie autonome, d'autres s'allient avec Moscou, d'autres avec Washington. L'affaiblissement de l'URSS, puis sa fin en 1991, fait perdre à beaucoup d'entre eux un soutien. Le cyclone de la mondialisation redessine la carte des pays : émergents, réémergents, émergés, toujours en voie de développement ou moins avancés (PMA), stagnants ou faillis.

L'altermondialisme qui avait espéré perpétuer cet esprit a eu surtout un écho en Amérique latine, dans une partie du monde des ONG et dans certains milieux en Europe. Le terme est devenu anachronique. Mais ne réapparaît-il pas sous le nom de « Sud global » (en gros, les pays du Sud qui n'ont pas choisi entre Russie et Occident, et n'appliquent pas les sanctions occidentales) ?

Voir : Altermondialiste ; Sud global.

Tocqueville, Alexis de

Il y a un mystère Tocqueville : comment cet homme d'à peine plus de 25 ans a-t-il pu, après avoir passé une année en Amérique, en théorie pour y étudier le système pénitentiaire, comprendre à la lumière de cette seule expérience les ressorts inexorablement égalitaristes de la démocratie, son évolution future, le poids croissant à venir de l'opinion publique ?

Dès les années 1830, il a compris que les démocraties mèneraient leurs politiques extérieures sur la base de considérations intérieures, ce qui les rendrait fluctuantes et parfois peu cohérentes !

Plus tard, à 50 ans, après avoir été dix ans député de Valognes, après avoir rédigé de son château de Tocqueville une thèse aussi puissante sur les cheminements profonds, sous l'apparence d'une rupture totale, entre *L'Ancien Régime et la Révolution*, il fut brièvement ministre des Affaires étrangères cinq mois, dans des conditions ingrates.

On l'avait prétendu (sauf Raymond Aron) ringardisé par les penseurs totalitaires ou antitotalitaires du XXe siècle. Ce sont eux qui sont dépassés ! Et sa pensée est là, plus que jamais, avec toute sa force, alors que les démocraties représentatives affrontent leur plus grave crise depuis leur mise en place et sont menacées, sauf ressourcement par une démocratie participative régulière et encadrée, plus encore que par les régimes autoritaires, par la « démocratie » directe et immédiate, dictature permanente de tous sur chacun.

Voir : Opinion publique ; Penseurs.

Tordesillas (Traité de)

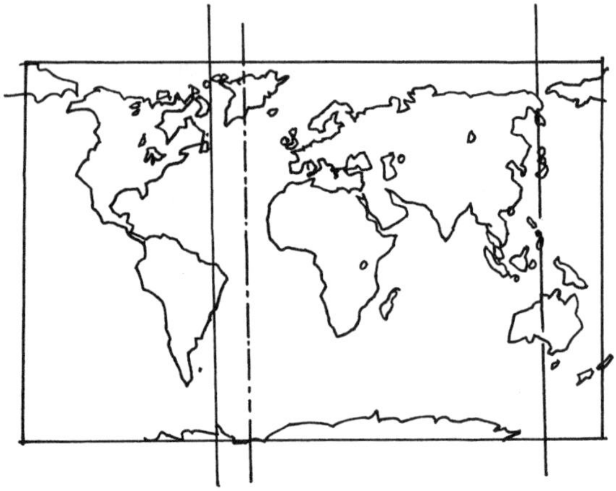

Voilà un vrai partage du monde. Pas comme celui de Yalta ! Bel exemple d'arbitrage papal, et ancêtre des congrès coloniaux : le 7 juin 1494 à Tordesillas, près de Valladolid, le pape Alexandre VI (Rodrigo Borgia lui-même, né Rodrigo de Borja près de Valence !) partage par la bulle *Inter caetera* le Nouveau Monde entre la Castille et le Portugal. Ce dernier obtient que la « médiane de répartition » soit fixée à 370 lieues à l'ouest du Cap-Vert. Le Portugal peut donc avancer vers l'Atlantique (d'où, en 1500, le Brésil), et l'Espagne a les mains libres dans le reste des Amériques et vers l'Asie (sauf les Moluques). Plus tard, la Grande-Bretagne, la France et les Pays-Bas – sortes de Trump – balaieront ce partage à leur profit !

Voir : Traités.

(Sur)Tourisme

Dans le monde d'avant le monde d'avant : le « grand tour » des jeunes nobles anglais au XVIIIe siècle, l'invention du mot en 1800 – tour/tourisme –, Stendhal, en 1838, *Mémoires d'un touriste*. Premier voyage de Thomas Cook en 1841. Dans le premier monde d'avant, aux XIXe et XXe siècles : Jules Verne, développement des chemins de fer, des bateaux, puis des avions, Orient-Express, Agatha Christie, hiver en Égypte, éloge de la vitesse par Paul Morand. Excitation, optimisme. Mais, en 1950, 25 millions de gens seulement sortaient de leurs frontières.

Et puis il y a eu l'effondrement des prix des voyages en avion, le low-cost, l'ouverture de la Chine. C'étaient les quatre « S » : *sea, sun, sand, sex*, symbolisés par le Club Med. 500 millions de touristes en 1990, 1 milliard en 2012, 1,6 milliard en 2019 ; 1,8 milliard attendu en 2030 ; 5 milliards de passagers aériens en 2025. Augmentation de 6 % par an avant la Covid-19 (chiffre qui a baissé pendant la Covid et est revenu au niveau d'avant dès 2023). Plus de 10 % du PIB mondial en moyenne, parfois beaucoup plus : 15, 20, 25 % pour la plupart des pays riverains de la Méditerranée, pour la Thaïlande, pour les Seychelles ou les Maldives. Ultracroissance du tourisme des classes moyennes d'Asie et du Golfe. La moitié de ce flux mondial vient en Europe. Pour elle, c'est dangereusement vital. Les villes les plus visitées au monde : Paris, Londres, New York, Antalaya, Singapour, Kuala Lumpur, Hong Kong, Dubaï, Bangkok et Istanbul. En France, avant 2020, 87 millions de touristes, et 173 millions d'euros. Elle en espérait 100. N'ayons pas peur d'être rabat-joie : pollution (par les transports et sur place), 8 % du CO_2 mondial ; saturation absolue de sites les plus recherchés (Venise, Santorin, Dubrovnik, Angkor, Barcelone, Himalaya, Mont-Blanc, Paris...) qui entraîne de plus en plus l'obligation de réserver ; trafics ; prostitution ; folklorisation (Bali), voire dégradation sociale, humaine et culturelle réciproque (bien vue par Houellebecq). Hausse des mix locaux, nuisances sonores, fureur des habitants. Sur les 1 121 sites classés au patrimoine mondial de l'UNESCO en 2019, 53 étaient déjà en péril. Même menace sur beaucoup de « patrimoines immatériels culturels ». Donc, il faudra « réguler », voire fermer. C'est déjà le cas depuis quelques années. Les taxes montent pour endiguer le « surtourisme », dans les cas extrêmes (Venise – mais qui agrandit l'aéroport Marco Polo –, Santorin, Mykonos, Angkor, Versailles, Mont-Saint-Michel) il faudra prendre rendez-vous, comme c'est déjà le cas à l'Île de Pâques ou pour l'Himalaya.

Évidemment, rappeler ces tristes évidences, c'est s'exposer à la fureur ou à l'inquiétude sincère d'un secteur économique devenu vital – le tourisme de masse –, surexcité par l'ultra-croissance des classes moyennes d'Asie, du Golfe, et des mégacroisières en Occident (l'*Icon of the Seas* de la Royal Carribean Cruise Line peut accueillir près de 10 000 personnes !), mais aussi à de nouveaux droits de l'homme extensifs à l'infini, qui seraient le droit de voyager où on veut, quand on veut, sans entrave, et avec pour les Français la revendication supplémentaire d'être rapatrié par l'État nounou, sorte de secours en montagne universel. Écologiquement désastreux. Il va falloir réinventer le voyage. Toujours possible mais plus lent, plus rare, plus cher, ce à quoi s'opposeront mille résistances. Géopolitiquement parlant, cela ne change pas grand-chose. De toute façon, le tourisme n'a jamais fait progresser « la compréhension entre les peuples », encore moins le tourisme de masse. Ce n'est pas son objet. Grandes crises en vue.

Voir : Explorateurs ; Mondialisation/démondialisation.

Traités

Il existe des traités depuis l'aube de l'histoire écrite, et donc des royaumes, ou des États. Traités de commerce, de navigation ou de « paix », en général imposés par les vainqueurs. Le plus vieux traité de paix connu, égypto-hittite, est conservé à Karnak. Il y a aussi le pacte d'alliance entre le roi d'Akkad et le souverain de Suze en 2250 avant J.-C.

Dans l'histoire européenne, les traités de Westphalie ont été structurants. À l'époque moderne d'interdépendance généralisée, les États, eux-mêmes très nombreux, sont liés par des milliers de traités. Au XXe siècle, les plus importants sont le traité de Versailles et ses corollaires, en 1944 les accords de Bretton Woods, en 1945 la Charte de l'ONU, dans les années 1970 les traités américano-soviétiques de limitation ou de réduction des armements, puis en 1990 le traité d'unification des deux Allemagnes, et deux cas particuliers : les traités européens qui supposent un certain degré d'abandon ou du moins de transfert ou de mise en commun de la souveraineté, et l'accord de 1995 qui a créé l'OMC à Marrakech.

La diplomatie *multilatérale* représente par conséquent une part croissante de la diplomatie mondiale ; elle requiert un savoir-faire particulier et une vraie expertise. Pendant le mandat de Trump, les États-Unis, qui avaient été les parrains de ce système, ont essayé de s'en dégager et de se libérer de toute contrainte. Les autres, surtout les Européens, qui avaient fini par faire du « multilatéralisme » une sorte de religion, en tout cas de surmoi, même si cela ne règle pas tout, ont été désemparés. Il n'empêche qu'il faudra d'autres traités commerciaux, technologiques, écologiques et toujours plus de négociations, et donc de négociateurs aguerris, diplomates ou autres. Car c'est un métier.

Voir : Diplomatie ; Droit international ; Westphalie (Traités de).

Truman, Harry

Président américain très important, sous-estimé et trop oublié. Madeleine Albright m'avait invité, avec notre groupe d'anciens ministres amis, à venir en 2019 à la Fondation Truman, à Independence, près de Kansas City. Devenu le 33e président des États-Unis, au décès de Franklin Delano Roosevelt, le 12 avril 1945, alors qu'il n'était vice-président que depuis deux mois, Truman annonça qu'il serait « celui qui prend[rait] les décisions ». Bonne définition du job. C'est lui qui a participé à la conférence de Potsdam, avec Staline et Churchill (puis Attlee), du 17 juillet au 2 août 1945. C'est lui qui décida le bombardement atomique de Hiroshima le 6 août, et de Nagasaki le 9 août, pour mettre un terme à une guerre qui aurait encore pu durer plus d'un an, et coûter entre 250 000 et 500 000 morts de part et d'autre (ce qui est controversé). C'est lui qui nomma le général MacArthur au Japon.

Après la guerre, il décida de « contenir l'URSS « (*containment*) et ses visées expansionnistes, plutôt que de la refouler en Europe de l'Est (*roll back*). Ce qu'on appelle la « doctrine Truman ») fixera la politique américaine envers l'URSS pendant des décennies. Il s'était appuyé notamment sur le « long télégramme » (800 mots) adressé par George Kennan, le chef de mission diplomatique à

Moscou, en avril 1946, à l'issue de sa mission. Ce texte et son auteur – qui est mort à 101 ans en 2005 – sont devenus mythiques. Truman fit voter le plan Marshall (du nom de son secrétaire d'État). Il brisa le blocus imposé à Berlin par Staline *via* un pont aérien poursuivi du 24 juin 1948 au 12 mai 1949.

Le 4 avril 1949, malgré de nombreuses résistances aux États-Unis, notamment au Sénat, mais aidé par le sénateur Vandenberg, il accepta de conclure un traité d'alliance sans précédent pour son pays, le traité de l'Atlantique Nord, qui inclut le célèbre article 5, sans précédent, d'assistance mutuelle. Ce que pendant près de soixante-dix ans aucun président ne remettra en cause.

Après le 20 janvier 1953, il transmit ses pouvoirs au nouveau président, le général Dwight D. Eisenhower, et regagna Independence, Missouri. Il n'avait quasiment aucune ressource et dut vendre des propriétés de la famille de son épouse pour vivre. C'est pourquoi le Congrès vota le Former Presidents Act en vertu de quoi il toucha en 1957… 25 000 dollars (environ 231 000 dollars actuels). Il décéda en 1972.

Sorte de Cincinnatus, Harry Truman, simple et modeste, n'a pas eu le charisme, le prestige, sans même parler de glamour, de plusieurs de ses prédécesseurs ou successeurs. Mais il a joué un rôle beaucoup plus important en structurant le monde d'après la Seconde Guerre mondiale, le nôtre, qui a longtemps mieux tenu le choc que celui de Wilson. On ne peut le comparer qu'à Franklin D. Roosevelt, et à Ronald Reagan et George H. Bush pour la transition 1989-1991. C'est trop tôt pour évaluer les suivants.

Voir : Japon ; Potsdam (Conférence de) ; Seconde Guerre mondiale.

Trump, Donald

Impensable mais vrai ! Donald Trump a été réélu le 5 novembre 2024 avec plus de grands électeurs, plus de voix populaires que Kamala Harris et a remporté dans la foulée le Sénat et la Chambre des Représentants.

Impensable pour les Démocrates américains et l'immense majorité des Européens, qui n'avaient vu la première élection de Trump le 8 novembre 2016 que comme une anomalie monstrueuse et n'avaient cessé de le contester, de le rejeter et d'attendre la fin de ce cauchemar. Ce qui était facile étant donné ses provocations et son style disruptif, vulgaire et violent, quoiqu'il soit un tribun talentueux, une bête de scène genre Elvis ou les Beatles. Et le soulagement avait été immense chez les mêmes quand, en novembre 2020, Joe Biden, tellement décent, avait été élu, privant, voulaient croire les Démocrates, Trump, ce bateleur, empêtré dans de multiples procédures judiciaires, de tout avenir, même s'il avait réussi à faire croire à 70 % de son électorat, sans aucune preuve, que son élection lui avait été volée. De plus, l'attaque sur le Capitole le 6 janvier – une quasi-tentative de putsch – était censée l'avoir déshonoré. En politique étrangère, les Démocrates américains et les Européens avaient pensé que les foucades de Trump et son unilatéralisme brutal d'un Gulliver balayant les Lilliputiens multilatéralistes n'auraient qu'un temps. Donc ils avaient fait le gros dos et ces quatre années n'avaient pas déclenché de réaction européenne homogène face à Trump.

Mais le fait est là. Depuis novembre 2024, le monde doit compter avec le retour de Trump, ramené à la Maison Blanche pour quatre ans à partir de janvier 2025, par un mouvement de fond antiprogressiste et antimondialisation, s'ajoutant au mécontentement conjoncturel sur l'inflation. Il vient de loin. La transformation du Parti Républicain historique, sous l'effet corrosif du Tea Party, avait déjà commencé il y a plus de vingt ans.

Indépendamment de ce que Trump II va faire ou pas en réalité, c'est un ébranlement psychique pour le monde occidental, ou occidentalisé, ou mondialisé par l'Amérique, tant celle-ci a été depuis 1945, pour tous ses alliés, tous ses protégés, mais aussi pour tous ses adversaires, le point de repère principal, sur lequel s'étaient ancrés d'abord le multilatéralisme des vingt ou trente années après la guerre, puis l'américano-globalisation. Il est trop tôt pour dire ce que cette désagrégation mentale dans un monde occidental devenu orphelin va entraîner ; ou, au contraire, quel sursaut spectaculaire, novateur, surgira en Europe de ce traumatisme. C'est en tout cas un moment sans précédent pour l'Europe contemporaine, car tout ce qui s'est fait pour l'Europe ou en Europe depuis l'après-guerre avait été conçu ou parrainé par les États-Unis, même si les trumpistes, et les Européens eux-mêmes, l'ont oublié.

Évidemment, Poutine ou Netanyahou se sont réjouis de ce résultat, mais rien n'est sûr pour la suite, car Trump n'est pas un idéologue. Et en dehors de son principe de base *America First*, qui est en fait celui de tous les leaders américains, il est transactionnel. Castagne assurée. À suivre !

Voir : Correct/tabou/woke ; États-Unis ; Multilatéralisme.

Turquie

Cet Erdoğan (prononcez Erdohan), ce n'est pas seulement un révisionniste, c'est un revenant ! On croyait en avoir fini depuis longtemps avec ce satané Empire ottoman qui avait été là pendant plus de six siècles avant qu'on ne le dépèce à Sèvres, en 1920, comme mijoté pendant la guerre. Certes, François Ier avait dû s'allier avec ce « Grand Turc » pour rompre l'encerclement par Charles Quint. Et pendant la guerre de Crimée, de 1853 à 1856, on était alliés avec lui contre la Russie. Mais l'antagonisme islam/chrétienté était le plus fort. On se réjouissait de leur avoir donné un coup d'arrêt à Lépante en 1571, à Vienne en 1529 et 1683 (où fut inventé le croissant), et on ne s'était pas gênés (on : Français, Anglais, Italiens) pour coloniser au XIXe siècle la rive sud de la Méditerranée en supplantant les Ottomans. On s'était affrontés avec eux dans des guerres balkaniques. À coups de promesses intenables, Lawrence d'Arabie avait soulevé les tribus arabes contre eux. On s'interrogeait hypocritement sur le destin de cet « homme malade de l'Europe » ! Tiens ? De « l'Europe » ? Vient 14-18. L'Empire ottoman est du mauvais côté. C'est l'époque où il faisait déporter par les Kurdes les Arméniens catholiques d'Anatolie, utilisables contre lui par les Russes. Les Grecs étaient visés aussi mais, par chance pour eux, ils n'étaient pas à la frontière russe. Les Arméniens meurent en masse dans les déserts de Syrie, c'est un génocide. Les appétits s'aiguisaient ; négociations Sykes-Picot (au début avec aussi les Italiens intéressés par l'Anatolie). L'Empire ottoman est dépecé et placé sous surveillance (ainsi que les détroits) au traité de Sèvres en 1920. Le sultan Abdülhamid II est déposé par Mustafa Kemal, qui rejette Sèvres et va arracher à Lausanne, en 1923, un traité moins pire. Il va devenir Atatürk et moderniser la Turquie résiduelle à marche forcée. C'est l'époque des dirigeants musulmans Réformateurs, presque laïcs, en Turquie, Iran, Afghanistan, Égypte. La Turquie nouvelle n'est pas affectée par la Seconde Guerre mondiale. Après celle-ci et la signature du traité de l'Atlantique Nord en 1949, la Grèce et la Turquie sont intégrées à l'OTAN ; ce dernier pays est essentiel, aux yeux des États-Unis, pour flanquer le sud de la Russie. Ce sera d'ailleurs l'implantation de missiles nucléaires américains dans l'est de la Turquie qui poussera Khrouchtchev à tenter une opération symétrique (ratée) à Cuba.

L'Europe se développe. L'Union européenne signe un accord d'union douanière avec la Turquie en 1963. Celle-ci est reconnue comme candidate par les Européens embarrassés à l'issue d'un sommet difficile en décembre 1999, à Helsinki. Pendant quelques années, la social-démocratie européenne milite pour l'entrée de la Turquie dans l'Union européenne, parce que le patronat et les forces modernes en Turquie le demandent, et pour démontrer que, contrairement à ce que disent Helmut Kohl et la démocratie chrétienne, l'Europe n'est pas un « club chrétien ». Argumentation étrange puisque, alors, la Turquie se dit encore laïque. Ensuite, cela s'est épuisé dans d'interminables préalables à une négociation d'adhésion impossible. De toute façon, c'était une promesse mensongère car jamais un hypothétique traité d'adhésion n'aurait été ratifié par tous les États membres. On entre dans l'ère Erdoğan à partir de 2003, Premier ministre, puis président à partir de 2014. Au début, on se gausse de ses nostalgies ottomanes, et d'ailleurs aucun pays arabe n'est nostalgique de l'Empire ottoman ! On est choqués voire révoltés par le jeu nationaliste étroit (et antikurde) d'Erdoğan sur la Syrie. On s'indigne à Paris de son jeu en Libye pour Fayez el-Sarraj contre Haftar (et la paralysie de l'OTAN que cela révèle, et que dénonce, assez seul, le président Macron) ; et un peu partout en Europe, de son chantage aux « réfugiés » et de sa transformation de Sainte-Sophie en mosquée. La Turquie d'Erdoğan veut donc revenir sur les traités d'après-Première Guerre mondiale, même celui de Lausanne. Elle promeut une réislamisation sur la ligne des Frères musulmans, partout où c'est possible, ce n'est plus dissimulable. Elle veut mettre la main en Libye sur un autre verrou des flux migratoires. Elle mène sa politique militaire et d'exploration pétrolière en Méditerranée sans tenir compte des décisions collectives de l'OTAN ni des intérêts de la Grèce et de Chypre. Elle fait ses propres forages en Méditerranée orientale en dissuadant ceux des autres pays et sans tenir compte de la définition des eaux territoriales. La Turquie paraît assurée que les États-Unis ne prendront pas le risque de la voir quitter l'OTAN et s'allier avec la Russie, et avec laquelle elle fait déjà jeu commun en Méditerranée ou dans le Caucase, ou avec d'autres.

La Turquie d'Erdoğan s'ajoute donc à la liste des pays « révisionnistes » : Chine pour effacer l'humiliation des traités inégaux, Russie pour grignoter la situation post-1992, Hongrie où le traité de Trianon n'a jamais été admis, Serbie qui n'a jamais accepté l'indépendance – d'ailleurs problématique – du Kosovo, etc. Il en est de même des colonies israéliennes, sauf si un vrai accord – avec un État palestinien – est obtenu un jour.

En 2021, on ne proposerait pas à la Turquie d'entrer dans l'Alliance atlantique même si elle est géographiquement stratégique, et on n'ouvrirait pas avec elle des négociations pour son éventuelle adhésion à l'Union européenne. Mais les choses étant ce qu'elles sont, que faire avec la Turquie ? Comment traiter avec elle, sans dépendre d'elle ? Comment dissocier les jeux russe et turc ? Les États-Unis continuent à penser que l'OTAN ne peut pas se passer de la Turquie, même sur l'Ukraine, où elle a su se maintenir comme médiatrice possible, le moment venu. Il serait néanmoins utile de commencer à réfléchir à une Turquie post-Erdogan.

Voir : Caucase ; Europe ; Islam ; Kurdistan ; Migrations ; OTAN (Organisation du traité de l'Atlantique Nord).

U

Uchronie

Et si Hitler avait gagné ? L'uchronie, ou *alternate history*, est la réécriture de l'Histoire à partir de la modification d'un événement passé. Par exemple dans *Fatherland*, de Robert Harris, un inspecteur allemand fait échouer *in extremis* la visite en 1964 du président Kennedy (le père, Joseph, qui aurait eu alors 76 ans) à Hitler, qui a gagné la guerre, en révélant la conférence de Wannsee de janvier 1942, qui était jusque-là restée secrète. Un autre auteur, R. J. Ellory, imagine que JFK n'est pas mort à Dallas. Philippe Roth a imaginé dans *Complot contre l'Amérique*, que Lindbergh avait été élu en 1940 contre F.D. Roosevelt. Beaucoup d'autres auteurs se sont essayés à ce genre. Pascal : « Le nez de Cléopâtre, s'il eût été plus court, toute la face de la terre aurait changé. » Certains ont imaginé que la France aurait capitulé en 1914, que Lénine aurait été fusillé le 7 novembre 1917, etc. Chaque fois, cela modifie en chaîne tous les événements ultérieurs. Sur le court terme, et chaque fois que des décisions sont prises par des décideurs qui, à un moment donné, ont un pouvoir d'aiguillage immense, cela fonctionne et cela donne le vertige : si Athènes avait gagné en 404 avant J.-C. plutôt que Sparte ; si les Français avaient réussi à coloniser suffisamment la Louisiane, qui représentait une bonne moitié de l'Amérique du Nord de l'époque, ce sont les treize colonies britanniques qui seraient restées minoritaires ; si Hitler avait eu la bombe A avant les Américains ; si les Anglais avaient gagné la guerre de Cent Ans ; si les Allemands avaient gagné en 1918 ; si Staline avait réussi le blocus de Berlin et dominé toute l'Europe de l'Ouest, etc. Ou si un État palestinien avait été créé. Ou l'État kurde prévu par le traité de Sèvres, etc.

Sur la longue durée, cela ne fait pas dévier totalement la marche de l'Histoire, encore que... Sauf si on imagine, par exemple – quittons un instant la géopolitique –, qu'on ait découvert comment capter et stocker l'énergie solaire, avant d'inventer le moteur à explosion au charbon ou au pétrole ! Ou qu'il n'y ait pas eu Jésus, ou Mahomet ! Vertigineux.

Ukraine

Kaléidoscope d'images horribles au pays des Sarmates. Brouillard historique et déchirements. Courage de Zelenski.

Pendant longtemps, pour les Français, il n'y avait, au mieux, chez les érudits, que la réminiscence de la « Rus » des Varègues, d'Anne de Kiev, épouse d'Henri Ier, puis de la marée mongole, qui avait tout englouti, jusqu'à ce que, loin de là, et longtemps après, la Moscovie émerge peu à peu du joug tatar. Batailles russes ensuite pour desserrer jusqu'en Ukraine les tenailles suédoise, polonaise, lituanienne et ottomane. La Crimée reconquise sur les Tatars par Potemkine pour Catherine II. Puis l'URSS et sa chape de plomb stalinienne. L'Ukrainien Khrouchtchev, futur maître de l'URSS au moment de la crise de Cuba, mouillé dans l'*Holodomor* stalinien, génocide des Koulaks en 1933 (deux à cinq millions de morts). L'Ukraine accueillant ensuite les nazis comme les libérant du joug bolchevique. Tragédies sans fin et polémiques, jusqu'à aujourd'hui...

Et puis l'Ukraine, née, ou renaissante, surgissant des décombres de l'URSS, en 1992. Eltsine, président de la Russie, fait inscrire dans un traité bilatéral avec l'Ukraine que les Russes ont un droit de regard sur les russophones hors de Russie (25 millions dans plusieurs pays). Là, le Donbass. Eltsine, avant Poutine.

S'ensuivent trente années, 1992/2022, chaotiques et controversées.

Est-ce que les Occidentaux ont péché par arrogance, manque de précaution et légèreté et donc imprudence en ne concluant pas un vaste accord de sécurité européen incluant la Russie, avec une Ukraine neutre, quand cela était encore possible dans la décennie 1990 (c'était la thèse de Kissinger, de Brzeziński, et c'est celle de Mearsheimer) ? Cela a été la position allemande et, peu ou prou, jusqu'au discours d'Emmanuel Macron en 2022 à Bratislava, française. Ou au contraire, thèse qui a submergé les médias en Europe depuis l'invasion de l'Ukraine en 2022, est-ce qu'ils se sont laissé aveugler dès le début par Poutine, nouveau Hitler, pour pouvoir acheter le gaz russe bon marché (Allemagne) ou par naïveté et endormissement pacifistes (les autres, y compris les Français) ? C'est ce que pensent les Polonais et les Baltes, un peu les Anglais, qui sont pour une guerre sans merci à la Russie.

En septembre 2024, alors que les belligérants déclarent 80 000 morts du côté ukrainien, et 400 000 blessés, et 66 000 du côté russe, chiffre très sous-estimé (on parle de 200 000 morts et 400 000 blessés), le *Wall Street Journal* évalue les morts et les blessés à environ un million au total !

L'invasion de l'Ukraine en mars 2022 suivie de la guerre a bouleversé les opinions européennes par compassion et angoisse des voisins. La guerre en Europe ! Pour certains Européens, la sécurité de l'Europe, son identité, son avenir, se jouent là. Avant même le retour de Trump, la position américaine était un peu plus retenue (le défi chinois reste prioritaire pour eux).

Les scénarios :

1) Plus personne ne croit que l'Ukraine puisse reconquérir le Donbass, encore moins la Crimée, ce qui aurait supposé un énorme engagement américain supplémentaire. Il aurait été presque impossible que la Russie s'y résigne et ne déclenche pas en réaction une guerre générale en Europe, qu'aucun pays, à commencer par les États-Unis, n'était prêt à assumer.

2) Poutine gagne et prend Odessa, voire Kiev. Il n'y est pas parvenu. L'OTAN aurait alors dû contre-attaquer (si Washington l'avait décidé), et aurait été

obligé à une guerre européenne globale. Les Européens se seraient divisés.

3) Le plus probable : les combats sont gelés en 2025 sans que cela débouche, au début, sur des négociations directes. La percée ukrainienne à Koursk à l'été 2024 aurait préparé une négociation, en tout cas un échange. La position de Trump sera déterminante.

Et questions suivantes pour les 27 : faut-il accepter l'Ukraine dans l'UE (il y a d'autres candidats) ? Et dans l'OTAN ? Les États-Unis et l'Allemagne sont contre. Quel programme d'aide et de reconstruction ? Tout cela à l'ordre du jour en 2025 !

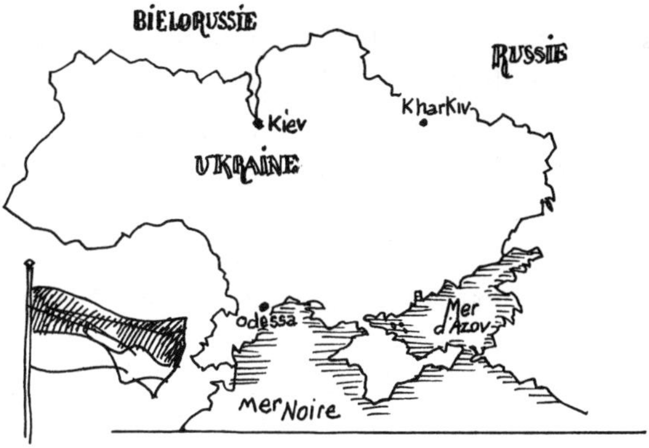

Voir : Occident ; Poutine, Vladimir ; Russie ; URSS.

Universalisme

La France se veut universelle, en tout cas dans son message. Pas étonnant puisque c'est celui des Lumières, en fait une sécularisation des valeurs chrétiennes, de compassion et d'humanité. D'ailleurs, *catholicos* signifie « universel ».

Le message des Lumières (repris par les révolutionnaires) ne s'adresse pas qu'aux chrétiens mais à tout le monde. C'est la matrice du droit-de-l'hommisme. Risque de confusion avec le devoir de coloniser, de civiliser, de droit-de-l'hommiser par prosélytisme, et maintenant de wokiser.

Le terme est à sens unique, dans nos esprits français contemporains, universalisme signifiant la projection de nos idées sur l'univers, pas l'inverse !

Pour les Américains (les « États-Uniens »), cela se confond avec américanisation. Qu'en pense le reste de l'univers, majoritaire ?

Voir : Droits de l'homme, droits de l'individu, droits humains ; France ; Occident ; Valeurs.

URSS

Immense continent englouti qui a marqué au fer rouge le XXe siècle, de 1917 à 1991. Soixante-quatorze ans ! Alors que le Troisième Reich d'Adolphe Hitler, qui devait durer mille ans, s'est abîmé au bout de douze ans ! Pendant ces décennies, après le putsch de Lénine, l'URSS, façonnée par lui et Trotski avant que Staline n'en prenne le contrôle, a été La Mecque pour des dizaines de millions de communistes, de compagnons de route, de progressistes, d'antifascistes dans le monde qui voyaient en elle le berceau de l'homme nouveau et la révolution comme une épreuve génératrice. Et le repoussoir absolu des antibolcheviques pour qui tout serait mieux que Staline… même Hitler ! Entre les deux, quelque 170 millions de citoyens soviétiques qui ont vécu dans le socialisme réel, raconté de façon poignante par des centaines de poètes, d'écrivains ou d'artistes, dont émerge, par l'univers concentrationnaire, le goulag, l'immense figure russe réactionnaire et prophétique d'Alexandre Soljenitsyne.

On a du mal à se remémorer aujourd'hui la quantité extraordinaire de controverses envahissantes suscitées par l'URSS, sa politique, Staline, les partis communistes dans le monde (spécialement forts en France et en Italie), la violence des engagements contre et pour, notamment chez les intellectuels, surtout en France, dominés pendant quarante ans environ par un surmoi marxiste, avant qu'il ne s'évanouisse ou ne dégénère en gauchisme, toujours vivace.

Rappel historique simple. Lénine, pour sauver « la révolution », conclut une paix séparée avec Guillaume II (c'est dans ce but que le général Ludendorff avait organisé son retour à Saint-Pétersbourg depuis la Suisse en wagon plombé), mena avec Staline une politique autarcique et une répression féroce, même s'il avait compris très vite qu'il fallait, pour que l'URSS survive, une NEP, une nouvelle politique économique. Staline conclut avec Hitler, pour gagner du temps, un pacte qui faillit être fatal à l'Angleterre, résista à Hitler après que celui-ci l'eut attaqué, battit l'armée allemande à Stalingrad et à Koursk, et alla jusqu'à Berlin, réimposant, avec les Américains, la paix en Europe.

Staline, qui avait promis à Roosevelt, à Yalta, de tenir des élections libres en Europe de l'Est, partout où l'armée

Rouge aurait éliminé les nazis, imposa au contraire partout des régimes communistes. Après lui, l'URSS de Khrouchtchev prétendit pendant la guerre froide être en mesure de dépasser l'Amérique (mais recula à Cuba), puis stagna avec Brejnev et se défit en une dizaine d'années sous le poids de ses échecs sur tous les plans (sauf l'éducation remarquable des petites classes jusqu'à l'université). Pendant des décennies, la fin du contrôle de l'URSS sur l'Europe de l'Est, et donc la réunification allemande étaient apparues comme impensables, sauf à risquer une troisième guerre mondiale. Finalement, largement grâce à Gorbatchev (malgré lui ?) mais aussi à la qualité et au sens des responsabilités de ses interlocuteurs occidentaux, George H. Bush, Helmut Kohl et François Mitterrand, la réunification put avoir lieu pacifiquement en 1990. La remarquable gestion collective de la fin de l'URSS forme un contraste avec la désintégration de la Yougoslavie de 1990 à 1993, que personne, Yougoslaves ou autres, n'a su gérer.

Y a-t-il quand même une nostalgie de l'Union soviétique ? Poutine : « Celui qui [un Russe] ne regrette pas l'URSS n'a pas de cœur. Celui qui veut la reconstituer n'a pas de tête. » Andreï Gratchev déplore l'occasion gorbatchévienne manquée par les Occidentaux. Et certains Russes, le temps où leur pays était respecté. Ils sont reconnaissants à Poutine d'avoir mis un terme à la Russie paillasson. Et beaucoup, dans le monde, qui ont combattu l'URSS, n'aiment pas non plus un monde dominé par l'hyperpuissance américaine, encore moins quand Trump est au pouvoir, ni demain par la Chine... Mais quoi, si l'Europe ne s'éveille pas ?

Voir : Guerre froide ; Poutine, Vladimir ; Russie.

V

Valeurs

Viral. Aujourd'hui on ne parle plus de croyances mais de « valeurs » (les valeurs-qui-sont-les-nôtres) : la démocratie et les droits de l'homme. Mais c'est la même chose. En tout cas, cela produit les mêmes effets d'identification, de cohésion, d'auto-organisation et d'opposition binaire, de grandiloquence et de désir de projection et de rejet de ceux-qui-ne-partagent-pas-nos-valeurs.

Pour les Occidentaux, puissances installées, mais contestées par les émergents, leurs valeurs sont universelles, cela ne se discute pas. Tout « relativisme » est scandaleux, prohibé et dénoncé. Mais si l'univers tout entier ne reconnaît pas leurs valeurs comme étant universelles ? Et si la Chine ose prétendre qu'elle a son propre système de valeurs ? Et que dans des démocraties des peuples votent pour des programmes « illibéraux » ? Révoltant ! Incompréhensible ! Pire que cornélien.

Mais le débat est surtout furieux *en Occident* ces dernières décennies, pas tellement sur ces valeurs en soi, non contestées (sauf la dernière vague woke), mais sur leur projection, l'ingérence, la mission de l'Occident. Ce n'est donc pas tant un débat sur nos « valeurs », mais plutôt sur le prosélytisme qui s'est mêlé si souvent aux politiques étrangères des États-Unis ou de l'Occident, et qui les a imprégnées. Pour l'Occident, engendré par la chrétienté (*catholicos* = universel), et qui est resté missionnaire, c'est difficile de distinguer les deux. Certains, comme Claude Meyer (*L'Occident face à la renaissance de la Chine*, Odile Jacob, 2018), examinent la possibilité de faire dialoguer les valeurs occidentales avec les valeurs chinoises. Démarche honorable qui a tenté beaucoup de penseurs et de philosophes, mais limitée de part et d'autre, à quelques intellectuels...

Voir : Manichéisme ; Néoconservateurs ; Occident ; Universalisme.

Varsovie (Pacte de)

Rappel posthume. Traité « d'amitié » conclu le 14 mai 1955, donc deux ans *après* la mort de Staline, entre l'URSS et les « démocraties populaires » (mais pas la Yougoslavie ni l'Albanie), six ans après la création de l'Alliance atlantique par le traité de Washington. Staline contrôlait déjà toute l'Europe de l'Est avant, mais n'avait pas besoin pour cela d'une organisation. Ses successeurs, si. Le pacte a été dissous le 1er juillet 1991 par Gorbatchev, au soulagement des pays concernés, ce qui a renforcé la fureur et la détermination contre lui des putschistes communistes, quelques semaines plus tard. Alors que le traité de Washington, lui, existe plus que jamais et que les alliés européens de l'OTAN ont même eu peur que Trump ne s'affranchisse de ses obligations...

Les Russes, derrière Poutine, n'ont pas digéré cette asymétrie qu'ils reprochent toujours à Gorbatchev.

Voir : OTAN (Organisation du traité de l'Atlantique Nord) ; URSS.

Vergennes, Charles Gravier de

Oui, Vergennes présente encore un intérêt ! Bernard de Montferrand a eu tout à fait raison, en 2017, de nous rappeler que Vergennes, longtemps ministre des Affaires étrangères de Louis XVI, Premier ministre de fait durant treize ans – de 1774 à 1787 –, avait mené, alors que la France était la puissance dominante, une politique réaliste, modérée et équilibrée. Plus remarquable encore, en rupture avec l'esprit de son temps, il avait jugé inutiles des conquêtes territoriales supplémentaires, au Canada, en Inde, ou en Turquie. Il se référait aux principes du « droit public » et combattait – ce faisant – les idées « métaphysiques » (idéologiques) du parti dévot, mais aussi le parti de la guerre du maréchal de Castries. Aujourd'hui, on parlerait de néoconservateurs, de partisans de l'ingérence ou des « valeurs », et de divers extrémistes. Il a incarné un moment de réalisme et de mesure entre la ferveur évangélisatrice et colonisatrice de l'Europe et plus tard la furie bonapartiste, le devoir de civilisation et le prosélytisme démocratique.

Si le règne de Louis XVI s'était arrêté en 1783 au traité de Paris, il passerait, grâce à Vergennes, pour un grand roi moderne.

Voir : Histoire de France ; Ministre ; Réalisme (realpolitik, irrealpolitik).

Versailles (Traité de)

Depuis 1919, la controverse lancée par Keynes et d'autres n'a pas cessé : traité trop dur qui a fait le lit de Hitler ? Matrice de la Seconde Guerre mondiale ? Traité juste et nécessaire, efficace si l'Angleterre et les États-Unis n'avaient pas lâché la France dans les années 1920 ? Lire Gérard Araud, Nous étions seuls.

En fait, il y a *des* traités : celui de Versailles, du 28 juin 1919, sur l'Allemagne (où pour la première fois l'anglais est utilisé à égalité avec le français. Clemenceau, anglophone, l'ayant accepté) ; le petit traité de Versailles (sur la Pologne), le même jour ; les traités de Saint-Germain-en-Laye, le 10 septembre 1919, et de Trianon (haï par la Hongrie réduite à sa portion congrue) le 4 juin 1920, qui ramène l'Autriche à elle-même, crée la Tchécoslovaquie, ainsi que la Yougoslavie, le royaume des Serbes, des Croates et des Slovènes ; le traité de Neuilly-sur-Seine avec la Bulgarie, le 27 novembre 1919 ; celui de Sèvres, le 10 août 1920, qui démantèle l'Empire ottoman, remplacé en 1923 par le traité de Lausanne, moins pire pour la Turquie, après la vive réaction d'Atatürk.

On n'en finit pas de refaire l'Histoire, celle des guerres franco-allemandes, des guerres mondiales et de l'Europe, jusqu'au ressassement. Malgré cela, pendant ces commémorations, de 2014 à 2018, on n'a pas réussi à en tirer des leçons claires valables pour le XXIe siècle. Plus jamais cela ? Bien sûr ! Il faut agir sur les causes. Mais quelles sont-elles ? Même dilemme que sur la prévention des génocides. Et face à la Russie de Poutine ? Ou à la Chine de Xi ? À l'islamisme ?

Vienne (Congrès de)

Mythique.

On n'a pas fait que danser, intriguer, comploter et séduire, au congrès de Vienne ! Rappelons le contexte : Napoléon abdique à Fontainebleau le 6 avril 1814. Mandaté par Louis XVIII, Talleyrand obtient les moins mauvaises conditions possibles pour la France au traité de Paris du 30 mai 1814 : retour aux frontières de 1792. Mais un congrès des puissances doit décider du sort des territoires conquis par Napoléon. Il s'ouvre à Vienne le 18 septembre. Par son génie (et aussi grâce à sa table où le brie de Meaux – le « roi des fromages » – arrivait chaque jour par diligence, à sa cave, et à sa nièce Dorothée, duchesse de Dino), Talleyrand réussit à faire éclater l'alliance antifrançaise nouée entre la Grande-Bretagne de Castlereagh, la Russie d'Alexandre Ier, la Prusse de Frédéric-Guillaume II, et l'Autriche de Metternich : « Alliés ? Contre qui ? Napoléon n'est plus là. »

Extraordinaire rétablissement. De surveillée, la France devient partenaire et garante. Certains reprocheront plus tard à Talleyrand d'avoir laissé la Prusse s'installer en Saxe et en Rhénanie, et donc de se rapprocher de la France, en dépit des instructions de Louis XVIII. Ce reproche rétroactif ne tient pas. Il n'avait d'autre carte en main que son talent. Et c'est plutôt le retour de « l'Aigle » (pour les autres : « l'Ogre ») qui a compromis ce résultat inespéré. Napoléon est de retour le 20 mars à Paris. Le congrès s'achève le 9 juin 1815. Il abdique le 22 juin, quatre jours après Waterloo. Les « Alliés » imposent alors à la France, le 20 novembre 1815, un second « traité de Paris », beaucoup plus sévère. Conséquences catastrophiques des Cent-Jours pour la France. Cela paraît si lointain… mais il y a des leçons à tirer de tout.

Voir : Europe ; Napoléon ; Talleyrand-Périgord, Charles-Maurice de.

W

Wałęsa, Lech

À eux deux, le cardinal Wojtyła, élu pape sous le nom de Jean-Paul II en 1978, et Lech Wałęsa, l'électricien de Gdańsk, créateur, avec Adam Michnik, de Solidarność, en 1980, ont ébranlé l'empire communiste, bien des années avant la « chute » du Mur en 1989, soubresaut tardif, mais non final, de la décomposition soviétique que Gorbatchev n'a pas cherché à empêcher.

Après, comme président polonais, de 1990 à 1995, il a déçu et n'a pas été réélu. En 2000, il n'a recueilli que 7 % des voix. Mais avec sa moustache, sa simplicité, son courage, il reste un symbole, ce qui lui avait valu le Nobel de la paix en 1983. Il avait offert à Mitterrand un bison des forêts polonaises, qui fut confié à une exploitation en Margeride.

Voir : URSS.

Waterloo, morne plaine

LA défaite de Napoléon, le 18 juin 1815 à Waterloo, au sud de Bruxelles, face à la dernière coalition, celle des Britanniques (duc de Wellington) et de leurs alliés allemands (Hanovre, Brunswick et Nassau), néerlandais, prussiens (maréchal Blücher). « D'un côté c'est l'Europe et de l'autre la France », « Waterloo, morne plaine », dans « L'Expiation » du grand Victor (*Les Châtiments*) en 1853. Cela ne s'oublie pas.

Plus de 9 000 morts et 30 000 blessés ! Waterloo met fin à une série de victoires napoléoniennes, mais aussi à la suprématie française ininterrompue pendant cent soixante-douze ans depuis la brillante victoire du Grand Condé (Louis de Bourbon, duc d'Enghien) à Rocroi le 19 mai 1643, cinq jours après la mort de Louis XIII, ce qui avait été une victoire posthume de Richelieu qui n'avait cessé d'agir pour desserrer l'étau des Habsbourg (voir les traités de Westphalie).

Pour Napoléon, cette fois, c'est vraiment la fin. Pas de nouveau retour de l'Aigle. Ni de nouvelle vie aux États-Unis. Que n'y aurait-il fait ? Avec Jérôme et Lucien qui l'y auraient rejoint. Une multinationale ? À peine six ans encore à se morfondre à Sainte-Hélène dans l'Atlantique Sud, rongé par un cancer de l'estomac, et à dicter ses réflexions sur sa jeunesse, ses campagnes, mais aussi les vicissitudes de sa captivité à Las Cases qui en tirera le *Mémorial de Sainte-Hélène* (voir le fascinant texte exact retrouvé, chez Perrin, en 2024).

Les « Alliés », reconstitués (Grande-Bretagne, Autriche, Russie, Prusse), imposent à la France, le 20 novembre 1815, un « traité » plus sévère que celui que Talleyrand avait réussi à obtenir un an avant, au congrès de Vienne, avant les Cent-Jours. La France est ramenée à ses frontières de 1790 (et non de 1792), doit payer 700 millions de francs d'indemnités, et entretenir à ses frais 150 000 soldats sur sa frontière est.

Prix à payer pour le vol de l'Aigle. Il n'y a plus de frein à l'hégémonie britannique qui dominera le XIXe siècle, notamment les années 1850-1914, même si Napoléon III essaiera de rebattre les cartes du jeu et si Guillaume II, *in fine*, la défiera, ce qui conduira à la guerre.

Voir : Napoléon ; Vienne (Congrès de).

Weber, Max

L'économiste et sociologue allemand Max Weber, né en 1864 et mort en 1920, qui a étudié le capitalisme de l'intérieur, est célèbre pour avoir posé une distinction, essentielle, à mon avis plus nécessaire que jamais, entre *l'éthique de conviction* (dans laquelle nous baignons au sein d'un océan d'émotions « ressenties », d'affects et de réactions attisés) et *l'éthique de responsabilité*. Je crois celle-ci plus honnête et moins dangereuse. Mais elle est sur la défensive et il faut la défendre pied à pied contre les passions vengeresses. Weber a montré que la bourgeoisie, libre dans les villes, avait développé une ascèse du travail qui s'est réalisée dans le protestantisme calviniste puritain, le travail étant une fin en soi. Tout en reconnaissant qu'à la fin le capitalisme est une cage d'acier. Cela paraît loin, mais ce renvoi au clivage protestantisme/catholicisme garde un sens pour décrypter les débats sur l'Europe, la zone euro, la dette, le populisme, le rapport moderne au travail, etc.

Moins sur les questions internationales.

Voir : Penseurs.

Westphalie (Traités de)

Date clé. Les traités de Westphalie de 1648 mirent un terme à trente ans de guerres européennes féroces qui, à la suite des atroces guerres de Religion du siècle précédent, opposèrent d'abord, en Allemagne, les partisans de la Réforme (luthériens et calvinistes) et de la Contre-Réforme catholique et romaine, puis s'élargirent. Cela avait commencé en 1618 par la révolte de la Bohême protestante contre leur empereur catholique, qui échoua en 1624. Cela s'était poursuivi par l'intervention du roi protestant du Danemark, Christian IV, de 1625 à 1629, qui avait également des vues territoriales. Puis par celle du roi de Suède, Gustav Adolphe, grand chef militaire, de 1630 à 1635, qui inspira le Grand Condé (il voulait contrôler l'embouchure de l'Oder). Puis finalement l'entrée en lice de la France (Richelieu), en 1636, qui avait attendu son heure et voulait empêcher l'empereur germanique Ferdinand III de devenir trop puissant. Il y parvint, et les traités traduisent cette réussite *post mortem* du grand Cardinal, saluée par Henry Kissinger comme un succès éclatant de la France qui reporta de deux siècles l'unification de l'Allemagne. Richelieu était décédé en 1642, c'était Mazarin qui avait poursuivi son œuvre.

En fait, il s'agit de *trois* traités : la paix de Münster du 30 janvier 1648 entre l'Empire espagnol et les Provinces-Unies ; les traités de Münster du 24 octobre 1648 entre l'empereur du Saint Empire romain germanique et le royaume de France (et leurs alliés) ; et le traité d'Osnabrück signé le même jour entre l'empereur germanique et le royaume de Suède. Après 3 à 5 millions de morts du côté allemand, 1 à 2 millions du côté français ! Et ce n'est qu'en 1659, par la paix des Pyrénées, que la France et l'Espagne cessèrent leur guerre.

Pour mettre fin aux guerres de Religion, il est décidé d'autoriser les princes protestants à faire pratiquer leur religion (*cujus regio, cujus religio* : la religion du prince est celle de ses sujets). Sans ingérence d'un royaume à l'autre. On parlera par la suite de « système westphalien ».

Ces traités sont matière à une controverse contemporaine, non sans contresens. Au cours des trente dernières années, les internationalistes, les mondialisateurs et intégrationnistes européens ont fait du « système westphalien » un repoussoir, un carcan axé sur la souveraineté nationale absolue et les relations internationales exclusivement entre États, empêchant toute « modernisation » des relations internationales et devant donc être remplacé par des relations entre acteurs non étatiques, organismes supranationaux, le marché, etc. C'est un anachronisme et un mauvais procès. Vu de 2025, le bilan est clair.

C'est oublier leur apport principal, redisons-le : la fin des atroces guerres de Religion et leurs conséquences humaines, démographiques, économiques et politiques. On a revu au XXIe leur férocité. Quant à la « souveraineté », si c'est un problème, elle avait été affirmée bien avant par Philippe Auguste au XIIe siècle, contre le Saint Empire romain germanique : « Le roi de France est empereur en son royaume. » Et contre le pape et l'ultramontanisme, le gallicanisme avait été affirmé du XVe au XIXe siècle. Ce principe pacificateur dans les relations internationales n'a en rien empêché la coopération internationale au XIXe et au XXe siècle, surtout depuis 1945. *L'abandon* de la souveraineté revendiqué au début de la construction européenne n'enchante ni ne rassure aucun peuple, même si l'exercice en commun de la souveraineté (euro) est accepté. Le reste du monde est resté westphalien. Le système multilatéral ne peut s'y substituer, il en est l'expression. On a complété dans la pratique le système « westphalien », mais quand il est en crise, rien ne le remplace efficacement. On le vit tous les jours.

Donc, si les mots ont un sens, c'est une critique sans objet, ou vaine.

Il faudrait plutôt souhaiter que les pays du Moyen-Orient, sunnites et chiites, arrivent un jour à conclure entre eux des accords de Westphalie. Mais pour cela il faudrait un Richelieu, prolongé par un Mazarin !

Voir : Acteurs des relations internationales ; Ordre mondial ; Richelieu, Armand Jean du Plessis, cardinal de.

Wilson, Woodrow

Professeur, fils de pasteur, intellectuel, président des États-Unis (de 1913 à 1921) pendant la Première Guerre mondiale et la négociation du traité de Versailles, Woodrow Wilson est un des rares présidents américains à avoir inspiré un néologisme à partir de ses quatorze points : le *wilsonisme*, employé jusqu'à aujourd'hui, très inspiré par l'idée que les États-Unis se font de leur rôle dans le monde depuis leur création. Même s'il n'est pas sculpté sur le mont Rushmore ! Peu de présidents américains ont incarné des courants en politique étrangère : Washington, Jefferson, Hamilton, Taft, les deux Roosevelt, mais ils sont connus surtout des spécialistes. Wilson mit fin – à reculons – à un siècle « d'isolationnisme » américain envers l'Europe, en engageant les États-Unis. Il avait été réélu en 1916 sur un programme pacifiste. Il faut dire que l'opinion américaine était partagée, moitie/moitié. Mais en 1917 il entra dans la guerre. Il essaya de faire prévaloir, pendant la longue négociation à Versailles et Paris, la notion de « sécurité collective », garantie par une « Société des nations », contre les réticences et le scepticisme de Lloyd George, et plus encore de Clemenceau, qu'il jugeait archaïques. Quand il avait présenté ses quatorze points sur l'avenir le 8 janvier 1918, Clemenceau avait ricané : « Dieu, Lui, s'était contenté de dix commandements. » Finalement, le Sénat américain ne suivit pas le Président et refusa d'adhérer à la Société des nations, handicapée donc dès sa naissance en janvier 1920.

Une anecdote illustre la divergence de vues avec Clemenceau pendant Versailles. Ils déjeunent à trois, avec Lloyd George, Wilson les soûle avec ses conceptions utopistes. Clemenceau le coupe : « Vous voyez ce poulet ? » (Ils dégustent une volaille de Bresse.) « Qu'est-ce qu'il a, ce poulet ? » Clemenceau : « Il croyait énormément à la sécurité collective pour assurer sa sécurité. » De Gaulle ou Mitterrand auraient pu le dire.

Après la mort de Wilson, Freud – sur lequel il y aurait beaucoup à dire – en dressa un « portrait psychologique » sévère : Wilson aurait cherché à satisfaire le surmoi (ah ! le surmoi !) paternel (le pasteur). « Les fous, les visionnaires, les hallucinés, les névrosés et les aliénés, affirme Freud, ont, de tout temps, joué de grands rôles dans l'histoire de l'humanité. » Mais il reconnaît qu'un « surmoi très exalté produit beaucoup de psychotiques et de névrosés, mais aussi quelques grands hommes ».

Charles Zorgbibe, qui a retrouvé ces lignes pour écrire son excellent *Wilson*, estime que la cible de Freud, au-delà du syndrome Wilson, « vise en réalité le messianisme diplomatique européen, une politique étrangère porteuse d'un "message" adressé à l'ensemble de la communauté internationale, et non d'un simple "code" des relations internationales ».

Longtemps après, j'ai entendu le chancelier Helmut Schmidt dire : « Quand j'entends un politicien dire qu'il a une vision pour l'Europe, je lui conseille d'aller chez le médecin. » Néanmoins, le wilsonisme a continué d'exercer une influence énorme, quoique à éclipses, et à leur insu, sur les esprits américains et européens au XXe siècle dans les années 1920, un peu après 1945 de nouveau, et une vingtaine d'années après la chute de l'URSS, en 1991…

Voir : Universalisme ; Versailles (Traité de) ; Zorgbibe, Charles.

X

Xerxès Ier

Grand roi perse, achéménide (519 à 465 avant J.-C.). L'immense empire de Xerxès Ier dit « le Grand » s'étendait de la mer Égée à l'Indus, du Syr-Daria au golfe Persique et à l'Égypte.

Il conquit la Grèce (seconde guerre médique), ne réussit à franchir les Thermopyles qu'en perdant 20 000 hommes, incendia Athènes mais fut battu sur la mer à Salamine par Thémistocle. Ce fut en 333 avant J.-C. qu'Alexandre « le Grand » vainquit Darius III.

Un des premiers affrontements Orient/Occident… alors que le conquérant macédonien disait vouloir dépasser cet antagonisme.

Voir : Alexandre le Grand.

Xi Jinping

Après Mao, titan et démiurge qui a réinventé la Chine dans l'incandescente forge communiste ; après Deng, petit homme extraordinaire qui a changé le monde (oui, lui !) en libérant l'énergie productrice de la Chine, voici depuis 2012 Xi Jinping. Quand il surgit, l'Occident ressasse ses bribes d'expertises sur ce « prince rouge », et se perd en conjectures, « Cela paraît impensable que Xi remette en cause la ligne de Deng et de ses successeurs – la Chine atelier du monde américano-globalisé. Et pourtant, si, Xi assume la nouvelle puissance chinoise et revendique la place de numéro un. Ce n'était pas du tout le plan américain ! Bras de fer sino-américain. Il est, selon Bernard Brizay, un des trente « empereurs » (sur 208) qui ont fait la Chine. Il a été réélu en mars 2023 pour un troisième mandat de cinq ans. Il est donc au pouvoir, en principe, jusqu'en 2028 – comme Trump – au moins. Mais il est confronté à un ralentissement sérieux de la croissance en Chine, qui est à la base du deal implicite entre le pouvoir et les Chinois, à une crise immobilière d'ampleur, et à un bras de fer commercial avec les États-Unis aggravé par le retour de Trump. Même si, du point de vue des Chinois, la différence entre les deux candidats n'était pas si considérable, étant donné que tous les Américains veulent endiguer la Chine. Xi Jinping, avec son équipe (personne au monde ne sait exactement comment les décisions sont prises au sein du groupe de sept personnes qui dirigent la Chine – les « sept empereurs », comme disent certains), réussira-t-il à relancer l'économie chinoise ? Comment va-t-il réagir au retour de Trump, et à l'aggravation du bras de fer avec les États-Unis (les taxes américaines de 60 % sur tous les produits importés de Chine) ? Quels moyens de pression sera-t-il prêt à utiliser pour forcer les Européens à acheter les produits qui ne pourront plus être vendus aux États-Unis, ce qui pourrait mettre en péril la survie même de l'industrie automobile européenne ? Xi Jinping et son armée seraient-ils vraiment capables de programmer et de décider une invasion militaire sur Taïwan (23 millions d'habitants en déclin), en plus des menaces, intimidations, cyberattaques, etc., et oseront-ils le faire ?

Dans notre monde actuel, mise à part le compte à rebours écologique (climat et biodiversité), qui est vital, la question géopolitique principale est précisément celle de l'évolution du conflit économique Chine/États-Unis dans les prochaines années.

Voir : Chinamerica ; Chine.

Y

Yalta

Mythe.

Le mythe tenace du partage (inique) du monde à Yalta est surtout français. Quinze mois après s'être retrouvés à Téhéran, le président Franklin D. Roosevelt, Winston Churchill et Joseph Staline se rencontrent au palais de Livadia, près de Yalta, en Crimée, du 4 au 11 février 1945. La Crimée a été choisie pour que Staline puisse venir en train. Ordre du jour : planifier la campagne finale contre les troupes allemandes et japonaises, régler le sort de l'Allemagne après la défaite du Troisième Reich et garantir la stabilité du nouvel ordre mondial. Les Anglo-Américains voudraient limiter la progression de l'armée Rouge en Europe centrale, qui déjà n'est plus qu'à 100 kilomètres de Berlin, et obtenir la promesse de l'entrée en guerre de l'URSS contre le Japon. Staline veut un « glacis », Pologne et autres.

Les trois grands se mettent d'accord sur une Allemagne démilitarisée (encore plus qu'à Versailles), éclatée en onze Länder et occupée en quatre zones. Les Occidentaux s'opposent à la destruction de l'économie allemande (réparations) : « Nous sommes inflexiblement résolus à anéantir le militarisme et le nazisme allemand, [mais] il n'est pas dans notre intention d'anéantir le peuple allemand » (communiqué du 11 février 1945).

Le mythe de Yalta (surtout en France, par dépit de ne pas y être) est celui d'un partage du monde et d'un abandon cynique de l'Europe de l'Est. En fait, Staline propose à Roosevelt (crédule ou recherchant en priorité l'engagement de Staline contre le Japon) une « déclaration sur l'Europe libérée », promettant des élections libres dans tous les pays libérés des nazis...

En réalité, le seul accord – jamais appliqué – sur une répartition chiffrée des influences futures entre alliés occidentaux et URSS avait été signé auparavant à Moscou par Staline et... Churchill, le 9 octobre 1944 : Hongrie et Yougoslavie : 50-50 ; Roumanie : 90 %-10 % ; Bulgarie 75 %-25 % ; Grèce 10 %-90 % ! Cela laisse songeur !

Il fut décidé à Yalta la création d'une ONU, dotée, pour ne pas reproduire l'impuissance de la SDN, d'un Conseil de sécurité *avec des membres permanents détenteurs d'un droit de veto* car ils se méfiaient de l'Assemblée générale (49 à San Francisco, aujourd'hui près de 200). Au départ quatre (États-Unis, URSS, Grande-Bretagne, Chine). Puis cinq avec la France, grâce à l'insistance de Churchill qui ne voulait pas que la Grande-Bretagne soit de nouveau seule, comme en 1940, face à une nouvelle revanche allemande. Staline et Roosevelt n'en voyaient pas la justification : pourquoi ce pays battu, brisé, occupé, fini ? Les mémoires du secrétaire d'État américain Edward Stettinius, à Yalta, *Yalta. Roosevelt et les Russes* (Gallimard, 1951) sont très clairs là-dessus, et édifiants pour les Français.

F. D. Roosevelt mourra deux mois plus tard, le 12 avril. La conférence suivante à trois aura lieu au château de Potsdam du 17 juillet au 2 août 1945 entre Harry Truman, Joseph Staline et Winston Churchill, puis Clement Attlee.

À la fin de Potsdam, Staline est le seul des « trois grands » qui ait assisté aux trois conférences.

En 1982, François Mitterrand déclara à propos de la Pologne : « Tout ce qui permettra de sortir de Yalta sera bon. » N'écoutant que mon insolence de jeune conseiller, je lui écrivis : « Il n'y a pas eu de partage du monde à Yalta, c'est Staline qui n'a pas tenu ses promesses. » Réponse agacée du Président : « Je le sais bien, mais c'est ce que tout le monde croit, et tout le monde comprend ce que je veux dire. »

Voir : Potsdam (Conférence de) ; Seconde Guerre mondiale.

Yougoslavie

Autant la fin de la guerre froide, la fin de l'URSS, la réunification allemande – dont on avait redouté pendant des décennies qu'elles puissent entraîner une véritable guerre en Europe – ont été collectivement bien gérées par les puissances concernées, autant la désintégration de la Yougoslavie, fédération des Slaves du Sud créée par la France en 1918, l'a été de la pire façon, d'abord par les Yougoslaves eux-mêmes, Serbes et Croates, puis par l'Union européenne, qui avait cru naïvement son heure venue, mais aussi par le Vatican, les Russes, l'ONU, l'OTAN, etc. Quand les États-Unis intervinrent finalement pour mettre un terme par les accords négociés, en fait imposés, par Richard Holbrooke sur la base aérienne de Dayton, dans l'Ohio, à la guerre civile en Bosnie, que firent-ils ? Ils prirent acte de la répartition résultant des combats des populations en Bosnie entre les zones serbes, croates, et musulmanes (ce que l'on appelait à Paris les Bosniaques), après les élections de 1990. En réalité, si la « communauté internationale » avait existé, si elle n'avait rien eu d'autre à faire, elle aurait dû se préoccuper de la Yougoslavie dès le lendemain de la mort de Josip Broz Tito en 1980, s'attendre à ce que les Serbes, habilement saucissonnés par Tito le Croate en 1945 entre diverses républiques fédérées, cherchent à se regrouper, ainsi que les Croates pour récupérer les Croates de Bosnie, et anticiper les évolutions et les éventuels affrontements, afin de les prévenir. Cela aurait pu être une initiative internationale, dans le genre de la mission confiée en 1990 à Robert Badinter par le président Mitterrand et par Roland Dumas pour étudier la situation des minorités, les rattachements futurs, consulter démocratiquement ces groupes les uns après les autres, sans préjuger du résultat : maintien d'une fédération yougoslave reconfigurée, ou d'une confédération, ou de la naissance de plusieurs États nationaux, après que les minorités dans ces États, par exemple les Serbes de Croatie (dans les Krajina), eurent été consultés. Rien de tout cela n'a eu lieu, évidemment. Quand plusieurs républiques fédérées non serbes ont voulu quitter la fédération, la France a essayé trop tard, et en plus seule, d'imaginer des processus de compromis. Les intellectuels médiatiques de Paris se sont mobilisés essentiellement contre les Serbes pour mener un nouveau combat, à distance, contre le communisme, et ont donc appuyé dans ce but les Croates ou les Bosniaques (les musulmans). Aucun d'entre eux n'avait proposé avant 1990 une solution qui aurait prévenu ces tragédies. La question du Kosovo, non réglée par les accords de Dayton, ressurgit en 1997-1998 quand j'étais ministre, et nous dûmes, au sein du « groupe de contact » des ministres – formule créée par Alain Juppé et Klaus Kinkel pour la Bosnie – (Madeleine Albright pour les États-Unis, Robin Cook pour la Grande-Bretagne, Joschka Fischer pour l'Allemagne, Lamberto Dini pour l'Italie, Igor Ivanov pour la Russie, moi pour la France), nous résigner, à l'issue de dix-huit mois de négociations infructueuses, à demander à l'OTAN, seule force militaire disponible, une intervention militaire contre l'armée et les milices serbes, puisque Milošević se refusait obstinément à tout compromis. La Russie se retira de la négociation pendant les frappes. Mais nous nous mîmes ensuite d'accord le 10 juin 1999, y compris avec la Russie de retour, sur une résolution au Conseil de sécurité, la 1244, sur un statut « d'autonomie substantielle » pour le Kosovo, mais pas d'indépendance. Ce n'est que plusieurs années après que les États-Unis et une majorité d'États membres de l'Union européenne imposèrent et reconnurent l'indépendance, plusieurs pays européens s'y refusant comme étant un précédent dangereux. Ce pas supplémentaire n'a eu que des inconvénients, le Kosovo n'est pas viable, même s'il fait ce qu'il peut. L'Union européenne, à cheval sur ses principes, continue de poser à la Serbie, comme condition d'ouverture de la négociation d'adhésion, qu'elle reconnaisse cette indépendance. Tout cet irréalisme contribue au blocage et à la stagnation dans les Balkans, à quoi s'ajoute la réticence de la France à ouvrir de nouvelles négociations d'adhésion avec l'Albanie (qui fait des progrès notables) et la Macédoine du Nord, au motif que l'Union a déjà beaucoup de mal à fonctionner à 27. Mais les promesses (tenables ?) faites depuis l'Ukraine font bouger les choses. Pendant ce temps-là, les influences turque, russe, chinoise ou islamiste progressent dans les Balkans, et contrecarrent les influences dominantes américaines et allemandes. Tout cela est malsain. Il faudra un jour ou l'autre mettre un terme à la politique d'élargissement, cesser de faire des promesses, supprimer le commissaire qui en est chargé, définir d'une façon inédite un avenir européen sur mesure pour les Balkans, et repenser la politique de voisinage. Peut-être grâce à la Communauté politique européenne, CPE, avatar modernisé de la Confédération de Mitterrand, lancée en 2022.

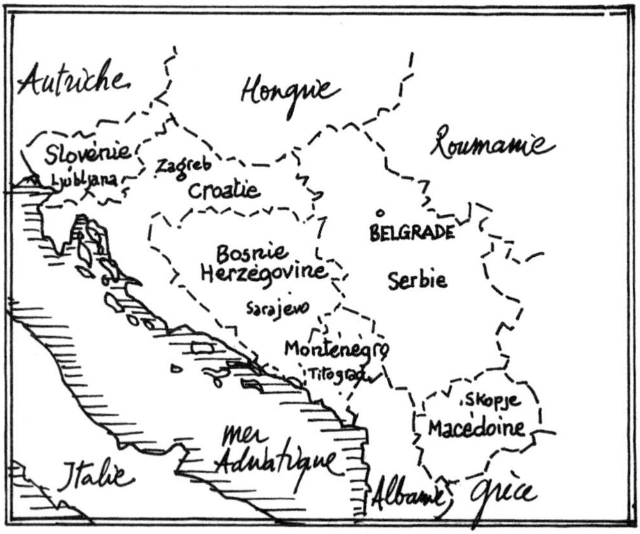

Z

Zheng He (Amiral)

Si le quatrième empereur Ming, Hong Xi, n'avait pas interrompu en 1424, donc plusieurs décennies avant les voyages de Christophe Colomb et de Vasco de Gama, les expéditions de l'amiral Zheng He (prononcer Jong Reu), peut-être pour des raisons budgétaires et pour le charger de la défense de Nankin, plus urgente, si la dynastie

Ming n'avait pas refermé la Chine, l'histoire des siècles suivants et des « mondialisations » successives aurait pu être très différente. L'économiste américain Robert H. Nelson a proposé en 2020 l'explication suivante de ce coup d'arrêt : « Dans les années 1400, la Chine était non seulement la société la plus développée économiquement dans le monde, mais aussi une grande puissance maritime, explorant jusqu'à la côte orientale de l'Afrique avec de grands voiliers techniquement très avancés, sous le commandement de l'amiral Zheng He. Ces efforts se sont toutefois heurtés aux érudits confucéens qui ont [...] finalement réussi à mettre un terme aux voyages d'exploration, ont imposé une interdiction de construire de nouveaux navires et ont même obtenu la destruction des archives maritimes. »

Descendant du premier gouverneur du Yunnan nommé au XIIe siècle par la dynastie mongole des Yuan, fils du gouverneur du Yunnan, Ma Sanbao, Han musulman, castré à 13 ans, prit le nom de Zheng He. Il fut nommé amiral de la flotte impériale, alors la plus importante au monde (mais dans le monde compartimenté d'alors, la comparaison n'a pas grand sens), par le troisième empereur Ming, Yongle, celui qui déplaça la capitale de la Chine à Pékin en 1409. L'extraordinaire développement de la Chine depuis 1979 puis les initiatives du président Xi ont fait redécouvrir en Occident la figure du grand amiral chinois qui effectua, en trente ans environ, sept expéditions de deux ans chacune – au total avec 30 000 hommes sur 63 gros navires et 100 plus petits. Sa mission : rendre tributaires les pays visités (comme les nouvelles routes de la soie ?), tout autour de l'océan Indien, jusqu'en Afrique de l'Est... Peut-être même plus loin, selon certains Chinois... On a l'impression, avec cette histoire, de lire l'histoire du monde à l'envers ! La Chine ne reviendra pas avant cinq siècles dans le jeu mondial mais développe maintenant à marche forcée sa marine de haute mer.

Voir : Chine ; Explorateurs ; Routes de la soie (Nouvelles).

Zorgbibe, Charles

Charles Zorgbibe, né le 5 mai 1935 à Alger, est l'auteur depuis 1970 d'une cinquantaine d'ouvrages très approfondis et instructifs sur les relations internationales. Il est l'auteur de grandes biographies qui donnent à penser sur Metternich, Herzl, Kipling, Guillaume II, Wilson, Kissinger et Delcassé. En 2018, il publie un ouvrage original et éclairant pour démêler *L'Imbroglio : Roosevelt, Vichy et Alger*. Et, en 2020, aux Éditions de Fallois, *Les Éminences grises* (lire notamment les passages sur Kipling, le colonel House, Harry Hopkins). Dans ces temps d'obscurité, il mérite d'être lu et relu.

Voir : Penseurs.

Remerciements

Je remercie tout particulièrement Étienne de Gail pour sa précieuse contribution lors de la rédaction de ce *Nouveau Dictionnaire de la géopolitique*.

Table

Olrik : la biographie non autorisée, avec Laurent Védrine, Fayard, 2019.

Et après ?, Fayard, 2020.

Atlas géopolitique du monde global, 2022 (réédité tous les deux ans depuis 2008).

Une vision du monde, Bouquins, 2022.

Atlas des crises et des conflits (avec Pascal Boniface), Fayard, 2024 (réédité tous les deux ans depuis 2009).

Grands diplomates (dir.), Perrin, 2024.

Camus, notre rempart, Plon, 2024.

DANS LA MÊME COLLECTION

Ouvrages parus

Mohammed AÏSSAOUI
Dictionnaire amoureux d'Albert Camus

Philippe ALEXANDRE
Dictionnaire amoureux de la politique

Albert ALGOUD
Dictionnaire amoureux de Tintin

Claude ALLÈGRE
Dictionnaire amoureux de la science

Metin ARDITI
Dictionnaire amoureux de la Suisse
Dictionnaire amoureux de l'esprit français
Dictionnaire amoureux d'Istanbul

Pierre ASSOULINE
Dictionnaire amoureux des écrivains et de la littérature

Jacques ATTALI
Dictionnaire amoureux du judaïsme

Alain BARATON
Dictionnaire amoureux des jardins
Dictionnaire amoureux des arbres

Christophe BARBIER
Dictionnaire amoureux du théâtre

Jean-Baptiste BARONIAN
Dictionnaire amoureux de la Belgique

Alain BAUER
Dictionnaire amoureux de la franc-maçonnerie
Dictionnaire amoureux du crime

Anne-Laure BÉATRIX
Dictionnaire amoureux des musées

Frédéric BEIGBEDER
Dictionnaire amoureux des écrivains français d'aujourd'hui

Olivier BELLAMY
Dictionnaire amoureux du piano
Dictionnaire amoureux de Chopin

Tahar BEN JELLOUN
Dictionnaire amoureux du Maroc

Yves Berger
Dictionnaire amoureux de l'Amérique (épuisé)

Laurent Binet et Antoine Benneteau
Dictionnaire amoureux du tennis

Adam Biro
Dictionnaire amoureux de l'humour juif

Patrice Blanc-Francard
Dictionnaire amoureux du jazz

Denise Bombardier
Dictionnaire amoureux du Québec

Allain Bougrain Dubourg
Dictionnaire amoureux des oiseaux
Dictionnaire amoureux de la vie sauvage

Éric Bouhier
Dictionnaire amoureux de San-Antonio

Hervé Bourges
Dictionnaire amoureux de l'Afrique

Jean-Claude Carrière
Dictionnaire amoureux de l'Inde
Dictionnaire amoureux du Mexique

Jean des Cars
Dictionnaire amoureux des trains
Dictionnaire amoureux des monarchies

Michel del Castillo
Dictionnaire amoureux de l'Espagne

Antoine de Caunes
Dictionnaire amoureux du rock

Patrick Cauvin
Dictionnaire amoureux des héros (épuisé)

Jacques Chancel
Dictionnaire amoureux de la télévision

Malek Chebel
Dictionnaire amoureux de l'Algérie
Dictionnaire amoureux de l'islam
Dictionnaire amoureux des Mille et Une Nuits

Jean-Loup Chiflet
Dictionnaire amoureux de l'humour
Dictionnaire amoureux de la langue française

Catherine Clément
Dictionnaire amoureux des dieux et des déesses

Richard Collasse
Dictionnaire amoureux du Japon

André Comte-Sponville
Dictionnaire amoureux de Montaigne

Gérard de Cortanze
Dictionnaire amoureux des Sixties

Bruno Corty
Dictionnaire amoureux de la littérature américaine

Xavier Darcos
Dictionnaire amoureux de la Rome antique
Dictionnaire amoureux de l'école

Bernard Debré
Dictionnaire amoureux de la médecine

Jean-Louis Debré
Dictionnaire amoureux de la République

Alain Decaux
Dictionnaire amoureux d'Alexandre Dumas

Didier Decoin
Dictionnaire amoureux de la Bible
Dictionnaire amoureux des faits divers

André Deledicq et Mickaël Launay
Dictionnaire amoureux des mathématiques

Jean François Deniau
Dictionnaire amoureux de la mer et de l'aventure

Bertrand Dicale
Dictionnaire amoureux de la chanson française

Alain Duault
Dictionnaire amoureux de l'opéra

Alain Ducasse
Dictionnaire amoureux de la cuisine

Vincent Duluc
Dictionnaire amoureux de la Coupe du monde

Benoît Duteurtre
Dictionnaire amoureux de la Belle Époque et des Années folles

Jean-Paul et Raphaël Enthoven
Dictionnaire amoureux de Marcel Proust

Nicolas d'Estienne d'Orves
Dictionnaire amoureux de Paris
Dictionnaire amoureux du mauvais goût

Vladimir Fédorovski
Dictionnaire amoureux de Saint-Pétersbourg

Dominique Fernandez
Dictionnaire amoureux de la Russie
Dictionnaire amoureux de l'Italie
(deux volumes sous coffret)
Dictionnaire amoureux de Stendhal

Franck Ferrand
Dictionnaire amoureux de Versailles

Luc Ferry
Dictionnaire amoureux de la philosophie

Élisabeth de Feydeau
Dictionnaire amoureux du parfum

Éric Fottorino
Dictionnaire amoureux du vélo

Jean-Louis Fournier
Dictionnaire amoureux du Nord

Patrice Franceschi
Dictionnaire amoureux de la Corse

José Frèches
Dictionnaire amoureux de la Chine

Max Gallo
Dictionnaire amoureux de l'histoire de France

Alain Gardinier
Dictionnaire amoureux du Pays basque

Adrien Goetz
Dictionnaire amoureux de la Toscane

Jean-Marie Gourio
Dictionnaire amoureux des cafés

René Guitton
Dictionnaire amoureux de l'Orient

Claude Hagège
Dictionnaire amoureux des langues

Hervé Hamon
Dictionnaire amoureux des îles
Dictionnaire amoureux du plaisir

Daniel Herrero
Dictionnaire amoureux du rugby
Dictionnaire amoureux du rugby des temps modernes
Dictionnaire amoureux de l'Ovalie

Homeric
Dictionnaire amoureux du cheval

Francis Huster
Dictionnaire amoureux de Molière

Gilles Jacob
Dictionnaire amoureux du Festival de Cannes

Régis Jauffret
Dictionnaire amoureux de Flaubert

Vincent Jauvert
Dictionnaire amoureux de l'espionnage

Daniel Jouanneau
Dictionnaire amoureux de la diplomatie

Serge July
Dictionnaire amoureux du journalisme
Dictionnaire amoureux de New York

Alain Juppé
Dictionnaire amoureux de Bordeaux

Josée Kamoun
Dictionnaire amoureux de la traduction

Christian Laborde
Dictionnaire amoureux du Tour de France

Jacques Lacarrière
Dictionnaire amoureux de la Grèce
Dictionnaire amoureux de la mythologie (épuisé)

André-Jean Lafaurie
Dictionnaire amoureux du golf

Pierre et Olivier de Lagarde
Dictionnaire amoureux du patrimoine

Mathieu Laine
Dictionnaire amoureux de la liberté

Jack Lang
Dictionnaire amoureux de François Mitterrand

Gilles Lapouge
Dictionnaire amoureux du Brésil

François Laroque
Dictionnaire amoureux de Shakespeare

Michel Le Bris
Dictionnaire amoureux des explorateurs

Nicole Le Douarin
Dictionnaire amoureux de la vie

Bernard Lecomte
Dictionnaire amoureux des papes

Anne Lehoërff
Dictionnaire amoureux de l'archéologie

Jean-Yves Leloup
Dictionnaire amoureux de Jérusalem

Pierre Lemaitre
Dictionnaire amoureux du polar

Évelyne Lever
Dictionnaire amoureux des reines

Mathilde Levesque
Dictionnaire amoureux de l'éloquence

Paul Lombard
Dictionnaire amoureux de Marseille

André Markowicz
Dictionnaire amoureux de Pouchkine

Peter Mayle
Dictionnaire amoureux de la Provence

Luca de Meo
Dictionnaire amoureux de l'automobile

Michel Meyer
Dictionnaire amoureux de l'Allemagne

Christian Millau
Dictionnaire amoureux de la gastronomie

Richard Millet
Dictionnaire amoureux de la Méditerranée

Alain Minc
Dictionnaire amoureux du pouvoir

François et Valentin Morel
Dictionnaire amoureux de l'inutile
Dictionnaire amoureux de l'amitié

Pierre NAHON
Dictionnaire amoureux de l'art moderne et contemporain

Alexandre NAJJAR
Dictionnaire amoureux du Liban

Henri PENA-RUIZ
Dictionnaire amoureux de la laïcité

Gilles PERRAULT
Dictionnaire amoureux de la Résistance

Jean-Christian PETITFILS
Dictionnaire amoureux de Jésus

Loïck PEYRON
Dictionnaire amoureux de la voile

Jean-Robert PITTE
Dictionnaire amoureux de la Bourgogne

Bernard PIVOT
Dictionnaire amoureux du vin

Pauline DE PRÉVAL
Dictionnaire amoureux des cathédrales

Gilles PUDLOWSKI
Dictionnaire amoureux de l'Alsace

Yann QUEFFÉLEC
Dictionnaire amoureux de la Bretagne
Dictionnaire amoureux de la mer

Christiane RANCÉ
Dictionnaire amoureux des saints

Alain REY
Dictionnaire amoureux des dictionnaires
Dictionnaire amoureux du diable

François ROLLIN
Dictionnaire amoureux de la bêtise

Pierre ROSENBERG
Dictionnaire amoureux du Louvre

Jean-Marie ROUART
Dictionnaire amoureux de Jean d'Ormesson

Élisabeth ROUDINESCO
Dictionnaire amoureux de la psychanalyse

Marcel RUFO
Dictionnaire amoureux de l'enfance et de l'adolescence

Ève RUGGIERI
Dictionnaire amoureux de Mozart

Danièle SALLENAVE
Dictionnaire amoureux de la Loire

Elias SANBAR
Dictionnaire amoureux de la Palestine

Jérôme SAVARY
Dictionnaire amoureux du spectacle (épuisé)

Jean-Noël SCHIFANO
Dictionnaire amoureux de Naples

Alain SCHIFRES
Dictionnaire amoureux des menus plaisirs (épuisé)
Dictionnaire amoureux du bonheur

Robert SOLÉ
Dictionnaire amoureux de l'Égypte

Philippe SOLLERS
Dictionnaire amoureux de Venise

Sébastien SPITZER
Dictionnaire amoureux de Victor Hugo

Michel TAURIAC
Dictionnaire amoureux de De Gaulle

Frédéric THIRIEZ
Dictionnaire amoureux de la montagne

Bernard THOMASSON
Dictionnaire amoureux de la Maison de la radio et de la musique

Trinh Xuan THUAN
Dictionnaire amoureux du ciel et des étoiles

Denis TILLINAC
Dictionnaire amoureux de la France
Dictionnaire amoureux du catholicisme
Dictionnaire amoureux du Général

André TUBEUF
Dictionnaire amoureux de la musique

Jean TULARD
Dictionnaire amoureux du cinéma
Dictionnaire amoureux de Napoléon

Mario VARGAS LLOSA
Dictionnaire amoureux de l'Amérique latine

Hubert Védrine
Dictionnaire amoureux de la géopolitique
Nouveau Dictionnaire amoureux de la géopolitique

Dominique Venner
Dictionnaire amoureux de la chasse

Jacques Vergès
Dictionnaire amoureux de la justice

Pascal Vernus
Dictionnaire amoureux de l'Égypte pharaonique

Frédéric Vitoux
Dictionnaire amoureux des chats

Olivier Weber
Dictionnaire amoureux de Joseph Kessel
Dictionnaire amoureux de l'aventure

Jean-Michel Wilmotte
Dictionnaire amoureux de l'architecture

Denis Zervudacki
(sous la direction de)
Dictionnaire amoureux de l'entreprise et des entrepreneurs

À paraître

Pierre Assouline
Dictionnaire amoureux de la lecture

Rokhaya Diallo
Dictionnaire amoureux du féminisme

Marie de Hennezel
Dictionnaire amoureux de la solitude

Pour en savoir plus
sur les Éditions Plon
(catalogue, auteurs, vidéos, actualités...),
vous pouvez consulter
www.plon.fr
www.lisez.com

et nous suivre sur les réseaux sociaux

Editions Plon

@EditionsPlon

@editionsplon

Achevé d'imprimer en janvier 2025
par Normandie Roto Impression s.a.s.
61250 Lonrai
N° d'impression : 2500227
P31924/01

Imprimé en France